欧亚历史文化文库

总策划 张余胜

兰州大学出版社

内陆亚洲史地求索

丛书主编 余太山

王颋 著

图书在版编目(CIP)数据

内陆亚洲史地求索/王颋著. —兰州:兰州大学
出版社,2011.4
(欧亚历史文化文库/余太山主编)
ISBN 978-7-311-03665-2

Ⅰ.①内… Ⅱ.①王… Ⅲ.①亚洲—历史—研究—古
代 Ⅳ.①K3

中国版本图书馆 CIP 数据核字(2011)第 060596 号

总 策 划 张余胜

─────────────────────────

书　　名 内陆亚洲史地求索
丛书主编 余太山
作　　者 王颋著
出版发行 兰州大学出版社 (地址:兰州市天水南路 222 号 730000)
电　　话 0931 -8912613(总编办公室)　0931 -8617156(营销中心)
　　　　　0931 -8914298(读者服务部)
网　　址 http://www.onbook.com.cn
电子信箱 press@lzu.edu.cn
印　　刷 天水新华印刷厂
开　　本 700 mm ×1000 mm　1/16
印　　张 27.5
字　　数 382 千
版　　次 2011 年 5 月第 1 版
印　　次 2011 年 12 月第 2 次印刷
书　　号 ISBN 978-7-311-03665-2
定　　价 83.00 元

─────────────────────────

(图书若有破损、缺页、掉页可随时与本社联系)

出 版 说 明

　　随着 20 世纪以来联系地、整体地看待世界和事物
的系统科学理念的深入人心，人文社会学科也出现了
整合的趋势，熔东北亚、北亚、中亚和中、东欧历史文化
研究于一炉的内陆欧亚学于是应运而生。时至今日，内
陆欧亚学研究取得的成果已成为人类不可多得的宝贵
财富。

　　当下，日益高涨的全球化和区域化呼声，既要求世
界范围内的广泛合作，也强调区域内的协调发展。我国
作为内陆欧亚的大国之一，加之 20 世纪末欧亚大陆桥
再度开通，深入开展内陆欧亚历史文化的研究已是责
无旁贷；而为改革开放的深入和中国特色社会主义建
设创造有利周边环境的需要，亦使得内陆欧亚历史文
化研究的现实意义更为突出和迫切。因此，将针对古代
活动于内陆欧亚这一广泛区域的诸民族的历史文化研
究成果呈现给广大的读者，不仅是实现当今该地区各
国共赢的历史基础，也是这一地区各族人民共同进步
与发展的需求。

　　甘肃作为古代西北丝绸之路的必经之地与重要组

成部分,历史上曾经是草原文明与农耕文明交汇的锋面,是多民族历史文化交融的历史舞台,世界几大文明(希腊—罗马文明、阿拉伯—波斯文明、印度文明和中华文明)在此交汇、碰撞,域内多民族文化在此融合。同时,甘肃也是现代欧亚大陆桥的必经之地与重要组成部分,是现代内陆欧亚商贸流通、文化交流的主要通道。

基于上述考虑,甘肃省新闻出版局将这套《欧亚历史文化文库》确定为2009—2012年重点出版项目,依此展开甘版图书的品牌建设,确实是既有眼光,亦有气魄的。

丛书主编余太山先生出于对自己耕耘了大半辈子的学科的热爱与执著,联络、组织这个领域国内外的知名专家和学者,把他们的研究成果呈现给了各位读者,其兢兢业业、如临如履的工作态度,令人感动。谨在此表示我们的谢意。

出版《欧亚历史文化文库》这样一套书,对于我们这样一个立足学术与教育出版的出版社来说,既是机遇,也是挑战。我们本着重点图书重点做的原则,严格于每一个环节和过程,力争不负作者、对得起读者。

我们更希望通过这套丛书的出版,使我们的学术出版在这个领域里与学界的发展相偕相伴,这是我们的理想,是我们的不懈追求。当然,我们最根本的目的,是向读者提交一份出色的答卷。

我们期待着读者的回声。

总 序

  本文库所称"欧亚"（Eurasia）是指内陆欧亚,这是一个地理概念。其范围大致东起黑龙江、松花江流域,西抵多瑙河、伏尔加河流域,具体而言除中欧和东欧外,主要包括我国东三省、内蒙古自治区、新疆维吾尔自治区,以及蒙古高原、西伯利亚、哈萨克斯坦、乌兹别克斯坦、吉尔吉斯斯坦、土库曼斯坦、塔吉克斯坦、阿富汗斯坦、巴基斯坦和西北印度。其核心地带即所谓欧亚草原（Eurasian Steppes）。

  内陆欧亚历史文化研究的对象主要是历史上活动于欧亚草原及其周邻地区(我国甘肃、宁夏、青海、西藏,以及小亚、伊朗、阿拉伯、印度、日本、朝鲜乃至西欧、北非等地)的诸民族本身,及其与世界其他地区在经济、政治、文化各方面的交流和交涉。由于内陆欧亚自然地理环境的特殊性,其历史文化呈现出鲜明的特色。

  内陆欧亚历史文化研究是世界历史文化研究中不可或缺的组成部分,东亚、西亚、南亚以及欧洲、美洲历史文化上的许多疑难问题,都必须通过加强内陆欧亚历史文化的研究,特别是将内陆欧亚历史文化视做一个整体加以研究,才能获得确解。

中国作为内陆欧亚的大国,其历史进程从一开始就和内陆欧亚有千丝万缕的联系。我们只要注意到历代王朝的创建者中有一半以上有内陆欧亚渊源就不难理解这一点了。可以说,今后中国史研究要有大的突破,在很大程度上有待于内陆欧亚史研究的进展。

古代内陆欧亚对于古代中外关系史的发展具有不同寻常的意义。古代中国与位于它东北、西北和北方,乃至西北次大陆的国家和地区的关系,无疑是古代中外关系史最主要的篇章,而只有通过研究内陆欧亚史,才能真正把握之。

内陆欧亚历史文化研究既饶有学术趣味,也是加深睦邻关系,为改革开放和建设有中国特色的社会主义创造有利周边环境的需要,因而亦具有重要的现实政治意义。由此可见,我国深入开展内陆欧亚历史文化的研究责无旁贷。

为了联合全国内陆欧亚学的研究力量,更好地建设和发展内陆欧亚学这一新学科,繁荣社会主义文化,适应打造学术精品的战略要求,在深思熟虑和广泛征求意见后,我们决定编辑出版这套《欧亚历史文化文库》。

本文库所收大别为三类:一,研究专著;二,译著;三,知识性丛书。其中,研究专著旨在收辑有关诸课题的各种研究成果;译著旨在介绍国外学术界高质量的研究专著;知识性丛书收辑有关的通俗读物。不言而喻,这三类著作对于一个学科的发展都是不可或缺的。

构建和发展中国的内陆欧亚学,任重道远。衷心希望全国各族学者共同努力,一起推进内陆欧亚研究的发展。愿本文库有蓬勃的生命力,拥有越来越多的作者和读者。

最后,甘肃省新闻出版局支持这一文库编辑出版,确实需要眼光和魄力,特此致敬、致谢。

余太山

2010 年 6 月 30 日

目录

1

Contents

5

1　飞鸟能言

——隋以前中国关于鹦鹉的描述

中国关于鸟纲鹦形目动物的专题作品,自东汉末年历魏、晋、南北朝,层出不穷;祢衡、王粲、应场、傅玄、傅咸、桓玄等,皆是其中的闻名作者。尽管"鹦鹉"之为中国人知悉,由来已久;然而,大量的个体被置于"牢笼",应该出现在这一时段。通过对相关文字中地名的分析、考核,不难知悉兹种生灵的分布情况:一是以今甘肃为起点而向西延伸的地域,涵今青海、新疆;二是以今广东为起点而向西南延伸的地域,涵今广西、越南、柬埔寨、泰国、马来西亚、印度尼西亚;三是以今云南为起点而向西南延伸的地域,涵今缅甸、印度。而栖息于前一地域的"鹦鹉",从当地的生态环境考虑,应该是不畏寒冷、不畏干旱的种类。而在色泽绮丽、体格硕大方面,则数来自"海外"者为最。

1.1

隋以前中国关于鸟纲鹦形目(Psittacifrmes)动物的专题作品,脍炙人口者,要数东汉末叶人祢衡之所作。除去缘融入"身世之感"的抒情部分外,全篇仍有不少直接描述兹可爱而又可怜生灵的内容。《文选》卷13《鹦鹉赋,并序》:"时黄祖太子射宾客大会,有献鹦鹉者,举酒于衡前,曰:祢处士今日无用娱宾,窃以此鸟,自远而至,明慧聪善,羽族之可贵,愿先生为之赋,使四坐咸共荣观,不亦可乎?衡因为赋,笔不停缀,文不加点。""惟西域之灵鸟兮,挺自然之奇姿。体金精之妙质兮,合火德之明辉。性辩慧而能言兮,才聪明以识机。故其嬉游高峻,栖跱幽

·欧·亚·历·史·文·化·文库·

深,飞不妄集,翔必择林。绀趾丹觜,绿衣翠衿。采采丽容,咬咬好音。虽同族于羽毛,固殊智而异心。配鸾皇而等美,焉比德于众禽?""命虞人于陇坻,诏伯益于流沙。跨昆仑而播弋,冠云霓而张罗。虽纲维之备设,终一目之所加。且其容止闲暇,守植安停。迫之不惧,抚之不惊。宁顺从以远害?不违连以丧生。故献全者受赏,而伤肌者被刑。尔乃归穷委命,离群丧侣,闭以雕笼,剪其翅羽。流飘万里,崎岖重阻,逾岷越障,载罹寒暑。""岂言语以阶乱?将不密以致危。痛母子之永隔,哀伉俪之生离。匪余年之足惜,愍众雏之无知。背蛮夷之下国,侍君子之光仪。"[1]

生活在同时期稍晚的士人,也有相同题目的文字。其中心"思想",无非有二:一是赞诵鹦鹉外形的美丽,二是叹惋每每遭遇失去"自由"的富贵。《艺文类聚》卷91王粲、陈琳、应玚、阮瑀《鹦鹉赋》:"步笼阿以踯躅,叩众目之希稠。登衡干以上干噭,哀鸣而舒忧。声,又懰懰而不休。听乔木之悲风,羡鸣友之相求。日奄蔼以西迈,忽逍遥而既冥。就隅角而敛翼,倦独宿而宛颈。""咨乾坤之兆物,万品错而殊形。有逸姿之令鸟,含嘉淑之哀声。抱振鹭之素质,被翠羽之缥精。""何翩翩之丽鸟?表众艳之殊色。被光耀之鲜羽,流玄黄之华饰。苞明哲之弘虑,从阴阳之消息。秋风厉而潜形,苍神发而动翼。""惟翩翩之艳鸟,诞嘉类于京都。秽夷风而弗处,慕圣惠而来徂。被坤文之黄色,服离光之朱形。配秋英以离绿,苞天地以耀荣。"[2]曹植《曹子建集》卷4《鹦鹉赋》:"美中州之令鸟,越众类之殊名。感阳和而振翼,遁太阴以存形。遇旅人之严网,残六翮之无遗。身挂滞于重笼,孤雌鸣而独归。岂予身之足惜?怜众雏之未飞。分糜躯以润镬,何全济之敢希?蒙含育之厚德,奉君子之光辉。怨身轻而施重,恐往惠之中亏。常戢心以怀惧,虽处安其若危。永哀鸣其报德,庶终来而不疲。"[3]

三国归晋以后,士人对"鹦鹉"仍然有很多的关注。《艺文类聚》卷

---

〔1〕句逗缩小影印清刊本,中华书局1977年版,页200上、下,页201上。

〔2〕《唐代四大类书》,影印绍兴刊本,清华大学出版社2003年版,页1343上。

〔3〕《四部丛刊初编》,景印明刊本,页4上。

91 傅玄、左芬、卢谌、傅咸、曹毗、桓玄《鹦鹉赋》:"奇毛曜体,绿采含英。凤翔鸾踌,孔质翠荣。发言辄应,若响追声。""色则丹喙翠尾,绿翼紫颈。秋敷其色,春耀其荣。""有遐方之奇鸟,产瓜州之旧壤。挥绿翰以运影,启丹觜以振响。""有金商之奇鸟,处陇坻之高松。谓崇峻之可固,然以慧而入笼。披丹唇以授音,亦寻响而应声。眣明眸以承颜,侧聪耳而有听。口才发而轻和,密音景而随形。言无往而不复,似探幽而测冥。自嘉智于君子,足取爱而扬名。""余在直,见交州献鹦鹉鸟,嘉其有智,叹其笼樊,乃赋之曰:其形则雉顾鹄眄,鹰峙雁息。丹喙含映,缃葩焕翼。森森修尾,蔚蔚红臆。金采员婴于双眸,朱藻烂晖于首侧。""有遐方之令鸟,超羽族之拔萃。翔清旷之辽朗,栖高松之幽蔚。罗万里以作贡,婴樊绁以勤瘁。红腹赪足,玄颔翠顶。革好音以迁善,效言语以自骋。剪羽翮以应用,充戏玩于轩屏。"[1]特别是隐居山林者,常以自诫。《晋书》卷94《董京传》:"[董]京答之以诗曰:夫古之至人,藏器于灵,缊袍不能令暖,轩冕不能令荣,动如川之流,静如川之淳。鹦鹉能言,泗滨浮磬,众人所玩,岂合物情?玄鸟纤幕,而不被害,鸱隼远巢,咸以欲死。"[2]

进入南、北朝对峙时期,出现了以颜色为特征的"鹦鹉"专文。《宋书》卷85《谢庄传》:"元嘉二十九年,除太子中庶子。时南平王铄献赤鹦鹉,普诏群臣为赋,太子左卫率袁淑文冠当时,作赋毕,赍以示[谢]庄。庄赋亦竟,淑见而叹曰:江东无我,卿当独秀;我若无卿,亦一时之杰也。遂隐其赋。"[3]谢庄的《赤鹦鹉赋》,连同颜延之所作《白鹦鹉赋》,至今仍得保存和流传。《艺文类聚》卷91:"徒观其柔仪所践,赪藻所挺。华景夕映,容光晦鲜。慧性生昭,和机自晓。审国音于襄中,达方声于裔表。及其云移霞峙,霰委雪翻。陆离翚渐,容裔鸿轩。跃林飞岫,焕若轻电溢烟门;集场栖圃,晔若夭桃被玉园。至于气淳体浮,雾下崖沉。月图光于绿水,云写影于青林。遡还风而耸翮,沾清露而调

〔1〕《唐代四大类书》,影印绍兴刊本,清华大学出版社2003年版,页1343上、下。
〔2〕中华书局标点本,1974年版,页2427。
〔3〕中华书局标点本,1974年版,页2167,页2168。

音。""虽言禽之末品,妙六气而克生。往秘奇于鬼服,来充美于华京。恨仪凤之无辨,惜晨鹭之徒暄。思受命于黄发,独含辞而采言。起交河之荣薄,出天山之无垠。既达美于天居,亦俪景于云阿。渐惠和之方渥,缀风土而未讹。服璅翾于短衿,仰梢云之曾柯。觊天网之一布,漏微翰于山阿。"[1]暨,萧统《昭明太子集》卷1《鹦鹉赋》:"有能言之奇鸟,每知来而发声。乍青质而翠映,或体白而雪明。喙前钩而趋步,翼高舞而翩翾。足若丹而三布,目如金而双圆。"[2]

1.2

"鹦鹉"个体的由来,在以上所引文字中,乃为"秦地"名胜之一的"陇坻",径被提到了两次。程公说《春秋分记》卷29《秦地总说》:"其封域,东阻崤函之险、桃林之塞,表以大河,西有陇坻之隘、岐梁之地,绕以汧、渭,南则终南大一连冈乎蟠冢,北则高陵平原,踞倚乎泾、洛。"[3]《后汉书》卷23《郡国志》:"汉阳郡,武帝置,为天水。永平十七年,更名。在雒阳西二千里。""有大坂,名陇坻。《三秦记》:其坂九回,不知高几许? 欲上者,七日乃越,高处可容百余家,清水四注下。郭仲产《秦州记》曰:陇山东西百八十里,登山岭东望,秦川四五百里,极目泯然。山东人行役,升此而顾瞻者,莫不悲思。故歌曰:陇头流水,分离四下。念我行役,飘然旷野。登高远望,涕零双堕。度汧、陇,无蚕桑,八月乃麦,五月乃冻解。"[4]李吉甫《元和郡县图志》卷39:"天水(秦州)有大坂,名曰陇坻。郡处坻西,故曰陇西。""陇坂九回,不知高几里? 每山东人西役,升此瞻望,莫不悲思。陇山有水,东、西分流,因号驿为分水驿,行人歌曰:陇头流水,鸣声幽咽。遥见秦川,肝肠断绝。东去大震关五十里,上多鹦鹉。"[5]乐史《太平寰宇记》卷151:"渭州土产:青

---

〔1〕《唐代四大类书》,影印绍兴刊本,清华大学出版社2003年版,页1343下。

〔2〕文渊阁《四库全书》本,页2下。

〔3〕文渊阁《四库全书》本,页22下。

〔4〕中华书局标点本,1973年版,页3517,页3518。

〔5〕《中国古代地理总志丛刊》,贺次君点校本,中华书局1983年版,页982。

虫、鹦鹉、龙须席、麝香。"〔1〕

"流沙"、"昆仑",似乎存在着一定的"联系"。《山海经》卷16《大荒西经》:"西海之中,流沙之滨,赤水之后,黑水之前,有大山,名曰昆仑之丘。"〔2〕贾谊《新书》卷9《修政语上》:"故黄帝职道义、经天地、纪人伦、序万物,以信与仁,为天下先。然后济东海、入江内、取绿图,而济积石、涉流沙,登于昆仑。于是,还归中国,以平天下。"〔3〕欧阳修《欧阳先生文粹》卷4《集古录目序》:"玉出昆仑、流沙,万里之外,经十余译,乃至乎中国。"〔4〕前者,盖"河西"北、西、南三方之"沙漠"或"沙碛"。在西、在北者,曾公亮《武经总要前集》卷18下:"沙州,汉炖煌郡地。居流沙东北,以其风吹沙流行,谓之流沙,在郡西八十里。"〔5〕《太平寰宇记》卷153、卷152:"三陇,《河西旧事》云:流沙积,在玉门关外,有三断石,极大,呼为三陇。"《尚书》谓导弱水至于合黎,余波入于流沙,是此(甘州)也。"〔6〕而"瓜州",郦道元《水经注》卷40:"杜林曰:炖煌,古瓜州也。州之贡物,地出好瓜,民因氏之。瓜州之戎,并于月氏者也。"〔7〕在南者,《元经》卷8:"[薛收]传曰:河南者,其先亦鲜卑、慕容、奕洛于之后也。二国皆东北通秦、陇,古流沙之地焉。子孙以吐谷浑为姓,自号河南王;至是,遣使来贡。"〔8〕

封域囊有"鄯善"、"且末"等处的"吐谷浑",确然为"鹦鹉"的栖息地之一。《魏书》卷101《吐谷浑传》:"子夸吕立,始自号为可汗,居伏俟城,在青海西十五里。虽有城郭而不居,恒处穹庐,随水草畜牧。其地东西三千里,南北千余里。""土出牦牛、马,多鹦鹉,饶铜、铁、朱砂。地兼鄯善、且末。"〔9〕《周书》卷50《吐谷浑传》:"父兄亡后,妻后母及嫂

〔1〕光绪金陵书局刊本,页3下。
〔2〕袁珂校注本,上海古籍出版社1980年版,页407。
〔3〕《四部丛刊初编》,景印正德刊本,页13上、下。
〔4〕《北京图书馆古籍珍本丛刊》,影印宋刊本,书目文献出版社,页770上。
〔5〕文渊阁《四库全书》本,页14上。
〔6〕光绪金陵书局刊本,页6上、下,页7下。
〔7〕《四部丛刊初编》景印《武英殿聚珍》本,页28上、下。
〔8〕文渊阁《四库全书》本,页11下。
〔9〕中华书局标点本,1974年版,页2240,页2241。

等,与突厥俗同。至于婚姻,贫不能备财物者,辄盗女将去。死者亦皆埋殡,其服制,葬讫则除之。性贪婪,忍于杀害。好射猎,以肉酪为粮。亦知种田,然其北界气候多寒,惟得芜菁、大麦,故其俗贫多富少。""土出牦牛,鸟多鹦鹉。大统中,夸吕再遣使献马及羊、牛等,然犹寇抄不止,缘边多被其害。"[1]《隋书》卷83《吐谷浑传》:"铁勒遣使谢罪请降,帝遣黄门侍郎裴矩慰抚之,讽令击吐谷浑以自效。铁勒许诺,即勒兵袭吐谷浑,大败之。伏允东走,保西平境。帝复令观王雄出浇河、许公宇文述出西平以掩之,大破其众。伏允遁逃,部落来降者十万余口,六畜三十余万。述追之急,伏允惧,南遁于山谷间,其故地皆空。自西平临羌城以西、且末以东,祁连以南、雪山以北,东西四千里,南北二千里,皆为隋有,置郡县、镇戍,发天下轻罪徙居之。"[2]

"交河",《汉书》卷96下《西域传》:"车师前国,王治交河城。河水分流绕城下,故号交河。去长安八千一百五十里。"[3]《南史》卷79《西域诸国传》:"其国(高昌),盖车师之故地,南接河南,东近敦煌,西次龟兹,北邻敕勒。置四十六镇:交河、田地、高宁、临川、横截、柳婆、洿林、新兴、由宁、始昌、笃进、白力等镇。"[4]《魏书》卷102《西域传》:"车师国,一名前部。其王居交河城,去代万五十里。""且弥国,都天山东于大谷,在车师北,去代一万五百七十里。"[5]"天山",《太平寰宇记》卷153:"天山,一名白山,今名析罗漫山,在[伊吾]县北一百二十里。《西河旧事》云:天山最高,冬、夏长雪,故曰白山。山中有好木、铁,匈奴谓之天山,过之皆下马。在蒲类海东一百里,即汉贰师击右贤王处。"[6]从稍晚的涉及来看,乃在"玉门关"外的以上二处,均有可能是"鹦鹉"的采捕地。《隋书》卷2《文帝纪》:"逮于暮年,持法尤峻,喜怒不常,过于杀戮。常令左右送西域朝贡使出玉门关,其人所经之处,或

---

〔1〕中华书局标点本,1971年版,页913。

〔2〕中华书局标点本,1973年版,页1844,页1845。

〔3〕中华书局标点本,1962年版,页3921。

〔4〕中华书局标点本,1975年版,页1983。

〔5〕中华书局标点本,1974年版,页2264,页2265。

〔6〕光绪金陵书局刊本,页11上。

受牧宰小物,馈遗鹦鹉、麈皮、马鞭之属,上闻而大怒,又诣武库,见署中芜秽不治,于是,执武库令及诸受遗者,出开远门外,亲自临决,死者数十人。"[1]

1.3

"交州"之产"鹦鹉",也无可疑。《三国志》卷53《薛综传》:"吕岱从交州召出,[薛]综惧继岱者非其人,上疏曰:秦置桂林、南海、象郡,然则四国之内属也,有自来矣。赵佗起番禺,怀服百越之君,珠官之南是也。汉武帝诛吕嘉,开九郡,设交址刺史以镇监之。山川长远,习俗不齐,言语同异,重译乃通。""自臣昔客始至之时,珠崖除州县嫁娶,皆须八月引户,人民集会之时,男女自相可适,乃为夫妻,父母不能止。交址[郡]麋泠、九真[郡]都庞二县,皆兄死弟妻其嫂,世以此为俗,长吏恣听,不能禁制。日南郡男女倮体,不以为羞。由此言之,可谓虫豸,有腼面目耳。然而土广人众,阻险毒害,易以为乱,难使从治。县官羁縻,示令威服,田户之租赋,裁取供办,贵致远珍名珠、香药、象牙、犀角、玳瑁、珊瑚、琉璃、鹦鹉、翡翠、孔雀奇物,充备宝玩,不必仰其赋入,以益中国也。"[2]前引进献者,"嘉其有智,叹其笼樊",而后见进献者,还"能歌"。《南史》卷6《梁本纪》:"天监元年八月丁未,交州献能歌鹦鹉,诏不纳。林邑、干陀利国各遣使朝贡。"[3]许嵩《建康实录》卷17《梁高祖武皇帝》:"天监二年四月癸卯,扶南、龟兹、中天竺国各遣使贡方物,交州进鹦鹉,能歌,不纳。"[4]

《汉书》卷6《武帝纪》:"元狩二年,南越献驯象、能言鸟。"[5]李昉《太平御览》卷924:"《说文》曰:鹦鹉,能言鸟也。"[6]王观国《学林》卷2《鸟兽言》:"应劭注曰:驯象者,教能拜起周章,从人意也。颜师古注

---

〔1〕中华书局影印校点本,1973年版,页54,页55。
〔2〕中华书局标点本,1982年版,页1251,页1252。
〔3〕中华书局标点本,1975年版,页186。
〔4〕孟昭庚、孙述圻、伍贻业点校本,上海古籍出版社1987年版,页472。
〔5〕中华书局标点本,1962年版页176。
〔6〕《四部丛刊初编》,景印宋刊本,页1上。

曰:能言鸟,即鹦鹉也。盖驯象喻人言,故能拜起从人意,儛马与此同也。能言鸟者,人教之言,非人教之,则不能言。今世多有之,凡此皆人言,而鸟兽喻人之言,非鸟兽自能言,而人晓之也。"[1]董逌《广川画跋》卷2《书易元吉猩猩图》:"《广志》独言猩猩,唯闻其啼,不闻其言。永昌、武平,今在东蜀、广南,尽王封之内也,人易知者,此说不可谓缪。至谓交址贡能言鸟,反以猩猩供庖膳,尤不足信,俟知者讯之。此图盖扑击斟酌,以求升斗之数者也。"[2]由此可见,鹦鹉的栖息地,还包括析自"交州"刺史的"广州"刺史。《水经注》卷37《浪水》:"[任]嚣卒,[赵]佗行南海尉事,则拒关门设守,以法诛秦所置吏,以其党为守,自立为王。高帝定天下,使陆贾就立佗为南越王。"[3]《晋书》卷15《地理志》:"吴黄武五年,割南海、苍梧、郁林三郡立广州,交址、日南、九真、合浦四郡为交州,戴良为刺史,值乱不得入,吕岱击平之,复还并交部。赤乌五年,复置珠崖郡。永安七年,复以前三郡立广州。"[4]

《初学记》卷30:"刘艾《汉帝传》曰:兴平元年,益州蛮夷献鹦鹉三。诏曰:往者益州献鹦鹉三枚,夜食三升麻子。今谷价腾贵,此鸟无益有损,可付安西将军杨定{因}[国],令归本土。"[5]"益州"有二:在汉,一为刺史"部",一为太守"郡",行文中者,当是后者。《后汉书》卷86《西南夷传》:"滇王者,庄蹻之后也。元封二年,武帝平之,以其地为益州郡,割牂柯、越嶲各数县配之。后数年,复并昆明地,皆以属之此郡。有池,周回二百余里,水源深广,而末更浅狭,有似倒流,故谓之滇池。河土平敞,多出鹦鹉、孔雀。有盐池,田渔之饶,金、银、畜产之富,人俗豪忲。居官者,皆富及累世。"[6]常璩《华阳国志》卷4《南中志》:"晋宁郡,本益州滇国也。元鼎初,置吏,分属牂柯、越嶲。元封二年,叟反,遣将军郭昌讨平之。因开为郡,治滇池,上,号曰益州。汉属县二

---

〔1〕文渊阁《四库全书》本,页17下。

〔2〕文渊阁《四库全书》本,页16下。

〔3〕《四部丛刊初编》景印《武英殿聚珍》本,页25上。

〔4〕中华书局标点本,1974年版,页465。

〔5〕《唐代四大类书》,影印光绪《古香斋袖珍十种》本,清华大学出版社2003年版,页1922上。

〔6〕中华书局标点本,1973年版,页2846。

十四,户二十万。晋县七,户万,去洛五千六百里。司马相如、韩说初开,得牛、马、羊属三十万。汉乃募徙死罪及奸豪实之。郡土大平敞,原田,多长松皋。有鹦鹉、孔雀、盐池,田、渔之饶,金、银、畜产之富,俗奢豪,难抚御,惟文齐、王阜、景毅、李颙及南郡董和为之防检,后遂为善。"[1]

与"交州"毗接的"林邑"、"扶南",以及更南、更西的"婆利"、"呵罗单"、"婆皇"、"迦毗黎"等国,皆是"鹦鹉"的乡里。《晋书》卷10《安帝纪》:"义熙十三年六月,林邑献驯象、白鹦鹉。"[2]《梁书》卷54《诸夷传》:"扶南国,去日南可七千里,在林邑西南三千余里","出金、银、铜、锡、沉木香、象牙、孔、翠、五色鹦鹉。"[3]《宋书》卷97《夷蛮》:"呵罗单国,治阇婆洲。元嘉七年,遣使献金刚指镮、赤鹦鹉鸟、天竺国白迭古贝、叶波国古贝等物。""婆利国,在广州东南海中洲上,去广州二月日行。""普通三年,其王频伽复遣使珠贝智贡白鹦鹉、青虫兜鍪、瑠璃器、吉贝、螺杯、杂香药等数十种。""婆皇国,元嘉二十六年,国王舍利婆罗跋摩遣使献方物四十一种,太祖策命之为婆皇国王。""大明三年,献赤、白鹦鹉。""天竺迦毗黎国,元嘉五年,国王月爱遣使奉表曰:伏闻彼国据江傍海,山川周固,众妙悉备,庄严清净,犹如化城,宫殿庄严,街巷平坦,人民充满,欢娱安乐。""臣之所住,名迦毗河,东际于海,其城四边,悉紫绀石,首罗天护,令国安隐。国王相承,未尝断绝,国中人民,率皆修善,诸国来集,共遵道法,诸寺舍中,皆七宝形像,众妙供具,如先王法。""奉献金刚指镮、摩勒金环诸宝物,赤、白鹦鹉各一头。"[4]

1.4

顾野王《玉篇》卷24:"鹦,于耕切;鹉,亡禹切。鹦鹉鸟。鹛,同上,

〔1〕任乃强校注本,上海古籍出版社1987年版,页267。
〔2〕中华书局标点本,1974年版,页266。
〔3〕中华书局标点本,1973年版,页787。
〔4〕中华书局标点本,1974年版,页2381,页2383,页2385,页2386。

又亡后切。"[1]在字词的训诂上,"鹦䳇",同"鹦鹉",而具有特殊的含义。罗愿撰《尔雅翼》卷14:"《字说》曰:婴儿生不能言,母教之言,已而能言。以言此鸟之能言,类是也,亦其舌似小儿,故能委曲其音声,以象人尔。"[2]必须申明,此词与父、母之母无关。《册府元龟》卷800《总录部敏捷》:"曾有白头鸟集殿前,帝曰:此何鸟也?[诸葛]恪曰:白头翁也。张昭自以坐中最老,疑恪以鸟戏之,因曰:恪欺陛下,未尝闻鸟有白头翁者,试使恪复求白头母。恪曰:鸟名鹦母,未必有对,试使辅吴复求鹦父。昭不能答,坐中皆欢笑。"[3]无论如何,在当时,"鹦鹉"乃是家喻户晓、普通凡俗皆知的生灵,以至在流传的童谣中也被涉及。《北齐书》卷2《神武帝纪》:"魏于是始分为二。神武(高欢)以孝武既西,恐逼崤、陕,洛阳复在河外,接近梁境,如向晋阳,形势不能相接,乃议迁邺,护军祖荣赞焉。诏下三日,车驾便发,户四十万,狼狈就道。神武留洛阳部分,事毕,还晋阳。自是军国政务,皆归相府。先是,童谣曰:可怜青雀子,飞来邺城里。羽翮垂欲成,化作鹦鹉子。好事者窃言:雀子,谓魏帝清河王子,鹦鹉,谓神武也。"[4]

晋人对"鹦鹉"的了解,可说是"细致入微"。别本《山海经》卷2《西山经》:"郭璞注:鹦䳇舌似小儿舌,脚指前、后各两。扶南徼外,出五色者,亦有纯赤、白者,大如雁也。"[5]《汉、魏、六朝百三家集》卷57郭璞《西山经图赞鹦䳇》:"鹦䳇慧鸟,青羽赤喙。四指中分,行则以觜。自贻伊笼,见幽坐趾。"[6]类似叙述的基础,当然在于对豢养个体的贴近观察。关于其"能言",自有更早的言论;其中最精彩者,在于其乃"长主之言"抑"效人言"的辨析。《艺文类聚》卷91:"《万毕术》曰:干罺,一名鹦鹉,断舌可使言语。"[7]《禽经》《鹦鹉摩背而瘖》:"鹦鹉出陇

[1]《四部丛刊初编》,景印元刊本,页2上。

[2]文渊阁《四库全书》本,页12下。

[3]中华书局影印明刊本,1960年版,页9498下。

[4]中华书局标点本,1972年版,页18。

[5]文渊阁《四库全书》本,页6上。

[6]文渊阁《四库全书》本,页8上。

[7]《唐代四大类书》,影印绍兴刊本,清华大学出版社2003年版,页1342下。

西,能言鸟也。人以手抚拭其背,则瘖痖矣。"[1]《淮南鸿烈解》卷16:
"鹦鹉能言,而不可使长,是何?则得其所言,而不得其所以言。故循
迹者,非能生迹者也。""高诱注:鹦鹉,鸟名,出于蜀郡,赤喙者是,其色
缥绿,能效人言。长主也,得其言者,知效人言也,不知所以长言,教令
之言也。循,随也,随人故迹,不能创基造制,自为新迹。如鹦鹉,知效
人言,不能自为长主之言也。"[2]《西晋文纪》卷18成公绥《鹦鹉赋
序》:"鹦鹉,小禽也,以其能言解意,故为人所爱玩,育之以金笼,升之
以堂殿,可谓珍之矣,未得鸟之性也。"[3]

关于"鹦鹉"的"传奇",数量不少。其性格体现,甚至达到或超过
了人的道德"标准":既有属于"智"者,也有属于"义"者。《太平御览》
卷924:"《异苑》曰:张华,字茂先。有一白鹦鹉,华每行还,鸟辄说僮使
善恶。后寂无言,华问其故,鸟云:见藏瓮中,何由得知?公后在外,令
唤鹦鹉。鹦鹉曰:昨夜梦恶,不出户。公犹强之,至庭,为鹞所搏,教其
啄鹞脚,仅而获免。""《冥验记》曰:有鹦鹉飞集山中,禽、兽辄相爱重,
鹦鹉不可久也,便去。后月,山中大火,鹦鹉遥见,便入水沾羽,飞而洒
之。天神言:汝虽有志,何足云也?鹦鹉曰:犹知不能,然尝侨是山,禽、
兽行善,皆为弟兄,不忍见耳。天神嘉感,即为灭火。"[4]后条,尚有叙
述更为清晰的文字。李昉《太平广记》卷460《鹦鹉救火》:"有鹦鹉飞
集他山,山中禽兽辄相贵重。鹦鹉自念:虽乐,不可久也。便去。后数
日,山中大火。鹦鹉遥见,便入水濡羽飞而洒之。天神言:汝虽有志意,
何足云也?对曰:虽知不能,然尝侨居是山,禽兽行善,皆为兄弟,不忍
见耳。天神嘉感,即为灭火。出《异苑》。"[5]还有的记录,说是能够在
梦中预示征兆。《初学记》卷30:"周宣《梦书》曰:莺鹉,为亡人居宅
也。梦见莺鹉,忧亡人也,其在堂上,忧豪贤也。"[6]

---

〔1〕文渊阁《四库全书》本,页14下。

〔2〕文渊阁《四库全书》本,页3下。

〔3〕文渊阁《四库全书》本,页16上。

〔4〕《四部丛刊初编》,景印宋刊本,页3上,页2下。

〔5〕中华书局句逗本,1961年版,页3769。

〔6〕《唐代四大类书》,影印光绪《古香斋袖珍十种》本,清华大学出版社2003年版,页1922
下。

《旧唐书》卷 29《音乐志》:"今案岭南有鸟,似鸲鹆而稍大,乍视之,不相分辨,笼养久,则能言,无不通,南人谓之吉了,亦云料。开元初,广州献之,言音雄重,如丈夫委曲,识人情,慧于鹦鹉远矣,疑即此鸟也。《汉书》《武帝纪》书:南越献驯象、能言鸟。注《汉书》者,皆谓鸟为鹦鹉。若是鹦鹉,不得不举其名,而谓之能言鸟。鹦鹉,秦、陇尤多,亦不足重,所谓能言鸟,即吉了也。北方常言鸲鹆逾岭,乃能言,传者误矣。岭南甚多鸲鹆,能言者,非鸲鹆也?"[1]姑不论"鸲鹆"、"吉了"的差别,即就"能言鸟"来说,羽毛"五色",非"鹦鹉"为何?《白孔六帖》卷 98:"五色能言鸟:西域南天竺献五色能言鸟。"[2]实际上,东汉以前,很少人拥有"鹦鹉"。《太平广记》卷 236《袁广汉》:"茂陵富人袁广汉,藏镪巨万,家童八九百人,于北芒山下筑园。东西四里,南北三里,引流注其内,构石为山,高十余丈,连延数里。养白鹦鹉、紫鸳鸯、旄牛、青兕,奇禽怪兽,积委其间。移沙为洲屿,激水为波潮,其中育江鸥、海鹤,孕雏产鷇,延漫林池,奇树异草,靡不具。植屋徘徊重属,间以修廊行之,移晷不能遍也。袁广汉后得罪诛,没入官。其园鸟兽、草木,皆移植于上苑中矣。出《西京杂记》。"[3]

1.5

"鹦鹉"之为中国人知悉,由来已久。《山海经》卷 2《西山经》:"又西百八十里,曰黄山,无草木,多竹箭。盼水出焉,西流注于赤水,其中多玉。有兽焉,其状如牛而苍黑,大目,其名曰辇。有鸟焉,其状如鸮,青羽赤喙,人舌能言,名曰鹦鷍。""又西一百七十里,曰数历之山,其上多黄金,其下多银,其木多杻橿,其鸟多鹦鷍。楚水出焉,而南流注于渭,其中多白珠。"[4]不仅如此,人们已经开始喂饲兹种聪慧的"飞鸟",训练其进行语言表达。宋人卫湜《礼记集说》卷 2 解道:"鹦鹉能

---

〔1〕中华书局标点本,1975 年版,页 1061,页 1062。

〔2〕文渊阁《四库全书》本,页 29 下。

〔3〕中华书局句逗本,1961 年版,页 1809。

〔4〕袁珂校注本,上海古籍出版社,1980 年版,页 31,页 34。

言,不离飞鸟;猩猩能言,不离禽兽。今人而无礼,虽能言,不亦禽兽之心乎?夫唯禽兽无礼,故父子聚麀。是故圣人作为礼以教人,使人以有礼,知自别于禽兽。""鹦鹉是羽,曰禽,猩猩四足而毛,本兽;今云禽兽者,凡语有通、别。别而言之,羽则曰禽,毛则曰兽;通而为说,鸟不可曰兽,兽亦可曰禽。"[1]不过,大量的个体被置于"牢笼",应该出现在东汉以后。这种现象发生的标志,即是众多的相关"专赋",而其主题,往往是兹类"飞鸟"外形、特别是斑斓羽毛的赋咏、学话能力的惊叹,以及由之而遭受囚禁命运的惋惜。对于其他动物而言,备受人类的宠爱,也就是备受人类的戕害,这难道不是又一例证吗?

综合隋以前的典籍所载,整个"鹦鹉"分布,似乎可以划作3大片:一是以今甘肃为起点而向西延伸的地域,涵今青海、新疆,而"陇坻"、"瓜州"、"流沙"、"昆仑"等属之。二是以今广东为起点而向西南延伸的地域,涵今广西、越南、柬埔寨、泰国、马来西亚、印度尼西亚,而"交州"、"南越"、"林邑国"、"扶南国"、"婆利国"、"呵罗单国"、"磐皇国"等属之。三是以今云南为起点而向西南延伸的地域,涵今缅甸、印度,而"益州"、"迦毗黎国"等属之。后二者的自然环境乃"亚热带阔叶林"或"热带雨林"气候;而前者的自然环境却是"温带针叶、阔叶杂交林",甚至是"温带草原"、"温带沙漠"气候。也就是说,当时还存在着不畏寒冷、不畏干旱的种类,那就是后世大肆捕捉、今世已经绝灭的"陇西鹦鹉"。李白《李太白集》卷22《初出金门,寻王侍御不遇,咏壁上鹦鹉》,"落羽辞金殿,孤鸣托绣衣。能言终见弃,还向陇西飞。"[2]释齐己《白莲集》卷9《放鹦鹉》:"陇西苍嶻结巢高,本为无人识翠毛。今日笼中强言语:乞归天外啄含桃。"[3]"陇",似乎既可是今陕西省西界的"陇山",也可是今甘肃省西界的"陇沙"。杨侃《两汉博闻》卷11:"《广志》曰:流沙,在玉门关外,东、西数百里,有三断,名曰三陇,故曰陇沙。以西,使命不得通也。"[4]

---

[1]文渊阁《四库全书》本,页19下,页20上。
[2]文渊阁《四库全书》本,页2下。
[3]《四部丛刊初编》,景印明刊本,页14下。
[4]文渊阁《四库全书》本,页9下。

每当人们见到花朵装点的原野,无论是在"江东",还是在"关中",都会情不自禁地联想到"鹦鹉"的光艳。庾信《庾子山集》卷3《忝在司水,看治渭桥》:"跨虹连绝岸,浮鼋续断航。春洲鹦鹉色,流水桃花香。"[1]不过,在色泽绮丽、体格硕大方面,或许还有气候和水土"适宜"的原因,南朝人格外珍重来自"海外"的品类。王应麟《玉海》卷199《建隆、咸平鹦鹉》:"《南州异物志》云:鹦鹉有三种:白,青,五色。交州以南诸国有之,白及五色者,性尤慧解。"[2]《艺文类聚》卷91:"吴时《外国传》曰:扶南东有涨海,海中有洲,出五色鹦鹉。其白者,如母鸡。"[3]"海外",似乎意味着新颖、意味着奇异。《北史》卷95《真腊传》:"九真海有浮胡鱼,形似鲃,觜如鹦鹉,有八足,多大鱼,半身出,望之如山。"[4]"觜如鹦鹉"的"大鱼",莫不是迄今仍得游弋于各大洋的柯氏喙鲸(Ziphius cavirostris)? 其特征,马克—卡沃尔廷(Carwardine M.)《鲸与海豚》(Whales, Dolphins and Porpoises):"头形呈鹅喙状,唇形短而向上弯";"体色不一,从黄褐、淡褐、乳白至蓝灰或紫黑色都有。在耀眼的阳光下,可能呈现红色调";"白色或乳白色斑块以及环状疤痕,主要出现在腹部与体侧"[5] 而"足",除"鳍"外,乃"腹部与体侧"的"斑块"或"疤痕"?!

说来,当年因赋"鹦鹉"而名噪一时的祢衡,却由其桀傲不驯的性格,死于非命。《后汉书》卷80下《祢衡传》:"后黄祖在蒙冲船上大会宾客,而[祢]衡言不逊顺,祖惭,乃诃之,衡更熟视曰:死公云等道。祖大怒,令五百,将出欲加棰,衡方大骂,祖恚,遂令杀之。祖主簿素疾衡,实时杀焉,射徒跣来救,不及。祖亦悔之,乃厚加棺敛。衡时年二十六。"[6]这一事件,令人且愤且悲。《李太白集》卷19《望鹦鹉洲悲祢衡》:"魏帝营八极,蚁观一祢衡。黄祖斗筲人,杀之受恶名。吴江赋鹦

〔1〕《四部丛刊初编》,景印明刊本,页19下。

〔2〕影印光绪浙江书局刊本,广陵书社2003年版,页3645下。

〔3〕《唐代四大类书》,影印绍兴刊本,清华大学出版社2003年版,页1342上。

〔4〕中华书局标点本,1983年版,页3163。

〔5〕《自然珍藏图鉴丛书》中译本,友谊出版社2007年版,页142,页143。

〔6〕中华书局标点本,1973年版,页2657,页2658。

鹉,落笔超群英。锵锵振金玉,句句欲飞鸣。鸷鹗啄孤凤,千春伤我情。五岳起方寸,隐然讵可平? 才高竟何施? 寡识冒天刑。至今芳洲上,兰蕙不忍生。"[1]胡曾《咏史诗》卷1《江夏》:"黄祖才非长者俦,祢衡珠碎此江头。今来鹦鹉洲边过,唯有无情碧水流。"[2]而宋人洪咨夔,还以"鹦鹉之戮"一词影射权贵残害良善、诛杀异己的行为。《春秋说》卷13:"大抵权臣专国之始,其心何能自安? 盼盼然恐人之议己,鳏鳏然虑人之间己,睽睽然惧人之负己,故必先锄不附己者以立威,而后国人屏气拱手,惟所为而莫之非、莫之违,权始一矣。指鹿之问,仗马之斥,黄河之投,鹦鹉之戮,皆此术也。"[3]

〔1〕文渊阁《四库全书》本,页13上。

〔2〕《四部丛刊三编》,景印宋刊本,页4上。

〔3〕文渊阁《四库全书》本,页7上、下。

2 破阵玄野

——唐代舞蹈秦王破阵乐及其演变

　　冠以唐太宗"在藩"时王号的舞蹈"秦王破阵乐",出自民间,进入宫廷,曾由"文皇"本人绘图定制。由于"孝思"的原因,高宗承袭以后,停止演出达 30 年之久。一度流行者,乃"新作"或业经改编"旧作"的"神功破阵乐"。武后称制,该乐再度停演。逮至玄宗登基,又增创"小破阵乐"。安史之乱以后,仍有排练,只不过其曲名依然"破阵",而舞名则"七德"。迄于五代刘氏汉、郭氏周和赵氏宋,其被一再更名作"讲功"、"象成"、"天下大定"、"武功"等。岁月漫长,变迁多端,已使昔日"抑扬蹈厉"的声势、"扼腕踊跃,懔然震悚"的感觉所存无几。概观其演化趋势,除安史之乱前时有"胡化"外,要以"雅化"为主。

2.1

　　唐代的"集体"舞蹈,尤其著名者,当数冠以唐太宗"在藩"时王号的"秦王破阵乐"。杜佑《通典》卷 146《乐清乐》:"破阵乐,大唐所造也。太宗为秦王时,征伐四方,人间歌谣,有秦王破阵乐之曲。及即位,贞观七年,制破阵乐舞图。"[1]王溥《唐会要》卷 33《破阵乐》:"贞观三年正月三日,宴群臣,奏秦王破阵乐之曲。太宗谓侍臣曰:朕昔在藩邸,屡有征伐,世间遂有此歌。岂意今日登于雅乐?然其发扬蹈厉,虽异文容,功业由之,致有今日。所以被于乐章,示不忘本也。尚书右仆射封德彝进曰:陛下以圣武戡难,立极安人,功成化定,陈乐象德,实弘济之

---

〔1〕浙江古籍出版社影印《十通》本,2000 年版,页 761 下。

盛烈,为将来之壮观。文容习仪,岂得为比?太宗曰:朕虽以武功定天下,终当以文德绥海内。文武之道,各随其时,公谓文容不如蹈厉,斯为过矣。七年正月七日,上制破阵乐舞,左圆右方,先偏后伍,鱼丽鹅贯,箕张翼舒,交错屈伸,首尾回互,以象战阵之形。起居郎吕才依图教乐工百二十人,被甲执戟而习之,九舞三变,每变为四阵,有来往疾徐击刺之象,以应歌节。数日而就。其后,令魏征、虞世南、褚亮、李百药改制歌词,更名七德之舞。十五日,奏之于庭,观者睹其抑扬蹈厉,莫不扼腕踊跃,憬然震悚。武臣列将咸上寿云:此舞皆陛下百战百胜之形容。"[1]

根据上引,"秦王破阵乐"之曲出自民间,而舞则由"秦王"本人于其登基后绘图定制。不过,根据稍晚的说法,无论"歌、舞"原本就有,逮至"文皇"正位后才又"重制"而成"七德舞"。钱易《南部新书》卷6:"武德中,天下始作秦王破阵乐曲,以歌、舞文皇之功业。贞观初,文皇重制破阵乐图,诏魏征、虞世南等为词,因名七德舞。自龙翔以后,诏郊庙享宴,皆先奏之。"[2]"武德中",盖三年。柳宗元《河东集》卷1:"唐铙歌鼓吹曲,刘武周败裴寂,咸有晋地,太宗灭之,为靖本邦第九。[武德]三年四月,破宋金刚于雀儿谷,又破武周于洛州,武周及金刚遂奔突厥。太宗进平并州,遂复故地。未几,金刚背突厥而亡,要斩,武周亦谋归马邑,为突厥所杀。""惟钺之兴,蕲焉则定。洪惟我理,式和以敬。群顽既夷,庶绩咸正。皇暮载大,惟人之庆。"[3]洪适《盘洲集》卷28《唐神功破阵乐颂》:"唐受天命,一海内,四方次第平。武德二年,刘武周用宋金刚之谋,连锋突厥,拔介州,杀石州刺史,败裴寂,入太原,浸摇关中。高祖、太宗御之柏壁,天戈所指,莫不摧折。明年,遂平河东,武周奔于虏。爰即军中作破阵乐,以志武功之盛。及魏征、褚亮辈更制歌辞,曰七德舞","凡岁旦、冬至大朝会,则与九功舞同奏"。[4]

"秦王破阵乐"之曲首次引入宫廷,应该在唐太宗君临之初的贞观

〔1〕文渊阁《四库全书》本,页17下,页18上。
〔2〕《唐宋史料笔记丛刊》,黄寿成点校本,中华书局2002年版,页87。
〔3〕文渊阁《四库全书》本,页17上、下。
〔4〕《宋集珍本丛刊》,影印光绪刊本,线装书局,页220上、下。

·欧·亚·历·史·文·化·文·库·

元年。司马光《资治通鉴》卷 192："贞观元年春正月乙酉,改元。丁亥,上宴群臣,奏秦王破陈乐。上曰:朕昔受委专征,民间遂有此曲。虽非文德之雍容,然功业由兹而成,不敢忘本。封德彝曰:陛下以神武平海内,岂文德之足比?上曰:戡乱以武,守成以文,文、武之用,各随其时。卿谓文不及武,斯言过矣。德彝顿首谢。"[1]《册府元龟》卷 569《掌礼部作乐》:"太宗贞观元年正月丁亥,宴群臣,奏秦王破阵乐之曲。太宗谓侍臣曰:朕昔在藩,屡有征讨,世间遂有此歌,岂意今日登于雅乐?然其发扬蹈厉虽异,文容功业由之。致有今日,所以被于乐章,示不忘于本也。尚书左仆射封德彝进对曰:陛下以圣武戡难,立极安人,功成化定,陈乐象德,实弘济之盛烈,将来之壮观,文容习仪,岂得为比?太宗曰:朕虽以武功定天下,终当以文德绥内外。文、武之道,各随其时。公谓文容不如蹈厉,斯为过矣。德彝顿首曰:臣不敏,不足以知之。"[2]此前,该曲早已在民间风靡。《旧唐书》卷 51《后妃传》:"右骁卫将军、知太史事迦叶志忠上表曰:昔高祖未受命时,天下歌桃李子。太宗未受命时,天下歌秦王破阵乐。高宗未受命时,天下歌侧堂堂。天后未受命时,天下歌武媚娘。"[3]

"秦王"及因其命名的"破阵乐",名声甚至传到了远在万里外的印度。玄奘《大唐西域记》卷 5、卷 10:"王(摩揭陀戒日)曰:尝闻摩诃至那国,有秦王天子,少而灵鉴,长而神武。昔先代丧乱,率土分崩,兵戈竞起,群生荼毒,而秦王天子早怀远略,兴大慈悲,拯济含识,平定海内,风教遐被,德泽远洽,殊方异域,慕化称臣氓,庶荷其亭育,咸歌秦王破阵乐,闻其雅颂,于兹久矣,盛德之誉,诚有之乎?大唐国者,岂此是耶?对曰:然。至那者,前王之国;号大唐者,我君之国。称昔未袭位谓之秦王,秦王今已承统,称曰天子。前代运终,群生无主,兵戈乱起,残害生灵。秦王天纵含弘,心发慈愍,威风鼓扇,群凶殄灭,八方静谧,万国朝贡,爱育四生,敬宗三宝,薄赋敛、省刑罚而国用有余,氓俗无忧,风猷大

---

〔1〕中华书局标点本,1956 年版,页 6030。

〔2〕中华书局影印明刊本,1960 年版,页 6835 下。

〔3〕中华书局标点本,1975 年版,页 2173。

化,难以备举。戒日王曰:盛矣哉。彼土群生,福感圣主。""拘摩罗王曰:今印度诸国,多有歌颂摩诃支那国秦王破阵乐者,闻之久矣,岂大德之乡国耶?曰:然。此歌者,美我君之德也。拘摩罗王曰:不意大德,是此国人。常慕风化,东望已久,山川道阻,无由自致。曰:我大君圣德远洽,仁化遐被。殊俗异域,拜阙称臣者众矣。拘摩罗王曰:覆载若斯,心冀朝贡。"[1]

2.2

高宗承袭以后,"秦王破阵乐"停止演出达30年之久。究其原因,出于"孝思",听音睹舞,不禁追念其"父皇",从而不禁凄怆的心情。《唐会要》卷33《破阵乐》:"永徽二年十一月二日,上祀南郊,黄门侍郎宇文节奏言:依旧仪,明日朝群臣、陈乐悬,请奏九部乐。上曰:披甲而舞者,情不忍观,所司更不宜设。言讫,惨怆久之。""仪凤三年七月八日,上在九成宫咸亨殿,宴韩王元嘉、霍王元轨及南北军将军等。乐作,太常少卿韦万石奏言:破阵乐舞者,是皇祚发迹所由,宣扬祖宗盛烈,传之于后,永永无穷。自天皇临御四海,寝而不作,既缘圣情感怆,群臣不敢开言。臣忝职乐司,废缺是惧。依礼祭之日,天子亲总干戚以舞,先祖之乐,与天下同乐也。今破阵乐久废,群下无所称述,将何以发孝思之情?臣望每大宴会,先奏此舞,以光祖宗之功烈。上瞿然改容,俯遂所请。乐阕,上歔欷久之,顾谓韩王等曰:不见此乐垂三十年,乍此观听,实深哀感。追思往日王业艰难,朕今嗣守洪业,岂可忘武功也?古人云:富贵不与骄奢为期,而骄奢自至。朕谓时见此舞,以自诫勖,冀无盈满之过,非为欢乐陈奏之耳。侍臣咸称万岁。"[2]《旧唐书》卷28《音乐志》也有内容相同的记载。[3]

《册府元龟》卷569《掌礼部作乐》:"显庆元年正月庚寅,改破阵乐

---

〔1〕《四部丛刊初编》,景印宋刊本,页5上、下,页6上、下,页7上。
〔2〕文渊阁《四库全书》本,页18下,页19上。
〔3〕中华书局标点本,1975年版,页1049,页1050。

舞为神功破阵乐。"[1]《唐大诏令集》卷81《用庆善曲、破阵乐诏》:"国家平定天下,革命创制,纪功旌德,久被乐章。今郊祀四悬,犹用干戚之舞。先朝作乐,韫而未申。其郊庙享宴等,宫悬文舞,宜用功成庆善之乐,皆着履执拂,依旧服袴褶、童子冠。其武舞,宜用神功破阵之乐,皆被甲持戟,其执纛之人,亦着金甲,仍量加箫、笛、歌鼓等,于悬南列坐,与宫悬合奏。麟德二年十月。"[2]"秦王破阵乐"既然要到仪凤三年方始再现,兹"破阵乐"当是"新作"或业经改编的"旧作"。实际上,其是用来被替换先前武舞"凯安"的。王应麟《玉海》卷107《唐治康凯安舞》:"初,隋有文舞、武舞,至祖孝孙定乐,更文舞曰治康,武舞曰凯安。舞者各六十四人。""武舞左干右戚,执旌居前者二人,执鼗执铎皆二人,金锌二,舆者四人,奏者二人,执铙二人,执相在左,执雅在右,皆二人。夹导,服平冕,余同文舞。朝会则武弁平巾帻、广襃金甲、豹文绔、乌皮靴,执干戚、夹导,皆同郊庙。凡初献,作文舞之舞,亚、终献作武舞之舞。""至上元三年,诏神功破阵乐不入雅乐,功成庆善乐不可降神,皆罢,而郊庙用治康、凯安如故。"[3]

唐高宗曾经十分重视"神功破阵乐",甚至于贵为天子,却始终站立观看。此举届永淳元年,因臣子谏言而罢。《唐会要》卷33《破阵乐》:"先是,每奏神功破阵乐及功成庆善乐二舞,上皆立对。至永淳元年二月,太常博士裴守贞议曰:窃惟二舞肇兴,讴吟攸属,义均韶夏,用兼宾祭,皆祖宗盛德,而子孙享之。详览传记,未有皇帝立观之礼,况升中大事,华夷必集,九服仰垂拱之安,百蛮怀率舞之庆,甄陶化育,莫非神化,岂于乐府别申严敬?臣等议每奏二舞时,天皇不合起立。诏从之。"[4]而其所以被废弃,原因可能有二:一是"秦王破阵乐"亦"七德舞"的恢复,一是改编兹舞而成新的"大定乐"。《通典》卷146:"大定乐,高宗所造,出自破阵乐。舞者百四十人,被五彩文甲,持槊。歌云:

---

〔1〕中华书局影印明刊本,1960年版,页6838上。

〔2〕中华书局影印商务印书馆句逗本,2008年版,页465。

〔3〕广陵书社影印光绪刊本,2003年版,页1967下,页1968上。

〔4〕文渊阁《四库全书》本,页20上。

八纮同轨乐。以象平辽东，而边隅大定也。"[1]"平辽东"，显然指殄灭高丽之役。《新唐书》卷220《高丽传》："契苾何力会绩军于鸭渌，拔辱夷城，悉师围平壤。[乾封三年]九月，藏遣男产率首领百人树素幡降，且请入朝。绩以礼见，而男建犹固守，出战数北，大将浮屠信诚，遣谍约内应。""执藏、男建等，收凡五部、百七十六城、户六十九万，诏绩便道献俘昭陵，凯而还。十二月，帝坐含元殿，引见绩等，数俘于廷。"[2]

其实，就是一度被取代又再覆原的"武舞"之"凯安"，其主题的突出也是宣扬皇帝的"武功"。陈旸《乐书》卷177《唐乐舞上》："高宗以谓文、武二舞，礼不可废，若县作上元舞，奏神功破阵、功成庆善乐，殿庭用武，皆引出县外作，并诏｛高｝[韦]万石上凯安六变之法：一变象龙兴参野，二变克静关中，三变象夷夏宾服，四变象江淮宁谧，五变象狝狁慑伏，六变复位象兵还振旅。贞观礼祭享武舞六变，岂亦仿周大武之制与？明皇嗣位，自以获龙池之瑞，制龙池之舞。天宝中，奏祠太清宫，造紫极之舞。"[3]而"明皇"亦唐玄宗，更有名为"小破阵乐"的创作。《玉海》卷107《唐勤政楼舞马》："玄宗以马百匹盛饰，分左右，施三重榻，舞倾盆数十曲，壮士举榻，马不动，乐工少年姿秀者十数人，衣黄衫，文玉带，立左右。每千秋节，舞于勤政楼下，后赐宴设酺，亦会勤政楼。其日未明，金吾引驾骑，北衙四军陈仗列旗帜，被金甲、短后绣袍，太常卿引雅乐，每部数十人，间以胡夷之技，内闲厩使引戏马，五坊使引象、犀，入场拜舞，宫人数百，衣锦绣衣出帷中，击雷鼓，奏小破阵乐，岁以为常。"[4]《乐书》卷180《小破阵舞》："小破阵乐舞，唐明皇造也。舞者四人，金甲胄，盖生于立部伎也。然破阵乐被甲持戟，以象战争。"[5]

2.3

就是在安史之乱以后，昔日的"秦王破阵乐"仍然不时在宫中排

---

〔1〕浙江古籍出版社影印《十通》本，2000年版，页761下。
〔2〕中华书局标点本，1975年版，页6197。
〔3〕文渊阁《四库全书》本，页6下，页7上。
〔4〕影印光绪刊本，广陵书社2003年版，页1972下。
〔5〕文渊阁《四库全书本》，页8上。

练。只不过其曲名依然"破阵",而舞名则"七德"。《旧唐书》卷 13《德宗纪》:"贞元十四年二月戊午,上御麟德殿,宴文武百僚。初奏破阵乐,遍奏九部乐,及宫中歌舞妓十数人列于庭。先是,上制中和乐舞曲,是日奏之,日宴方罢。"[1]白居易《白氏长庆集》卷 3《七德舞》:"美拨乱陈王业也。武德中,天子始作秦王破陈乐,以歌太宗之功业。贞观初,太宗重制破陈乐舞图,诏魏征、虞世南等为之歌词,名七德舞。自龙朔已后,诏郊庙、享宴,皆先奏之。""七德舞、七德歌,传自武德至元和。元和小臣白居易,观舞听歌知乐意,乐终稽首陈其事:太宗十八举义兵,白旄黄钺定两京。擒充戮窦四海清,二十有四功业成。二十有九即帝位,三十有五致太平。功成理定何神速?速在推心置人腹。亡卒遗骸散帛收,饥人卖子分金赎。魏征梦见天子泣,张谨哀闻辰日哭。怨女三千放出宫,死囚四百来归狱。剪须烧药赐功臣,李勣呜咽思杀身。含血吮疮抚战士,思摩奋呼乞效死。不独善战善乘时,以心感人人心归。尔来一百九十载,天下至今歌舞之。歌七德,舞七德,圣人有作垂无极。岂徒耀神武?岂徒夸圣文?太宗意在陈王业,王业艰难示子孙。"[2]

迄于五代刘氏汉、郭氏周,乃为主要朝廷乐舞之一的"秦王破阵乐"亦"七德",相继被改作"讲功"、"象成"。《旧五代史》卷 144、卷 145《乐志》:"汉高祖受命之年(天福十二年)秋九月,权太常卿张昭上疏,奏改一代乐名。""贞观作乐之时,祖孝孙改隋文舞为治康之舞,武舞为凯安之舞。贞观中,有秦王破阵乐、功成庆善乐二舞,乐府又用为二舞,是舞有四马。前朝行用年深,不可遽废。俟国家偃伯灵台,即别召工师,更其节奏。今改其名,具书如左:祖孝孙所定二舞名,文舞曰治康之舞,请改治安之舞,武舞曰凯安之舞,请改为振德之舞。贞观中二舞,名文、武功成庆善乐,前朝名九功舞,请改为观象之舞,秦王破阵乐,前朝名为七德舞,请改为讲功之舞。其治安、振德二舞,请依旧郊庙行用,以文舞降神,武舞送神,其观象、讲功二舞,请依旧宴会行用。""周广顺元年,太祖初即大位,惟新庶政。时太常卿边蔚上疏,请改舞名。"

---

〔1〕中华书局标点本,1975 年版,页 387。
〔2〕《四部丛刊初编》,景印宋刊本,页 1 下,页 4 下,页 5 上。

"前朝改祖孝孙所定二舞之名,文舞曰治安之舞,武舞曰振德之舞,今请改治安为政和之舞,振德为善胜之舞。前朝改贞观中二舞名,文舞曰观象之舞,武舞曰讲功之舞,今请改观象为崇德之舞,讲功为象成之舞。又议改十二成,今改为顺。"[1]

入宋以后,更改名称、内容势在必行。《乐书》卷172《圣朝乐舞》:"圣朝建隆之初,窦俨首议更周乐舞之名,以崇德舞为文德之舞,象成舞为武功之舞,权籍教坊及开封府乐户子弟充之,冠服,用唐旧制而已。太祖皇帝乾元殿朝群臣,更诣大明殿上寿,诏用文德、武功之舞,然郊庙、殿廷同制,其容缀,未称朝廷揖逊之意。故和岘建言:宜先奏文舞焉,殿廷所用文舞,宜为盛德升闻之舞,取舜受尧禅、玄德升闻之义也。舞工用百二十人,八佾之数,判为八列,列十六工,皆着履执拂、服袴褶、冠进贤,二工执五采纛引之,文容变数,略仿旧仪。次奏武舞,宜为天下大定之舞,取武王一戎衣,而天下大定之义也,舞工亦准文舞之数,被金甲、持戟,二工执五色旗引之。一变象六师举,二变象上党平,三变象维扬定,四变象荆湖复,五变象卭蜀来,六变象师还振旅。至于铙铎雅相,固麓并舞,舞工冠服,仍旧而已。"[2]曾巩《元丰类稿》卷49《本朝政要策,雅乐》:"周世宗患雅乐陵替,得王朴、窦俨考正之。宋兴,俨定文舞为文德之舞,武舞为武功之舞,大朝会用之。又定十一曲名,以为祭祀会朝出入之节焉。朴俨所考正有未备者,和岘继成之,然裁减旧乐,乃太祖之圣意,章圣用随月之律,主上新皇佑之制,雅乐备焉。"[3]

一度被易为"天下大定之舞"的"武功之舞",一直延续到南宋。不过,当此时,其"地位"和"规模"已经"非复往昔"了。章如愚《群书考索》卷续27《礼乐门》:"太祖平诸国,仁宗、英宗朝二舞(文德、武功),止用六十四人。"[4]释文莹《玉壶清话》卷2:"冯瀛王道德度凝厚,事累朝,体貌山立。其子吉,特浮俊无检,为少卿,善琵琶,妙出乐府,世无及者。""乾德四年郊,礼容乐节,刊正渐备,有司奏其阙典,但少宗庙殿庭

---

〔1〕中华书局标点本,1976年版,页1931,页1935。

〔2〕文渊阁《四库全书本》,页2上、下,页3上。

〔3〕《四部丛刊初编》景印元刊本,页7上、下。

〔4〕影印正德刊本,书目文献出版社1992年版,页1077下。

·欧·亚·历·史·文·化·文·库·

宫悬三十六架,加鼓吹熊罴十二。按乐礼,朝会登歌用五瑞,郊庙奠献用四瑞,回至楼前,奏采茨之曲,御楼奏隆安之曲,各用乐章。又八佾之舞,以象文德、武功,请用玄德升闻天下大定之舞,卒从其请。"[1]《政和五礼新仪》卷27《吉礼》:"初,皇帝将诣小次礼直官,太常博士引亚献诣盥洗位,北向立,搢笏盥手,帨手执笏,诣爵洗位,北向立,搢笏洗爵,拭爵以授执事者,执笏升诣正位酌尊所,西向立,宫架作正安之乐、武功之舞,执事者以爵授亚献,亚献搢笏执爵,执尊者举幂太官,令酌山尊之醴齐。"[2]吴自牧《梦粱录》卷5《驾宿明堂斋殿,行裸祀礼》:"清庙灵宫暨禋坛伶工,总属奉常官,八音欲格,神人悦乐,曲更成十九章,明堂乐舞,文德、武功之舞,凡登歌宫架乐,全凭押乐官掌之。"[3]

2.4

"破阵乐"舞蹈所用之曲,既为"燕乐",又为"法曲",伴奏兼用或主用"龟兹"乐器。《乐府诗集》卷53、卷80、卷96:"唐太宗贞观中,始造燕乐。其后,又分为立、坐二部:堂下立奏谓之立部伎,堂上坐奏谓之坐部伎。立部伎八:一安乐,二太平乐,三破阵乐,四庆善乐,五大定乐,六上元乐,七圣寿乐,八光圣乐。自破阵乐以下,皆用大鼓,杂以龟兹乐,其声震厉。大定乐又加金钲,庆善乐颛用西凉乐,声颇闲雅。坐部伎六:一燕乐,二长寿乐,三天授乐,四鸟歌万岁乐,五龙池乐,六小破阵乐。自长寿乐以下用龟兹乐,唯龙池乐则否。""《历代歌辞》曰:破阵乐,小歌曲。《乐苑》曰:商调曲也。按破阵乐,本舞曲,唐太宗所造;玄宗又作小破阵乐,亦舞曲也。""按法曲起于唐,谓之法部。其曲之妙者,其破阵乐、一戎、大定乐、长生乐、赤白、桃李花,余曲有堂堂望瀛、霓裳羽衣、献仙音、献天花之类,总名法曲。"[4]其声音激越奋厉,象征征战攻伐,曾使向往"文治"的魏征十分厌恶,以致"拒绝"欣赏。刘𫗱《隋

---

〔1〕《唐宋史料笔记丛刊》,郑世刚、杨立扬点校本,中华书局1984年版,页14。
〔2〕文渊阁《四库全书》本,页4上。
〔3〕文渊阁《四库全书》本,页17上、下。
〔4〕《四部丛刊初编》,景印明刊本,页1下,页2上,页4下,页11下。

唐嘉话》卷上："太宗之平刘武周,河东士庶歌舞于道,军人相与为秦王破阵乐之曲。后编乐府云。""破阵乐,被甲持戟,以象战事。庆善乐,广袖屣履,以像文德。郑公见奏破阵乐,则俯而不视,庆善乐,则玩之而不厌。"[1]

"破阵乐"既然有"曲",当然也能有"词"。流传至今的作品,既有七言、五言,也有六言。《乐府诗集》卷80《破阵乐》、卷20《唐凯乐歌辞》:"秋来四面足风沙,塞外征人暂别家。千里不辞行路远,时光早晚到天涯。"暨,"唐制:凡命将出征,有大功献俘馘,其凯乐用铙吹二部,乐器有笛、筚篥、箫、笳、铙、鼓,歌七种,迭奏破阵乐等四曲。""初,太宗平东都,破宋金刚,其后苏定方执贺鲁,李绩平高丽,皆备军容,凯歌以入。""太常旧有破阵乐、应圣期两曲歌辞,至太和三年,始具仪注,又补撰二曲为四曲云。《破阵乐》:受律辞元首,相将讨叛臣。咸歌破阵乐,共赏太平人。《应圣期》:圣德期昌运,雍熙万宇清。乾坤资化育,海岳共休明。辟土欣耕稼,销戈遂偃兵。殊方歌帝泽,执贽贺升平。《贺圣欢》:四海皇风被,千年德水清。戎衣更不着,今日告成功。《君臣同庆乐》:主圣开昌历,臣忠奉大猷。君看偃革后,便是太平秋。"[2]张说《张说之集》卷10《破阵乐词》:"汉兵出顿金徽,照日明光铁衣。百里火燔焰焰,千行云骑騑騑。蹙踏辽河自竭,鼓噪燕山可飞。正属西方朝驾,端知万舞皇威。""少年胆气凌云,共许骁雄出群。匹马城南挑战,单刀蓟北从军。一鼓鲜卑送款,五饵单于解纷。誓欲成名报国,羞将开口论勋。"[3]

当后朝的宋,无论是为"武功之舞"所写"辞",还是为"秦王破阵乐"所作"颂",皆出现了四言。杨亿《武夷新集》卷5《武舞》:"武功既成,缀兆有翼。以节八音,以象七德。侯侯蹲蹲,朱干玉戚。发扬蹈厉,其仪不忒。""偃伯灵台,功成作乐。以昭德容,以清戎索。万邦会同,群黎萧勺。尽善尽美,侔彼韶箾。"[4]洪适《盘洲集》卷28《唐神功破阵

〔1〕《唐宋史料笔记丛刊》,程毅中点校本,中华书局1979年版,页18。

〔2〕《四部丛刊初编》,景印明刊本,页5上,页8下,页9上。

〔3〕《四部丛刊初编》,景印嘉靖刊本,页8下。

〔4〕《宋集珍本丛刊》,影印嘉庆刊本,线装书局,页239上。

乐颂》:"古帝命唐,正域四方。扫旧布新,长彗流光。乱结隋秒,奸雄纷扰。如虎凭山,如蛇缠道。赫赫太宗,圣武神功。干将莫邪,畴克婴锋。薛犁其荒,郑陨其强。夏氏累俘,魏人纳降。逊矣武周,藉助凶俦。怒其萌牙,大阳是仇。乃鞠王师,驱熊率罴。天戈一指,颠踣流离。爰制乐章,蹈厉发扬。以志武德,子孙无忘。辞摛魏褚,七德命舞。裘褐惊哈,民观如堵。龙墀大朝,星拱群僚。乐奏其间,上下和调。闻诸古昨,功成作乐。韶夏英茎,于昭景铄。唐室之兴,定乱以兵。兹乐之成,王业惟明。被之管弦,其辞弗传。作此颂焉,何千万年!"[1]就是元人所"拟"五言,篇幅也要大得多。王祎《王忠文集》卷3《拟唐凯乐歌·破阵乐》:"惟皇应宝历,受天命以兴。赫赫扬神武,隆隆震天声。秉黄钺白旄,四征讨不庭。蠢彼枭獍徒,屯蜂蚁营营。萧斧伐朝菌,一挥不留行。大憝既已夷,乾坤永清宁。"[2]

在宋词中,《破阵乐》尚是专门的词牌名称。柳永《乐章集》《破阵乐》:"露花倒影,烟芜蘸碧,灵沼波暖。金柳摇风,木末系彩舫,龙船遥岸。千步虹桥,参差雁齿,直趋水殿。绕金堤、曼衍鱼龙,戏簇娇春,罗绮喧天丝管。霁色荣光,望中似睹,蓬莱清浅。□时光,凤辇宸游,鸾觞禊饮,临翠水、开镐宴。两两轻舠飞画楫,竞夺锦幖霞烂。声欢娱,歌鱼藻,徘徊宛转。别有盈盈游女,各采明珠,争收翠羽,相将归去,渐觉云海沉沉,洞天日晚。"[3]《花草粹编》卷24张先《破阵乐》:"四堂互映,双门并丽,龙阁开府。郡美东南第一,望故苑、楼台霏雾。垂柳池塘,流泉巷陌,吴歌处处。近黄昏、渐更宜,良夜簇繁星。灯烛长衢如昼,暝色韶光,几帘粉面?飞甍朱户。□欢遇,雁齿桥红,裙腰草绿,云际寺、林下路。酒熟梨花宾客醉,但觉满山箫鼓。尽朋游,因民乐,芳菲有主。自此归从泥诏,去指沙堤,南屏水石,西湖风月,好作千骑行春,画图写取。"[4]读着婉约缠绵的词句,难以想象其与前朝的《秦王破阵乐》或者府镇广场上唱的军歌有着可能的关联。后者,王建《王司马集》卷8

---

〔1〕《宋集珍本丛刊》,影印光绪刊本,线装书局,页220下。

〔2〕《北京图书馆古籍珍本丛刊》,影印嘉靖刊本,书目文献出版社,页61下。

〔3〕文渊阁《四库全书》本,页28下。

〔4〕文渊阁《四库全书》本,页47下。

《田侍郎归镇》:"广场破阵乐初休,彩纛高于百尺楼。老将气雄争起舞,管弦回作大缠头。"[1]

2.5

毫无疑问,无论在中国音乐史、还是在中国舞蹈史上,有唐制作的"秦王破阵乐"亦"破阵"曲、"七德"舞,都有着十分重要的地位。不管是舞蹈规模、音乐风格,还是成熟方式之异常、流传时间之漫长,皆可说是很少匹敌。《新唐书》卷21《乐志》:"唐之自制乐,凡三:一曰七德舞,二曰九功舞,三曰上元舞。"[2]白居易、孔传《白孔六帖》卷61:"唐之自制乐,凡三大舞:一曰七德舞,二曰九功舞,三曰上元舞。"[3]其出自民间,归于宫廷,几经演化,几经转变,历史颇为曲折。初期即有中断,一是唐高宗在位期间,一是武后称帝期间。前者即已引起一位宋士人的疑惑,洪咨夔《平斋集》卷11《饶州堂试策问》:"今观唐制,大驾属车十二乘,大陈设则分左右,施于卫内,三卫番上,分为五仗,号衙内五卫。元日朔、望视朝,则服翼善冠。其后,朔、望仍用弁服。元日、冬至朝会,七德与九功同舞,其后,至有不忍观破阵乐舞者,至于大陈设,皇太子而下,以次上寿,且奏祥瑞云物。其大略,亦若是而已。"[4]后者更使另一位宋士人否定它的延续,郭茂倩《乐府诗集》卷53:"武后、中宗之世,大增造立坐部伎诸舞,随亦寝废。武后毁唐太庙,七德、九功之舞皆亡,独其名存。自后宴飨,复用隋文舞、武舞而已。"[5]

宋以"陈桥兵变"、后周恭帝"逊位"得国;唐虽依恃"武功"开辟基业,却也曾举行隋恭帝的"禅让"之礼。《隋书》卷5《恭帝纪》:"义宁二年五月戊午,诏曰:今遵故事,逊于旧邸,庶官群辟,改事唐朝,宜依前典,趣上尊号,若释重负,感泰兼怀,假手真人,俾除丑逆。济济多士,明

---

〔1〕文渊阁《四库全书》本,页10下。

〔2〕中华书局标点本,1975年版,页467。

〔3〕文渊阁《四库全书》本,页33上、下。

〔4〕《宋集珍本丛刊》,影印同治刊本,线装书局,页362下,页363上。

〔5〕《四部丛刊》初编,景印明刊本,页2上。

知朕意,仍敕有司,凡有表奏,皆不得以闻。是日,上逊位于大唐,以为鄙国公。"[1]按照"传统":"以揖逊得天下者,先奏文舞";这或许就是李世民"不便"过于推崇"秦王破阵乐"的原因之一。《玉海》卷107《乾德文、武二舞,淳化朝元殿二舞,景佑武舞九器》:"是月(乾德四年十月)十九日己卯,判太常和岘言:郊庙殿庭,通用文德、武功舞。然其缀兆,未称功德之形容。又按古义:以揖逊得天下者,先奏文舞;以征伐得天下者,先奏武舞。陛下以揖逊受禅,宜先奏文舞。"[2]《群书考索》卷续27:"尝观唐初朝会,必奏秦王破阵乐,示以武功定天下也。"[3]说来,初唐诸帝不乏建有"武功"者,太宗、高宗、玄宗,十分凑巧,他们几乎皆是深谙音乐、舞蹈之人。正是二者的结合,遂产生了李世民之与"七德舞"、李治之与"神功破阵乐"、李隆基之与"小破阵乐"的种种"瓜葛"。

概观"秦王破阵乐"的演化趋势,除安史之乱前时有"胡化"外,要以"雅化"为主。曾有唐士人在追溯其曲、词起源时,径直上攀至周。李华《李遐叔集》卷2《三贤论:元鲁山、萧颖士、刘迅》:"以谓王者作乐崇德,殷荐上帝以配祖考,天人之极致也,而词章不称,是无乐也。于是,作《破阵乐词》,协商、周之颂,推是而论,则见元之道矣。"[4]就是宋士人,也会"情不自禁"地将前朝或本朝与周的情况进行比较。《乐书》卷177《唐乐舞》:"然周用六代之乐,未尝屡变名号之别也。唐之乐舞屡变如此,不亦失之自衒,非所以褒崇祖宗功德之意邪?"[5]而将"七德"更作"武功",正是相关"悠久"掌故的借用。张载《张子全书》卷3《乐器篇》:"象武,武王初有天下,象文王武功之舞,歌维清以奏之。"[6]刘瑾《诗传通释》卷19:"周公象武王之功,为大武之乐。言武王无竞之功,实文王开之,而武王嗣而受之,胜殷止杀,以致定其功

---

〔1〕中华书局标点本,1973年,页102。
〔2〕影印光绪刊本,广陵书社2003年版,页1973下。
〔3〕影印正德刊本,书目文献出版社1992年版,页1078上。
〔4〕文渊阁《四库全书》本,页2上。
〔5〕文渊阁《四库全书》本,页7上。
〔6〕文渊阁《四库全书》本,页30上。

也。"〔1〕正是这种"主旋律"的"偷梁换柱",遂使昔日的声势、感觉所存无几。叶时《礼经会元》卷3下《乐舞》:"唐太宗有破阵乐,名曰七德舞;有庆善乐,名曰九功舞。舞则善矣,当时且有发扬蹈厉、不如之容之憾,则其为舞,亦可知矣。"〔2〕从这一点论,"独其名存"之说未必没有道理。

香山居士的专题"新乐府",虽然只是歌颂唐太宗的丰功伟绩,却也在"后世"起到了"讽喻"的效果。朱熹《宋名臣言行录》卷前一《李昉》:"太宗语侍臣曰:朕何如唐太宗? 左右互辞以赞,独昉无他言,微诵白居易讽谏《七德舞词》曰:怨女三千放出宫,死囚四百来归狱。上闻之,遽兴曰:朕不及,朕不及,卿言警朕矣。"〔3〕此后,以抄录该诗自我抒发、或"赐人"以示恩惠者,不啻一二。魏了翁《鹤山集》卷61《跋山谷所书香山七德舞》:"黄太史(庭坚),得书之变者。今此帖,又因观海怪图以发其趣,故视他书尤更沉着痛快。然不出其氏名、称号,岂犹有所靳于戴炼师邪? 此诗旧本子夜作天子,今来作尔来。"〔4〕周必大《周益公集》卷104《谢御书札子》:"臣适蒙圣(宋孝宗)恩召至选德殿,面赐训谕,欲以御书光宠下臣。寻准中使李裕文传示圣旨,颁赐唐白居易《七德舞、七德歌》一轴,龙蟠凤翔,眩骇凡目。仰惟皇帝陛下睿文英武,同符太宗,选用将相,内修政事,将欲定两京,致太平故。有感于居易之言,形诸翰墨,少见圣意。抑臣何幸? 乃祗拜此赐。"〔5〕以上,盖"秦王破阵乐"的相关"逸事"。

---

〔1〕文渊阁《四库全书》本,页43上。
〔2〕文渊阁《四库全书》本,页49下。
〔3〕《宋史资料萃编(第一辑)》,影印同治刊本,文海出版社,页51。
〔4〕《宋集珍本丛刊》,影印嘉靖刊本,线装书局,页306上、下。
〔5〕《宋集珍本丛刊》,影印明钞本,线装书局,页656上。

3 置营冥泽

——唐墨离军及其后世部落变迁

早在唐王朝建立的初期,李氏皇帝治下的"瓜州",出现了一支由"刺史"兼"军使"、而以"墨离军"为名号的军队。追究这支军队成员的族属,几乎包涵各个种类,其中,尤以与南方的"吐谷浑"关系最为密切。相近地方同名的"墨离川"、"墨离海",应该就是其东南方、离"雪山"不远、自南流入的"冥水"及其所汇入的"大泽"或"冥泽"。到了后世的元、明,共同的生产方式、共同的国家责任,使之融合起来,转而成为被称作"灭乞里"、"磨可里"、"乜克力"、"麦克零"的部落,只不过在分布地域上,稍稍西移罢了。或许是既似"蒙古"、又似"突厥"的外貌特征,"灭乞里"亦"别克怜"的妇女,深得孛儿只吉氏皇帝、王子的喜爱。

3.1

早在唐王朝建立的初期,李氏皇帝治下的"河西"地区,出现了一支以"墨离军"为名号的军队。李吉甫《元和郡县图志》卷40:"武德二年,讨平李轨,改为凉州,置河西节度使,镇羌、胡,统赤水军、太斗军、建康军、宁寇军、玉门军、墨离军、新泉军、豆卢军,都管兵七万三千人,马一万八千八百匹。"[1]与"建康军"、"玉门军"、"伊吾军"长官"使"例由"甘州"、"肃州"、"伊州"长官刺史兼任相似,"墨离军"长官"使"也由"瓜州"长官"刺史"兼任。《唐大诏令集》卷130苏颋《命吕休璟等北伐制》:"建康军使、甘州刺史李守征,玉门军使、肃州刺史汤嘉惠,墨

---

[1]《中国古代地理总志丛刊》,贺次君点校本,中华书局1983年版,页1018。

离军使、瓜州都督李思明,伊吾军使、伊州刺史李眷交等各领当军兵马,与突骑施守忠、吕休璟等计会,共为表里。莫不运其长策,悉心而效六奇;接以短兵,指掌而论七纵。使天阵齐举,云置备设。贾勇于饮酌之夫,一以当万;扬威于汗血之骑,左萦右拂。威系鼋斩蛟,曳牛佩豕。必能力簸穷海,声压大荒。刈谷蠡之庭,拔权渠之垒,不遑渭桥之拜,已睹阴山之哭。然则持旌节金鼓者,所以问不宾、诛首恶,而比夫不诚复迷则凶,俾存开网之仁,预轸焚冈之叹。休璟所须兵马甲杖一事已上,仍依别敕处分,主者施行。景龙四年五月十五日。"[1]

由"瓜州刺史"兼"墨离军使",似乎表明"瓜州"在受到军事威胁时,"墨离军"乃是其安全保障。对于"瓜州"来说,当南方的慕容氏"吐谷浑"、北方的阿史那氏"后突厥"相继覆灭之后,可能的强敌,也就是南境武力日益强大、积极开拓领地的吐蕃王朝。《旧唐书》卷99《萧嵩传》:"开元十五年,凉州刺史、河西节度王君奂恃众每岁攻击吐蕃。吐蕃大将悉诺逻恭禄及烛龙莽布支攻陷瓜州城,执刺史田元献及君奂父寿,尽取城中军资及仓粮,仍毁其城而去。又攻玉门军及常乐县,县令贾师顺婴城固守,贼遂引退。无何,君奂又为迴纥诸部杀之于巩笔驿,河、陇震骇。"[2]《新唐书》卷133《张守珪传》:"稍迁建康军使。王君奂死,河西震惧,诏以[张]守珪为瓜州刺史、墨离军使。督余众完故城,版筑方立,虏奄至,众失色,守珪曰:创痍之余,讵可矢石相确?须权以胜之。遂置酒城上,会诸将作乐。虏疑有备,不敢攻引去,守珪纵兵击败之。于是,修复位署,招流冗使复业。有诏以瓜州为都督府,即诏守珪为都督州。地沙堉不可薮,常潴雪水溉田。是时,渠堨为虏毁,材木无所出,守珪密祷于神,一昔水暴至,大木数千章塞流下,因取之修复堰坊,耕者如旧。州人神之,刻石纪事。"[3]

位于"瓜州"附近的"墨离军",其成员包含各个部族。就"瓜州"刺史亦"晋昌郡太守"或"墨离军使"的族属来说,正是如此。有为北魏

---

〔1〕文渊阁《四库全书》本,页14上、下。

〔2〕中华书局标点本,1975年版,页3094。

〔3〕中华书局标点本,1975年版,页4548。

·欧·亚·历·史·文·化·文·库·

鲜卑著姓"贺拔"氏的后裔,《旧唐书》卷62《杨恭仁传》:"属瓜州刺史贺拔威拥兵作乱,朝廷惮远,未遑征讨。[杨]恭仁乃募骁勇倍道兼进,贼不虞兵至之速,克其二城,恭仁悉放俘虏,贼众感其宽惠,遂相率执威而降。"[1]有曾是吐谷浑王族"慕容氏"的遗胤,也有唐的本氏"宗子"、他姓将领。钱伯泉《墨离军及相关问题》录莫高窟第256窟东壁门南侧供养人像列北向第一身题名、第130窟甬道北壁第一身供养人题名:"皇祖墨厘军诸军事、□□□□、银青光禄大夫、检校□□中书令、□□□□□□慕容归盈";"朝议大夫、使持节都督晋昌郡诸军事、守晋昌郡太守、墨离军使,赐紫金鱼袋、上柱国乐庭瓌供养"[2]。《六艺之一录》卷123《唐宗子陇西李氏再修功德记碑》:"次男使持节瓜州刺史、墨离军押蕃落等使,兼御史大夫弘定,文武全材,英雄贾勇。晋昌要险,能布颇、牧之威;巨野大荒,屏荡匈奴之迹。"[3]从居民的情况来看,"墨离军"附近地区的情况也是如此。《唐会要》卷78:"墨离军,本是月支旧国。武德初,置军焉。"[4]

也有本为突厥沙陀的部民,而五代唐庄宗李存勖及其父河东节度使、晋王克用的先世,即曾出任过"墨离军使"而安家于"瓜州"。《册府元龟》卷1《帝王部帝系》:"后唐太祖武帝,本姓朱耶氏。其先,陇右金城人也。始祖拔野,唐贞观中,为墨离军使。从太宗讨高丽、薛延陀有功,为金方道副都护,因家于瓜州。太宗平薛延陀诸部,于安西、北庭置都护以属之,分同罗、仆骨之人置沙陀都督府。盖北庭有碛,曰沙陀,故因以为名焉。永徽中,以拔野为都督。"[5]《旧五代史》卷25《武皇纪上》:"太祖武皇帝,讳克用,本姓朱耶氏,其先陇右金城人也。始祖拔野,唐贞观中,为墨离军使,从太宗讨高丽、薛延陀,有功,为金方道副都护,因家于瓜州。太宗平薛延陀诸部,于安西、北庭置都护属之,分同罗、仆骨之人,置沙陀都督府。盖北庭有碛曰沙陀,故以为名焉。永徽

〔1〕中华书局标点本,1975年版,页2382。

〔2〕载《敦煌研究》2003年第1期,页61,页62。

〔3〕文渊阁《四库全书》本,页9下。

〔4〕《丛书集成初编》本,中华书局,页1428。

〔5〕中华书局影印明刊本,1960年版,页15下。

中,以拔野为都督,其后子孙五世相承。曾祖尽忠,贞元中,继为沙陀府都督,既而为吐蕃所陷,乃举其族七千帐徙于甘州。尽忠寻率部众三万东奔,俄而吐蕃追兵大至,尽忠战殁。祖执宜,即尽忠之长子也,收合余众,至于灵州,德宗命为阴山府都督。元和初,入为金吾将军,迁蔚州刺史、代北行营招抚使。庄宗即位,追谥为昭烈皇帝,庙号懿祖。"[1]

3.2

显然,无论是地理位置,还是将卒种类,"墨离军"都与"吐谷浑"有着密切的关系。这个由西迁的"鲜卑"贵族统治的国家,曾经在隋代遭到覆灭并沦为改设"郡、县"的命运。《魏书》卷101《吐谷浑传》:"子夸吕立,始自号为可汗,居伏俟城,在青海西十五里。虽有城郭而不居,恒处穹庐,随水草畜牧。其地东西三千里,南北千余里。"[2]《隋书》卷29《地理志》:"鄯善郡,大业五年,平吐谷浑置。置在鄯善城,即古楼兰城也,并置且末、西海、河源,总四郡。有蒲昌海、鄯善水。统县二:显武,济远。且末郡,置在古且末城,有且末水、萨毗泽。统县二:肃宁,伏戎。西海郡,置在古伏俟城,即吐谷浑国都。有西王母石窟、青海盐池。统县二:宣德,威定。河源郡,置在古赤水城,有曼头城、积石山,河所出,有七乌海。统县二:远化,赤水。"[3] "四郡"地域,大略可知。据《中国历史地图集》第5册《隋河西诸郡》:"西海",治今刚察县(沙柳河)西南吉尔孟东南,辖天峻、乌兰、都兰、德令哈、格尔木、大柴旦、冷湖、茫崖等市、县、镇;"河源",治今兴海县(子科滩)东南桑当东,辖贵南、同德、河南、玛多、玛沁等县;"鄯善",治今若羌县东北;"且末",治今且末县北。[4] 也就是说,"墨离军"的南方边境,即是慕容氏王国的所在。

"吐谷浑"王朝的最后消亡,乃在唐咸亨以后、仪凤以前。《旧唐书》卷198《吐谷浑传》、卷196上《吐蕃传》:"其后,与吐蕃互相攻伐,

〔1〕中华书局标点本,1976年版,页331。
〔2〕中华书局标点本,1974年版,页2240。
〔3〕中华书局标点本,1973年版,页816。
〔4〕地图出版社刊本,1982年版,页9,页10。

各遣使请兵救援,高宗皆不许之,吐蕃大怒,率兵以击吐谷浑。诸曷钵既不能御,脱身及弘化公主走投凉州。高宗遣右威卫大将军薛仁贵等救吐谷浑,为吐蕃所败。于是,吐谷浑遂为吐蕃所并,诸曷钵以亲信数千帐来内属。诏左武卫大将军苏定方为安置大使,始徙其部众于灵州之地,置安乐州,以诸曷钵为刺史,欲其安而且乐也。垂拱四年,诸曷钵卒,子忠嗣。忠卒,子宣赵嗣,圣历三年,授宣赵左豹韬卫员外大将军,仍袭父乌地也?勒豆可汗。宣赵卒,子曦皓嗣。曦皓卒,子兆嗣。及吐蕃陷我安乐州,其部众又东徙,散在朔方、河东之境。今俗多谓之退浑,盖语急而然。""其后,与吐谷浑不和,龙朔、麟德中,递相表奏,各论曲直,国家依违,未为与夺。吐蕃怨怒,遂率兵以击吐谷浑。吐谷浑大败,河源王慕容诸曷钵及弘化公主脱身走投凉州,遣使告急。咸亨元年四月,诏以右威卫大将军薛仁贵为逻娑道行军大总管、左卫员外大将军阿史那道真右卫将军、郭待封为副,率众十余万以讨之。军至大非川,为吐蕃大将论钦陵所败,仁贵等并坐除名,吐谷浑全国尽没。"[1]

当可汗、公主投附唐朝之际,"吐谷浑"残部有不少被并入"赞普"的统治。当圣历中,乃有"吐谷浑"部众自"吐蕃"归投李氏的"河西"地方当局。而这些部众的集结点,正是与"瓜州"刺史所兼"墨离军使"同名的"墨离川"。《吐鲁番出土文书三》《阿斯塔那二二五墓武周豆卢军牒为吐谷浑归朝事》:"□□□众今□墨离川,总欲投汉来,请□□□接者。郭知运大配山南□□,令便往应□□□□,差兵马速即□□应接,仍共总管□□□计会,勿失计便者。此日知运便领兵马往□□□□至准状□□满。其所领兵□□□□□令端等处降浑消息,兵粮如少□□□□,差子总管张令端□□。"[2]文中的"郭知运",正是以豪族"解褐"的边将。张说《张燕公集》卷19《郭知运碑,奉敕撰》:"公讳知运,字逢时。其先太原著姓,今则晋昌人也。""祖才,朝议郎、瓜州常乐县令、上柱国。父师,朝散大夫、上柱国,赠伊州刺史。碛卤之地,戎马生郊。业战斗而弘勋,仕州县而为达。启莫京之縣福,不在于其身;积

---

〔1〕中华书局标点本,1975年版,页5300,页5223。
〔2〕文物出版社刊本,1996年版,页412,页413。

无声之善庆,必流于后嗣。""解褐,以善战授昭武校尉、秦州三度府左果毅;以败敌北庭,加游击将军、沙州龙勒府折冲兼右金吾郎将、瀚海军副使;以军界破虏,即授其州刺史,进当军经略使。朝廷以未惬前除,且有后命,迁本卫中郎将,仍旧为州军使。"〔1〕

唐之安置"吐谷浑"人,大致在其原居地相近。《通典》卷190《吐谷浑传》:"武太后朝,郭元振上安置降吐谷浑状曰:今吐谷浑之降者,非驱略而来,皆是渴慕圣化,冲锋突刃,弃吐蕃而至者也。臣谓宜当循其情以为制,勿惊扰之,使其情地稍安,则其系恋心亦日厚。当凉州(今武威郡)降者,则宜于凉州左侧安置之;当甘州(今张掖郡)、肃州(今酒泉郡)降者,则宜于甘、肃左侧安置之;当瓜州(今晋昌郡)、沙州(今敦煌郡)降者,则宜于瓜、沙左侧安置之。但吐浑所降之处,皆是其旧居之地,斯辈既投此地,实有恋本之情,若因其所投之地而便居之,其情易安,因子州而磔裂之,则其势自分。顺其情、分其势而不扰于人,可谓善夺戎狄之权矣。"〔2〕或者是这些降附的部众再度背叛,或者是吐蕃辖下的同族人曾经进犯;此后,仍有在"墨离"征讨"吐谷浑"的记录。《资治通鉴》卷215:"天宝五载,以王忠嗣为河西陇右节度使,兼知朔方、河东节度事。忠嗣始在朔方、河东,每互市,高估马价,诸胡闻之,争卖马于唐,忠嗣皆买之。由是,胡马少,唐兵益壮。及徙陇右河西,复请分朔方、河东马九千匹以实之,其军亦壮。忠嗣仗四节,控制万里,天下劲兵重镇,皆在掌握。与吐蕃战于青海、积石,皆大捷。又讨吐谷浑于墨离{军}[川],虏其全部而归。"〔3〕

3.3

"墨离军"之所在,《元和郡县图志》卷40:"墨离军,瓜州西北一千里,管兵五千人,马四百匹,东去理所一千四百余里。"〔4〕《旧唐书》卷

〔1〕文渊阁《四库全书》本,页18下,页19上、下,页20上。
〔2〕浙江古籍出版社影印《十通》本,2000年版,页1021下,页1022上。
〔3〕中华书局标点本,1956年版,页6871。
〔4〕《中国古代地理总志丛刊》,贺次君点校本,中华书局1983年版,页1018。

38《地理志》亦云:"墨离军,在瓜州西北千里,管兵五千人,马四百匹。"[1]"理所",指的是"河西节度使"的驻所凉州;可是,从治今武威市之"凉州"到治今安西县(渊泉)东南桥子南的"瓜州",根据当时的计算,也得一千三百八十里之遥。《元和郡县图志》卷40:"甘州,东至凉州五百里,西至肃州四百里","瓜州,东南至肃州四百八十里,西至沙州三百里"[2] 如果"东去理所一千四百余里"属实,那么,"墨离军"的准确位置应在"瓜州"西北一二十里处才对;因此,"一千里"有可能"二十里"之误。反过来考虑,"西北一千里",则须深入西邻"伊州"界内,而"伊州"自有兼使之"伊吾军"。《太平寰宇记》卷153:"瓜州,东南至肃州界三百四十里,西南至沙州一百六十里,西至伊州界吐蕃鲁儿山四百五十里。"[3]《旧唐书》卷40《地理志》:"伊吾军,开元中置,在伊州西北五百里甘露川,管镇兵三千人、马三百匹,在北庭府东南七百里。"[4]曾公亮《武经总要前集》卷18下:"伊州,东至瓜州八百里,西至西州七百三十里,南至沙州界一百四十里,北至伊吾军三百里。"[5]

"墨离"有同名之"川",甚至还有同名之"海"。《墨离军及相关问题》引《敦煌遗书》《至墨离海,奉怀敦煌知己》:"朝行傍海涯,暮宿幕为家。千山空皓雪,万里尽黄沙。戎俗途将近,知音道已赊。回瞻云岭外,挥涕独咨嗟。"[6]根据诗中的行文,关于"墨离海",首先可知其乃一个不小的湖泊,从早到晚,沿着岸边走,尚未离开水面。其次,湖畔景色一边濒沙漠,一边可望见雪山。再次,其位于汉地与"戎俗"之接界处,但尚未离开"本俗"。除"墨离"外,同一地域尚见"莫贺"之号。《新唐书》卷216下《吐蕃传》:"河源东北直莫贺延碛尾,殆五百里。碛广五十里,北自沙州,西南入吐谷浑,浸狭,故号碛尾。"[7]《文苑英华》卷769崔融《拔四镇议》:"其后,吐蕃果骄,大入西域。焉耆以西,所有

〔1〕中华书局标点本,1975年版,页1386。

〔2〕《中国古代地理总志丛刊》,贺次君点校本,中华书局1983年版,页1021,页1027。

〔3〕光绪金陵书局刊本,页7下。

〔4〕中华书局标点本,1975年版,页1646。

〔5〕文渊阁《四库全书》本,页15下。

〔6〕载《敦煌研究》2003年第1期,页64,页65。

〔7〕中华书局标点本,1975年版,页6104。

城堡,无不降下,遂长驱东向,蹦高昌壁,历车师庭,侵常乐县界,断莫贺延碛,以临我墩煌。”“但莫贺延大碛者,伊州在其北,沙州在其南,延袤向二千里,中间水草不生焉。每灾风横,必石飞吼,行人昼看朽骨,以知道路,夜视斗柄,以辨方隅,往往遇驼泉,时时得马酒,而后度焉。盖驼、马死者十四五,人畜疲极。若北有强寇,则难以度碛。汉兵难度,碛北伊、西、{延}[北庭]、安[西]及诸蕃无救,则疲兵不能自振。不能自振,则为贼所役属。”[1]

所称“墨离川”、“墨离海”,应该就是位于瓜州城东或东南方、又离“雪山”不远,自“吐谷浑界”流入的“冥水”及其所汇入的“大泽”或“冥泽”。《元和郡县图志》卷40:“晋昌县,中下,郭下。本汉冥安县,属敦煌郡,因县界冥水为名也。晋元康中,改属晋昌郡。周武帝省入凉兴郡。隋开皇四年,改为常乐县,属瓜州。武德七年,为晋昌县。雪山,在县南百六十里,积雪夏不销。东南九十里,南连吐谷浑界,冥水自吐谷浑界流入大泽,东西二百六十里,南北六十里,丰水草,宜畜牧。”[2]《太平寰宇记》卷153:“晋昌县,二乡。本汉冥安县。《地理志》:属敦煌郡。冥,水名也,晋置晋昌郡及冥安县,隋初,改为常乐县。唐武德四年,又改为晋昌县。”“籍端水,一名冥水,《地理志》云:冥安县南,籍端水出南羌中,西北入冥泽是也。”[3]“冥水”,显然就是今疏勒河源头的昌马河。该河发源于今青海天峻县(新源)西北的沙果林那穆吉木岭,上游蜿蜒在托莱南山与疏勒南山的峡谷间,中游穿过今肃北蒙古族自治县东北部、玉门市西南部的祁连山,进入位于今玉门镇西北的低地。中古时期存在的冥泽,应当就在这一片区域内。冥泽以北为巴丹吉林沙漠的西缘,以南数十公里即是巍峨的祁连山,而祁连山之有“雪山”的称呼,也由来已久。

《宋本广韵》卷5、卷1、卷2、卷4:“墨,笔墨,又姓,墨翟是也,亦即墨,县名。莫北切。”“离,明也,又卦名,按《易》本作离。[吕支切。]又,

〔1〕中华书局影印宋刊本,1968年版,页4048下,页4049上、下。
〔2〕《中国古代地理总志丛刊》,贺次君点校本,中华书局1983年版,页1028。
〔3〕光绪金陵书局刊本,页8上。

丑知切。""冥,暗也,幽也,又姓,禹后,因国为氏。《风俗通》云:汉有冥都,为丞相。莫经切。""莫,无也,定也。《说文》:本模故切,日旦冥也,从日在茻中,茻音莽。又州名,开元十三年,改郑州去邑。亦姓,楚莫敖之后。又虏复姓,五氏。慕各切。""贺,庆也,担也,劳也,加也,亦姓,汉侍中庆纯避安帝讳,改为贺氏。又虏复姓,九氏。胡个切。""延,税也,远也,进也,长也,陈也,言也。亦州,汉高奴县,取延川为延安郡。又姓,汉有延笃。以然切。"[1]要之,"墨离"可以被写作"Mokli"或"Moghri";"冥"可以被写作"Ming",或转音作"Mogh","莫贺延"可以被写作"Mogheyan"。"Mogh"亦"莫贺",正与"吐谷浑"语有关。《宋书》卷96《鲜卑吐谷浑传》:"案《礼》:公孙之子,得氏王父字,命姓为吐谷浑氏。嗣立二十三年,年四十三。有子四人,长子碎奚立。碎奚性纯谨,三弟专权,碎奚不能制,诸大将共诛之。碎奚忧哀,不复摄事,遂立子视连为世子,委之事,号曰莫贺郎。莫贺,宋言父也。碎奚遂以忧死,在位二十五年,年四十二。"[2]

3.4

许有壬《至正集》卷49《阿塔海牙神道碑》:"平章公讳阿塔海牙,畏吾尔氏,世为高昌望族。祖玉龙阿思兰都大,都大,华言巨室也,赠中奉大夫、范阳郡公;祖妣月秃坚,追封范阳郡夫人。考讳哈剌阿思兰都大,当太祖皇帝肇造区宇,国主邑都护发兵攻{金}[哈剌契丹],斩其长吏。闻灭乞里有异,遣将命偕察鲁四人,驰告行在,且具欵诚。上曰:果如尔言,其告尔主,以方物来。对曰:皇帝幸生活高昌,高昌身且不敢有,何有方物?复命辇宝货、金织段以献。由是,高昌内附。"[3]"灭乞里"一名,也曾在"哈剌阿思兰"的"近时代"文中提到,作"磨可里"。刘祁《归潜志》卷13《北使记》:"兴定四年七月,诏遣礼部侍郎吾古孙仲端使于北朝,翰林待制安庭珍副之。至五年十月,复命。吾古孙谓予

〔1〕中国书店影印原刊本,1982年版,页509,页26,页177,页484,页399,页117。

〔2〕中华书局标点本,1974年版,页2371。

〔3〕《元人文集珍本丛刊》,影印宣统刊本,新文丰出版有限公司,页236下。

曰:仆身使万里,亘天之西。其所游历甚异,喜事者不可不知也,公其记之。自四年冬十二月初,出北界,行西北向,地浸高。并夏国前七八千里,山之东,水尽东,山之西,水亦西,地浸下。又前四五千里,地甚燠,历城百余,皆非汉名。访其人,云有磨里奚、磨可里、纥里迄斯、乃蛮、航里、瑰古、途马、合鲁诸番族居焉。又几万里,至回纥国之益离城,即回纥王所都,时已四月上旬矣。"[1]

金、元代为"磨可里"、"灭乞里"的部落,入明以后,显然就是被写作"乜克力"的部落。《明史》卷329《哈密卫传》:"成化九年四月,时阿力留其妹婿牙兰守哈密,而己携王母、金印已返土鲁番。俊至,谕以朝命,抗词不逊,羁俊月余。一日,牙兰忽至,言:大兵三万,即日西来。阿力乃宴劳俊等,舁王母出见。王母惧不敢言,夜潜遣人来云:为我奏天子,速发兵救哈密。文等以闻,遂檄都督罕慎及赤斤、罕东、乜克力诸部集兵进讨。十年冬,兵至卜隆吉儿川,谍报阿力集众抗拒,且结别部谋掠罕东、赤斤二卫。文等不敢进,令二卫还守本土,罕慎及乜克力、畏吾儿之众退居苦峪,文等亦引还肃州。"[2]崔铣《洹词》卷7《许进神道碑》:"初,文皇招降哈密,封脱脱为忠顺王,羁縻番属,捍御西戎。后与吐鲁番为雠,其头目牙兰老而机警,率众谋杀哈密都督,掳其王陕巴,占据城池,阻塞诸番贡路,掠至瓜、沙、哈密,遗夷羁住苦峪。故边患几历二纪。公(许进)遣辩士说罕东、赤斤、小列秃、野乜克里,宣布朝廷威德,加之犒赏,厚抚苦峪遗夷,俱愿效死。乙卯十月,公以总兵彭清将兵七千出嘉峪关路,调赤斤、罕东诸番为声援,清率所部及番兵之半,深入二千里,攻哈密故城,克之,斩吐鲁番数百级。牙兰夜遁,获胁从者八百人。"[3]

拉施特《史集》第1卷第1分册《部族志》:"别克怜(Bakrin)部落,他们又称篾克怜(Makrin)。他们的营地在畏兀儿斯坦的险峻山岭中。他们既非蒙古人,又不是畏兀儿人。因为他们生活于山岭特别多的地

---

〔1〕《元明史料笔记丛刊》,崔文印点校本,中华书局1983年版,页167。

〔2〕中华书局标点本,1974年版,页8516。

〔3〕文渊阁《四库全书》本,页28下,页29上。

·欧·亚·历·史·文·化·文·库·

区,所以他们惯于走山路,他们全都擅长攀登崖壁。[这个部落]总共有一个千户。他们归顺了成吉思汗,并[向他]称臣,他们的官长则仕奉于成吉思汗。由于他们所在的地区邻近海都兀鲁思的边境,海都便把他们并吞了。当时他们的异密,名叫只难赤(Jinanj)。"[1]"畏兀儿斯坦"的本部,涵今吐鲁番市东南三堡西南之"哈剌火州"、吉木萨尔县东北北庭西之"别石把";而其初,并不囊有今哈密市之"罕勉力"。虞集《道园类稿》卷39《纽林的斤世勋碑》:"自是,国多灾异,民弗安居,传位者数亡,乃迁居交州,今高昌[火州]也。统别失八里之地,北至阿术河,南接酒泉,东至兀敦、甲石哈,西临西蕃,凡居是者七十余载。而[我]太祖皇帝龙飞于朔漠,当是时,巴而术阿而忒的斤亦都护在位。亦都护者,其国王号也。知天命之有归,举国入朝,太祖嘉之,妻以公主曰也立安敦,待以子道,列诸弟五。与者必那颜征罕勉力、锁潭回回等国,将部曲万人以先启行,纪律严明,所向克捷。"[2]

与虞集云"畏兀儿""临西蕃"相似,周致中也云"灭吉里""近西戎"。《异域志》卷上《灭吉里国》:"人烟极多,言语风俗,皆与鞑靼同,其国近西戎。"[3]而明代之"乜克力",乃在往昔"罕勉力"、当时"哈密卫"之东北不远处"唇齿之地"的"北山"。马文升《哈密国王记》:"弘治四年,本酋遂以金印、城池来归,守臣具闻,事下兵部。本年八月,予以为:哈密国回回、畏兀儿、哈剌灰三种番夷,同居一城,种类不贵,彼此颉颃。北山一带,又有小列秃、野乜克力数种。强虏时至哈密需索,稍不果愿,辄肆侵陵,至为难守。必须得元之遗孽,袭封以理国事,庶可慑服诸番,兴复哈密。不然,虽十年未得安耳。"[4]《明史》卷330《罕东左卫传》:"弘治七年,指挥王永言:先朝建哈密卫,当西域要冲,诸番入贡,至此必令少憩,以馆谷之。或遭他寇剽掠,则人马可以接护,柔远之道,可谓至矣。今土鲁番窃据其地,久而不退。闻罕东左卫居哈密之南仅三日程,野乜克力居哈密东北仅二日程,是皆唇齿之地,利害共之。

〔1〕余大钧、周建奇中译本,商务印书馆1983年版,页244。
〔2〕《元人文集珍本丛刊》,影印明初翻印至正刊本,新文丰出版社,页211下。
〔3〕《中外交通史籍丛刊》,陆峻岭校注本,中华书局1981年版,页8。
〔4〕《说郛续四十六弓》卷11,影印《说郛》3种本,上海古籍出版社,页515下,页516上。

去岁秋,土鲁番遣人至只克所,胁令归附,只克不从。又杀野乜克力头目,其部人咸思报怨。宜旌劳二部,令并力合攻,永除厥患,亦以寇攻寇一策也。章下兵部,不能用。"[1]

3.5

由于地处河西走廊西陲,西北隔沙碛与"高昌"相望,东南临山岭与"西海"相接,唐"瓜州"亦"晋昌郡",成为操突厥语言和操蒙古或藏语言人间或栖息的所在。前者的代表,有沙陀部落;后者的代表,则吐谷浑及其占多数属民的羌人。无论何种,皆以畜牧而不以农为生计。从事畜牧业,意味着风俗尚武;因此,李氏当局将其改编成世袭的军人。共同的生产方式,共同的国家责任,又使之融合起来;到了后世,昔日的"墨离军"成员进而成了当朝的"灭乞里"成员,只不过其分布地域稍稍西移罢了:从"冥水"流域越过"莫贺延碛",进而沿"北山"抵达"北庭"的前沿"木垒河"源。波斯史家所称的"险峻山岭",自然非今奇台、巴里坤、伊吾等县以南的天山主脉博格达山莫属。而"木垒",似乎就是"墨离"、"灭乞里"的别译。说来,这前者就在自蒙古本部"按台山"直线穿越"白骨甸",亦今库尔班通古特沙漠道路的南方。李志常《长春真人游记》卷上:"前至白骨甸地,皆黑石,约行二百余里,达沙陀北边,颇有水草。更涉大沙陀百余里,东西广袤,不知其几千里。及回纥城(别石把),方得水草。""于是,遇天晴昼行,人马往往困毙,唯暮起夜度,可过其半。明日向午,得水草矣。少憩俟晡时即行,当度沙岭百余,若舟行巨浪然。"[2]

关于"墨离军"的方位,林梅村先生《稽胡史迹考》认为:"据考古调查,新疆伊吾县下马崖乡西南三公里有一座古城。改城平面呈长方形,边长一百零一至一百零三米,高约四米。""城内尚存房屋遗迹,布局以南北城门为轴心,东西两侧有房屋,房屋多为长方形,有回廊相连。出

---

〔1〕中华书局标点本,1974年版,页8565,页8566。
〔2〕中华书局《丛书集成初编》本,页9,页10。

41

土物很少,偶见清代钱币。古城东北一点五公里处有烽燧遗址。"《新唐书》《地理志》说瓜州府西北千里有墨离军,今甘肃安西县西北一千里,正是下马崖乡所在地。从自然环境看,下马崖乃沙漠中的一片绿洲,《哈密专区兵要地志》:气候温暖,冬、夏季均饮川泉水及灌溉农田,为利非鲜。这个地方既可从事牧业,亦适于屯垦戍边;唐代墨离军疑在此城。"[1]问题的关键,犹如钱伯泉《墨离军及相关问题》一文所指出:"《元和郡县图志》记载瓜州东西三百九十里,南北六百四十八里。如果墨离军在瓜州城西北千里,则到了伊州。""从东去理所一千四百里看,则墨离军应在瓜州境内,河西节度使的治所在凉州,凉州城往西一千四百唐里,正在瓜州城一带,可知瓜州西北一千里应作瓜州西北十里,在瓜州城郊。"[2]姑且不论其他,从地图上测量,自"锁阳城"的唐"瓜州"至下马崖城距离仅有其至今武威市的唐"凉州"一半略多,因此,其间是否有一千里尚属可疑。

或许是既似"蒙古"、又似"突厥"的外貌特征,"灭乞里"亦"别克怜"的妇女深得孛儿只吉氏皇帝、王子的喜爱。《史集》第1卷第1分册《部族志》:"在成吉思汗时,该部落首领将[自己的]女儿献给了他。成吉思汗非常喜欢她,对她很宠爱;她名叫木哥哈敦;但他从未从她生下子女。成吉思汗曾下诏让别克怜部落将自己的姑娘们进献上来,以便为自己或儿子们挑选喜爱的人。成吉思汗死后,[他的]这个妻子为窝阔台合罕所娶。他爱她胜过其他诸妻,因此她们都嫉妒她。察合台也爱这个木哥哈敦。在他得知窝阔台合罕娶她之前,他曾派人去说道:父亲[遗留下]的诸母和美妾之中,把这个木哥哈敦给我。窝阔台合罕回答道:我已经娶了她;如果信早一些来,我就把她送去了;假如他还看中别的人,我可以给[他]。察合台说:我要的是她,除她而外,我别无所求。合罕也未同她生下子女。合申之妻,海都之母,是别克怜部落人。她名叫昔卜乞捏。"[3]这个部落,当然不是陆峻岭先生于《异域

---

〔1〕载《中国史研究》2002年第1期,页79,页80。
〔2〕载《敦煌研究》2003年第1期,页62。
〔3〕余大钧、周建奇中译本,商务印书馆1983年版,页244,页245。

志》卷上《灭吉里国》相关文字下所误释的"Merkit":"灭吉里,为 Merkit 对音。《元朝秘史》作篾儿乞,《元史》作篾里吉、灭里乞、篾儿吉觪,《南村辍耕录》作灭里乞歹、灭里吉等异译。为蒙古系部族之一,游牧于薛灵哥河流域一带。"[1]

明代的"乜克力"亦"麦克零",活动地域至为广阔。向东,过今玉门市(老君庙)西北的赤斤,而抵于今额济纳旗(达兰可布)西的亦集乃。《明史》卷330《赤斤卫传》:"成化十九年,邻番野乜克力来侵,大肆杀掠,赤斤遂残破。其酋长诉于边臣,给之粟,又命缮治其城,令流移者复业,赤斤自是不振。"[2]《明宣宗实录》卷61:"宣德五年,麦克零部属,今居亦集乃,迁徙无时,恐为边患。上命遣人招谕,如其归来,即与官赏,择善地处之。"[3]不过,其主要居住在山地。暨,《出使蒙古记》《鲁布鲁乞东游记》第26章《各种不同的民族;有吃他们父母的风俗的人》:"有人告诉我,这是确实的事实:在这些民族那一边的,是称为木克(Muc)的另一种民族。这种人拥有若干城市,但是他们自己不放牧牲畜。然而,在他们的国家里,有许多羊群和牛群,只是没有人照看他们而已。当任何人需要一些家畜时,他就爬上一座小山并大声呼喊,听到了这个声音,所有的牲畜都聚拢到他周围,任凭他处理,像是家畜一样。如果有一个使者或任何人来到那个地区,他们就把他安置在一所房子里,供给他各种必需品,直至他的事务处理毕。因为如果一个陌生人在那个地区走来走去,牲畜闻到他的气味,就会逃走,并且变野了。"[4]所称的"Muc"民族,恐怕就是"灭乞里"了。

〔1〕《中外交通史籍丛刊》,陆峻岭校注本,中华书局1981年版,页8。
〔2〕中华书局标点本,1974年版,页8559。
〔3〕中央研究院历史语言研究所校印本,1961年版,页1445。
〔4〕吕浦中译、周良霄校注本,中国社会科学出版社1983年版,页161。

4　一甌浮丹

——枸杞的早期采种和籽、叶饮食

乃为药用植物的枸杞,当唐、宋、元三朝,曾经普遍种植和采集。而其栽培方法和相关制作,也在这段时间里相继总结和综述。于叶,主要充作餐桌上的蔬菜;于籽,除配合入药外,尚当作解渴的饮料及浸泡成酒。概言之:"枸杞"叶有轻身、益气的食疗功能,"枸杞"籽有补肾,明目的药用效果。而时人格外推崇"枸杞酒",以致断定可致"万病皆愈"而百无禁忌。相关知识的积累,始自春秋,逮至入唐以后,无论"药性"、"物理",无论"处方"、"论述",皆已趋于成熟和丰富。随着医治和食疗的需要,对其"原料"质量的要求也就不断提高。于是,北方、特别是西北地区所产者,也就成了稀世的"珍宝"。而"甘州枸杞",于孛儿只吉氏元一朝曾经名闻遐迩。

4.1

唐、宋人之于园囿中种植"枸杞",蔚然成风。王绩《东皋子集》卷下《答冯子华处士书》:"用天之道,分地之利,耕耘蘸蔌黍秫而已。春秋岁时,以酒相续,兼多养凫雁,广牧鸡、豚,黄精、白术,枸杞、薯蓣,朝夕采掇,以供服饵。"[1]郑侠《西塘集》卷3《来喜园记》:"来喜园者,大庆居士之家园也。居士既卜大庆山之居,而宅之左右前后,皆阓地。数丈莯厥荒翳,被之疏茂,亦既累年,而有桑千株,竹、栢、花、果,其数又倍是。为数洞,以架红薇、金沙、史君、木鳖、栝蒌、木瓜之类,旁近又植枸

---

[1]《四部丛刊续编》,景印明刊本,页1下。

杞、甘菊、五加、百合之属,蔬有畦,药有陇,芰有沼,藕有渠。"〔1〕吴儆《竹洲集》卷9《竹洲记》:"冬仰其华,夏休其阴,渴想其味,不施栋宇,而梅之美,具得于俯仰之间,因名之曰梅隐庵。庵之前种桃、李、卢桔、杨梅之属,迟之数年,可以馈宾客及邻里。桃溪之外,借地于邻,复得一亩许,杂种戎葵、枸杞、四时之蔬,地黄、荆芥、闲居适用之物。庵之西,开小径旁贯,竹间夹径,植兰蕙数百本周其上,与地相宜,颇茂。"〔2〕张耒《张右史集》卷16《秋蔬》:"荒园秋露瘦韭叶,色茂春菘甘胜蕨。人言佛见为下箸,笔炙烹羹更滋滑。其余锁屑皆可口,芜菁脆肥薹菹辣。藏鞭雏笋纤王露,映叶乳茄浓黛抹。已残枸杞只留柈,晚种莴苣初生甲。"〔3〕

元人也热衷于栽培"枸杞",无论是庄、院、馆、轩。陈樵《鹿皮子集》卷4《山庄》:"涧中薏苡绿如蓝,枸杞黄精满屋山。扫叶僧将猿共爨,卖花人与蝶俱还。云生石笋埋双树,雨引银涎过八砖。"〔4〕成廷珪《居竹轩集》卷2《同诸公游西城木兰院》:"三月西城风日好,短筇随意踏晴沙。王孙不识蘼芜草,童子来寻枸杞芽。白发有人中卯酒,清泉无火煮春茶。"〔5〕倪瓒《清閟阁遗稿》卷7《二月十日,玄文馆听雨》:"卧听夜雨鸣高屋,忽忆陂塘春水生。何意远林饥独鹤?若为幽谷滞流莺。成丛枸杞还堪采,满树樱桃空复情。"〔6〕陈高《不系舟渔集》卷3《种药轩,为孙仲海赋》:"层轩构虚敞,隐居山谷深。绕檐种名药,锄理力所任。枸杞生夏苗,芎藭长春阴。绿烟护紫术,翠雨滋玄参。幽香既可爱,灵根亦易寻?"〔7〕徐贲《北郭集》卷2《菜蓏,为永嘉余唐卿右司赋》:"莳法常按谱,候时即看历。蕨芽拳握紫,姜艺拇骈赤。两合怜蘮薽,丛生爱桃芰。初笋进蛰雷,新苔长春□。雀弁菾叶峨,马蹄茆茎直。黄繁微飐绵,瓠老枯瓣拆。芍苗卷龙须,药干拥牛膝。黄独雪晴收,紫蓁

〔1〕《宋集珍本丛刊》,影印万历刊本,线装书局,页523上。
〔2〕《宋集珍本丛刊》,影印弘治刊本,线装书局,页540下。
〔3〕《宋集珍本丛刊》,影印明钞本,线装书局,页719上。
〔4〕文渊阁《四库全书》本,页6下。
〔5〕文渊阁《四库全书》本,页22上。
〔6〕《北京图书馆古籍珍本丛刊》,影印万历刊本,书目文献出版社,页625下。
〔7〕文渊阁《四库全书》本,页32下,页33上。

露晞摘。阴阶茂蔗苴，下田丰菲薏。卷轮木耳垂，攒刺菱角射。秋茄采
更稀，夜韭剪仍殖。芝芳凝海琼，葵郁点池墨。枸杞香可醪，竹菇熟堪
腊。石皮被柔薄，土酥脍肥莼。"[1]

　　唐、宋、元人也采集野生的"枸杞"，以应需求。释文珦《潜山集》卷
10《送赵东阁罢官归永嘉》："一年吟抱寄京华，几度相逢说永嘉？梦入
西山寻枸杞，约归东阁看梅花。"[2]梅尧臣《宛陵集》卷28《舟中行，自
采枸杞子》："野岸竟多杞，小实霜且丹。系舟聊以掇，粲粲忽盈盘。助
吾苦羸荼，岂必采琅玕？自异骄华人，百金求秘丸。"[3]《全蜀艺文志》
卷2史子玉《枸杞赋，并引》："于是，叱畦丁、戒仆夫。搜诸荆棘之场，
探诸榛莽之区，则丛然而遂，油然而达。或压枝以骈出，或附趾而篸碧，
随取随足，不耘不植，蔓延布满，夭矫挺特。"[4]袁桷《清容居士集》卷
12《安西老人》："方瞳如漆耳轮高，喜见曾孙守碧桃。鸠杖月明寻枸
杞，凤箫春暖醉蒲萄。故人天上方蝉冕，老子山中但豹韬。欲问汝南耆
旧事，且乘龟壳把双螯。"[5]沈梦麟《花溪集》卷3《初到栖云观》《黄炼
师诗卷》："栖云观前淮水长，北风凛凛梅花香。神龟出地载玄武，白鹤
上天朝玉皇。朝采茯苓和玉屑，夜寻枸杞识丹光。""枸杞累累白芷香，
炼师采药过黄冈。道旁若见孙思邈，为道南山有虎狼。"[6]邓雅《玉笥
集》卷4《用韵答黎时高》："白云红树晚晴余，客子凭阑叹索居。摇落
又惊时序改，衰迟已觉鬓毛疏。囊收枸杞还堪服，架束溪藤久废
书。"[7]

　　有"枸杞"的自然景观，使当时的人们留下了深刻的印象。《清江
三孔集》卷28孔平仲有："宣甫寄示庐山高药名诗，亦作奉酬，不犯唱
首，兼用本字，更不假借。苍苍石壁插空翠，漠漠云华自开闭。水甘松

---

〔1〕《四部丛刊三编》景印成化刊本，页13下，页14上。
〔2〕文渊阁《四库全书》本，页5上。
〔3〕《宋集珍本丛刊》，影印正统刊本，线装书局，页726上。
〔4〕文渊阁《四库全书》本，页19下。
〔5〕《四部丛刊初编》景印元刊本，页3下，页4上。
〔6〕《元人文集珍本丛刊》，影印清钞本，新文丰出版社，页186下，页213上。
〔7〕文渊阁《四库全书》本，页26下。

香涧谷深,黄精枸杞生成林。地无虎狼毒草木,但闻仙童玉女语笑之清音。"[1]曾丰《缘督集》卷3《癸卯,豫章贡围,酬赠教授张安叔》:"相闻始相逢,同调更同事。谈谐出肺肝,议论到骨髓。首遗垂盖篇,至以马班比。爱我岂不深?恐非切磋意。麻姑山气偏,土物半仙剂。枸杞杂黄精,犹未躬厥美。"[2]特别是成熟了的殷红子实,周文璞《方泉集》卷1《金牛洞》描写深入:"金牛铲光景,仙牒尚可阅。岗头春已半,枸杞如点血。便恐颠风兴,横吹石崖裂。"[3]杨万里《诚斋集》卷10《晴望》:"愁于望处一时销,山亦霜前分外高。枸杞一丛浑落尽,只残红乳似樱桃。"[4]周伯琦《近光集》卷2《立秋雨中》:"新秋雨未解,似厌伏暑毒。霏微过前林,淅沥鸣幽屋。枸杞珠璎明,双柏翠幢沃。"[5]《不系舟渔集》卷3《登苍岘岭》:"西日映衰草,朔风振枯木。玄蝉寂无声,饥鼯走相逐。朱实垂枸杞,黄花吐寒菊。徙倚憩岩端,顾招友与仆。"[6]袁华《可传集》《渔庄欸乃歌》:"枸杞猩红个个圆,扶疏绿叶映青烟。佳人错认相思子,来向筵前要赛拳。"[7]

4.2

种植"枸杞"的方法,唐人就已曾总结,而为宋及后人所承继。《东皋子集》卷下《答冯子华处士书》:"孤住河渚,傍无四邻,闻犬声、望烟火,便知息身之有地矣。近复有人,见赠五品地黄酒方,及种薯蓣、枸杞等法,用之有效,力省功倍。"[8]《说郛》卷106下郭橐驼《种树书》:"种枸杞法:秋、冬间,收子,于水盆中挼取曝干。春熟地作畦,畦中去五寸土,匀作垄,垄中缚草稕如臂长,与垄等,即以泥涂草稕上,以枸杞子布

〔1〕《宋集珍本丛刊》,影印清钞本,线装书局,页362下。
〔2〕《宋集珍本丛刊》,影印清钞本,线装书局,页44上。
〔3〕《宋集珍本丛刊》,影印清钞本,线装书局,页136下。
〔4〕《宋集珍本丛刊》,影印明钞本,线装书局,页89下。
〔5〕文渊阁《四库全书》本,页5上。
〔6〕文渊阁《四库全书》本,页27下。
〔7〕文渊阁《四库全书》本,页37下。
〔8〕《四部丛刊续编》,景印明刊本,页2上。

于泥上,以细土盖令遍。又以烂牛粪一重,又以土一重,令畦平,待苗出,水浇,堪吃,便剪。又法:枸杞,可以插种。"〔1〕李之仪《姑溪居士集》卷后16《与王乐道工部手简》:"椒与附子、青盐三物尤佳,尝试之否?又巴戟、枸杞、菊花,亦古法也,想已得之。"〔2〕王祯《农书》卷36《谷谱杂类》:"种枸杞法:秋、冬间,收子净洗,日干。春耕熟地作畦,阔五寸,纽草穰如臂大,置畦中,以泥涂草穰上,然后种子,以细土及牛粪盖,令遍苗出,频水浇之。又可插种。叶作菜食,子、根入药,轻身益气。"〔3〕又,唐慎微《证类本草》卷12:"今人相传,谓枸杞与枸棘二种相类:其实形长而枝无刺者,真枸杞也;圆而有刺者,枸棘也。枸大不堪入药,而下品溲(音搜)疏条注:李当之云:子似枸杞,冬月熟,色赤,味甘苦。"〔4〕

记载最为详细者,则数元人邹铉。《寿亲养老新书》卷3:"枸杞,拣好地熟斸加粪讫,然后逐畦长开垄,深七八寸,令宽,乃取枸杞连茎剉长四寸许,以草为索慢束,如羹盌大,于垄中立种之。每束相去一尺,下束讫,别调烂牛粪,稀如面糊,灌束子上,令满减则更灌,然后以肥土壅之,满讫,土上更加熟牛粪,然后灌水。不久即生,乃如剪韭法,从一头起首割之,得半亩料理,如法可供数人。其割时,与地面平高,留则无叶,深剪则伤根,割仍避热及雨中,但早朝为佳。""但作束子,掘坑方一尺,深于束子三寸,即下束子讫,着好粪满坑填之,以水沃粪,下即更着粪填,以不减为度,令粪盖束子一二寸,即得生。后极肥嫩,数锄壅,每月一加粪,尤佳。""但畦中种子,如种菜法,土粪下水,当年疎瘦,二年以后,悉肥,勿令长苗,即不堪食,如食不尽,即剪作干菜,以备冬中。常使如此,从春及秋,其苗不绝。""枸杞子于水盆内,按令散讫暴干,斸地作畦,畦中去却五六寸土,勿作垄,缚草穰作穰,似臂长短,即以泥涂穰,令遍以安,垄中即以子布泥上一面,令稀稠得所,乃以细土盖之,令遍,又以烂牛粪盖上,令遍,又布土一重,令与畦平,待苗出,时时浇灌,及堪采,即

〔1〕文渊阁《四库全书》本,页32下,页33上。

〔2〕《宋集珍本丛刊》,影印清钞本,线装书局,页188下。

〔3〕《中国科学技术典籍通汇》,影印《武英殿聚珍》本,河南教育出版社,页762下。

〔4〕文渊阁《四库全书》本,页24下。

如翦韭法，更不要煮炼。每种，用二月初一，每年但五度翦，不可过也。"[1]

唐人或以搭架的形式，来促进"枸杞"苗的成长。《文苑英华》卷337释皎然《湛处士枸杞架歌》："天生灵草生灵地，设生人间人不贵。独君井上有一根，始觉人间众芳异。拖绿垂丝宜曙看，徘徊满架何珊珊！春风亦解爱此物，袅袅时来傍香实。湿云缀叶摆不去，翠羽衔花惊畏失。"[2]孟郊《孟东野集》卷9《井上枸杞架》："深锁银泉甃，高叶架云空。不与凡木并，自将仙盖同。影疏千点月，声细万条风。进子邻沟外，飘香客位中。"[3]而宋、元人，则习惯植于栅栏、篱笆之旁。吕南公《灌园集》卷2《中山感怀》："柴薪渐营度，且阅灌园技。必可了余生，功名付尘滓。安排聚鸡栅，编织钓鱼竹累。划草种筼筜，扶栏栽枸杞。"[4]许有壬《至正集》卷18《寄闲闲宗师》："崇真宫里几徘徊？底事诗仙望不来？槛拥翠云惟枸杞，庭闲清昼有莓苔。平生多误依刘至，老子真如访戴回。善视黄花多备酒，今春已负牡丹开。"[5]《清闷阁遗稿》卷7《学书》："几丛枸杞护藩篱？一径莓苔卧鹿麋。独许陶泓为密友，更呼毛颖伴幽栖。野鹜家鸡成品第，来禽青李入书题。临池自叹清狂甚，直好还同锻柳稽。"[6]胡奎《斗南老人集》卷3《拟呈无为真人二十韵》："凫坠云中舄，鸾吹月下笙。山林皆动色，猿鸟亦知名。枸杞山篱晚，芙蓉野岸晴。极知诗有思，谁谓道无情？"[7]

宋、元人习惯将枸杞种植于井边泉畔，且相信其处之水富有养分，能够延年益寿。蒲寿宬《心泉学诗稿》卷2《枸杞井》："四时可以采，不采当自荣。青条覆碧甃，见此眼已明。目为仙人杖，其事因长生。饮此枸杞水，与结千岁盟。"[8]黄玠《弁山小隐吟录》卷1《医士马德正此山

〔1〕文渊阁《四库全书》本，页32上、下，页33上、下。
〔2〕影印《武英殿聚珍》本，中华书局1966年版，页1749下。
〔3〕《四部丛刊初编》景印弘治刊本，页3下。
〔4〕文渊阁《四库全书》本，页17上。
〔5〕《元人文集珍本丛刊》影印宣统刊本，新文丰出版社，页110上。
〔6〕《北京图书馆古籍珍本丛刊》，影印万历刊本，书目文献出版社，页647下。
〔7〕文渊阁《四库全书》本，页11下。
〔8〕文渊阁《四库全书》本，页12上。

中》："结庐此山中,手披白云篇。药草满畦埒,松枝为屋椽。饥食夫容砂,渴饮枸杞泉。"[1]刘仁本《羽庭集》卷3《榾柮窝》："阳气潜回小有天,白生虚室曶光圆。茯苓根养丹砂火,枸杞香生玉井泉。不羡朱门堆兽炭,尚怜青海起狼烟。"[2]陈谟《海桑集》卷1《题隐者山房》："隐者壶中日,仙家劫外天。晴虹出丹室,玄鹤戏芝田。待客沉香火,清神枸杞泉。何当谢尘事?闲说赤乌年。"[3]暨,苏轼《东坡集》卷32《和桃花源诗,并序》："蜀青城山老人村,有见五世孙者,道极险远,生不识盐酰,而溪中多枸杞,根如龙蛇,饮其水,故寿。近岁道稍通,渐能致五味,而寿亦益衰。"[4]释妙声《东皋录》卷上《世寿堂歌》："又不见青城枸杞龙蛇形,其人往往多长生。乃知草木有灵气,能与短世制颓龄。君看张家世寿堂,奕世载德应寿昌。山川清晖近交映,高曾白发遥相望。堂中老仙年九十,云雾衣裳冰玉质。把笔犹堪细字书,上马不用旁人掖。"[5]

4.3

唐、宋、元人于"枸杞"叶,主要充作餐桌上的蔬菜。朱翌《灊山集》卷1《与刘令食枸杞》："周党过仲叔,菽水无菜茹。我盘有枸杞,与子同一箸。若比闵县令,已作方丈富。但令齿颊香,差免腥膻污。我寿我自知,不待草木辅。政以不种勤,日夕供草具。"[6]薛季宣《浪语集》卷11《张村》："皇羲寂已久,浇俗无还淳。如何张村甿?杳杳全其真。岂不有妻孥?茅茨甘贱贫。岂不惮疲劳?务时勤籽耘。脱俗未为贵,而今焉辟秦?青城足跻攀,那染龟城尘?枸杞荐盘蔬,殊非关养身。安常乐有余,熙然阜长春。奚其寿而康?无知斯体仁。静言逐臭夫,迷途少知津。狠云老人村,郊荒绝酸辛。筋骨由坚强,谁谓存其神?"[7]刘因《静

〔1〕文渊阁《四库全书》本,页40下。

〔2〕文渊阁《四库全书》本,页6上。

〔3〕文渊阁《四库全书》本,页35下。

〔4〕文渊阁《四库全书》本,页12下。

〔5〕文渊阁《四库全书》本,页21下,页22上。

〔6〕文渊阁《四库全书》本,页3上。

〔7〕《宋集珍本丛刊》,影印清钞本,线装书局,页224上。

修先生集》卷2《学东坡小圃五咏·枸杞》："世人厌肥腻,思与雅澹亲。客来荐蔬茗,用以华吾贫。方书自有本,疑信未敢真。偶思青城山,山人寿且淳。手持羲皇书,念此区中民。"[1]方回《桐江续集》卷19《治圃杂书》："灯花昨夜饶,喜事集今朝。新立蒲萄架,初尝枸杞苗。天清诗眼豁,春暖酒痰消。更复得奇石,数峰昂碧霄。"[2]王旭《兰轩集》卷3《寿长县文会亭杂诗次韵》："竹栢何人种?萱榴手自遗。盘飧兼枸杞,诗句到戎葵。有约来尝早,无心去每迟。登临虽可乐,留滞亦堪悲。"[3]

而添入笋、蕈做成的"枸杞羹",更是上等的美味。《说郛》卷74上林洪《山家清供》《山家三脆》："嫩笋、小蕈、枸杞,菜油炒作羹,加胡椒,尤佳。赵竹溪密夫酷嗜此。或作汤饼,以奉亲,名三脆面。尝有诗云:笋蕈初萌杞药纤,然松自煮供亲严。闻人食肉何曾鄙?自是山林滋味甜。蕈,亦名菰。"[4]《寒山集》《寒山诗》："纵你居犀角,饶君带虎睛。桃枝折作酱,蒜壳取为璎。暖腹茱萸酒,空心枸杞羹。终归不免死,浪自觅长生。"[5]李石《方舟集》卷4《食枸杞、猫头笋》："一毛沼沚未宜轻,甘脆提携慰客情。仙狗吠林堪小摘,乳猫蹲竹得春萌。齿牙风露虽云美,口腹朝昏只旋营。"[6]赵蕃《章泉稿》卷4《食枸杞》："谁道春风未发生?杞苗试摘已堪羹。莫将口腹为人累,竹瘦殊胜豕腹亨。"[7]陆游《剑南稿》卷2《玉笈斋书事》："雪霁茅堂钟磬清,晨斋枸杞一杯羹。隐书不厌千回读,大药何时九转成?孤坐月魂寒彻骨,安眠龟息浩无声。"[8]《方泉集》卷3《既离洞霄遇雨,却寄道友》："鹿唅黄精知岁久,人逢青箬便神清。重来只要斋孟饭,副似堂堂枸杞羹。"[9]汪梦斗《北

〔1〕《四部丛刊初编》,景印至顺刊本,页8下。
〔2〕文渊阁《四库全书》本,页12上。
〔3〕文渊阁《四库全书》本,页9下,页10上。
〔4〕文渊阁《四库全书》本,页23上。
〔5〕《四部丛刊初编》,景印宋刊本,页11上、下。
〔6〕《宋集珍本丛刊》,影印清钞本,线装书局,页411上。
〔7〕文渊阁《四库全书》本,页14下。
〔8〕文渊阁《四库全书》本,页23上
〔9〕《宋集珍本丛刊》,影印清钞本,线装书局,页165下。

游集》《当途道中社》："鹊信占新霁,朝曒起树东。春衫欺客冷,社瓮忆乡红。溪长杏花水,路蒸兰草风。午飧羹枸杞,扶弱有神功。"[1]

　　唐、宋、元人于"枸杞"籽,除配合入药外,还被当作解渴的饮料。《全唐诗》卷205包佶《答窦拾遗卧病见寄》："今春扶病移沧海,几度承恩对白花? 送客屡闻帘外鹊,销愁已辨酒中蛇。瓶开枸杞悬泉水,鼎炼芙蓉伏火砂。"[2]《剑南稿》卷69《道家即事》："松根茯苓味绝珍,甀中枸杞香动人。劝君下箸不领略,终作邙山一窖尘。"[3]林景熙《霁山集》卷6《石门洞》："客来揖坐松下石,呼茶味瀹枸杞灵。笑遣青衣导余步,峰回路转银河倾。"[4]《兰轩集》卷7《枸杞茶》："为爱仙岩夜吠灵,故将服食助长生。和霜捣作丹砂屑,入水煎成沆瀣羹。颊舌留甘无俗味,旗枪通谱亦虚名。"[5]《弁山小隐吟录》卷下《采枸杞子作茶饼子》："流水河边见碧树,上有万颗珊瑚珠。此疑仙人不死药,黄鹄衔子来方壶。露犹未晞手自采,和以玉粉溲云腴。"[6]《至正集》卷27《竹枝,和继学韵》："野蕨堆盘见蕨芽,珍羞眩眼有天花。宛人自卖葡萄酒,夏客能烹枸杞茶。"[7]张以宁《翠屏集》卷2《次韵廉公亮承旨夏日即事》："柴门细雨晓慵开,绿树阴笼一径苔。老子眼花今日较,起寻枸杞点茶杯。"[8]陶安《陶学士集》卷3《自适》："艾炷干尤爇,菁茎老益神。病多疏世故,欲寡乐吾真。秋祀邻赊酒,晨炊婢析薪。掩书休目力,枸杞荐茶新。"[9]

　　郭翼《林外野言》卷上《同敬常泛娄江》："杨柳孤村寒食雨,流莺百啭落花风。卷题宫锦驼泥紫,杯泛仙桃枸杞红。"[10]兹"杯"中所泛"红"色者,究竟是"枸杞子茶"? 抑或是"枸杞子酒"?《元史》卷137

〔1〕《宋集珍本丛刊》,影印清刊本,线装书局,页61上。
〔2〕中华书局句逗本,1960年版,页2138,页2139。
〔3〕文渊阁《四库全书》本,页17上。
〔4〕《宋集珍本丛刊》,影印嘉靖刊本,线装书局,页617上。
〔5〕文渊阁《四库全书》本,页9下。
〔6〕文渊阁《四库全书》本,页39下。
〔7〕《元人文集珍本丛刊》,影印宣统刊本,新文丰出版社,页146上。
〔8〕文渊阁《四库全书》本,页66下。
〔9〕《北京图书馆古籍珍本丛刊》,影印弘治刊本,书目文献出版社,页69下。
〔10〕文渊阁《四库全书》本,页9下。

《察罕传》:"仁宗即位,拜中书参知政事,但总持纲维,不屑细务,识者谓得大臣体。帝尝赐枸杞酒,曰:以益卿寿。又语宰相曰:察罕清素,可赐金束带、钞万贯。前后赏赉,不可胜计。"[1]《居竹轩集》卷2《次杨太史之韵,题赠叶子澄草堂图诗》:"君家草堂林木幽,乃在吴会之东头。花开从令鸟雀喜,水落正为鱼龙忧。深林烂饮枸杞酒,如意醉击珊瑚钩。丈夫嘉遁有如此,傍人比是神仙流。"[2]而其配方,始出于唐,而变更于元。孙思邈《备急千金要方》卷36:"枸杞[子]酒:捣碎枸杞子一斗,先内绢袋中酒二斗,渍讫,密封泥瓮,勿泄,曝干,天阴勿出,三七日满旦,温酒,任性饮之,忌酢。"[3]《寿亲养老新书》卷4:"枸杞子酒:枸杞子,五升干者捣;生地黄,切三升;大麻子,五升捣碎。右先捞麻子令熟,摊去热气,入地黄、枸杞子相和,得所纳生绢袋中,以酒五斗浸之,密封。春、夏七日,秋、冬二七日取服,多少任意,令体中微有酒力,醺醺为妙。"[4]

4.4

"枸杞"叶的食疗功能,三国吴人解之"抽象",宋、元人释之"含糊"。陆玑《毛诗草木鸟兽虫鱼疏》卷上《集于苞杞》:"杞,其树如樗,一名苦杞,一名地骨,春生作羹,茹微苦,其茎似莓,子秋熟,正赤。茎、叶及子,服之轻身、益气。"[5]所谓"轻身",李昉《太平广记》卷66《谢自然》:"夫药力,只可益寿,若升天驾景,全在修道,服药、修道,事颇不同。服柏,便可绝粒,若山谷难求侧柏,只寻常柏叶,但不近丘墓,便可服之,石上者尤好。曝干者难将息,旋采旋食,尚有津润易清,益人。大都、柏叶、茯苓、枸杞、胡麻,俱能常年久视,可试验。"[6]所谓"益气",耶律楚材《湛然居士集》卷12《赠高善长一百韵,并序》:"国老似甘草,良

---

〔1〕中华书局标点本,1976年版,页3311。
〔2〕文渊阁《四库全书》本,页48下。
〔3〕文渊阁《四库全书》本,页19上。
〔4〕文渊阁《四库全书》本,页37下。
〔5〕文渊阁《四库全书》本,页2上。
〔6〕中华书局句逗本,1961年版,页412。

将比大黄。一缓辅一急,一柔济一刚。病来不速治,安居养豺狼。疾作傥无药,遇水乏舟航。病固有寒热,药性分温凉。疗热用连蘗,理寒宜桂姜。君子与小人,礼刑令相当。虚者补其赢,实者泻其强。扶衰食枸杞,破血服槟榔。抑高举其下,天道犹弓张。损余补不足,贫富无低昂。寒多成冷痼,热盛为疮疡。"[1]也有说之平易者,径以"清甘"表达。王质《绍陶录》卷下《山友续辞·枸杞》:"花红紫,实红,叶青。春苗可食,清甘,人呼甜菜。"[2]

"枸杞"籽的药用效果,唐、宋人言之更为"实际"。《银海精微》卷下:"枸杞子,味甘,入肾经,补肾,明目,去目中赤膜、遮睛,酒洗用。"[3]所称"补肾",储泳《祛疑说》《煅朱砂说》:"朱砂,体阳而性阴,故外色丹而中含真汞也。用远志、龙齿之类煅之,则可养心;用枸杞、地黄之类,则可以补肾;用南星、川乌之类,则可以驱风;以胡桃、破故纸之类,则可以治腰肾;以川椒、厚朴之类,则可以实脾气。随其佐使而见功,无施不可。向昧此理,每得一方,守以为法,岁月浸久,所收既多,所知稍广,因悟此理。其后随意用药,炼之无不适用,每恨见之不早,因以所得着之,或可为服食之助。老于煅炼者,试以此说质之,亦必点首。"[4]所称"明目",《全蜀艺文志》卷2史子玉《枸杞赋·并引》:"史子(子玉)分教剑庠之明年,目眚,踰月,废卷默坐。客有告之曰:兹土之宜,杞根实繁,产诸泮林,尤腴而美。揆之本草,明目养神,盍试其味?寻命僮仆,则取之不竭,食之既厌,而昏者开、翳者鲜矣。于是,作而叹曰:是物也,不假种植,沾濡雨露,芬敷自荣,其功效足以回光返照如此,况出于辅之、翼之、长之、养之者。"[5]甚至有近似离奇的说法,《说郛》卷46下赵溍《养疴漫笔》:"枸杞子榨油,点灯观书,能益目力。"[6]

无论唐、宋、元人,均十分推崇以"枸杞"籽浸泡的"枸杞酒",以致

[1]中华书局谢方点校本,1986年版,页267,页268。
[2]文渊阁《四库全书》本,页18下。
[3]文渊阁《四库全书》本,页108上。
[4]文渊阁《四库全书》本,页26下。
[5]文渊阁《四库全书》本,页18下。
[6]文渊阁《四库全书》本,页47下。

断定可致"万病皆愈"而百无禁忌。《备急千金要方》卷82："且空腹服半升(枸杞酒),十日,万病皆愈,三十日,瘢痕灭。恶疾,人以水一升,和酒半升,分五服,愈。"[1] 王焘《外台秘要方》卷31："平旦,空腹服一盏(枸杞酒)或半升为度,十日,万病皆愈,二十日,瘢痕皆灭。恶疾,人以一升水和半升酒,分为五服,服之即愈。若欲食少者,取河中青、白石,如枣、杏仁大者半升,以水三升煮,一沸,以酒半合置中,须臾即热,可食也。"[2] 其具体的作用,名目甚伙,不胜言语。《说郛》卷94下田锡《曲本草》:"枸杞酒:补虚损,去劳热,长肌肉,益颜色,肥健人,止肝虚、目泪。"[3] 王衮《博济方》卷5:"头风,煎枸杞酒,磨下。"[4]《古赋辩体》卷8洪舜俞《老圃赋》:"镵黄独之雪苗,筐白蘸之露蕤。茗蘼芜以涤烦,醙枸杞而补羸。冷淘煮兮槐苗,馎饦斫兮薖滋。泫膏硎兮雹突,饫粪火兮蹲鸱。"[5]《寿亲养老新书》卷4:"枸杞子酒,明目驻颜,轻身不老,坚筋骨、耐寒暑,疗虚羸黄瘦,不能食服,不过两剂,必得肥充,无所禁断。""谚云:去家千里,勿食萝摩、枸杞。此言其补益精气,强盛阴道,久服,令人长寿。"[6]

宋人习惯将"枸杞"当作礼物馈赠,无论是叶还是籽。刘敞《公是集》卷7《野人致枸杞、青蒿》,卷28《野人寄枸杞、青蒿》:"味薄时共笑,野人犹相高。春田有余暇,馈我杞与蒿。酌酒谢其意,采之亦诚劳。城中多好事,过半称贤豪。杯肴具五鼎,珠玉轻一毫。将之献门下,皆有千金褒。何故背此计? 而反从吾曹。淡泊徒自乐,膏芳未能叨。信知老农美,颇欲耕东皋。因闲有余力,从尔观芝薅";"烂蒸香荠白鱼肥,碎点青蒿凉饼滑。宿酒初消春睡起,细履幽畦掇芳辣"[7]暨、曾肇《曾文昭集》卷3《灵寿同年兄再以杞屑分惠,复成小诗,以代善谑》:"场屋十年长,铃斋一笑欢。微言师水蘸,交分托金兰。腹饱仙人杖,

〔1〕文渊阁《四库全书》本,页19上、下。
〔2〕文渊阁《四库全书》本,页52下。
〔3〕文渊阁《四库全书》本,页64下。
〔4〕文渊阁《四库全书》本,页35下。
〔5〕文渊阁《四库全书》本,页32下,页33上。
〔6〕文渊阁《四库全书》本,页37下,页38上。
〔7〕《宋集珍本丛刊》,影印光绪刊本,线装书局,页402上,页566上。

心存姹女丹。他时玉京路,同缀侍宸官。"〔1〕这种情况,入元以后,更为平常;只不过作为送遗者,往往是治今甘肃张掖市之"甘州路"的出产。蒲道原《闲居丛稿》卷1《谢蔡参政惠寄甘州枸杞》:"来自酒泉郡,殷红色尚新。去家不食此,远寄住家人。住家人老矣,独爱芳甘味。欣然亲解包,咀嚼感珍惠。"〔2〕贡师泰《玩斋集》卷2《归彦温赴河西廉使》:"只今太平七十年,尽把英豪化仁义。甘州枸杞红玉重,凉州葡萄酱满瓮。九重有诏趣还朝,莫惜驼囊少分送。"〔3〕

4.5

令人惊叹,作为药用植物之一的茄科"枸杞"(Lycium chinense),其为中国人所知,乃在于距今两千年前的"春秋"时代。不过,当时大概只是一种可食的蔬菜。郑玄、陆德明、孔颖达《毛诗注疏》卷16《四牡》《杕杜》:"翩翩者雕,载飞载止,集于苞杞。传:杞,枸檵也。王事靡盬,不遑将母。""陟彼北山,言采其杞。笺云:杞,非常菜也,而升北山采之,托有事以望君子。王事靡盬,忧我父母。檀车幝幝,四牡痯痯,征夫不远。传:檀车,役车也。幝幝,敝貌。痯痯,罢貌。笺云:不远者,言其来,喻路近。"〔4〕根据文中后人的解释,所谓"杞者",皆"枸杞"。此后,逐渐地知道了其蕴含的"药性",从而形成了一系列的相关学识。逮至宋、元之际,这种"认知"过程已经趋于成熟。无独有偶,这二朝士人,皆以热衷于"经学"、"理学"探讨著称,而多有提到"杞"、"苣"的《诗》等书,正是其中的部分。范处义《诗补传》卷16:"杞,枸杞也,春采其叶,秋采其子,冬采其根,劳将率之。"〔5〕《淳熙新安志》卷2《蔬茹》:"枸杞,《诗》之苣也,芙味苦。《说文》所谓江南食以降气者也。土人抟粉为饵,假以为色,青、绿而可喜。"〔6〕许谦《诗集传名物钞》卷5:"枸檵,

---

〔1〕《宋集珍本丛刊》,影印康熙刊本,线装书局,页730下。

〔2〕文渊阁《四库全书》本,页16上。

〔3〕文渊阁《四库全书》本,页19下。

〔4〕文渊阁《四库全书》本,页10下,页58上。

〔5〕文渊阁《四库全书》本,页28下。

〔6〕《宋元方志丛刊》,影印嘉庆刊本,中华书局,页7617下。

音苟记。《诗缉》即枸杞,《本草》又名仙人杖、西王母杖,其根名地骨,其茎、干三五尺作丛。春作羹,茹微苦。"〔1〕

除了《证类本草》外,"枸杞"还曾作为"专章",出现于专门的"药书"《本草图经》。苏颂《苏魏公集》卷65《本草图经序》:"药有上、中、下品,皆用本经为次第,其性类相近,而人未的识,或出于远方,莫能形似者,但于前条附之。若溲疏附于枸杞、琥珀附于茯苓之类是也。"〔2〕至于其"性、理",前人早有涉及,而诸处方,更不在话下。《银海精微》卷下:"肝气盛火旺者,则可用柴胡、羌活、青箱子、白芍药、羚羊角,虚则除之,加熟地黄、当归、川芎、楮实子、枸杞子之类。""肾热相火旺者,则可用黄柏、知母、车前子、木通、滑石、瞿麦、萹蓄、大黄、朴硝之类,虚则大忌之,可加肉苁蓉、五味子、磁石、菟丝子、乳香、川椒、青盐、枸杞子之类。"〔3〕《外台秘要方》卷17:"枸杞子煎方,是西河女子神秘有验,千金不传。又名神丹,煎服者,去万病,通知神理,安五藏,延年长生,并主妇人久无子,冷病有。能常服,大益人,好颜色,年如十五时。"暨,"春、夏采苗叶,如常食法。秋、冬采子、根,以九月日采子,暴干,十月,采根取皮,作散,任服。至于造酒、服饵,各有常宜,及羹、粥为妙。"〔4〕所称"羹、粥",《寿亲养老新书》卷3、卷4:"枸杞子粥:枸杞子生研,挼取汁,每一盏粥,可用汁一盏,加少熟蜜同煮";"[枸杞]叶,和羊肉作羹,益人"。〔5〕

"枸杞"的地域分布,无论南、北中国,即有元而言,北至"山西"(今山西北部、河北西北部、内蒙中南部),南至"广东"。虞集《道园遗稿》卷2《丰州李氏孝义诗》、卷8《送普从升译史调广东》:"沙中枸杞已成树,的皪丹珠饱秋露。蒲萄满堂间钟乳,上堂馔食有肥羜";"秋露垂珠枸杞丛,海天火齐荔枝红。飞行万里青骢马,指顾千夫赤羽鸿"。〔6〕 然

---

〔1〕文渊阁《四库全书》本,页7下。
〔2〕文渊阁《四库全书》本,页9上、下。
〔3〕文渊阁《四库全书》本,页69上、下。
〔4〕文渊阁《四库全书》本,页42下、40下。
〔5〕文渊阁《四库全书》本,页22下,页23上,页38上。
〔6〕《元人文集珍本丛刊》,影印明初翻印至正刊本,新文丰出版社,页20上,页366下,页367上。

·欧·亚·历·史·文·化·文·库·

而,随着医治和食疗的需要,对其"原料"质量的要求也就不断提高。于是,北方、特别是西北地区所产者,也就成了稀世的"珍宝"。《寿亲养老新书》卷3:"凡枸杞生西河郡(汾州,属冀宁路)谷中及甘州(路)者,其味迥过于蒲萄。今兰州西去{邺}[鄯]城(西宁州)、灵州(宁夏路属)、九原(丰州,属大同路),并大根,茎九大。"[1]《道园遗稿》卷5《寄斡克庄金宪》:"为怀同馆西河客,不寄驼囊枸杞红。岂想往来江海上?虚凭归雁问秋风。"[2]王恽《秋涧先生集》卷23《谢平章聪山公见惠东阳佳酝、大同枸杞》:"云腴酿自东阳酎,仙杞香来大若山。二物并遗沾雅贶,一樽端为驻衰颜。应惭潦倒登瀛客,尚觊哀怜赐佩环。"[3]而以上情况,在宋已经发生。孔平仲《谈苑》:"陕西极边枸杞,大可柱,叶长数寸","今之医者治病少效,殆亦药材非良也"。[4]

唐时就曾为"土贡"的"甘州枸杞"[5],于孛儿只吉氏元一朝曾经名闻遐迩。《清容居士集》卷10《送乐德敬甘肃儒学提举》:"磅礴坤舆总帝图,手提文印化沮渠。旋宫更问凉州谱,尚右时通梵国书。枸杞夜号端入驿,蒲萄秋落易盈车。飞沙斜日频回首,归雁相迎亦惘如。"[6]范梈《范德机集》卷7《寄上甘肃吴右丞》:"塞上孤鹰白雪毛,塞门风物静萧骚。黄河西去从天下,泰华东来拔地高。枸杞莫将如薏苡,醍醐足饮胜蒲萄。"[7]至朱氏明中叶,情况依然。吴宽《匏翁家藏集》卷30《谢顾良弼送甘州枸杞》:"畦间此种看来无,绿叶尖长也自殊。似取珊瑚沉铁网,空将薏苡作明珠。菊苗同摘凭谁赋?药品兼收正尔须。曾是老人宜服食,只今衰病莫如吾。"[8]当然,这是就"籽"而言,至于"叶",只要鲜、嫩就行。《静修先生集》卷2《学东坡小圃五咏·枸杞》:"仙苗

〔1〕文渊阁《四库全书》本,页33下,页34上。
〔2〕《元人文集珍本丛刊》,影印明初翻印至正刊本,新文丰出版社,页60下。
〔3〕《四部丛刊初编》,景印弘治翻元刊本,页20上。
〔4〕文渊阁《四库全书》本,页7上。
〔5〕《新唐书》卷40《地理志》,页1045:"甘州、张掖郡。下。土贡:麝香,野马革,冬奈,枸杞实、叶。"
〔6〕《四部丛刊初编》,景印元刊本,页19上。
〔7〕《四部丛刊初编》,景印旧钞本,页9下,页10上。
〔8〕《四部丛刊初编》,景印正德刊本,页7下。

被城郭,闻之杞国人。始疑制名初,义与荆扬钧。远惭勾漏令,空望黄河滨。常山古灵润,烟霞流余津。青莫发丹乳,厚饷谢我神。世人厌肥腻,思与雅澹亲。客来荐蔬茗,用以华吾贫。方书自有本,疑信未敢真。偶思青城山,山人寿且淳。手持羲皇书,念此区中民。"[1]至于"枸杞"亦"杞"与"杞国"的关系,则必须作此外的求证了。

〔1〕《四部丛刊初编》,景印至顺刊本,页8下。

·欧·亚·历·史·文·化·文·库·

5 竹管生风

——唐代管乐器觱篥考

　　管乐之一的"筚栗"亦"觱篥",于唐代的乐器中有着非比寻常的地位。其最初的起源和制作,盖在西汉元帝君临之前、属于"胡人"的"龟兹"。回顾"觱篥"的传播,约略由东北、东南、西南三个方向漫延:"黠戛斯"属前者,"高昌"、"凉州"属中者,"疏勒"、"安"、"天竺"、"婆罗门"亦今印度属后者。至于"东夷"之"高骊"、"百济"、"南蛮"之"石蕃"所有者,或再由南朝传出!? 知名一时的"觱篥"吹奏者,见于记录者有安万山、张野狐、李龟年、关璀、李衮、尉迟青、王麻奴等。而曾是李德裕家中"仆厮"的薛阳陶,则是不少士人歌咏或小说的主人翁。而以部件作戏噱的"典故",应该是这种管乐器普及的标志之一。

5.1

　　提起唐代的乐器,管乐之一的"筚栗"亦"觱篥",有着非比寻常的地位。其声韵激越悲壮,实足以撼动人心。即使是普通人吹奏,也令人百思交集,难以忘怀。《全唐诗》卷 223 杜甫《夜闻觱篥》:"夜闻觱篥沧江上,衰年侧耳情所向。邻舟一听多感伤,塞曲三更欤悲壮。"[1]白居易《白氏长庆集》卷 54《病中多雨,逢寒食》:"三旬卧度莺花月,一半春销风雨天。薄暮何人吹觱篥? 新晴几处缚秋千?"[2]至于名家高手,其艺术之感染力,更是荡气回肠,褫魂夺魄。《文苑英华》卷 335 李颀《听

[1]中华书局句逗本,1960 年版,页 2373。
[2]《四部丛刊初编》,景印日本翻宋刊本,页 16 上。

安万善吹觱篥歌》:"傍邻闻者多叹息,远客思乡皆泪垂。世人解听不解赏,长飙风中自来往。枯桑老柏寒飕飕,九雏鸣凤辞啾啾。龙吟虎啸一时发,万籁百泉相与秋。忽然更作渔阳掺,黄云萧条白日暗。变调如闻杨柳春,上林繁花照眼新。岁夜高堂列明烛,美酒一杯声一曲。"[1]郑处诲《明皇杂录》卷补:"明皇既幸蜀,西南行,初入斜谷,属霖雨涉旬,于栈道雨中闻铃音,与山相应。上既悼念贵妃,采其声为《雨霖铃》曲,以寄恨焉。时梨园子弟善觱篥者,张野狐为第一,此人从至蜀,上因以其曲授野狐。洎至德中,车驾复幸华清宫,从官嫔御,多非旧人。上于望京楼下,命野狐奏《雨霖铃》曲,未半,上四顾凄凉,不觉流涕,左右感动,与之歔欷。"[2]

以吹"觱篥"而知名的人中,犹有尚未成人的"小童"。刘禹锡《刘梦得集》卷外7《和浙西李大夫霜夜对月,听小童吹觱篥歌,依本韵》:"海门双青暮烟歇,万顷金波涌明月。侯家小儿能觱篥,对此清光天性发。长江凝练树无风,浏栗一声霄汉中。涵胡画角怨边草,萧瑟清蝉吟野丛。冲融顿挫心使指,雄吼如风转如水。思妇多情珠泪垂,仙禽欲舞双翅起。郡人寂听衣满霜,江城月斜楼影长。才惊指下繁韵息,已见树杪明星光。谢公高斋吟激楚,恋阙心同在羁旅。一奏荆人白雪歌,如闻雒客扶风邬。吴门水驿接山阴,文字殷勤寄意深。欲识阳陶能绝处,少年荣贵道伤心。"[3]《白氏长庆集》卷21《小童薛阳陶吹觱栗歌,和浙西李大夫作》:"衮今又老谁其嗣?薛氏乐童年十二。指点之下师授声,含嚼之间天与气。润州城高霜月明,吟霜思月欲发声。山头江底何悄悄?猿声不喘鱼龙听。翕然声作疑管裂,诎然声尽疑刀截。有时婉软无筋骨,有时顿挫生棱节。急声圆转促不断,轹轹辚辚似珠贯。缓声展引长有条,有条直直如笔描。下声乍坠石沉重,高声忽举云飘萧。明旦公堂陈宴席,主人命乐娱宾客。碎丝细竹徒纷纷,宫调一声雄出群。众音蝉缕不落道,有如部伍随将军。嗟尔阳陶方稚齿,下手发声已如

---

[1]《武英殿聚珍》影印本,中华书局1966年版,页1740下。

[2]《唐宋史料笔记丛刊》,田廷柱点校本,中华书局1997年版,页46,页47。

[3]《四部丛刊初编》,景印宋刊本,页1下,页2上。

此。"[1]

"浙西大夫"亦"平泉上相",正是曾任宰相的李德裕;而薛阳陶,正是其家中的"仆厮"。祝穆《古今事文类聚》卷续23李德裕《霜夜对月,听小童薛阳陶吹觱栗歌》:"君不见秋山寂历风飙歇,半夜青崖吐明月。寒光乍出松筱间,万籁萧条从此发。忽闻歌管吟朔风,精魂想在烟岩中。"[2]相关篇幅仍有散逸者,如元稹所作。罗隐《罗昭谏集》卷1《薛阳陶觱篥歌》:"平泉上相东征日,曾为阳陶歌觱篥。乌江太守会稽侯,相次三篇皆俊逸。乔山殡葬衣冠后,金印苍黄南去疾。龙楼冷落夏口寒,从此风流为废物。人间至艺难得主,怀抱差池恨星律。邗沟仆射戎政闲,试渡瓜洲吐伊郁。西风九月草树秋,万喧沉寂登高楼。老篁揭指征羽叫,炀帝起坐淮王愁。高飘咽灭出滞气,下感知己时横流。穿空激远不可遏,髴髯似向伊水头。伊水林泉今已矣,因取遗编认前事。武宗皇帝御宇时,四海怡然知所自。扫除桀黠似提帚,制压权豪若穿鼻。九鼎调和各有门,谢安空俭真儿戏。功高近代竟谁知?艺小似君犹不弃。勿惜暗鸣更一吹,与君共下难逢泪。"[3]《文苑英华》卷335罗隐《薛阳陶觱篥歌》末有注云:"平泉为李德裕,曾作《薛阳陶觱篥歌》,苏州刺史白居易、越州刺史元稹,并有和篇。此言乌江,恐是吴江,乃苏州也。"[4]

说来,成年的薛阳陶尚有别种"佳遇",而"诱因",也正是由于这一个"擅长"。《桂苑丛谈》《赏心亭》:"咸通中,丞相姑臧公(李蔚)拜端揆日,自大梁移镇淮海,政绩日闻。未期周荣,加水土移风易俗,甚洽群情。自彭门乱常之后,藩镇疮痍未平,公按辔躬己而治之,补缀颓毁,整葺坏纲,功无虚日。以其郡无胜游之地,且风亭月榭,既已荒凉,花圃钓台,未惬深旨,一朝命于戏马亭西连玉钩斜道,开辟池沼,构葺亭台。挥斥既毕,萃其所芳。春九旬,都人士女,得以游观。一旦闻浙右小校薛

〔1〕《四部丛刊初编》,景印宋刊本,页9上、下,页10上。
〔2〕文渊阁《四库全书》本,页16上。今本李德裕《李文饶集》卷别四,《四部丛刊初编》景印明刊本,页6下惟有《霜夜对月,听小童薛阳陶吹〖笛〗〔觱篥〕二首》篇目,而"阙"其内容。
〔3〕文渊阁《四库全书》本,页4上、下。
〔4〕《武英殿聚珍》影印本,中华书局,页1740下。

阳陶监押度支运米入城,公喜其姓同曩日朱崖左右者,遂令诟之,果是其人矣。公愈喜,似获古物,乃命衙庭小将代押,留止别馆。一日,公召陶同游,问及往日芦管之事,陶因献朱崖陆鲁元白所撰歌一曲。公亦喜之,即于兹亭奏之,其管绝微,每于一觱篥管中,常容三管也,声如天际自然而来,情思宽闲。公大佳赏之,亦赠其诗,不记终篇,其发端云:虚心纤质雁衔余,风吹龙吟定不如。于是,赐赉甚丰,出其二子,皆授牢盆倅职。初,公构池亭毕,未有名,因名赏心。诸从事以公近讳,盖赏字有尚也。公曰:宣父言征不言在,言在不称征。且非内官宫妾,何避其疑哉?遂不改作。"[1]

5.2

乃为乐器之一"觱篥"的始创,或云"羌人",或云"胡人"。"羌人",不云其"籍贯"。高承《事物纪原》卷2《乐舞声歌部觱篥》:"《说文》曰:乃羌人所吹屠觱,以惊马。"[2]"屠觱"似乎是羌人对"觱篥"的称呼。王应麟《汉制考》卷4《说文》:"羌人所吹角、屠□,以惊马也。羌笛三孔。"[3]《六艺之一录》卷208录周伯琦《六书正讹》:"羌人所吹角、屠□,以惊马也。一名笳管,以竹为管,以芦为首,九窍,皆角音,从角□声。□,古悖字,今名□臬,俗作筚篥。"[4]"胡人",则都城在今新疆库车(Kucha)县的"龟兹"古国。《说郛》卷100段安节《乐府杂录》:"大龟兹国乐也,亦曰悲栗。"[5]《文苑英华》卷335李颀《听安万善吹觱篥歌》:"南山截竹为觱篥,此乐本是龟兹出。流传汉地曲转奇,凉州胡人为我吹。"[6]《乐府诗集》卷59刘商《胡笳十八拍,第七拍》:"男儿妇人带弓箭,塞马蕃羊卧霜霰。寸步东西岂自由?偷生乞死非情愿。

---

〔1〕文渊阁《四库全书》本,页5下,页6上、下。
〔2〕文渊阁《四库全书》本,页50下。
〔3〕文渊阁《四库全书》本,页22下。
〔4〕文渊阁《四库全书》本,页8下。
〔5〕文渊阁《四库全书》本,页89上。
〔6〕《武英殿聚珍》影印本,中华书局1966年版,页1740下。

龟兹筚篥愁中听,碎叶琵琶夜深怨。竟夕无云月上天,故乡应得重相见。"[1]《事物纪原》卷2《乐舞声歌部觱篥》:"令狐揆《乐要》曰:筚篥出于胡中,或云龟兹国也。徐景山云:本胡人牧马,截骨为筒,用芦贯首吹之,以惊群马。因而为窍,以成音律。今胡部在管音前,故世亦云头管。"[2]

当唐时,地处今俄罗斯图瓦(Tyva)、哈卡斯(Khakasia)二共和国领域的黠戛斯部落,其乐器也有"觱篥"。乐史《太平寰宇记》卷199:"黠戛斯,西北方之国也。本名结骨,一名居曷,又谓之坚昆,《史记》谓之南昆,《汉书》谓之鬲昆。""从天德军西二百里至西受降城,又北三百里鹏鹈泉,西北回鹘帐一千五百里,回鹘西北四十日程,方至其国。东[南]去单于庭七千里,[西]南去车师国五千里。""其乐器,有鼓、笛、笙、觱篥、盘铃。"[3]司马光《资治通鉴》卷246:"初,伊吾之西、焉耆之北,有黠戛斯部落;即古之坚昆,唐初结骨也,后更号黠戛斯。"[4]追溯其初居,乃在"龟兹国"迤北的"白山"亦今天山"之旁"。《新唐书》卷217下《黠戛斯传》:"黠戛斯,古坚昆国也。地当伊吾之西、焉耆北,白山之旁。或曰居勿,曰结骨。其种杂丁零,乃匈奴西鄙也。匈奴封汉降将李陵为右贤王,卫律为丁零王。后郅支单于破坚昆,于时东距单于廷七千里,南车师五千里,郅支留都之。故后世得其地者,讹为结骨,稍号纥骨,亦曰纥扢斯云。众数十万,胜兵八万。直回纥西北三千里,南依贪漫山。地夏沮洳,冬积雪。""乐有笛、鼓、笙、觱篥、盘铃。"[5]因此,"黠戛斯"亦"坚昆"之有兹乐器,未必不可能传自"龟兹"。

其传入东方,始自十六国前秦称霸北中国时期,而与"龟兹国"有关。《十六国春秋》卷81《后凉录吕光》:"建元十九年春正月,[符]坚既克平山东,士马强盛,遂有图西域之志,乃以光为使持节、都督西域,征讨诸军事,率将军姜飞、彭晃、杜进、康盛等总步兵七万、铁骑五千讨

---

〔1〕《四部丛刊初编》,景印元刊本,页12下。
〔2〕文渊阁《四库全书》本,页50下,页51上。
〔3〕光绪金陵书局刊本,页12上,页13下,页14上、下。
〔4〕中华书局校点本,1982年版,页7946。
〔5〕中华书局标点本,1975年版,页6146,页6148。

西域。""战于城西,大败之,斩首万余级。帛纯收其珍宝遁走,王侯降者三十余国,光入其城。城有三重,广轮与长安城等,城中塔庙千数。又以种田、畜牧为业。男女皆剪发垂项。宫室壮丽,焕若神居。光乃大飨将士,赋诗言志,命参军京兆段业著龟兹宫赋以记之。胡人奢侈,厚于养生,家有蒲桃酒,或至千斛,经十年不败,士卒沦没酒藏者相继,又有千斛蒲桃,士卒取实来离宫别馆傍尽种之。因得其乐器,有箜篌、琵琶、五弦、笙、笛、箫、觱篥、毛圆鼓、都昙鼓、答腊鼓、腰鼓、羯〔鼓〕、鸡娄鼓、钟鼓,其等十五种为一部,工二十人,歌曲有善善摩尼解曲、婆迦儿舞曲、有天殊勒监曲。"〔1〕《册府元龟》卷570《掌礼部夷乐》:"后〔梁〕〔秦〕吕光既灭龟兹,因得其乐。乐器有竖箜篌、琵琶、五弦、笙、笛、箫、觱篥、毛圆鼓、都昙鼓、答腊鼓、腰鼓、羯鼓、溪娄鼓、铜鼓具等十五种,为一部,工二十二人。歌曲有善善摩尼解曲、婆伽儿舞曲、有小天疏勒监〔曲〕。"〔2〕

　　除以上外,拓跋氏魏的皇帝也自"西域"诸国的"疏勒"亦今新疆喀什(Kashgar)市、"安"亦今乌兹别克斯坦布哈拉(Bukhara)市收集相关人员。《册府元龟》卷570《掌礼部夷乐》:"后魏大武既平北燕冯氏,通西域,得疏勒、安国等乐。""疏勒乐器有竖箜篌、琵琶、五弦、笛、箫、觱篥、答腊鼓、腰鼓、羯鼓、鸡娄鼓十种为一部,工十二人。歌曲有《元利死让乐舞曲》,有《远解曲》,有《盐曲》。""安国乐有箜篌、琵琶、五弦、笛、箫、双觱篥、正鼓、和铜钹等,箫、小觱篥、桃皮觱篥、齐鼓、担鼓具等十四等为一部,工十八人。歌曲有《歌芝栖舞曲》,有《舞枝栖》。"〔3〕而李氏唐的皇帝则从高昌亦今新疆吐鲁番市(Turfan)东,甚至"东夷"诸国的高骊今朝鲜平安南北等道、"百济"亦今韩国忠清南北等道熟悉相关器材。陈旸《乐书》卷158《乐图论》:"其(高昌)器,有竖箜篌、琵琶、五弦、笙、笛、箫、觱篥、毛员鼓、都昙鼓、答腊鼓、腰鼓、羯鼓、鸡娄鼓、铜钹、贝等十五种为一部,工二十人焉。""其(高丽)器,有卧箜篌、竖箜

<hr>

〔1〕文渊阁《四库全书》本,页2下,页4上、下。
〔2〕中华书局影印明刊本,1960年版,页6860上。
〔3〕中华书局影印明刊本,1960年版,页6860下。

篌、琵琶、弹筝、五弦、笙、箫、横笛、小觱篥、桃皮觱篥、腰鼓、齐鼓、担鼓、铜钹、贝等十四种为一部,二十八人。""其(百济)器,有筝、笛、桃皮筚篥、箜篌。"[1]

5.3

"觱篥"流入"中国"前、后的规制和沿革,变数颇多。《说郛》卷100 段成式《觱篥格》:"觱篥,本名悲篥,番人以角为之,后乃以箭为首,以竹为管。所法者角音,故曰角。"[2]《乐书》卷130《乐图论》:"觱篥,一名悲篥,一名箭管,羌胡龟兹之乐也。以竹为管,以芦为首,状类胡箭而九窍。所法者,角音而已。其声悲栗,胡人吹之,以惊中国马焉。""后世乐家者流,以其族宫转器,以应律管,因谱其音,为众器之首。至今鼓吹、教坊用之,以为头管。""然其大者九窍,以觱篥名之,小者六窍,以风管名之。六窍者,犹不失乎中声,而九窍者,其失盖与大平管同矣。今教坊所用,上七空,后二空,以五凡工尺上一四六勾,合十字谱其声。"[3]而器具种类繁多:有以"材料"名,有"漆觱篥"、"角觱篥"、"杨皮觱篥"、"桃皮觱篥";有以"规格"名,如"大觱篥"、"小觱篥";有以"构造"名,如"双觱篥";亦有沿袭先前专名,如"银字觱篥"。《说郛》卷100《觱篥格》:"革角长五尺,形如竹筒,卤簿、军中皆用之。或竹、木或皮,又有剥杨树皮卷成觱篥,以竹为管而吹之,亦有用桃皮者。"[4]《乐书》卷130《乐图论》"唐九部夷乐,有漆觱篥焉。""胡部安国乐器,有双觱篥焉;唐《乐图》所传也。"[5]

自杨氏隋初年,"觱篥"就堂而皇之地进入了东方"中央王朝"的宫廷。《册府元龟》卷568《掌礼部作乐》:"隋高祖开皇元年,令定宫悬四面各二虡,通十二镈钟为二十虡。虡各一人,建鼓四面,枧敔各一人,歌

[1]文渊阁《四库全书》本,页13上、下,页6下,页5下。

[2]文渊阁《四库全书》本,页70上。

[3]文渊阁《四库全书》本,页2下,页3上。

[4]文渊阁《四库全书》本,页70上。

[5]文渊阁《四库全书》本,页4下,页5下。

琴、瑟、箫、筑、筝、挡筝、卧箜篌、小琵琶四面,各十人,在编磬下,笙、竽、长笛、箫、觱篥、埙、篪四面,各八人,在编钟下。舞各八佾,宫悬簨虡,金五,博山饰以旒苏、树羽。"[1] 逮至李氏唐,"觱篥"与其他外来的"管乐器"、"弦乐器",更渗透到了各种音乐的"场景",如"燕乐"。《新唐书》卷21《乐志》:"高宗即位,景云见,河水清,张文收采古谊为《景云河清歌》,亦名《燕乐》。有玉磬、方响、挡筝、筑、卧箜篌、大小箜篌、大小琵琶、大小五弦、吹叶、大小笙、大小觱篥、箫、铜钹、长笛、尺八、短笛皆一,毛员鼓、连鼗鼓、桴鼓、贝皆二。每器工一人,歌二人。"[2] 此种状况,如以惯于"以华排夷"的宋人来看,"是进夷狄之音,加之中国雅乐之上,不几于以夷乱华?"《乐书》卷130《乐图论》:"是进夷狄之音,加之中国雅乐之上,不几于以夷乱华乎?降之雅乐之下,作之国门之外可也。圣朝元会、乘舆行,幸并进之,以冠雅乐,非先王下管之制也。"[3]

"觱篥"于出师行伍很受欢迎,从而成为军乐的主要器具之一。许洞《虎钤经》卷8《军乐》:"夫军中作乐,所以激?壮气,和其心、滔其忧而已。故其乐,但清厉峭拔、雄壮之音,至于弹弦、鼓簧柔媚之音,使人悲感怨怼者,皆不可取焉。其戏,亦取壮猛而可观者。乐鼓、杖、笛、觱篥、钲、拍、多少随部伍,用戏板橛、角觝、马骑、飞石、剑门、斫刀、抢牌、狮子。"[4] 难怪有此相关技艺的男子,往往投笔从戎,以求进阶。赵璘《因话录》卷3《商部下》:"荥阳郑还古,少有俊才,嗜学而天性孝友","有堂弟,浪迹好吹觱篥,投许昌军为健儿,还古使使召之,自与洗沐,同榻而寝。因致书所知之为方镇者,求补他职。姻族以此重之"[5]还有喜好兹道的节度使,那就是跋扈一时的"淄、青州"李师道。《资治通鉴》卷237:"及[李]师古疾笃,[弟]师道时知密州事,好画及觱篥。师古谓判官高沐、李公度曰:迨吾之未乱也,欲有问于子:我死,子欲奉谁为帅乎?二人相顾未对,师古曰:岂非师道乎?人情谁肯薄骨肉而厚

〔1〕影印明刊本,中华书局1960年版,页6819上。
〔2〕中华书局标点本,1975年版,页471。
〔3〕文渊阁《四库全书》本,页2下,页3上。
〔4〕文渊阁《四库全书》本,页18上。
〔5〕上海古籍出版社标点本,1975年版,页85。

他人？顾置帅不善,则非徒败军政也,且覆吾族。师道为公侯子孙,不务训兵理人,专习小人贱事,以为已能,果堪为帅乎？幸诸公审图之。闰月壬戌朔,师古薨,沐、公度秘不发丧,潜逆师道于密州,奉以为节度副使。"[1]

当时,有专为管乐器"觱篥"而作的曲调,而它们常常伴随着相关的"传奇",如前《雨霖铃》者不啻四五。《说郛》卷100《乐府杂录》:"天后朝,有士人陷冤狱,没家族,其妻配入掖庭。本初善吹觱篥,乃撰此曲,以寄哀情。始名《大郎神》,盖取良人行第也,遂三易其名(《离别难》),亦名《切子终号》《愁回鹘》。""懿皇命乐工敬纳吹觱篥,初弄道调上,谓是曲误拍之,敬纳乃随拍撰成曲子(《道调子》)。"[2]吴曾《能改斋漫录》卷1:"乐府名《大郎神》,本朝乐府有《二郎神》,非也。按唐《乐府杂录》曰《离别难》。武后朝,有一士人,陷冤狱,籍其家,妻配入掖庭,善吹觱篥,乃撰此曲,以寄情焉。初名大郎神,盖取良人行第也。既畏人知,遂三易其名,曰《悲切子》,又曰《怨回鹘》,乃以大为二,传写之误。"[3]暨,《说郛》卷100《觱篥格》:"玄女请制角二十四,法雷霆声。吹角三部,有长鸣、中鸣。长鸣曼声激昂,中鸣尤更悲切。番角者,后渐用之横吹。李延年因番曲更造新声二十八解。"[4]然而,"二十八解",乃是"胡笳"、"胡角"之曲。《晋书》卷23《乐志》:"胡角者,本以应胡笳之声,后渐用之横吹,有双角,即胡乐也。张博望入西域,传其法于西京,惟得摩诃兜勒一曲。李延年因胡曲更造新声二十八解,乘舆以为武乐。后汉以给边将,和帝时,万人将军得之。魏、晋以来,二十八解不复具存。"[5]

5.4

薛阳陶的"业师"李袞,乃是继关璀之后的"觱篥"吹奏名家。《白

---

[1]中华书局标点本,1956年版,页7634。

[2]文渊阁《四库全书》本,页92上、下,页94上。

[3]上海古籍出版社标点本,1979年版,页7。

[4]文渊阁《四库全书》本,页70上、下。

[5]中华书局标点本,1974年版,页715。

氏长庆集》卷51《小童薛阳陶吹觱栗歌,和浙西李大夫作》:"剪削干芦插寒竹,九孔漏声五音足。近来吹者谁得名?关璀老死李衮生。""若教头白吹不休,但恐声名压关李。"[1]不知兹"李衮",是否那个中唐"名动京师"的同名歌手?李肇《唐国史补》卷下:"李衮善歌,初于江外而名动京师。崔昭入朝,密载而至,乃邀宾客,请第一部乐及京邑之名倡,以为盛会,绐言表弟,请登末坐,令衮弊衣以出,合坐嗤笑。顷命酒,昭曰:欲请表弟歌。坐中又笑,及啭喉一发,乐人皆大惊曰:此必李八郎也。遂罗拜阶下。"[2]其徒的"身份",或以为又是"伎人"。《温庭筠集》卷1《李相妓人吹觱篥歌》:"蜡烟如纛新蟾满,门外平沙草芽短。黑头丞相九天归,夜听飞琼吹朔管。情远气调兰蕙薰,天香瑞彩含絪缊。皓然纤指都揭血,日暖碧霄无片云。含商咀征双幽咽,软縠疏罗共萧屑。不尽长圆迭翠愁,柳风吹破澄潭月。鸣梭渐沥金丝蕊,恨语殷勤陇头水。汉将营前万里沙,更深一一霜鸿起。十二楼前花正繁,交枝簇蒂连壁门。景阳宫女正愁绝,莫使此声催断魂。"[3]当然,"小童"非女性,所以,"妓人"应该作"伎人"。

"觱篥"的演奏者乃为达官贵人的"仆厮"亦"苍头",似乎并不在少数。《白氏长庆集》卷55《宿杜曲花下》:"觅得花干树,携来酒一壶。懒归兼拟宿,未醉岂劳扶?但惜春将晚,宁愁日渐晡?篮舁为卧舍,漆盝是行厨。斑竹盛茶柜,红泥罨饭炉。眼前无所阙,身外更何须?小面琵琶婢,苍头觱篥奴。从君饱富贵,曾作此游无?"[4]《李贺歌诗编》卷2《申胡子觱篥歌,并序》:"申胡子,朔客之苍头也。朔客李氏,本亦世家子,得祀江夏王庙。当年践履失序,遂奉官北郡,自称学长调、短调,久未知名。今年四月,吾与对舍于长安崇义里,遂将衣质酒,命予合饮,气热杯阑,因谓吾曰:李长吉,尔徒能长调,不能作五字歌诗,真强回笔端,与陶、谢诗势相远几里。吾对后,请撰《申胡子觱篥歌》,以五字断句。歌成,左右人合噪相唱,朔客大喜,擎觞起立,命花娘出幕,徘徊拜

〔1〕《四部丛刊初编》,景印宋刊本,页9上,页10上。
〔2〕上海古籍出版社标点本,1957年版,页59。
〔3〕《四部丛刊初编》景印宋刊本,页4下。
〔4〕《四部丛刊初编》,景印宋刊本,页20上。

客。吾问所宜？称善平弄。于是，以币辞配声，与予为寿。颜热感君酒，含嚼芦中声。花娘篓绥妥，休睡芙蓉屏。谁截太平管？列点排空星。直贯开花风，天上驱云行。今夕岁华落，令人惜平生。心事如波涛，中坐时时惊。朔客骑白马，剑弢悬兰缨。俊健如生猱，肯拾蓬中萤。"[1]特别是"胡人"，本身就是"沦落人"，难免会在社会的底层。

颇有意味的是，宋人每每"追念"唐代宫廷中的音乐会场面，从而提到"觱篥"。尽管时间间隔久远，却缘有所"依据"，有些说法，犹有一定程度上的"真实"。周必大《周益公集》卷2《许陆务观馆中海棠未与，而诗来次韵》："莫嗔芳意太矜持，曾得三郎（玄宗）觱篥吹。今日若无工部句，殷勤犹惜最残枝。"[2]赵汝鐩《野谷稿》卷1《缠头曲》："阿蛮妙舞翠袖长，臂甘鞴珠络带宝装。春风按试清元殿，粉白黛绿立两傍。三郎老手打羯鼓，太真纤指弹龙香。箜篌野狐拍怀智，觱篥龟年笛宁王。中有八姨坐绮席，淡扫娥眉压宫妆。醉看阿蛮小垂手，飞燕轻盈惊鸿翔。八姨指挥三郎听，颁赍岂惜倾筐箱？缠头一局三百万，莫遣傍人笑大唐。尾声方断地衣卷，忽闻鼙鼓喧渔阳。播迁才出望贤路，玉食未进日卓午。粝饭胡饼能几许？不饱皇孙及妃主。阿蛮知是何处去？但见猪龙胡旋舞。"[3]《类说》卷1《杨妃外传》《谢阿蛮》："新丰进女伶谢阿蛮，善舞。上就按于清元殿，宁王吹笛，上羯鼓，妃琵琶，马仙期方响，李龟年觱栗，张野狐箜篌，贺怀智拍［板］。秦国夫人端坐观之，上戏曰：阿瞒乐籍，今日幸得供养，夫人请一缠头。对曰：岂有大唐天子阿姨无钱用耶？遂出三百万为一局。"[4]

知名一时的"觱篥"吹奏者，除安万山、张野狐、李龟年、关璀、李袞外，尚有尉迟青、王麻奴等。《说郛》卷100《乐府杂录》："德宗朝，有尉迟青，官至将军。时青州有王麻奴者，善此伎，河北推为第一手，恃其艺，倨傲自负，戎帅外莫敢轻易请者。从事台拜入京，临岐，把酒请吹一曲，相送麻奴，偃蹇大以为不可。从事怒曰：汝艺亦不足称殊，不知上国

---

〔1〕《四部丛刊初编》景印金刊本，页3上、下。
〔2〕《宋集珍本丛刊》，影印清刊本，线装书局，页156上。
〔3〕文渊阁《四库全书》本，页2下，页3上。
〔4〕文渊阁《四库全书》本，页20上、下。

有尉迟将军,冠绝今古。麻奴怒曰:某此艺,海内岂有及者也?今即往彼,定其优劣。不数月,到京,访尉迟青所居在常乐坊,乃侧近僦居,日夕加意吹之。尉迟每经其门,如不闻,麻奴不平,乃求谒见,阍者不纳厚赂之,即引见青,青即席地令坐,因于高般涉调中吹勒部抵曲,曲终,汗洽其背。尉迟颔颐而已,谓曰:何必高般涉调也?即自取银字管(觱篥),于平般涉调吹之。麻奴涕泣愧谢,曰:边鄙微人,偶学此艺,实谓无敌。今日忝闻天乐,方悟前非,乃碎乐器,自是不复言音律也。元和、长庆中,有黄日迁、刘楚材、尚陆陆,皆能者。大中以来,有史敬约在汴州。"[1]尚有离奇的知音,吴莱《渊颖集》卷12《乐府类编后序》:"予闻唐有宋沉者,开元宰相璟之曾孙。每太常乐工奏伎,即能揣其乐声之休咎,遇有工善筚篥者,且曰:彼将神游墟墓,伎虽善,至尊不宜近。已而果然,众工大惊。"[2]

5.5

关于"觱篥"起源的时代,宋人杨简于著述中,径将之与《诗经》中《七月》一诗的相关词句联系起来。《慈湖诗传》卷10《豳》:"七月流火,九月授衣。一之日觱发,二之日栗烈。无衣无褐,何以卒岁?三之日于耜,四之日举趾。同我妇子,馌彼南亩,田畯至喜。""觱发者,寒风劲发,万籁尽鸣,如吹觱篥也。野俗有语:篱端吹觱篥,谓烈风吹篱端之虚管作声也。觱篥,羌人所吹角。邠,亦西羌之地,栗烈者,丑月寒气益烈,人股战栗也。"[3]显然,这是个错误的解释;不久即有人辩驳。楼钥《攻愧集》卷67《答杨敬仲论诗解》:"毛氏曰:觱发,风寒也,栗烈,寒气也。王氏曰:风而寒,尚非其至也,无风而寒,于是为至。只如此说,足矣。觱栗乃胡乐,一名悲篥,一名笳管,羌胡龟兹之乐也。其声悲栗,胡人吹之,以惊中国马。后世乐始谱其音,以为众器之首。周时,安得有

---

〔1〕文渊阁《四库全书》本,页89上、下,页90上。

〔2〕《四部丛刊初编》,景印至正刊本,页12上。

〔3〕文渊阁《四库全书》本,页8上,页12上、下。

此？俗语尤不足取。股战而栗，汉人始有此语。"[1]如从前文，以"黠戛斯"亦"坚昆"之有兹乐器在迁徙以前，则其最初制作，也在西汉元帝君临之前。《汉书》卷94下《匈奴传》："〔甘露四年，〕郅支见乌孙兵多，其使又不反，勒兵逢击乌孙，破之。因北击乌揭，乌揭降，发其兵，西破坚昆，北降丁令，并三国。数遣兵击乌孙，常胜之。"[2]

"羌"指的是原先栖息于今青藏高原东缘、操藏—羌语言的居民；"胡"指的是帕米尔山结迤东迤西、操吐火罗语言的居民。就是在人种方面，也有着明显的不同。在"觱篥"究竟出于"羌人"抑或"胡人"的问题上，笔者倾向于后者。在文字上，可以作前者解的数据十分稀少；在地域上，无论龟兹、疏勒、高昌、坚昆，几乎都属于后者；而在产业方面，二者都从事饲马、牧马。说来，不仅吹奏的"人"混淆，就是吹奏的"器"，宋人也有混淆。王应麟《玉海》卷110《汉筝笛录》："笲篥出于胡中，其声悲，胡人吹角以惊马。一名笳管，后以笳为首，竹为管。"[3]"觱篥"、"角"，形状、用途和东传契机皆不同。李昉《太平御览》卷584："觱篥者，卷芦为头，截竹为管，出于胡地。制法角音，九孔漏声，五音咸备。唐以编入卤部，名为笳管，用之雅乐，以为雅管。六窍之制，则为凤管，旋宫转气，以应律管者也。""角长五尺，形如竹筒，本细末稍大，未详所起，今卤部及军中用之。或以竹木，或以皮为之，无定制。按古军法，有吹角者。此器俗名拔逻回，盖胡人惊军之音，所以书传无之。海内乱离，至侯景围台城，方用之也。"[4]

回顾"觱篥"的传播，如果确认"龟兹"为其最早的"故乡"，约略由东北、东南、西南三个方向漫延："黠戛斯"属前者，"高昌"、"凉州"属中者，"疏勒"、"安"、"天竺"、"婆罗门"亦今印度属后者。《新唐书》卷21《乐志》："西凉伎，有编钟、编磬皆一、弹筝、挡筝、卧箜篌、竖箜篌、琵琶、五弦、笙、箫、觱篥、小觱篥、笛、横笛、腰鼓、齐鼓、檐鼓皆一，铜钹二，贝一。白舞一人，方舞四人。天竺伎，有铜鼓、羯鼓、都昙鼓、毛员鼓、觱

〔1〕《四部丛刊初编》影印《武英殿聚珍》本，页7下。

〔2〕中华书局标点本，1983年版，页3800。

〔3〕广陵书社影印光绪浙江书局刊本，2003年版，页2031上。

〔4〕《四部丛刊三编》景印宋刊本，页1上，页6上。

篥、横笛、凤首箜篌、琵琶、五弦、贝皆一，铜钹二，舞者二人。"[1]《太平御览》卷 569："睿宗时，婆罗门乐人倒行而足舞，[仰植]极铦刀锋{植}于地，低因就刃，历脸{中}[下]，复植于背{下}，吹觱篥，立其腹上，终曲而无伤。"[2]又，《南史》卷 76《阮孝绪传》："外兄王晏贵显，屡至其门，[阮]孝绪度之，必至颠覆，闻其筚管，穿篱逃匿，不与相见。"[3]阮孝绪，萧氏梁士子；"筚管"，正是"觱篥"的别名。至于"东夷"之"高骊"、"百济"、"南蛮"之"石蕃"所有者，或再由南朝传出！?《乐书》卷 159《石蕃》："石蕃主石延庆，居泰平州。每遇四季节序，会官属宴乐，其乐器有琵琶、觱篥、笛、大鼓，其曲名有《愿天长》《感天恩》《感皇恩》《天下乐》云。"[4]

　　唐代艺人兼长歌唱和数种乐器者，可能不在少数。张野狐之擅"箜篌"、"觱篥"，而能歌的李龟年擅"觱篥"、"羯鼓"。李浚《松窗杂录》："李龟年以歌擅一时之名，手捧檀板，押众乐，前欲歌之。上曰：赏名花，对妃子，焉用旧乐词为？遂命龟年持金花笺，宣赐翰林学士李白，进清平调词三章。白欣承诏旨，犹苦宿醒未解，因援笔赋之。"[5]王谠《唐语林》卷 5："李龟年、彭年、鹤年弟兄三人，开元中，皆有才学盛名。鹤年能歌词，尤妙制渭州，彭年善舞，龟年善打羯鼓。"[6]由此看来，"善歌"的李衮，极有可能就是那个"觱篥"高手的李衮。就是薛阳陶，既能"觱篥"，当然也能与之相类似的"芦管"。而妇女，也有前者的演奏者。《全唐诗》卷 511、卷 510 张祜《听薛阳陶吹芦管》《觱篥》："紫清人下薛阳陶，末曲新筚调更高。无奈一声天外绝，百年已死断肠刀。""一管妙清商，纤红玉指长。雪藤新换束，霞锦旋抽囊。并揭声犹远，深含曲未央。坐中知密顾，微笑是周郎。"[7]而以"觱篥"的部件作戏噱的"典故"，应该是这种管乐器普及的标志之一。《类说》卷 12《纪异录》《琵

〔1〕中华书局标点本，1975 年版，页 470。
〔2〕《四部丛刊三编》，景印宋刊本页 5 上。
〔3〕中华书局标点本，1983 年版，页 1893。
〔4〕文渊阁《四库全书》本，页 6 上。
〔5〕文渊阁《四库全书》本，页 2 下，页 3 上。
〔6〕上海古籍出版社标点本，1978 年版，页 175。
〔7〕中华书局句逗本，1960 年版，页 5849，页 5812，页 5913。

琶腿、髯篦头》："左街僧录惠江、威仪程紫霄俱[辩]捷,每相嘲诮。江素充肥,会暑袒露,霄忽见之,曰:僧录琵琶腿,江曰:先生髯篦头。"[1]

---

[1]文渊阁《四库全书》本,页10下。

6 绩毡助舞

——唐迄元的浑脱舞与浑脱

以"浑脱帽"或其他"浑脱"器械、器皿为"道具"的"浑脱舞",当唐初年,就曾与"剑器"衔接,成为一种"乐曲"主旋律很有高低变量的"组合舞蹈"。正因为二者合而为一,逮至唐中期,或以"剑器"名、或以"浑脱"号,或以二者并列称呼。迄于元,普遍引入兵器的"剑"作为"道具";于是,"剑器—浑脱舞"也就成了"浑脱剑舞"了。至于"浑脱",最初可能只指脊椎动物的皮,亦中间掏空的人或兽之皮。后来,以充气、灌水作军队器械,或盛酒、装乳作民众器皿。就其构造"实质"而言,盖"袋"或"囊"。因此,《华夷译语》所见的"呼呼塔"、亦"ghughta",现代蒙古语的"ughuta",应该都是"ghunta"一词演变后的形式。

6.1

提起唐代之"浑脱舞",未免追想署名为李白的相关作品。《李太白集》卷7《草书歌行》:"少年上人号怀素,草书天下称独步。墨池飞出北溟鱼,笔锋杀尽中山兔。八月九月天气凉,酒徒辞客满高堂。笺麻素绢排数箱,宣州石砚墨色光。吾师醉后倚绳床,须臾扫尽数千张。飘风骤雨惊飒飒,落花飞雪何茫茫!起来向壁不停手,一行数字大如斗。恍恍如闻神鬼惊,时时只见龙蛇走。左盘右蹙如惊电,状同楚汉相攻战。湖南七郡凡几家?家家屏障书题遍。王逸少,张伯英,古来几许浪得名?张颠老死不足数,我师此义不师古。古来万事贵天生,何必要公

· 欧 · 亚 · 历 · 史 · 文 · 化 · 文 · 库 ·

孙大娘浑脱舞?"[1]可惜北宋时,已有人对兹作者有所怀疑。苏轼《仇池笔记》卷上《论诗》:"唐末五代,人物衰尽。诗有贯休,书有亚栖,村俗之气,大率相似。""曾子固(巩)编《李太白集》,而有《赠僧怀素草书歌》及《笑已乎》数首,皆贯休以下,格调卑陋。子固号有知识者,故深可怪。"[2]晁说之《景迂生集》卷18《跋李太白草书》:"[李]白集有《怀素草书歌》,识者曰:非白所作也。真伪未敢论,要是白无一语自及其书,何邪?会稽湖上记者,贺监与斯人清狂,捐落万事,顾肯孜孜收拾白稿草以欣戚耶?靖康丁未,避地高邮,任城二十二叔父命书。"[3]

无论如何,"浑脱"盖与"剑器"并列的"舞蹈"名称。《全唐诗》卷222杜甫《观公孙大娘弟子舞剑器行,并序》:"大历二年十月十九日,夔府别驾元持宅见临颍李十二娘舞剑器,壮其蔚跂,问其所师,答曰:余公孙大娘弟子也。开元三载,余尚童稚,记于郾城观公孙氏舞剑器、浑脱,浏漓顿挫,独出冠时。自高头宜春、梨园二伎坊内人泊外供奉,晓是舞者,圣文神武皇帝初,公孙一人而已。玉貌锦衣,况余白首,今兹弟子,亦匪盛颜。既辨其由来,知波澜莫二,抚事慷慨,聊为剑器行。往者吴人张旭善草书帖,数常于邺县见公孙大娘舞西河、剑器,自此草书长进,豪荡感激。即公孙可知矣。"[4]沈亚之《沈下贤集》卷9《叙草书,送山人王传乂》:"余闻之学者曰:昔张旭善草书,出见公孙大娘舞剑器、浑脱,鼓吹既作,言能使孤蓬自振,惊沙坐飞。而旭归,为之书,则非常矣。斯意气之感欤!今山人王传乂学为旭书,居故吴公子光剑池山傍,积十年而功就,历游天下,慕其出己者师之,欲增其功也。及至长安,舍余家,为余题故平卢节士文,因感之,耸发寒肌,谓吾友生曰:愿欲余叙其书意者。岂余之文,以感王生之志于鼓噪、剑气之志乎?顾不敏,诚以孤生之望也,聊题百数十言,以塞其志。"[5]

"浑脱"一词,最早出现于唐太宗、高宗在位。张鷟《朝野佥载》卷

〔1〕《蜀刻本唐人集丛刊》,影印宋刊本,上海古籍出版社,页205,页206。
〔2〕文渊阁《四库全书》本,页5上。
〔3〕文渊阁《四库全书》本,页28上。
〔4〕中华书局句逗本,1960年版,页2356。
〔5〕文渊阁《四库全书》本,页10下,页11上。

1：“赵公长孙无忌，以乌羊毛为浑脱毡帽。天下慕之，其帽为赵公浑脱。后坐事长流岭南，浑脱之言，于是效焉。”[1]根据元人胡三省的诠释，“浑脱舞”的命名，正因以兹“浑脱毡帽”充作道具。司马光《资治通鉴》卷209：“上数与近臣学士宴集，令各效伎艺以为乐（数，所角翻。伎，渠绮翻。乐，音洛）。工部尚书张锡舞谈容娘，将作大匠宗晋卿舞浑脱（长孙无忌以乌羊毛为浑脱毡帽，人多效之，谓之赵公浑脱，因演以为舞），左卫将军张洽舞黄獐（如意初，里歌曰：黄獐黄獐草里藏，弯弓射尔伤；亦演以为舞），左金吾将军杜元谈诵婆罗门呪（今所谓天竺神呪也），中书舍人卢藏用效道士上章。国子司业河东郭山恽独曰：臣无所解（上，时掌翻。恽，于粉翻。解，户买翻，晓也），请歌古诗，上许之。山恽乃歌《鹿鸣》《蟋蟀》（《鹿鸣》，宴群臣嘉宾。《蟋蟀》，取好乐无荒之义。然山恽欲以所业自见，以附于儒学而已，非能纳君于善）。”[2]不过，此说未必完全正确；而“浑脱舞”之一“玉兔浑脱”，舞者头上所戴，却是“玉兔冠”。陈旸《乐书》卷184《玉兔浑脱》：“玉兔浑脱舞，衣四色绣罗襦，银带，玉兔冠。”[3]

“浑脱”既有“独舞”亦个人舞，也有“队舞”亦集体舞。前者，《说郛》卷100段安节《乐府杂录》：“苏中郎，后周士人苏葩嗜酒落魄，自号中郎，每有歌场，辄入独舞。今为戏者，着绯戴帽，面正赤，盖状其醉也。即有踏摇娘、羊头浑脱、九头狮子、弄白马、益钱，以至寻橦、跳丸、吐火、吞刀、旋盘、觔斗，悉属此（鼓架）部。”[4]后者，也就是所称的“浑脱队”。洪迈《容斋随笔》卷4笔15《浑脱队》：“唐中宗时，清源尉吕元泰上书言时政，曰：比见坊邑相率为浑脱队，骏马、胡服，名曰苏幕遮。旗鼓相当，腾逐喧噪，以礼义之朝，法胡虏之俗，非先王之礼乐，而示则于四方。书曰：谋时寒若，何必赢形体、欢衢路，鼓舞跳跃，而索寒焉。书闻，不报。此盖并论泼、寒胡之戯。”[5]“苏幕遮”，据说系“苏慔遮”之

〔1〕《唐宋史料笔记丛刊》，赵守俨点校本，中华书局1979年版，页11。
〔2〕中华书局标点本，1956年版，页6632，页6633。
〔3〕文渊阁《四库全书》本，页4下。
〔4〕《说郛三种》《一百二十弓》本，上海古籍出版社，页4607下。
〔5〕《四部丛刊续编》景印弘治刊本，页6下。

讹。《说郛》卷 6 下萧参《希通录》："周邦彦《乐府》,有苏幕遮之曲。按《新唐书》[卷 118]《宋务光传》:比见坊邑相率为浑脱队,骏马、胡服,名曰苏慕遮。盖本于此,今误为幕。"[1] 而前引所见之"玉兔浑脱",正是这样的"集体舞"。《宋史》卷 142《乐志教坊》:"队舞之制,其名各十。小儿队,凡七十二人。""七曰玉兔浑脱队:四色绣罗襦,系银带,冠玉兔冠。"[2]

6.2

迄于后世,"浑脱舞"仍然广为士人熟知。而其在文字中的出现,有两种形式。一是追叙"旧典",自宋至元,绵延不绝。沈辽《云巢编》卷 4《德相送荆公三诗,用元韵戏为之》:"少小锐文史,老大心更惬。是古岂余心? 非今宁我愜? 况复论翰墨,尔来那可辄? 不识浑脱舞,何愧张颠帖? 所居养鹅雁,菰蒲观啑喋。亦有藜藿畦,粗充匕与箸。"[3] 米芾《宝晋英光集》卷 1《智永草书》:"怒蛟狂虺忽惊走,满手黑电争回旋。人间一日醉梦觉,物外万态涵无边。使人壮观不知己,脱身直恐凌飞仙。弃笔为山傥无苦,洗墨成池何足数? 其来精绝自凝神,不在公孙浑脱舞。"[4] 周紫芝《太仓稊米集》卷 38:"吴传朋郎中,自出新意作游丝书,妙绝一时,士大夫皆赋诗。为作数语,书轴尾。公孙舞浑脱,长史妙心画。老兵涂箒垩,中郎出飞帛。得法自所见,岂用规畴昔?"[5] 喻良能《香山集》卷 1《月山诸峰》:"鼻祖乃赤松,素质侔白羊。舞袖出烟霞,浑脱类大娘。想当虞韶成,率兽杂凤跄。"[6] 董逌《广川书跋》卷 7《张长史别本》:"见镵于山,不丧其天;见蜩于林,不分其神。诚能知此,可以语书矣。尝见剑气、浑脱舞,鼓吹既作,孤蓬自振,惊沙坐飞。而旭得之于书,则忘其笔墨,而寓其神于群帝龙骧、雷霆震怒之初矣。

---

〔1〕文渊阁《四库全书》本,页 300 下。
〔2〕中华书局标点本,1977 年版,页 3350。
〔3〕《宋集珍本丛刊》,影印清钞本,线装书局,页 501 下。
〔4〕《宋集珍本丛刊》,影印清钞本,线装书局,页 775 下。
〔5〕《宋集珍本丛刊》,影印清钞本,线装书局,页 189 下。
〔6〕《宋集珍本丛刊》,影印乾隆钞本,线装书局,页 81 上。

落纸云烟,岂复知耶?"〔1〕

赵汸《春秋师说》卷下:"论学春秋之要:昔张旭学草书,见舞浑脱、剑器及担夫争道而大进。彼执技者,犹有所感发,则[黄]泽因《春秋》而悟《易》,以经识经,岂妄语哉?"〔2〕黄玠《弁山小隐吟录》卷下《王维辋川剑石,叶石林作精舍,置之弁山下。今为沈玉泉所得,醉后求见,因赋此》:"昔年曾看辋川图,此物题诗采菱渡。桃花源里有人家,杏树坛边见渔父。开元宰相太平日,爱是园池赏心具。销沉紫气斗牛间,流落东西几朝暮?石林使君先得之,万里相携若奇遇。即今好事属君家,翠竹疏花倚阑处。吴鸿无人扈稽死,纵是有灵飞不去。嗟我安得力士巇屃如庚辰?一看公孙大娘浑脱舞。"〔3〕胡奎《斗南老人集》卷3《和张贞居寄倪云林韵》:"昔闻公孙浑脱舞,今见书法有张颠。君能高歌白云调,我欲笑拍洪崖肩。玉笙皓鹤久无信,青李来禽真可怜。"〔4〕《元音遗响》卷3胡布《次韵余樵谷见寄求书之作》:"江波月色环古城,榜歌悠悠思濯缨。双鱼锦字过眼明,书致樵谷通清名。揆辞滔滔文翰精,混庞正气师天成。谓余草圣如伯英,一扫浇漓浮俗惊。我自正锋虚腕生,雷奔电绕海沸腾。恍如公孙浑脱舞,赤帜翩翩汉归楚。流光抶铁启迷悟,川泳云飞殆天助。为君钩格展毫素,识者其谁俨声誉?"〔5〕

二是指述"今事",惟从元中期始;这是否可视作当年舞蹈之断而复续?《元诗选》三集卷10陈秀民《赋得来苏舞,送朵雅斋监宪浙东》:"妾本良家子,玉颜照明都。十三学楚舞,十八未嫁夫。齐眉缠锦段,全臂络真珠。春风转罗袖,明月坠琼琚。一舞舞浑脱,再舞舞来苏。为君千万舞,托君以贱躯。"〔6〕王逢《梧溪集》卷1《感托上任中丞秦治书》:"西北雄都城,岩峣苍龙阙。御沟纡河汉,端闱夹日月。穹窿复道上,剑佩俨森立。声教被不毛,琛赟来穷发。始驼白马经,载降瑶池节。

---

〔1〕文渊阁《四库全书》本,页16下,页17上。

〔2〕文渊阁《四库全书》本,页10下。

〔3〕文渊阁《四库全书》本,页12上。

〔4〕文渊阁《四库全书》本,页23下,页24上。

〔5〕文渊阁《四库全书》本,页19上、下。

〔6〕中华书局标点本,1994年版,页419。

华音流儌休,庭舞散浑脱。陛下鼎盛年,行矣篡谟烈。"[1]童轩《清风亭稿》卷2《再和燕歌行》:"戍卒年深皆着土,惯识军情耐风雨。誓酬报国慷慨心,肯学当筵浑脱舞。八月清霜百草腓,殷柽几树暮鸦稀?南山射虎风鸣镝,大泽呼鹰雪打围。桓桓骁勇从戎久,竞取功名惟恐后。横槊长歌孟德诗,请缨生系贤王首。交河大小百战余,铁券丹书尚何有?牙旗虎影冻翻风,匣剑虹光夜冲斗。被坚执锐乱纷纷,咆哮横行策异勋。"[2]《甬上耆旧诗》卷5金湜《观刘廷美秋官草书》:"二王消息渺飞鸿,今代刘生笔最工。戏解都卢身似缩,舞看浑脱剑成风。一池春水鹅群白,数屋秋霜柿叶红。况复才兼诗画好,高名愁杀米家翁。"[3]

再度盛行的"浑脱舞",其以"剑"作"道具"的情况颇为普遍。杨维桢《铁崖古乐府》卷补6《赵公子舞剑歌》:"赵公子,千人英。读书万卷愁无成,负此长身九尺如长城。雪芙蓉,玉青骢,我将挟尔成大功。腰缠十万欲何往?直上北台观虎龙。道逢铁笛仙,把酒九峰前。酒酣为我拔剑起作浑脱伎,白虹绕地乌风旋。蹶然指天天为穿,天狗堕地顽星坚。老铁酒酣为椎鼓,壮士冲冠发倒竖。老增撞斗何足为?鸿门突立卫真主。赵公子,千人英,为君酌酒肝胆倾。忍见东南吴楚圻,慎莫脱手踊跃逝去双龙精。君不见我家古铁三尺冰,粤砥荡磨新发硎。不学区区一人敌,上为天子匡前星。"[4]袁华《耕学斋集》卷2《独酌谣》:"独酌一壶酒,独酌乐天真。又何须撞钟击鼓秦讴赵舞,列鼎坐重茵?天地作蘧庐,日月为户牖。阴阳作朋,造化为友。不愿白玉县腰间,不愿黄金系肘后。但愿年丰四海清,日月沉醉无何有。独酌有真趣,可惜少知音。清风明月蛙蚨吹,仰天浮白呜呜吟。独酌诚可乐,抚事愁弥深。长歌跋剑舞浑脱,壮气激越秋阴阴。君不见东家积钱与斗齐,美人如花白玉题。一朝祸起口仰药,红颜散作他人妻,悔不日日独酌三千卮。又不见王敦不饮恺杀婢,安石固辞司马醉。万古垂名在简编,酒边

---

〔1〕《北京图书馆古籍珍本丛刊》,影印景泰刊本,书目文献出版社,页427下。
〔2〕文渊阁《四库全书》本,页9下,页10上。
〔3〕文渊阁《四库全书》本,页12上。
〔4〕文渊阁《四库全书》本,页9上、下。

已蓄奸邪意。"〔1〕

6.3

"浑脱"不仅是"舞蹈"的名称,还是与兹"舞蹈"配合的"乐曲"的名称。《乐书》卷164《犯调》、卷184《玉兔浑脱》:"乐府诸曲,自古不用犯声,以为不顺也。唐自天后末年,剑{气}[器]入浑脱,始为犯声之始。剑{气}[器]宫调,浑脱角调,以臣犯君,故有犯声。明皇时,乐人孙处秀善吹笛,好作犯声,时人以为新意而效之,因有犯调。亦郑声之变,削而去之,则声细者不抑,大者不陵,而中正之雅,庶几乎在矣。五行之声,所司为正,所欹为旁,所斜为偏,所下为侧,故正宫之调正犯黄钟宫,旁犯越调,偏犯中吕宫,侧犯越角之类。""唐天后末年,剑器入浑脱,始为犯声。剑器宫调,浑脱角调,以臣犯君,不可以训,非中正之雅也。中宗将作大匠宗晋卿舞浑脱,君子鄙之。"〔2〕也就是说,"剑器"与"浑脱"二"舞蹈"前后衔接为一,而与之配合的"乐曲"也前后衔接为一,从而出现了"犯声"亦"犯调"的现象。而与后者"相依相成"的乐曲,正是"苏慎遮"亦"苏幕遮"、"苏莫遮"。杨慎《丹铅余录》卷10:"《新唐书》[卷118]《宋务光传》[吕元泰]谏疏云:比见坊邑相率为浑脱队,骏马、胡服,名曰苏莫遮。浑脱队,即所谓公孙大娘浑脱舞也。苏莫遮,帽制,今曲名有之。"〔3〕

"浑脱"、"剑器",原本各自为"舞蹈"和"乐曲"。在其合而为一的最初,人们犹以二者并列称呼;而当岁月浸久,或单名"剑器",或单名"浑脱"。《册府元龟》卷523《谏诤部讽谏》:"郭山恽,中宗时,为国子司业。帝数与近臣及修文馆学士宴游,或令各效伎艺,以为笑乐。工部尚书张锡舞谈容娘,将作大匠宗晋卿舞浑脱,左卫将军张洽舞黄獐,左金吾将军杜元琰诵婆罗门呪,给事中李行言唱车驾西河,中书舍人卢藏

---

〔1〕文渊阁《四库全书》本,页7下,页8上。
〔2〕文渊阁《四库全书》本,页8下,页4下。
〔3〕文渊阁《四库全书》本,页9上。

用效道士上章,山恽独奏曰:臣无所解,请歌古诗两篇。"[1]李肇《唐国史补》卷上:"张旭草书得笔法,后传崔邈、颜真卿。旭言:始吾见公主担夫争路,而得笔法之意;后见公孙氏舞剑器,而得其神。旭饮酒辄草书,挥笔而大叫,以头揾水墨中而书之,天下呼为张颠。醒后,自视以为神异,不可复得。后辈言笔札者,欧、虞、褚、薛,或有异论,至张长史,无间言矣。"[2]《旧唐书》卷24《礼仪志》:"上诏宰相及中书、门下官诸司常参官、六军军将送上。京兆府造食,内教坊音乐、竿木、浑脱,罗列于论堂前。朝恩辞以中官不合知南衙曹务,宰相、仆射、大夫皆劝之,朝恩固辞,乃奏之。宰相引就食,奏乐,中使送酒及茶果,赐充宴乐,竟日而罢。"[3]再后,尊用"浑脱"之号,而遗弃"剑器"之号。

与"浑脱"的"舞蹈"有"羊头浑脱","玉兔浑脱"相似,稍晚,"浑脱"的"乐曲"也远不啻一种。崔令钦《教坊记》:"曲名:罗步底,回波乐,千春乐,龟兹乐,醉浑脱,映山鸡,昊破。"[4]苏鹗《杜阳杂编》卷中:"上降日,大张音乐,集天下百戏于殿前。时有妓女石火胡,本幽州人也,挈养女五人,才八九岁,于百尺竿上张弓弦五条,令五女各居一条之上,衣五色衣,执戟持戈,舞破阵乐曲,俯仰来去,赴节如飞。是时观者目眩心怯,火胡立于十重朱画床子上,令诸女迭踏,以至半空,手中皆执五彩小帜,床子大者始一尺余。俄而手足齐举,为之踏浑脱,歌呼抑扬,若履平地。上赐物甚厚。"[5]而同名的"解",则用来作乐曲的结束。曾慥《类说》卷13《羯鼓录》《无结尾声》:"广德中,蜀李宛者善羯鼓,夜闻鼓声,叩门谓鼓工曰:君所鼓者,非耶婆色鸡乎?无尾何也?工曰:按旧谱无结尾声,故夜求之。宛曰:曲下意尽乎?工曰:尽。宛曰:意尽则曲尽。工曰:奈声不尽何!宛曰:可与言矣。曲有不尽者,以他曲解之。此曲,当用掘柘急遍解之。工如言,果相谐协,声意皆尽。注云:如柘枝

〔1〕中华书局影印明刊本,1960年版,页6249上。

〔2〕上海古籍出版社标点本,1979年版,页17。

〔3〕中华书局标点本,1975年版,页924。

〔4〕文渊阁《四库全书》本,页9下。

〔5〕文渊阁《四库全书》本,页11下,页12上。

用浑脱解,甘州用吉了解之类。"[1]沈括《梦溪笔谈》卷5《乐律》:"柘枝旧曲,遍数极多,如《羯鼓录》所谓浑脱解之类,今无复此遍。"[2]

"浑脱舞"的最早道具"浑脱帽",就是到了元明两代,也不时有人提起;可是,这后者已不再与这前者相关。《弇山小隐吟录》卷下《玉泉万户见访》:"马上将军浑脱帽,马前大旗狼尾纛。自从蛮洞凯歌回,重为兵人息凋耗。吾与三代同斯民,礼乐百年蒙乳菢。久知天族最多奇,不似其余心猛暴。"[3]张宪《玉笥集》卷2《从军行》、卷4《乌纳罕元帅斩新李行》、卷7《题黑神庙》:"从军天目山,走马临安道。虽不着战士铁锁袍,亦戴赵公浑脱帽。金鼓震四野,秋风吹三关。将军不尚杀,士卒何时还?白露下青草,高楼多怨思。杵声空入梦,谁解送征衣?""中原恶少称新李,八尺长躯勇无比。铁枪丈二滚银龙,白面乌骓日千里。攻州劫县莫敢撄,乌羊浑脱缦胡缨。轻车壮士三十两,战则为阵屯为营。殿前将军不敢搏,羽林孤儿甘受缚。柳林道上掠宝车,独树堆边札毡幕。吐蕃老帅西南来,虎头不挂三株牌。弊衣羸马失故态,宝刀绣涩盔生埃。步入中书谒师相,愿请长缨三百丈。生缚凶魁献至尊,不使朝廷乏名将。相臣入奏大明宫,玉旨特赐天厩骢。亲军百骑备两翼,彩旗昼出东华东。""雄巫呵角神犀吼,翻脚翩跹起筋斗。血伥怒嚼葛党力,剥面腥风下天狗。乌骓拏云捷飞豹,金兽吞头浑脱帽。青蛇丈八袅蛮旗,北府新分南岳号。"[4]

6.4

唐宋之际,众人所知悉的"浑脱",主要是一种渡河工具,即"浮囊"。李筌《太白阴经》卷4《济水篇》:"浮囊,以羊浑脱皮吹气令满,紧缚其孔,缚于胁下,可以渡也。"[5]叶廷珪《海录碎事》卷20《兵法门》:

---

〔1〕文渊阁《四库全书》本,页19下。

〔2〕中华书局标点本,1963年版,页60。

〔3〕文渊阁《四库全书》本,页17下,页18上。

〔4〕文渊阁《四库全书》本,页1下,页2上,页4下,页5上,页11下。

〔5〕文渊阁《四库全书》本,页10下。

"行兵遇大水,无舟梁,以浑脱羊皮吹气令满,系其孔束腋下浮度,曰浮囊。"[1]李焘《续资治通鉴长编》卷316:"种谔乞计置济渡桥栿橡木,令转运司发步乘运入西界。诏:凡出兵深入贼境,其济渡之备,军中自有过河索、浑脱之类,未闻千里运木随军。今谔计置材木万数不少,如何令转运司应副步乘?纵使可以应副,亦先自困。令种谔如将及河,造栿贼界,屋并可毁折,或斩林木,相兼用之,如更不足,以至枪排,皆可济渡。"[2]苏辙《栾城集》卷41《请户部复三司诸案札子》:"访闻河北道,顷岁为羊浑脱,动以千计。浑脱之用,必军行乏水,过渡无船,然后须之,而其为物,稍经岁月,必须蠹败。朝廷无出兵之计,而有司营职,不顾利害,至使公私应副,亏财害物。"[3]曹彦约《昌谷集》卷13《上荆湖宣谕薛侍郎札子》:"兵家制度,碎如猬毛,非有志事功,未必肯介念虑也。是故攻有冲车、洞子,守有狗脚、笓篱,行则先锋、后殿,居则有土囊、拒马,水渡则木罂、浑脱,火攻则禽桃、雀杏。其它如炮座、弩床之类,不可枚举。"[4]

此种"渡河工具",当宋金、宋蒙交战之际,使用颇为普遍。河东、陕西、四川、淮西地方,都是曾经发挥其功能的所在。范浚《香溪集》卷21《徐忠壮传》亦《徐徽言传》:"已而(靖康元年)两京继覆,河东、河北名城剧镇往往陷没,[徐]徽言能固军饬、备谷甲,搜众田并塞地,储具饶衍。士告无衣,则潜兵夜绝河,斫栅袭敌,数得帛以济。又教戈船卒乘羊浑脱乱流渡,掩虏不儆。虏日虞见袭,震悸不能军,乃增兵备克胡寨、吴堡津,用渠帅为九州岛都统,结垒对晋宁[军]以相持。"[5]魏初《青崖集》卷5《故征行都元帅、五路万户梁公神道碑铭》亦《梁瑛神道碑铭》:"乙未(太宗七年),从元帅{达}[塔]海甘{布}[卜]入蜀,宋人守瞿塘(夔州),众不克进,公(梁瑛)作皮浑脱以济,奇之,奏权征行万

〔1〕中华书局李之亮点校本,2002年版,页897。
〔2〕中华书局标点本,1979年版,页7643。
〔3〕《四部丛刊初编》景印明刊本,页8上。
〔4〕文渊阁《四库全书》本,页17上。
〔5〕《宋集珍本丛刊》,影印清刊本,线装书局,页487上、下。

户，留镇兴元。"〔1〕《元史》卷 154《石抹按只传》、卷 166《巩彦晖传》：
"叙州守将横截江津，军不得渡，〔石抹〕按只聚军中牛皮，作浑脱及皮
船，乘之与战，破其军，夺其渡口，为浮桥以济师。中统三年，授河中府
船桥水手军总管，佩金符，以立浮桥功也。""战滁州，〔巩〕彦晖率浮浑
脱者十人，夜渡滁水，入栏马墙，杀守军三铺，焚其东南角排寨木帘。大
军继之，比明，拔其城。"〔2〕

　　"浑脱"，还可以充作盛酒醴、奶酪等的器皿。洪适《盘洲集》卷 74
《先君述》："既而莫公将北来，议不合，囚涿州，事复变。道蒙古帐，其
酋闻洪尚书名，争邀入穹庐，出妻、女胡舞，举浑脱酒以劝。"〔3〕刘辰翁
《须溪集》卷 6《赠郑简卿序》："王肃云：凿背为尊。又云：为牛、象全
角，负尊即凿且负是也，未必所见全牛之非负也。而今鸥夷、浑脱，非尊
意，一憾。古地坐跪酌饮，故器小而足，凡高尺几寸几分，谓自此而准，
非如钟律一黍之不容易。故深衣随人，指中节为寸。而宣和制器，亦有
依样减样之异，最通论也。减之可即，从是而增，增亦可也。而殿像尊
高立二兽，其下如伏雏，二憾。"〔4〕贡师泰《玩斋集》卷 5《和胡士恭滦阳
纳钵即事韵》："野阔天垂风露多，白翎飞处草如波。鬟奴醉起倾浑脱，
马湩香甜奈乐何！"〔5〕张昱《可闲老人集》卷 2《辇下曲》："相官马湩盛
浑脱，骑士题封抱送来。传与内厨供上用，有时直到御前开。"〔6〕王世
贞《弇州四部稿》卷 32《黄中贵园亭小燕》："筋骨秋来倦，郇厨可一过。
青山屋里岫，曲沼镜中波。院洗涓人马，笼肥内史鹅。酒凭官法贵，肴
按食经多。修事羊浑脱，煎肠鹿落河。兔园才竞秀，金谷令从苛。更进
婆娑舞，新翻敕勒歌。莫轻钱积破，带马赠和哥。时大出缠头。"〔7〕

　　除外，尚有用作灭火之器的"浑脱水袋"、用作保暖之饰的"浑脱围
腰"。曾公亮《武经总要前集》卷 10《攻城法》、卷 12《守城》："右绪棚，

　　〔1〕文渊阁《四库全书》本，页 15 上。
　　〔2〕中华书局标点本，1978 年版，页 3641，页 3899。
　　〔3〕《宋集珍本丛刊》，影印光绪刊本，线装书局，页 488 上。
　　〔4〕文渊阁《四库全书》本，页 27 上、下。
　　〔5〕文渊阁《四库全书》本，页 8 上。
　　〔6〕文渊阁《四库全书》本，页 26 上。
　　〔7〕文渊阁《四库全书》本，页 12 下，页 13 上。

接绪头车,架木为棚,故曰绪棚。其高下如头车,棚上及两旁皆设皮芭,以御矢石。若头车进则益设之,随其远近,若敌人以火焚车及棚,则施设泥浆、麻搭、浑脱水袋以救之";"右水袋,以马、牛杂畜皮浑脱为袋,贮水三四石,以大竹一丈,去缚于袋口。若火焚楼棚,则以壮士三五人持袋口向火蠹水注之,每门置两具"。[1] 范成大《石湖集》卷34《爱雪歌》:"推迁年华弦柱换,俯仰归鬓塘蒲秋。晓衾闻雪亦健起,径欲一棹追昔游。毡衫胖肛束浑脱,絮帽匼匝蒙兜鍪。十步出门九步坐,儿女遮说相苦留。谓言此是少年事,岁晚牖户当绸缪。万景无穷鼎鼎至,百年有限垂垂休。梦随落雁堕沙觜,愁对饥鸥蹲瓦沟。重寻胜践可复许,且把清寒揩病眸。须臾未遽妨性命,呼童尽卷风帘钩。"[2] 暨、张嵲《紫微集》卷3《雪中泛汉水,观捕鱼》:"是时云气昏,雪片迷汀洲。沉沉百丈潭,坐看渔子游。重裘悯浑脱,得隽怜深投。舞空清渚迥,遍积修篁幽。山川疑旧里,歌舞迷新游。薄暮理归棹,中流任夷犹。忽惊在乡社,谁辨阴成楼?欸知非旧邦,汍澜涕难收。"[3]

6.5

乃为同是"舞蹈"、"乐曲"名称的"浑脱",追究其语源,显然非"戎"即"狄"。王溥《唐会要》卷34《论乐》:"中宗即位,复国为唐。二年三月,并州清源县尉吕元泰上疏曰:比见都邑城市,相率为浑脱、骏马、胡服,名为苏幕遮。旗鼓相当,军阵之势也;腾逐喧噪,战争之象也;锦绣夸竞,害女工也;征敛贫弱,伤政体也;胡服相效,非雅乐也;浑脱为号,非美名也。安可以礼仪之朝,法彼戎虏之俗?军阵之势,列庭闱之下?窃见诸王,亦有此好,自家刑国,岂若是也?诗云:京邑翼翼,四方是则。非先王之礼乐,而将则四方者,所未谕也。"[4] 而就其意义而言,最初可能只是脊椎动物的皮;而"浑脱帽"即皮帽。除外,尚见"虎浑

〔1〕文渊阁《四库全书》本,页8上,页27下。

〔2〕《宋集珍本丛刊》,影印弘治刊本,线装书局,页511上、下。

〔3〕文渊阁《四库全书》本,页16上。

〔4〕中华书局标点本,1990年版,页626。

脱"、"人浑脱"。陈杰《自堂存稿》卷 1《猛虎行》:"北平山头羽穿石,将军醉眼横夜色。高堂白昼坐眈眈,想见负嵎俱辟易。铜镮锁深双古槐,霍地啸舞含风雷。三生得非故人积,变化为我腾空来。目光射庭威百步,童奴近前初不怒。再三未敢尺棰麾,生绡张罗红打围。头如可编须可捋,约莫留皮是浑脱。"[1]刘祁《归潜志》卷 11《录大梁事》:"北兵攻城益急,炮飞如雨,用人浑脱,或半磨、或半碓,莫能当。"[2]郑思肖《心史》卷下《大义略叙》:"斩剐又酷,或生剥罪人身皮,曰浑脱。"[3]

　　严格地说,是为"浑脱"的脊椎动物皮,盖中间掏空的人或兽之皮。叶子奇《草木子》卷 4 下《杂俎》:"北人杀小牛,自脊上开一孔,逐旋取去内头骨、肉,外皮皆完。揉软,用以盛奶酪、酒湩,谓之浑脱。"[4]而是为"鱼"类的河豚,当被激怒膨胀之际,从形状看来,似乎就是一具鼓起的"浑脱"。《石湖集》卷 3《次韵唐子光教授河豚》:"杨花欲动荻芽肥,污手死心摇食指。食鱼要是□黄粱,古来不必须河鲀。君看嗔腹似浑脱,宁肯滑甘随芥姜?"[5]无论用来充气、灌水以作军队器械,还是盛酒、装乳以作民众的器皿,就其构造"实质"而言,都是"袋"或"囊"。而这个"古老"词语,还原可作"ghunta"。《华夷译语》《器用》:"囊,呼呼塔"[6];"ghughuta"的读音,近似于现代蒙古语的"ughuta"。比较三者,前者"ghun"音节相当于中者之"ghughu"、后者之"ughu"。由于阿尔泰语系中突厥、蒙古语族都有"元音重读"规则,即如遇"外来语",必须将单词第一个音节的元音放在词前重读;因此,不禁令人联想到另一种可能:"ghun"音节先丢失"n",再"重读"成"ghughu",又再转成"ughu"。当然,如果是这一种解释,无论对于突厥、蒙古语,"浑脱"似乎都该是一个"外来语"!?

　　同名"舞蹈"的演化,可以肯定者大略如下:以"浑脱帽"或其他"浑

---

〔1〕文渊阁《四库全书》本,页 12 上。
〔2〕《元明史料笔记丛刊》,崔文印点校本,中华书局,1983 年版,页 123。
〔3〕《四库全书存目丛书》,影印崇祯刊本,齐鲁书社,页 140 下。
〔4〕《元明史料笔记丛刊》句逗本,中华书局,1983 年版,页 85。
〔5〕《宋集珍本丛书》,影印弘治刊本,线装书局,页 328 下。
〔6〕《北京图书馆古籍珍本丛刊》,影印明钞本,书目文献出版社,页 21 上。

脱"器械、器皿为"道具"的"浑脱舞",当唐初年,就曾与"剑器"衔接,成为一种"乐曲"主旋律很有高低变量的"组合舞蹈"。正因为二者合而为一,逮至唐中期,或以"剑器"名、或以"浑脱"号,或以二者并列称呼。迄于元,普遍引入兵器的"剑"作为"道具";于是,"剑器—浑脱舞"也就成了"浑脱剑舞"了。《铁崖古乐府》卷补6《舒刺客,并序》:"沅州有奇男子,陷贼中,佯俘受伪命,阴谋刺伪主。大享宴中,匕首业出袖,不幸不中,讫能流湅以免,绝似博浪沙事。伪主淫杀疑似百十人,已而间行归荆溪山中,说豪杰数百辈,从之归正于江浙省相府。贡礼部为作歌诗,令予志其事。予始知奇男子,舒氏而志名。明年,志觐京师,予徒乡贡,忻回京师,持其状来求书。""予既为志录其事,志自京师得赏爵回来,见曰:先生为李铁枪作歌,至今铁枪有生气。志拙事幸见录于铁史,再幸得先生歌,虽衮冕无以喻荣。予与壮士饮酒,酒既酣,遂为作壮士歌一解,使左右击节,合噪相和。壮士大喜,出佩剑作浑脱舞而去。"[1]贝琼《清江集》卷诗10《石经赋》:"钩铁画之屈强兮,妙骨气之洞达。非饿隶之羸形兮,非寒岩之枯柈。非醉草之欹斜兮,非剑舞之浑脱。"[2]

最后,还须提到芮传明先生《从浑脱看古代中外文化交流》一文,其中有云:"浑脱一名,最初绝非汉语词汇,而是百分之百的外来语,即非汉语的译名,这是毋庸置疑的";"古代中国的军队中与民间常用的浑脱,乃是北方游牧民族对于中原文化的一个贡献";"在十一世纪的哈卡尼语中,有一个衍生自 kutur(动词,倾注出来、使变空)的单词 kuturma。其义为一种帽子,据说,这种帽子上有两个耸立的尖角,唯有高级的回纥贵族才有资格戴它。喀什葛里在其《突厥语辞典》中列有 kuturma bork(名词,帽子)条目";"如果将 kuturma 全部按音译作浑脱帽,不是十分吻合吗?"[3]前部分论断可以赞同,后部分假设虽不能完全认定,倒也不失是值得考虑的解释方案。至于以"浑脱"与"浏漓"连缀,

---

〔1〕文渊阁《四库全书本》,页6下,页7上,页8上、下。

〔2〕《四部丛刊初编》,景印明刊本,页17下,页18上。

〔3〕载《铁道师范学报》1995年第3期,页23,页24,页25。

当然很成问题。徐文靖《管城硕记》卷 25:"《砚北杂记》曰:今读序者以剑器为句,而以浑脱浏漓顿挫六字为句,以为皆极赞叹剑器之妙,讹谬沿袭,文字中往往以浑脱浏漓四字连缀用之。"[1]其始作俑者,如果相信后世所见"真迹",不可思议,竟然是北宋文豪黄庭坚。《真迹日录》卷 3 黄庭坚《草书谈道章帖》:"又有屋折壁漏,观公主家担夫争道,公孙大娘舞剑器,浏离浑脱,乃能造微入妙,故可贵也。"[2]

---

〔1〕文渊阁《四库全书》本,页 7 下,页 8 上。
〔2〕文渊阁《四库全书》本,页 10 上。

7　劈鼻秋驰
——张戡的生活年代及所作图画

受《宣和画谱》奚落为"全拘形似而乏气骨,皆不兼其所长"的张戡,却在《图画见闻志》中被誉为"得胡人形骨之妙,尽戎衣鞍勒之精","人称高名,马亏先匠,今时为独步"。关于其生活年代,并非五代末叶,而在后书作者郭若虚同时的北宋熙宁前、后。关于其籍贯,"瓦桥"即"雄州",却缘该地曾是宋太祖建立功勋之所在,因而仍以旧称。关于其作品,以"马"为主题的图画,占了其中的大部分;所绘者,则大都为具有"缺耳劈鼻"特征的"番马"。而据元、明人的追述,及从其有《较猎图》《猎骑图》等情况来看,后世流传的所谓《金人校猎图》《金人猎骑图》,极有可能就是他的手迹。如果推断属实,"金人"应作"辽人"才断。

7.1

《宣和画谱》卷8《番族叙论》:"解缦胡之缨,而敛衽魏阙;袖操戈之手,而思禀正朔。梯山航海,稽首称藩。愿受一廛而为氓,至有遣子弟入学,乐率贡职奔走而来宾者,则虽异域之远,风声气俗之不同,亦古先哲王,所未尝或弃也。此番族所以见于丹青之传,然画者多取其佩弓刀、挟弧矢,游猎狗马之玩,若所甚贬然,亦所以陋蛮夷之风,而有以尊华夏化原之信厚也。今自唐至本朝,画之有见于世者,凡五人:唐有胡瓌、胡虔,至五代,有李赞华之流,皆笔法可传者。盖赞华,系出北番,是为东丹王,故所画非中华衣冠,而悉其风土故习。是则五方之民,虽器械异制,衣服异宜,亦可按图而考也。后有高益、赵光辅、张戡与李成辈,虽驰誉于时,然光辅以气骨为主而格俗,戡、成全拘形似而乏气骨,皆不兼其所长,故不得入谱云。番族,番兽附:唐胡瓌、胡虔;五代李赞华,王仁寿,房从真。"[1]就是这个与绘图大师李成一齐被奚落为"全拘形似而乏气骨,皆不兼其所长"的张戡,正是一位画"马"、特别是"番族之马"的高手。这从传其"家学"的外甥陈皋也擅长于"番马"中,可以得知。邓椿《画继》卷7《畜兽虫鱼》:"陈皋,汉州人。长于番马,颇尽其态,张勘之甥也。"[2]

张戡生活的年代,明人沈右以为在"胡瓌父子、李赞华、房从真"之后的"五季之世"。《续书画题跋记》卷1录沈右《张戡猎骑图识》:"张戡者,朔方人也。当五季之世,与胡瓌父子、李赞华、房从真,俱以善画番部人之属名于时。其画以狼尾制笔,盖必有所取焉。今观戡所画《猎骑图》1卷,其间人物、犬马、弓矢、服饰之类,毫分缕析,曲尽其妙。观其揽辔疾驰,宛然有沙漠万里之态。于是,知戡画法精绝,与胡瓌辈不相上下也。吴郡。"[3]房从真,十国之一"前蜀"卓有成就的宫廷画师。《全蜀艺文志》卷42录范成大《成都古寺名笔记》:"房从真,成都人。工画人物、蕃马,事王建为翰林待诏。尝于宫中画《诸葛武侯渡泸水图》,甲马如生,兼善泼笔鬼神,有《宁王射猎图》《陈登斫鲙图》等传于世。"[4]其徒蒲师训,则为十国别一"后蜀"同样有造诣的宫廷画师。黄休复《益州名画录》卷中《蒲师训》:"蒲师训者,蜀人也。幼师房从真画人物、鬼神、蕃马。长兴年,值孟令公(知祥)改元,兴修诸庙,师训画江渎庙、诸葛庙、龙女庙。及先主俎,画陵庙鬼神、蕃汉人物、旗帜兵仗、公王车马、礼服仪式,纵横浩瀚,莫不周至。授翰林待诏,赐紫金鱼袋。"[5]"长兴"年间,恰好就是李赞华亦故东丹国王东来中原的时候。

《广川画跋》卷4《书胡瓌番马图》:"近世张戡作番马,盖以中国之马劈鼻裂耳为之,是戡特见今幽州境上马如此,不知本中国之良,似于

---

〔1〕文渊阁《四库全书》本,页5下,页6上。
〔2〕《中国历代画史汇编》,影印《王氏画苑》本,文津古籍出版社,页449。
〔3〕《国家图书馆藏古籍艺术类编汇册》,影印清钞本,北京图书馆出版社,页396,页397。
〔4〕文渊阁《四库全书》本,页9下,页10上。
〔5〕文渊阁《四库全书》本,页3下,页4上。

· 欧 · 亚 · 历 · 史 · 文 · 化 · 文 · 库 ·

91

北者,随其形尔,非真番马也。"〔1〕该文作者董逌,字彦远,曾于北宋政和、靖康年间任职中书右史、国子司业。《历代名臣奏议》卷 143 张守《论差李公彦、李正民权官不当札子》:"又伏见中书舍人有阙,祖宗故事:差起居舍人兼权,又阙,即差它官。今董逌为右史,而差左司员外郎李正民权中书舍人,臣所未谕。使正民贤于逌,即当便用正民为中书舍人,不然,即是董逌不学无文也。逌不学无文,则不当擢为右史,若曰逌不可权摄邪?而逌,亦久以文学著称,士论亦未以为不可也。"〔2〕王明清《玉照新志》卷 4:"再蒙取会到中书舍人李会状,二月下旬间,忽有左司员外郎宋齐愈自外至,见商议未定,即于本司厅前取纸笔,就桌子上取纸一片,书写张邦昌三字,即不是文字上书,遍呈在座,相顾失色,皆莫敢应,别无言语。其所写姓名文字,系宋齐愈手自将去,会实时起去,是时只记得吴舜陟在坐,司业董逌午间亦在坐,未委见与不见,其余卿监郎官,会以到局未久,多不识之。"〔3〕

　　董逌生活年代的"近世",自然当是北宋,而非"五季"。赵抃《清献集》卷 10《熙宁三年三月奏札,乞罢制置条例司及诸路提举官》:"近臣侍从,台谏官力言制置司不便,司马光因罢枢密副使之命,中外人情,莫不怪骇。李常居家,待罪多日,孙觉、张戬、程颢三人,各与安石论列于中书,又悉尝上殿,乞罢言职,今日吕公著、范镇俱请郡。"〔4〕李焘《续资治通鉴长编》卷 274:"熙宁九年四月,中书门下言,户房申,据三司状:为解盐通商事,省司令客人张戬等供析,乞将南京、河阳等处,且令官卖,自再行法日,至将来及一年,以解池支出官卖盐席,比较勘会。虽据张戬等称管城等十一县并南京、河阳、陕府、同、华、卫州,自来客贩数多,并无照据,盖为见今来私盐衰息,欲占为客贩地分。若令客贩,即难依新法招募巡铺公人,不免私盐夺官课,欲乞将唐、邓、襄、均、房、商、蔡、郓、随、金、晋、绛、虢、陈、许、汝、颖、隰州、西京、信阳军二十处,令客人兴贩其府界诸县并澶、曹、濮、怀、卫、济、单、解、同、华、陕州、河中府、

---

〔1〕文渊阁《四库全书》本,页 18 下。
〔2〕文渊阁《四库全书》本,页 31 下。
〔3〕《宋元笔记丛书》,汪新森、朱菊如校点本,上海古籍出版社 1991 年版,页 60。
〔4〕《宋集珍本丛刊》,影印嘉靖刊本,线装书局,页 808 下,页 809 上。

南京、河阳等处,令提举解盐司出卖,或逐处先有别司盐户在彼出卖未尽,并令出卖,解盐司支还元价。"[1]兹熙宁中"茳官"之张戡,未知为"工画"之张戡否?

7.2

郭若虚《图画见闻志》卷4《纪艺下》:"张戡,瓦桥人。工画蕃马,居近燕山,得胡人形骨之妙,尽戎衣鞍勒之精。然则人称高名,马亏先匠,今时为独步矣。"[2]程大昌《演繁露》卷8《三关》:"世宗自沧州北顺水而行,先降益津关,次瓦桥关,次瀛州。以瓦桥关为雄州,以益津关为霸州。"[3]按理说,"瓦桥"既以改关为州,籍贯更当以雄州;可是,这前一称呼,终南渡前、后,沿用不止。苏颂《苏魏公集》卷8《冬至日,瓦桥与李綖少卿会饮》:"使传驱驰同被命,边城迢递偶相从。风霜正急偏催老,岁月如流又过冬。方念去家千里远,无辞沈醉十分浓。须知此会洵堪喜,北上河桥便寡悰。"[4]王珪《华阳集》卷3《新城寄瓦桥郭太傅》:"冰天行绝驾归轺,十里清烟望界桥。此夕离音留使节,一心上苑看晴霄。燕云逐马逢春断,朔雪沾衣入塞销。寄语当时四并客,东风应已遍柔条。"[5]彭汝砺《鄱阳集》卷11《归次雄州》:"雁奴到日人初别,燕子来时我亦还。驰马直登山绝顶,争图先见瓦桥关。"[6]家铉翁《则堂集》卷4《肃堂箴,并序》:"余自燕徙而南,与河朔杨君伯通遇于瓦桥,辞和色温,言论本乎义理,御下严整,不烦馆人,余固敬之。及来河间,君以职事久留,因得朝夕共语,商略古今,谈论疑义,知君少从乡先生学问,以肃名堂,求余为之箴。"[7]

"瓦桥"之名久袭不替的原因,却由该地乃宋太祖建立"功勋"的所

〔1〕中华书局标点本,2004年版,页6717。

〔2〕《四部丛刊续编》景印宋刊本,页11下。

〔3〕文渊阁《四库全书》本,页16上。

〔4〕文渊阁《四库全书》本,页4下。

〔5〕文渊阁《四库全书》本,页14下。

〔6〕《宋集珍本丛刊》,影印清钞本,线装书局,页126下。

〔7〕《宋集珍本丛刊》,影印道光钞本,线装书局,页180上。

在之一。晁以道《景迂生集》卷2《靖康元年应诏封事》："然克是三关（益津、瓦桥、高阳）者，虽曰周世宗之英武，而我太祖、太宗实在师间也。世宗尝以千人之军，溺于乱流丛苇之中，而契丹不敢以一矢来加者，以三天子之威灵在是也。其克瓦桥关者，又专在太祖之功也。"[1]而其为"边塞"要地，也自有"形胜"。王明清《挥尘录》卷后1《祖宗规抚宏远》："太祖尝令于瓦桥一带南、北分界之所，专植榆柳，中通一径，仅能容一骑。后至真宗朝，以为使人每岁往来之路，岁月浸久，日益繁茂，合抱之木，交络翳塞。"[2]沈括《梦溪笔谈》卷13《权智》："瓦桥关北与辽人为邻，素无关河为阻。往岁六宅使何承矩守瓦桥，始议因陂泽之地，潴水为塞，欲自相视，恐其谋泄，日会僚佐，泛船置酒赏蓼花，作蓼花吟数十篇，令座客属和，画以为图。传至京师，人莫喻其意，自此始壅诸淀。庆历中，内侍杨怀敏复踵为之。至熙宁中，又开徐村、柳庄等泺，皆以徐、鲍、沙、唐等河，叫猴、鸡距、五眼等泉为源，东合滹沱、漳、淇、易、白等水，并大河。于是，自保州西北沉远泺，东尽沧州泥沽海口，几八百里，悉为渚潦。阔者有及六十里者，至今倚为藩篱。"[3]

如上引所见，郭若虚视张戡绘画"今时为独步"，亦同时代人。无独有偶，与前见之张戡一样，郭若虚也曾在熙宁期间与其同为朝官。《续资治通鉴长编》卷255、卷266："熙宁七年八月，兵部郎中、集贤殿修撰张刍为辽主生辰使，皇城使、忠州刺史石鉴副之；屯田郎中、权管勾三司开拆使韩铎为正旦使，内殿崇政班王谨初副之；知制诰章惇为辽国母生辰使、引进使、忠州团练使苗授副之；卫尉少卿宋昌言为正旦使，西京左藏库副使郭若虚副之。""熙宁八年七月，诏知丹州宋昌言降通判，差遣文思副使，郭若虚降一官，坐使辽不觉翰林司卒逃辽地不获故也。"[4]其还是赵氏王族的女婿，《华阳集》卷57《赵允弼墓志铭》："惟（赵允弼）相孝定王，盖宣祖昭武睿圣皇帝之曾孙，太宗文武睿烈皇帝之孙，韩恭懿王元偓之子，讳允弼，字公辅，于今天子为从祖父也。""女

---

〔1〕文渊阁《四库全书》本，页5下，页6上。
〔2〕《唐宋史料笔记丛刊》标点本，中华书局1964年版，页52。
〔3〕中华书局胡道静校注本，1957年版，页145。
〔4〕《续资治通鉴长编》，中华书局标点本，2004年版，页6235，页6534，页6535。

八人：长静安郡主，适皇城使、端州团练使李绶；次泰兴县主，适西京左藏库副使王世良；次新乐县主，适文思副使李余庆；次永安县主，适供备库使郭若虚；次南阳县主，适内殿承制康曷；次宜春县主，适内殿承制李宗说；次德安县主，适内殿承制李宗迪；次未适。"[1]郭既使辽，路出雄州；又与之同时、同朝，同类书中惟其所著有张之传记，也就不值得奇怪了。

与此相符合，最早为张戬所绘题诗者，乃南宋官宦范成大。《石湖居士集》卷25《题张戬蕃马射猎图》："阴山碛中射生虏，马逐箭飞如脱兔。割鲜大嚼饱何求？荐食中原天震怒。太乙灵旗方北指，掣罄逃归莫南顾。猖狂若到杀胡林，郎主犹犯何况汝！"[2]而在早为张戬所绘作跋者，则南宋士人钱选。《续书画题跋记》卷1录钱选《跋张戬猎骑图》："张戬，居近燕山，得胡人形骨之妙，尽戎衣鞍辔之精，故入神品。此卷非戬不能到，余甚爱之，宜什袭珍藏。"[3]夏文彦《图绘宝鉴》卷5："钱选，字舜举，号玉潭，雪川人。宋景定间，乡贡进士。善画人物、山水、花木、翎毛。师赵昌青绿，山水师赵千里，尤善作折枝。其得意者，自赋诗题之。"[4]这后者的卒年，约在入元以后。《元诗选二集》卷2钱选："是日，泛舟归湖滨，至夜，雪大作，旦起赋：至元二十九年冬，余假弁山佑圣宫一室以避喧。值雪作不已，但闭门拥炉，饮酒赋诗而已。聊记数篇，附见于此卷，书试冯应科笔，亦佳选，重题。"[5]由此，明人径将其与元人擅长图画者并列。王世贞《弇州四部稿》卷155《艺苑卮言附录》："赵松雪孟頫，梅道人吴镇仲圭，大痴老人黄公望子久，黄鹤山樵王蒙叔明，元四大家也。高彦敬，倪元镇，方方壶，品之逸者也；盛懋，钱选，其次也。"[6]

---

〔1〕文渊阁《四库全书》本，页1下，页6上。

〔2〕《四部丛刊初编》景印清刊本，页8下。

〔3〕《国家图书馆藏古籍艺术艺类编汇册》，影印清钞本，北京图书出版社，页395，页396。

〔4〕文渊阁《四库全书》本，页3上。

〔5〕文渊阁《四库全书》本，页46下。

〔6〕文渊阁《四库全书》本，页16下。

7.3

张戢之画,见于文物收藏目录者:人、马,《南宋馆阁续录》卷3《储藏》:"东丹王《番部下程图》二,人、马三,《朱羲牧牛图》一,张戢人、马二。"[1]《八幅蕃马图》《画继》卷8:"太常少卿何麒子应家:吴道子《白衣观音图》,韩滉《白牛图》,张南本《勘书图》,黄居寀《雀竹图》,唐希雅《风竹惊禽图》,巨然《四时横山图》,徐熙《梨桃折枝图》,崔白《鸳鸯蒲荷图》,李成《四幅林石图》,张戢《八幅蕃马图》。"[2]《骁马图》,王恽《玉堂佳话》卷3:"宋《郊天仪仗图》,《衮冕图》,《车辂图》,易元吉獐、猿、蓼花、草虫,杨棐象,黄筌猿,李伯时水墨马,《群马图》,丘庆余花禽,钟隐《双禽图》,黄筌《碎金图》崔白梅、竹、寒雀,李公年桃溪春色,艾宣竹、鹤,胡瓌马骑契丹人,凡画毛尾,取狼毫疏渲;张戢《骁马图》,崔悫江鸭,李伯时着色马,郭忠恕避暑宫作界画,黄居寀鹿,艾宣《鸡冠、黄葵、杜鹃花图》,崔白秋塘戏鸭,郭忠恕界画《着色宫合图》,李伯时着色《夜遊宫图》,徽宗临张萱《宫骑图》,李伯时《渊明图》,李伯时《莲社图》,赵大年小景,郭忠恕《飞仙图》,郭熙《秋山图》,嫔十人,奄四人,皆骑。"[3]《番族移营图》《较猎图》《秋原卓帐图》《式古堂书画汇考》卷32:"张戢《番族移营图》,《较猎图》四,《秋原卓帐图》"[4]。

见于诗、文题记者:《北骑图》《中州集》卷1 吴激《张戢北骑[图]》:"张生鞍马客幽都,却笑灵光笔法粗。祗今白首风沙里,忆向江南见画图。"[5]《猎兔图》《草堂雅集》卷11 于立《题张戢猎兔图》:"八月九月天雨霜,北风吹沙边草黄。骍弓白羽黄金镝,虎皮蒙鞍悬两狼。碧眼小儿家上谷,生来湩饮常食肉。弯弓射猎不遗镞,阿魏但遣韩卢逐。解鞍野食仍割鲜,止息还依沙草边。烧春百斛贱如水,醉来却枕穹

---

[1]文渊阁《四库全书》本,页14上、下。

[2]《中国历代画史汇编》,影印《王氏画苑》本,文津古籍出版社,页462。

[3]《唐宋史料笔记丛刊》,杨晓春点校本,中华书局2006年版,页82,页83,页84。

[4]文渊阁《四库全书》本,页166上。

[5]《四部丛刊初编》,景印元刊本,页8上。

庐眠。嗟哉尔矱良独苦，致身三窟知何补？纵然用作管城君，秦人少恩弃如土。"[1]《瘦马图》，郭翼《林外野言》卷下《题张戩画瘦马图》："瘦骨锋棱珠汗落，卧痕半杂古苔烟。未脱将军金匼匝，又驮儿女玉婵娟。苍黄日色龙沙外，惨淡秋声塞雁前。神骏只今谁貌得？开图老眼一醒然。"[2]《草堂雅集》卷7郑东《题张戩瘦马图》、卷10姚文奂《题张戩瘦马图》："北风萧萧沙草黄，天寒马瘦骨如墙。浑家儿女雕鞍上，日日阴山射白狼"；"棱棱出神骨，翼翼照龙光。顾影时思战，长鸣势欲骧。征鞍□儿女，远道负糇粮。归到龙沙日，秋风苜蓿长"[3] 诸家所题《瘦马图》，尚有不署作者名字者，如：刘敏中《中庵集》卷21《题瘦马图》："俯首随牵力不任，隐然奇骨敌千金。春风会绿平原草，一振云沙万里心。"[4]

其余：《歇骑图》，杨士奇《东里集》卷续22《郭鼎贞藏张戩歇骑图》："良马世不易得，良画者尤不易得，人恒称曹霸、韩干绝艺。观此，戩固未相远也。此翰林侍讲金君家旧物，殆欧阳氏七贤画也。既以予鼎贞，固侍讲之心，不累于物耶？鼎贞宝之，不下拱璧。夫一艺之精，见重于人若此，古之君子，其精义妙道在人，不可一日无者，其宜宝重何如哉？"[5]《猎骑图》《续书画题跋记》卷1录高若凤、林泉生、王庭松《题张戩猎骑图》："一犬前趋五马随，赭袍公子跨乌骓。壮游却忆飞狐北，正是清秋出猎时。""戎王小队猎秋野，豹尾服弓金络马。苍髯奚官喜追逐，隔马相呼意闲暇。鞭梢生风箭飞雨，乌骓如龙犬如虎。沙平草浅狐兔肥，穹庐月寒归未归。""张戩妙笔最能写，写出平沙好人马。赭衣壮士挟弓矢，清秋出猎山之下。山林霜后百卉枯，走犬前愁失兔狐。斯人往矣不可见，抚时怀古披斯图。"又，"燕角斜发虎帐中，将军骑气正骁雄。前锋纵有韩獹技，指示犹居第一功。东南生（某）谨题。"[6]诸

〔1〕文渊阁《四库全书》本，页19上、下。
〔2〕文渊阁《四库全书》本，页1上。
〔3〕文渊阁《四库全书》本，页2上，页6下。
〔4〕《北京图书馆古籍珍本丛刊》，影印清钞本，书目文献出版社，页469上。
〔5〕文渊阁《四库全书》本，页12上。
〔6〕《国家图书馆藏古籍艺术艺类编汇册》，影印清钞本，北京图书馆出版社，页396—398。

家同题、不署作者名字者,如《草堂雅集》卷 10 郯韶的《题女真猎骑图》:"白草原头闻雁声,黄沙碛里马蹄轻。举头忽见边城月,倒着丝鞭不肯行。""塞上秋鹰白雪飞,溅溅生血洒毛衣。日斜却过轮台下,争看红妆猎骑归。"[1]

纵观曾经存在的张戡作品,以"马"为主题的图画,占了其中的大部分。而其所绘之"马",颇有与众不同的特点。《广川画跋》卷 6《书张戡番马》:"世或讥张戡作番马,皆缺耳劈鼻,谓前人不若是。余及见胡瓌番马,其分状取类颇异,然耳、鼻皆残毁之余。尝问北人,谓鼻不破裂,则气盛冲肺;耳不缺,则风抟而不闻声。此说未试,然儋耳俗破耳下引,其在夷狄,有不可以理求者,此岂亦有为邪?然马残其耳,恐不止今北地,尝见西南夷往时入马中国,亦时有焉。因求吴诸葛恪献马,先铲其耳。范慎谓:岂不伤仁?乃知马破其耳,于南夷亦或然也。今戡于马,非能考古为之,然则据今之见者,特以为有辨者如此。"[2]"胡瓌番马",《宣和画谱》卷 8《番族》:"胡瓌,范阳人。工画番马,铺叙巧密,近类繁冗,而用笔清劲。至于穹庐什器、射猎部属,纤悉形容备尽。凡画骁驼及马等,必以狼毫制笔,疏染取其生意,亦善体物者也。""胡虔,范阳人。学父瓌画番马,得誉世,以谓虔丹青之学有父风。"[3]"诸葛恪献马",《册府元龟》卷 800《总录部敏捷》:"[诸葛]恪尝献帝马,先铲其耳。范慎时在座,嘲恪曰:马虽六畜,禀气于天,今残其耳,岂不伤仁?恪答曰:母之于女,恩爱至矣,穿耳附珠,何伤于仁?"[4]

7.4

元末明初士人刘永之,曾经将所见《金人猎骑图》断言为"仿佛"张戡"所作"。《元诗选二集》卷 22《题金人猎骑图》:"昔者金源起东北,万马南驰蹴中国。青盖趋燕艮岳摧,杀气如云暗吴越。天旋日转息战

---

[1] 文渊阁《四库全书》本,页 33 下。
[2] 文渊阁《四库全书》本,页 4 下,页 5 上。
[3] 《宣和画谱》,文渊阁《四库全书》本,页 6 下,页 8 上。
[4] 中华书局影印崇祯刊本,1982 年版,页 9498 下。

争，襄革包兵交玉帛。朔南无事号太平，颇习华风变蛮貊。既尊儒术尚文事，立进画图供玩阅。是时张戬画□马，尺素流传擅声价。此图仿佛戬所作，似貌燕山驰猎者。秋高露白葭苇黄，隐约寒山接平野。鹿鞲鹤鹙赤茸鞊，骑影联翩意闲雅。龙媒振鬣望空阔，足若奔暑汗流赭。前驱后逐争豪雄，左旋右转若回风。驾鹅惊飞百兽骇，苍鹰脱臂腾高空。策马数获落日紫，金盘行炙餍奴僮。当时观者徒叹息，写入丹青真国工。古愚先生最好事，锦标钿束纡鸾龙。郡斋展玩当清昼，惊飙飒飒吹帘栊。白头书生幽蓟客，不觉涕泪沾膺胸。百年兴废恍如梦，苜蓿萧萧迷古宫。"[1]尽管，张戬的生卒年无从得知，就是以前所见张戬为"画工"张戬，要亦在宋哲宗之前。而那时，"金源起东北"之事连端倪都尚摸不着。由此看来，该图若真为张戬所绘，所状人物必非金人；若所状真为金人，该图则断非张戬所作。

乃为"临江"所辖"清江"县人的刘永之，与本路亦府领"新喻"县人的梁寅，情同师友。朱彝尊《曝书亭集》卷64《刘永之传》："刘永之，字仲修，清江人。家饶于赀，既冠，未知学，过妇翁家，新淦练高者，早有才誉，永之友婿也，翁异视高，而庸众人遇永之。永之归，发愤就学，寒暑昼夜不懈。数年，学大进，尤长春秋，与梁寅往复辩论经义。"[2]梁寅，则有《金人校猎图》的题诗。《石门集》卷4《金人校猎图为韦同知润题》："韦侯示我校猎图，五马迅若云中凫。远青撤幕山露崛，坡陀突起霜草枯。黄如旌旆森葭芦，马上短衣虬鬈胡。金环贯耳大秦珠，腰插羽箭弦压狐。三马回走忘崎岖，二马旁出斗疾徐。东来驾鹅苍涧雏，才四五六喋不呼。海青一点劲气殊，勇士跞捷坚勍无。骇兽何由避于菟？华峰秋隼胡为乎？岱北豪鹰真厮奴，软毛堕絮血洒芜。胡乃仰笑马竞趋？何劳千骑万骑俱？楼烦射杀心胆粗，寒沙云迷认归途。卸鞍营门月模糊，向夕行乐朝驰驱。拜官那羡执金吾？肉充糇粮席氍毹。饮醴啜酪多欢娱，君侯玩图日怡愉。树勋明世真壮夫，明年五马守明都。不

---

〔1〕《元诗选二集》，文渊阁《四库全书》本，页19上、下。

〔2〕《四部丛刊初编》，景印清刊本，页6下。

独海青夸健躯,麒麟在郊凤在筊,飘飘快意天之衢。"〔1〕

梁寅所云之韦润,应当就是刘永之所云"古愚先生"、亦韦彦芳;润为名,彦芳为字。《明文衡》卷 31 刘永之《古愚斋记》:"临江贰守韦侯彦芳,其系出于汉丞相昭。由丞相四十七传而至茂,今家润州云阳(丹阳),为其邑之著姓。出郭门若千里,地曰寿安,有别墅者,侯之所建也。盖尝读书其中,而题其斋居曰古愚。其至官也,手书其事以遗永之,而求文以为记。既受命,乃为之说曰:言非一端而已,即其言而知其志之所存,所谓知言也。盖是今而非古久矣,有行古道于今之世者,必且群起而訾之,曰:是好古而愚者也。夫古之道,岂诚然乎哉?亦失其好恶之情焉耳。"〔2〕宋濂《宋文宪集》卷 18《古愚斋铭》:"延陵韦侯彦芳,吴中书仆射侍中弘嗣之四十七世孙,夙以文学著闻,亦既受荐于临江别乘,会二千石阙,侯实行守事。情孚化洽,民宜之。然犹不忘进修,以古愚名其斋居。侯殆有志古者乎?志于古,美矣。古学之可法者颇众,奈何独有取于愚乎?有取于愚,斯其所以为不愚也欤?是宜铭。""唯古之愚,如彀斯弩。直矢一发,奋往弗顾。惟今之愚,如履多岐。诡秘变化,曾不测其所之。古故为疾,今复非古。致宣尼之所伤,奈人伪兮旁午。我情郁纡,曷日而摅?岂惟贤不逮昔,愚亦不如遡。埃风而屹立,怀嫭人于千载。"〔3〕

《历代题画诗类》卷 57 商辂《猎骑图》:"完颜跃马当青年,戎袍照日何鲜妍!玉鞍锦鞯黄金勒,红缨紫鞚珊瑚鞭。雕弓满张面如赭,气卷黄河掌中泻。仰天一箭中飞禽,委翅欲逐回风下。角鹰钩爪目如电,利吻淬若龙泉剑。番鞴掣断绿丝缰,狡兔妖狐胆惊颤。群驼露出紫茸峰,金铃系犬奔长风。""画戟煌煌辉白日,黄沙漠漠连青霄。海东之青偏豪爽,铁作毛衣金作掌。耸身跨雾转招摇,驾鹅洒血随草莽。紫衣控着白玉鞭,万骑驰突相后先。貙貅仰视复拍掌,欢呼动地声骈阗。香腾鸡舌烟缥缈,飞入鲛绡轻袅袅。紫塞关头日欲晡,贺兰山下天还晓。""蓟

---

〔1〕《元人文集珍本丛刊》,影印光绪刊本,新文丰出版公司,页 706 下,页 707 上。

〔2〕文渊阁《四库全书》本,页 2 下,页 3 上。

〔3〕《四部备要》,校刊清校刊本,上海中华书局,页 234 下。

门霜落悲秋草,叶飞满地无人埽。銮舆晓出明光宫,扬鞭走马关东道。天闲十二分雁行,虎蹲豹踯争低昂。戎袂吹风日杲杲,阵云横塞天茫茫。兔奔鹿驰何迫速! 长剑短戟相追逐。肃肃响彻云影寒,呦呦鸣透空山绿。野雉嘎嘎原头飞,锦毛五色光陆离。""翠华遥指太行山,猎骑悉渡漳江水。君王独控玉花骢,欲动不动偏豪雄。冰弦雕弓白羽箭,精神炯炯明双瞳。将军呼鹙踯躅来,左右咆嘶声如雷。山羊野鹿纷交驰,俯首落胆鸣悲哀。勇士持挺击奔兔,壮气如山力如虎。扶桑树折玉关开,宇宙飒飒寒风度。"[1]从"完颜跃马当青年"等语来看,兹《猎骑图》或许就是《金人猎骑图》!?

7.5

披阅中国中世纪的绘画史卷,政治翻覆、时间短暂的五代,却是个十分重要的时期。由于契丹铁骑的南下,以及后来燕、云地区的割夺,幽州亦范阳节度使治、亦辽南京,成了"蕃"、"华"文化交流的中心。利用传统的文房四宝,进行对北方各族生活的摹写,最终转变为璀璨的艺术内容。非"华"裔的胡瓌、李赞华,就是其中最为杰出的代表。刘道醇《五代名画补遗》《走兽门》:"胡瓌,山后契丹人,或云本慎州乌索固部落人。善画蕃马,骨格体状,富于精神。其于穹庐部族帐幕、旗斾、弧矢、鞍鞯,或随水草放牧,或在驰逐弋猎,而又胡天惨冽,沙碛平远,能曲尽塞外不毛之景趣。信当时之神巧,绝代之精技欤! 故人至于今称之。予观瓌之画,凡握笔落墨,细入毫芒,而器度精神,富有筋骨,然纤微精致,未有如瓌之比者也。""东丹王赞华,契丹大姓,乃耶律德光之外戚。善画马之权奇者。梁、唐及晋初,凡北边防戍及权易商人,尝得赞华之画,工甚精致。至京师,人多以金帛质之。予于赞善大夫赵公第见赞华画马,骨法劲快,不良不驽,自得穷荒步骤之态。"[2]非常凑巧,二人都与"慎州"有关。《宣和画谱》卷8《番族》:"以其来自辽东,乃以瑞州为

---

〔1〕文渊阁《四库全书》本,页7下,页8上、下,页9上、下。

〔2〕文渊阁《四库全书》本,页8下,页9上。

怀化军,拜怀化军节度使,瑞、慎等州观察使,又赐姓李,更名赞华。"[1]

如前所示,《宣和画谱》的不知名作者对于张戡之作品评不高。然而,艺术鉴赏本来就仁者见仁,智者见智。就被同书说成"以气骨为主而格俗"的赵光辅来说,有人将之奉为"蕃马"之最。刘道醇《宋朝名画评》卷2《蕃马走兽门》:"赵光辅,尤善画蕃马,凡欲为之,必潜心密虑,视听皆断,方肯草本,然后点窜增减,求其完备,始上缣素。故光辅无一毛之失,得者如有至宝。古人能为蕃马者,亦可数也。胡瓌得其肉,[李]赞华得其骨,光辅兼有之,为世推重。至于戏风拽绳,吃草饮水,奔走立卧,嘶啮跑蹶,瘦壮老嫩,驽良疲逸,羁絷疾病之状,莫不精致,全夺形似,略无失处,未有能继之者。"[2]事实上,张戡也有推崇者,特别是在北宋的后世。王世贞《弇州山人续稿》卷168《题古画王昭君图》:"余睹《王昭君出塞图》,后、先凡三本,颇具汉家威仪,而呼韩邪来迓,则极骑吹驼骕、毡车弓槊之盛,宾主初觏,欢情与肃容两称。而此图,则仅导者数胡骑,亦有汉儿,一以琵琶后随,一橐驼载服装而已。虽复低眉掩抑,作怯寒状,而赘御皆宽然暇逸,意是出塞以后事。跋尾当有题识,今失之,不辨何人与何代?然其用笔殊精密,而番马犹有趹跋骄嘶之致,宛然胡瓌、张戡家风,似非南渡以后供奉手所办也。"[3]

就张戡的生平而言:其为雄州人,可以确凿无疑。其生活于北宋,而非五代,也可视为的论信说。除了以上的推断外,核对《说郛》卷91郭思《纪艺》所载"唐永昌元年后尽五代至宋朝熙宁七年名人逸士,编而次之,凡一百一十六人"的名单,"张戡"与"单显、张翼、丘士元、裴文睆、胡九龄、冯进成、吴进、吴怀、董羽、任从一、赵干、曹仁熙、荀信、戚文秀、路衙推、杨挥、朱澄、徐易、徐白、刘文通、蔡润、蒲永升、何霸、张经、支选、蕴能、吕拙、赵裔、邓隐"一起,被列在"杂画门,凡三十人"中。而其前,具文云:"宋朝,建隆元年至熙宁七年","仁宗皇帝天姿颖悟,圣艺神奇,遇兴援毫,超逾庶品。伏闻齐国献穆大长公主丧明之始,上亲

---

〔1〕《宣和画谱》,文渊阁《四库全书》本,页9下。

〔2〕文渊阁《四库全书》本,页9下,页10上。

〔3〕台北,文海出版社《明人文集丛刊(第一期)》影印崇祯刊本,页7714,页7715。

画龙树菩萨,命待诏传模镂板印施,圣心仁孝,又非愚臣所能称颂。若虚旧有家藏御画御马一疋,其毛赭,白玉衔勒,上有宸翰题云:庆历四年七月十四日,兼有押字印宝。后因伯父内藏借观,不日赴杭钱之任,既久假而不归,居无何,伯父终于任所,此宝遂归表兄张湍,今不复可见,为终身之痛。兼曾见张文懿家有卜猿一轴,仍闻禁中有天王菩萨像,太上游心,难可与臣下并列,故尊之卷首"〔1〕 皇帝热衷于绘事,无怪乎庆历以后有许多"画工"涌现。

临江"同知"韦润既然就是临江"贰守"、"别乘"韦彦芳,《金人校猎图》当然就是《金人猎骑图》。说来,以《猎骑图》命名的图画数量众多;其作者,似乎也包括"番族"前辈胡虔和对张戡有过格外赞美的钱选。周密《云烟过眼录》卷3《天台谢奕修养浩斋所藏》:"胡虔《猎骑图》。"〔2〕王恽《秋涧先生集》卷33《题钱选临曹将军胭脂骢图》:"涪翁醉草丹青引,秘省珍藏猎骑图。老眼再观知有数,喜从唐本玩临摹。"〔3〕值得注意:《金人校猎图》一名,见于最早者即梁寅、刘永之所作上引文。之前,则有作《较猎图》者。贡性之《南湖集》卷下《较猎图》:"黑河流绕李陵台,边使蕃王日往来。共说汉家天子盛,贡将骐骥敢凡材?"〔4〕袁华《耕学斋集》卷3《题金人校猎图》:"朔风吹惊沙,桦林叶斓斒。兽肥马骁雄,校猎出天山。晓蹄黄龙塞,暮过居庸关。驺弓金仆姑,宝刀龙爵镮。驾鹅天际落,小队碛边还。"〔5〕而张戡当真有《较猎图》《猎骑图》,已见前文。也就是说:所谓《金人校猎图》《金人猎骑图》,如果有可能皆张戡所作,后人凭着臆测多添了"金人"两字。"金人",不如说是也有《射猎图》的"辽人"。陈旅《安雅堂集》卷3《题辽人射猎图》:"美人貂帽玉骢马,谁其从之臂鹰者?沙寒草白天雨霜,落日驰猎辽城下。塞南健妇方把锄,丈夫边戍官索租。"〔6〕

---

〔1〕文渊阁《四库全书》本,页22上,页27下,页28上,页24上、下。
〔2〕《国家图书馆藏古籍艺术类编》,影印光绪刊本,北京图书馆出版社,页136。
〔3〕《四部丛刊初编》,景印弘治翻元刊本,页11下。
〔4〕文渊阁《四库全书》本,页45下。
〔5〕文渊阁《四库全书》本,页5上。
〔6〕文渊阁《四库全书》本,页22上。

8　宋阿检嗦

——宋人的北珠消费与海东青传闻

宋徽宗在位期间，流传着一个很为"奇特"的"故事"：天鹅食蚌，从而吞下其体内所成之珠，猎鹰"海东青"追杀天鹅，人们以是又从其嗦中得珠。之所以视"海东青"为珍贵，乃是为了得到质地格外优良的"北珠"。本文围绕"北珠"和"海东青"两个中心展开探讨，进而得出以下结论：无论北、南宋，主要用于皇族、贵官服饰镶嵌的前者，采购和收藏的数量十分惊人。对于偶尔南迁止于领封、只在畋猎中显露身手的后者，尽管赵氏士人所知不多，却已由其矫捷的身姿，进而作为俊爽材士的引喻。由奢侈需求到贪婪搜括，由过度聚敛到激成反抗，有人径将耶律氏辽、赵氏北宋的覆亡，都归之于以"海东青"取"北珠"的行为。

8.1

宋徽宗在位期间，流传着一个很为"奇特"的"故事"：天鹅食蚌，从而吞下其体内所成之珠，猎鹰"海东青"追杀天鹅，人们以是又从其嗦中得珠。之所以视"海东青"为珍贵，乃是为了得到质地格外优良的"北珠"。徐梦莘《三朝北盟会编》卷 3："天祚嗣位，立未久，当中国崇宁之间，漫用奢侈，宫禁竞尚北珠。北珠者，皆北中来，榷场相贸易。天祚知之，始欲禁绝其下，谓中国倾府库以市无用之物，此为我利，而中国可以困，恣听之。而天祚亦骄汰，遂从而慕尚焉。北珠，美者大如弹子，小者若梧子，皆出辽东海汊中。每八月望，月如昼则珠必大，乃以十月方采取珠蚌，而北方冱寒，九、十月则坚冰厚已盈尺矣。凿冰没水而捕之，人以病焉。又有天鹅能食蚌，则珠藏其嗉，又有俊鹘号海东青者，能击天鹅，人既以鹘而得天鹅，则于其嗉得珠焉。海东青者，出五国。五国之东，接大海，自海东而来者，谓之海东青。小而俊健，爪白者尤以为异，必求之女真。每岁遣外鹰坊子弟趣女真，发甲马千余人入国界，即海东巢穴取之，与五国战斗而后得，女真不胜其扰。加之沿边诸帅，如东京留守、黄龙府尹等，每到官，各管女真部族，依例科敛，拜奉礼物，各有等差，女真浸忿。由是诸部皆怨叛，潜附阿{固达}［骨打］，咸欲称兵以拒之。"[1]

北宋官方向契丹采购"北珠"，时人所记有征。杨时《龟山先生集》卷37《曹辅墓志铭》："初在安肃［军］，兼权场事，得旨市北珠。公（曹辅）奏疏，其略曰：以彼锱铢之物，易吾亿万之资。彼诚以此养士则士勇，以此赏战则战胜，是借寇兵资盗粮也。上悟而罢。"[2]罗愿《罗鄂州小集》卷6《王汝舟传》："朝旨降样市北珠，奏言：真宗时，诏益州市锦六千匹，知州赵积止市千匹。至天圣中，仁宗因积奏对，奖其恤民。臣（王汝舟）元符初在京东，淮省符市锦，未几，移河北，又抛买北，一珠之直，至九十四千。陛下即位之初，圣政一新，锦与珠如不可罢，犹愿诏有司损其数，以留难得之钱，少助经费。疏奏，即日罢之。"[3]兹举促使契丹变本加厉，从事搜括，进而引起女真各部的仇恨。章如愚《群书考索》卷后64《财赋门内库类》："徽宗崇宁四年七月初，枢密直学士梁子美为河北转运使、措置榷使，建三郡都仓，储粟二十万斛，且倾漕计以市宠，至用三百万缗货北珠以运。于是，契丹虐女真捕海东青以求珠，女真不胜其求而怒。"[4]陈均《九朝编年备要》卷28："先是，［宁江］州有榷场，女真以北珠、生金、人参、松实、白附子、蜜蜡、麻布之类为市。州人低其值，且拘辱之，谓之打女真。州既陷，杀之无遗类。"[5]

宋人于"北珠"的收藏，数量巨大。周辉《清波杂志》卷3《行脚

---

〔1〕文渊阁《四库全书》本，页9上、下，页10上。

〔2〕《宋集珍本丛刊》，影印万历刊本，线装书局，页570下。

〔3〕《宋集珍本丛刊》，影印万历刊本，线装书局，页745上、下。

〔4〕文渊阁《四库全书》本，页21下，页22上。

〔5〕文渊阁《四库全书》本，页20上。

僧》："七夫人者,一日,于看楼见一僧顶笠自楼下过,问左右:笠甚重,内有何物? 告以行脚僧,生生之具皆在焉。因叹曰:都是北珠、金箔,能有多少? 亟使人追之,意欲厚施。其僧不顾而去,异夫巡门持钵者。"[1]李焘《续资治通鉴长编》卷309:"先是,慈圣光献皇后山陵,上谓执政曰:山陵所费不赀,内府助之,犹恐弗给。[李]承之不以闻,用度足乎? 居无何,承之果告办。尝有商人违法货北珠,乃为贵主所售。三司久不决,承之曰:朝廷法令,畏王姬乎? 即命取之。上闻之,曰:有司当如此。"[2]蔡绦《铁围山丛谈》卷6:"宣和殿小库者,天子之私藏也。顷闻之,以宠妃之侍从者颁首饰,上嘉而赐之,命内侍取北珠篋来上。开篋,御手亲掬而酌之,凡五七酌以赉焉,初不计其数也,且又不知其几篋? 北珠在宣和间,围寸者价至三二百万。"[3]史浩《鄮峰真隐漫录》卷50《梳妆》:"北珠天产在戎蕃,不定还看走玉盘。巨万费钱收拾得,到头终不救饥寒。"[4]《清波杂志》卷7《汴河遗物》:"靖康乱后,汴河中多得珍宝,有获金燎炉者,以尚方物,人间不敢留,复归官府。扬州仓卒南渡,扬子江中遗弃物尤多。后镇江渔户,于西津沙际有得一囊北珠者。"[5]

关于"北珠"的故事,即有真实不假的"拾金",也有多半虚幻的"遇仙"。张镃《仕学规范》卷31《阴德》:"林积,南剑人。少时,入京师,至蔡州,息旅邸。既卧,觉床第间有物逆其背,揭席视之,见一锦囊,实以北珠数百颗。""商人至蔡邸,见其榜,即还访林于上庠。林具以告曰:元珠具在,然不可但取,可投牒府中,当悉以归。商如其教,林诣府,尽以珠授商,府尹使中分之。商曰:固所愿。林不受,曰:使积欲之,前日已为,已有矣。秋毫无所取,商不能强,以数百千就佛寺作大斋,为林君祈福。"[6]王明清《投辖录》《赵诜之》:"徽考朝,有宗室诜之者,自南京

[1]《唐宋史料笔记丛刊》,刘永翔校注本,中华书局1997年版,页131,页132。
[2]中华书局标点本,2004年版,页7497。
[3]《唐宋史料笔记丛刊》,冯惠民、沈锡麟点校本,中华书局1983年版,页105。
[4]《宋集珍本丛刊》,影印乾隆刊本,线装书局,页60上。
[5]《唐宋史料笔记丛刊》,刘永翔校注本,中华书局1997年版,页285。
[6]文渊阁《四库全书》本,页1上、下。

来赴春试。暇日,步郊外,过一尼院,极幽寂,见老尼持诵,独行廊下,指西隅谓之曰:此间有大佳处,往一观否?生从其言,但废屋数间,芜秽不治,有碑一所甚高,亦复残缺。生试以手抚之,碑忽洞开若门宇。""如是留几浃旬,女子忽谓生曰:外访子甚急,引试亦复有日,子须亟归,时幸见思。遂命酒作乐,酒罢,曰:此中物虽多,悉非子可携。玉环一,北珠直系一,奉以为相思之资。环幸毋弃之,直系可货而用也。众人送出门,各皆吁嗟挥泪,生亦不自胜情。既出,则身在相国寺三门下,恍如梦觉,但腰间古玉环与北珠直系在焉。"[1]

8.2

　　南宋人也特别注重于冠、履和服饰上镶嵌"北珠",以增加富贵的气息。方回《续古今考》卷7:"冕,中贵人呼为平天冠,俗语无义。共享北珠一百四十五颗,麻珠四千五百九十颗,调珠八千六十四颗,不用玉,而用?殻之珠。北珠、南珠,俗曰真珠。""而冕之圈围,皆以青罗,冕之口,饰以大北珠三十颗。""自冕项两垂,左右若大青绿绦,然有绦穗,曰翠柳,用北珠五十七颗,翠柳调珠二百八十四颗。""前后十有二旒,用北珠二十四颗,麻珠二千一百六十三颗。""大圭,青罗带穿绯白罗大带,用北珠二十四颗,麻珠一千八颗,当左、右各一也。""玉佩用玉七事,而无玉环。冲牙之左右,无玉玦。珩之次,有二玉,似玦形,与古不同。左佩用麻珠六百三十七颗,右佩用六百三十六颗,履用北珠十颗,而履虚设不供。"[2]周密《武林旧事》卷2《公主下降》、卷7《德寿宫起居注》:"先一月,宣宰执常服系鞋,诣后殿西廊观看公主房奁:真珠九翠四,凤冠褕翟衣一副,真珠玉佩一副,金革带一条,玉龙冠绶玉环北珠冠,花篦环七宝冠,花篦环真珠大衣背子,真珠翠领,四时衣服,累珠嵌宝金器、涂金器、贴金器,出从贴金银装担等,锦绣销金帐幔,陈设茵褥、地衣步障等物。""太后遂宣赐婉容:宣和殿玉轴沈香槽三峡流泉正阮

　　〔1〕《宋元笔记丛书》,汪新森、朱菊如校点本,上海古籍出版社1991年版,页23。
　　〔2〕文渊阁《四库全书》本,页9上、下,页10上,页11上。

一面,白玉九芝道冠、北珠缘领道氅,银绢三百疋两,会子三百万贯。"[1]

南宋"北珠"的消费,也十分惊人。《武林旧事》卷2《挑菜》:"先是,内苑预备朱绿花斛,下以罗帛作小卷书品目于上,系以红丝,上植生菜、荠花诸品,俟宴酬乐作,自中殿以次,各以金箆挑之。后妃、皇子、贵主、婕妤及都知等,皆有赏无罚,以次每斛十号,五红字为赏,五黑字为罚,上赏则成号真珠、玉杯、金器、北珠、篦环、珠翠、领抹,次亦铤银、酒器、冠锭、翠色段帛、龙涎御扇、笔墨、官窑定器之类,罚则舞唱吟诗念佛、饮冷水、吃生姜之类,用此以资戏笑。王宫贵邸,亦多效之。"[2]周密《癸辛杂识》前集《韩彦古》:"范[仲]门清峻,无间可入,韩[彦古]乃以白玉小合满贮大北珠,缄封于大合中,厚赂铃下老兵,使因间通之。范大怒,叱使持去,所爱亦在傍,怪其奁大而轻,曰:此何物也? 试启观之,则见玉合。益怪之,方复取视,玉滑而珠圆,分迸四出,失手堕地。"[3]其所从来,当然也是从与金人的贸易和"互赠礼物"中来。周必大《周文忠集》卷173《思陵录下》:"引见生辰使中奉大夫、礼部尚书王克温,广威将军、客省使完颜琥。国书曰:寒风初届,律正上冬;良月就盈,祥开诞日。爰遣皇华之使,往敷庆币之仪。尚介寿祺,用坚盟信。礼物北珠五颗,余同常仪。"[4]"北珠"也由成为工艺品的组成部分,而返回"故乡"[5]。

南宋人拥有"北珠"的典型者,乃开禧年间掌握朝政的韩侂胄。《庆元党禁》:"侂胄妻早死,有四妾,皆得郡封,所谓四夫人也。其次又十人,亦有名位。丁巳秋、冬之间,有献北珠冠四枚者,侂胄喜,以遗四夫人,其十人皆愠,曰:等人耳,我辈不堪戴耶? 侂胄患之,赵师罜时以列卿守临安,微闻其事,侂胄入朝未归,京尹忽遣人致馈,启之,十珠冠

〔1〕《知不足斋丛书》影印本,中华书局,页147下,页148上,页211上。

〔2〕《知不足斋丛书》影印本,中华书局,页154上。

〔3〕《唐宋史料笔记丛刊》,吴企明点校本,中华书局1988年版,页38。

〔4〕文渊阁《四库全书》本,页33上。

〔5〕《大金吊伐录》卷1《宋主致谢书及报因便附问》《遣李税持寶货折充金银书》,文渊阁《四库全书》本,页34下、44上:"黑漆匣全真珠鏖圈夹袋子一副,上有北珠二十三颗、麻调珠全"。"珍珠束带一条,上有北珠二十五颗。"

也。十人者大喜,分持以去。""司农卿兼知临安府最后至,出小合,曰:寒生无以为献,有少果核,姑侑一觞。启之,乃粟金蒲萄小架上,有大北珠百枚,众皆惭沮。"〔1〕《癸辛杂识》后集《韩平原之败》:"其后斥卖其家所有之物,至于败衣破絮,亦各分为小包,包为价若干。时先妣母谩以数券得一包,则皆妇人弊鞋也,方恚恨,以为无用,欲弃之,疑其颇重,则内藏大北珠二十粒,盖诸婢一时藏匿,为逃去之计,适仓惶遗之云耳。"〔2〕张宪《玉笥集》卷2《韩太师》:"黄袍飞着嘉王体,阁门知事从龙起。经筵侍讲戏倡优,定策宗臣(赵汝愚)永州死。谏司台宪鹰犬多,击搏忠正收谀阿。何刘明沈奋牙爪,五十九贤投网罗。北珠冠子高一尺,十四夫人分宠席。行灯午夜闹元宵,京尹明朝转恩泽。地衣红锦齐中堂,真珠搭当生明光。大臣排列贺生旦,进奏文移行四方。太师权重专天眷,边衅胡为起征战?"〔3〕

逮至南宋末叶,有人径将耶律氏辽、赵氏北宋的覆亡,都归之于以"海东青"取"北珠"的行为。方回《桐江续集》卷9《北珠怨》:"北方有奇蚌,产珠红晶荧。天鹅腹中物,万仞翔冥冥。此贪孰能致?俊鹰海东青。钩戟为爪喙,利刀以为翎。采之肃慎氏,扶桑隔沧溟。无厌耶律家,苛取不暂停。中夏得此珠,艳饰生芳馨。辽人贸此珠,易宝衔口辎。东夷此为恨,耻罍嗟罄瓶。渡兵鸭绿水,犁扫黄龙庭。夹山一以灭,河朔无锁扃。幽燕及淮江,赤地战血腥。徒以一珠故,百亿殃生灵。两国失宗社,万乘栖囚图。旅獒戒异物,圣人存为经。徒以一珠故,天地生虫螟。此事有本原,獾郎柄熙宁。力行商君法,诡勒燕然铭。延致众奸鬼,坏败先朝廷。焉得致渠魁?锾裂具五刑。钟山有遗瘗,漾之江中泠。我作北珠怨,哀歌谁忍听?"〔4〕暨、郝经《陵川先生集》卷10《戊午清明日,大城南读金太祖睿德神功碑》:"铭章生民丽且婉,太祖帝纪都一卷。初赇肃慎兆已陈,日出之图生圣人。周虽旧邦命维新,不事杀戮义与仁。海青一翅海西落,两国君臣俱不觉。鹧鸪声里降王缚,汉民不

〔1〕文渊阁《四库全书》本,页36上,页39下,页40上。
〔2〕《唐宋史料笔记丛刊》,吴企明点校本,中华书局1988年版,页70。
〔3〕文渊阁《四库全书》本,页20下,页21上。
〔4〕文渊阁《四库全书》本,页16下,页17上。

失生聚乐。平地突起金天龙,面如紫玉真英雄。化行江汉服羌戎,百年以来夸俊功。参用辽宋为帝制,文采风流几学士? 磊磊高文辞称事,卓冠一代谁复似?"[1]

8.3

北宋人知悉猎鹰"海东青",始于开国之初。吴垌《五总志》:"登州海崖林中,有鹘,能自高丽一飞度海,号曰海东青;唐人呼为决云儿。本朝夏帅赵保忠得之,以献太祖。太祖却之,曰:朕久罢畋游,尽放鹰犬,无所事此,却以赐卿。辽人致守边兵,独在北,曰强军,盖以御女真也。末主好田猎,求海东青于女真,且抽强军为从卫。后求愈急,强兵日削,遂为女真窥伺,悲夫!"[2]江少虞《宋朝事实类苑》卷2《太宗》:"登州海岸林中,常有鹘,自高丽一夕飞渡海岸,未明至者绝俊,号曰海东青。淳化中,夏帅赵保忠得,献上。上报曰:朕久罢畋游,尽放鹰犬,无所事此。今即以赐卿,当领之也。"[3]王明清《挥尘录》卷前3《太宗还西夏所献鹘》:"淳化三年,西夏李继捧遣使献鹘,号海东青。上赐诏曰:朕久罢畋游,尽放鹰犬。卿地控边塞,时出捕猎,今还以赐卿,可领之也。宣和末,耶律[延]禧由此失国,乌乎! 太宗圣矣哉!"[4]比较正史,于太祖在位时进贡者,为"女真";于太宗时进贡者,则"定难军"亦"夏州"节度使"李继捧",即"赵保忠"[5]。《宋史》卷1《太祖纪》、卷5《太宗纪》:"干德元年九月戊辰,女直国遣使献海东青名鹰";"淳化三年十一月己亥,赵保忠贡鹘,号海东青,还之"[6]。

"决云儿"一名,并非物种的"通名",而是一两个体的"专名"。王

---

[1]《北京图书馆古籍珍本丛刊》,影印正德刊本,书目文献出版社,页564上。

[2]文渊阁《四库全书》本,页24上、下。

[3]上海古籍出版社标点本,1981年版,页15。

[4]《唐宋史料笔记丛刊》标点本,中华书局1964年版,页29。

[5]王偁《东都事略》卷127,文海出版社《宋史资料萃编(第一辑)》影印清刊本,页1946:"太宗用宰相赵普之策,欲委继捧以边事,令图之,召赴京师,赐姓赵氏,名保忠,以为定难军节度使,赐予甚厚。"

[6]中华书局标点本,1977年版,页15,页90。

仁裕《开元、天宝遗事》卷下《决云儿》:"申王有高丽赤鹰,岐王有北山黄鹋,上甚爱之,每弋猎,必置之于驾前,帝目之为决云儿。"[1]周文璞《方泉集》卷1《辘轳体》:"谁为补天手?同是决云儿。欲去无人问,今宵醉似泥。"[2]胡奎《斗南老人集》卷5《画鹰》:"青天掷下决云儿,正是霜高俊捷时。"[3]"海东青"词源,似乎也发端于唐。释德宏《石门文字禅》卷13《次韵王觉之、裕之承务》和卷16《次韵巽中见寄》:"兄弟令人眼倍明,六经心醉几时醒?韵高山岳横南极,机妙鲲鹏化北溟。丽句重逢天下白,俊才今见海东青。数篇秀色凌千嶂,来慰摧颓病掩扃";"君才俊却海东青,鼻笑生华笔有灵。寄我小诗足风味,展开如对镜中形"。[4]《李太白集分类补注》卷6:"金花折风帽,白马小迟回。翩翩舞广袖,似鸟海东来。[萧]士赟曰:按唐《礼乐志》:东夷乐,有高丽、百济。中宗时,百济乐工人亡散,岐王为太常卿,复奏置之。然音伎多阙,舞者二人,紫大褒裙襦,章甫冠衣履,乐有筝、笛、桃皮、觱篥、箜篌,歌而已。金花帽、白马、广袖者,当时乐舞之饰,即所见而咏之。东海俊鹋,名海东青,此喻其舞之快捷,如海东青之快健也。"[5]

"高丽",李白所指,盖唐高宗时始灭国的高氏"前高丽",非后唐明宗时得国的王氏"后高丽"。曾巩《元丰类稿》卷31《请访问高骊世次札子》:"高句骊自朱蒙得纥升骨城居焉,号曰高句骊,因以高为氏。历汉至唐高宗时,其王高藏失国内徙。圣历中,藏子德武得为安东都督;其后稍自为国。元和之末,尝献乐工,自此不复见于中国。五代同光、天成之际,高骊王高氏复来贡,而失其名。长兴三年,乃称权知国事王建,遣使奉贡,因以建为王。建子武,武子昭,昭子伷,伷弟治,治弟诵,诵弟询,相继立。"[6]以上追述,除"稍自为国"不准确外,大略不差。不过,值得强调:二"高丽"的疆域,并不相同。前者以"辽河"为西北疆

---

〔1〕《唐宋史料笔记丛刊》,曾贻芬点校本,中华书局2006年版,页53。
〔2〕《宋集珍本丛刊》,影印清钞本,线装书局,页139上。
〔3〕文渊阁《四库全书》本,页48上。
〔4〕《四部丛刊初编》景印明刊本,页7上,页11上。
〔5〕文渊阁《四库全书》本,页11上、下。
〔6〕《宋集珍本丛刊》,景印元刊本,线装书局,页8上。

界,而后者以"鸭江"为西北封限。《太平御览》卷783《高句骊》:"高句丽,东至新罗,西度辽二千里,南接百济,北邻靺鞨一千余里。人皆土著,随山谷而居。"〔1〕徐兢《宣和奉使高丽图经》卷3《封境》:"高丽南隔辽海,西距辽水,北接契丹旧地,东距大金。又与日本、琉球、耽罗、黑水、毛人等国犬牙相制,惟新罗、百济不能自固其圉,为丽人所并。"〔2〕"昔以大辽为界,后为所侵迫,乃筑来远城以为阻固,然亦恃鸭绿以为险也","自辽已东,即旧属契丹,今虏众已亡,大金以其地不毛,不复城守,徒为往来之道而已"。〔3〕

与"登州"隔海相望者,既可是"后高丽"不曾管领的"辽河"迤东,也可是"前高丽"也曾统辖的"鸭江"迤南,又可是"前高丽"不曾占据的"新罗"、"百济"故地。但是,任何鸷鸟"一夕"而能"飞渡"者,则非今山东、辽东半岛之间的水面不可。曹勋《松隐集》卷1《北渡》:"晨起揽辔,忍临故汴。所过郡邑,人物皆汉。惨神都兮东入,望双阙兮魂断。泣经旧止,路人惊盼。怅予怀兮靡陈,岂止黍离之叹?麾拂全赵,旌簇燕雁。指扶桑兮万里,值隆冬兮雪漫。寒儿堕指,嚓欲神散。涉辽河兮航混同,逾御林兮抵春甸。敌方大为海东青之击,插天鹅以自荐。"〔4〕治今陕西横山县西北"夏州",与治今山东蓬莱市之"登州",在方位上,一东一西,可谓风马牛不相及。可是,乃以"定难军"故属为"兴王之地"的李氏"西夏",也曾以兹禽向女真皇帝进贡。楼钥《攻愧集》卷111《北行日录上》:"西夏使二纲:一贺正,一谢遣。使皆以正子为正使,戴金冠,制作甚工,朱袍蹀躞,状貌甚伟。副使衣冠,如高丽人。三节皆不入见,椎髻被发,小巾尖帽,皆夷服也。西夏人进礼物十二床,马二十匹,海东青七,细狗五,亦旅于庭。马嘶狗吠,颇乱朝仪。"〔5〕这似乎表明:乃为猎鹰的"海东青",不仅栖息于"中国"的东北方,也分布于"中国"的西北方。

---

〔1〕中华书局影印宋刊本,1963年版,页3468上。

〔2〕《四部丛刊初编》景印元刊本,页8上。

〔3〕《知不足斋丛书》影印本,中华书局,页45上、下。

〔4〕《宋集珍本丛刊》,影印《嘉业堂丛书》本,线装书局,页472上。

〔5〕《四部丛刊初编》,景印《武英殿聚珍》本,页35上。

8.4

宋太宗之还赵保吉亦李继捧"海东青",每被视为"帝德"之一桩。《宋史》卷121《礼志》:"太宗将北征,因阅武猎近郊,以多盗猎狐兔者,命禁之。有卫士夺人獐,当死,帝曰:若杀之,后世必谓我重兽而轻人。特贳其罪。帝常以腊日校猎,谕从臣曰:腊日出狩,以顺时令,缓辔从禽,是非荒也。回幸讲武台,张乐赐群臣饮。其后,猎西郊,亲射走兔五,诏以古者搜狩,以所获之禽荐享宗庙,而其礼久废,今可复之。遂为定式。帝雅不好弋猎,诏除有司行礼外,罢近甸游畋,五方所畜鹰犬并放之,诸州不得以鹰犬来献。已而定难军节度使赵保忠献鹘一,号海东青,诏还赐之。腊日,但命诸王略畋近郊,而五坊之职废矣。真宗复诏教骏所养鹰、鹘,量留十余,以备诸王从时展礼,禁围草地,许民耕牧。"[1]然而,北宋皇帝并未以此为例,却常以契丹所馈该禽为饲畜,以完成所谓"所获之禽荐享宗庙"之礼。李焘《续资治通鉴长编》卷61:"景德二年十二月,召辅臣于龙图阁观契丹礼物及祖宗朝所献者","其母又致御衣缀珠貂裘、细锦刻丝透背、合线御绫罗绮纱縠、御样果实、杂秒、腊肉,凡百品,水晶鞍勒、新罗酒、青白盐。国主或致戎器、镔铁刀、鸷禽曰海东青之类。承天节,又遣庖人持本国异味,前一日就禁中造食,以进御云"[2]

无论如何,"海东青"于北、南宋士人均非"陌生"。除少数人或者得以亲见实物外,大部分人还只是得自传闻。《方泉集》卷3《题胡女骑》:"燕山雪花一尺飞,胡人胡女夜打围。海东青过流沙西,黄头郎主独自归。创残狐兔悬毡车,疲惫鹰犬闻箭悲。君不见自从石晋纳书欤,白沟河溽作边面。"[3]王镃《月洞吟》、《塞下曲》:"枪旗猎猎动风缨,土雨如云画角鸣。认得打围枯草际,霜雕飞趁海东青。"[4]姜夔《白石道

〔1〕《宋史》,中华书局标点本,1977年版,页2840,页2841。
〔2〕中华书局标点本,2004年版,页1375,页1376。
〔3〕《宋集珍本丛刊》,影印清钞本,线装书局,页159下。
〔4〕文渊阁《四库全书》本,页14上。

人集》卷上《契丹歌》："都下，闻萧总管自说其风土如此。契丹家住云沙中，耆车如水马若龙。春来草色一万里，芍药牡丹相间红。大儿牵车小儿舞，弹弄琵琶调美女。一春浪荡不归家，自有穹庐障风雨。平沙软草天鹅肥，健儿千骑晓打围。皂旗低昂围渐急，惊作羊角凌空飞。海东健鹘健如许，鞲上风生看一举。万里追奔未可知，划见纷纷落毛羽。平章俊味天下无，年年海上驱群胡。一鹅先得金百两，天使走送贤王庐。天鹅之飞铁为翼，射生小儿空看得。腹中惊怪有新姜，元是江南经宿食。"[1]"新姜"之"惊怪"，也别有原委。洪皓《松漠纪闻》卷2："无生姜，至燕方有之。每两价至千二百，金人珍甚，不肯妄设，遇大宾，至缕切数丝实楪中，以为异品，不以杂之饮食中也。"[2]

以"海东青"比喻才度俊爽，自释惠洪亦觉范写作那行"奇句"以后，颇为普遍。胡仔《渔隐丛话》卷前56《洪觉范》："《雪浪斋日记》云：洪觉范诗云：已收一霎挂龙雨，勿起千岩颉鹏风；挂龙对颉鹏；皆方言，古今人未尝道。又云：丽句妙于天下白，高才俊似海东青。又云：文如水行川，气如春在花；皆奇句也。"[3]陈棣《蒙隐集》卷2《送郑舜举赴阙》："书带传家饱六经，飘飘词气海东青。英名久合班朝列，丽藻行观揆帝庭。修翮抟风上阊阖，巨鳞纵壑击沧溟。投机会合宁容发？愿报除书慰侧聆。"[4]刘克庄《后村集》卷174《诗话前集》："［东］坡（苏轼）诗略如昌黎（韩愈），有汗漫者，有典严者，有丽缛者，有简淡者，翕张开阖，千变万态。盖自以其气魄力量为之，然非本色也。它人无许大气魄力量，恐不可学。和陶之作，如海东青、西极马，一瞬千里，了不为韵束缚。"[5]又，《桐江续集》卷21《赠綦大将军晋叔达》："将军早学万人敌，从父行军十六七。上马如飞海东青，大羽劲弓轰霹雳。直欲生擒彼不庭，天山之北北复北。总兵王子设危窄，陷阵先锋沦异域。时或偶违心转壮，身可暂縻膝不屈。夜驱汗血还汉朝，万里沙场如咫尺。臣父以死

---

〔1〕《四部丛刊初编》初编景印清刊本，页15上。
〔2〕文渊阁《四库全书》本，页5上。
〔3〕文渊阁《四库全书》本，页7上、下。
〔4〕线装书局《宋集珍本丛刊》影印清刊本，页493上。
〔5〕《四部丛刊初编》景印清钞本，页5上、下。

报国家,澡雪父冤见天日。"[1]文中所云,亦为"引申"之一种。

当北宋灭亡之前,"海东青"主要产地,当在今黑龙江依兰县附近的"五国"部地无疑。《九朝编年备要》卷28:"初,辽主天祚刑赏僭滥,色禽俱荒。女真东北,五国与为邻,五国之东,接大海。出名鹰,自海东来者,谓之海东青,小而狡健,能擒鹅鹜,爪白者尤以为异。辽人酷爱之,岁终求之女真,女真至五国,战斗而后得,女真不胜其烦。"[2]"鸭绿江"两岸虽都有栖息,当过海南来的兹种猛禽却极其稀罕。赵抃《清献集》卷5《次韵前人长至有怀》:"我昔间关出使胡,新春沙漠未昭苏。海东青击天鹅落,鸭绿江边曾见无?"[3]庄绰《鸡肋编》卷下:"鸷禽来自海东,唯青鹘最嘉,故号海东青。兖守王仲仪龙图以五枚赠威敏孙公,皆皂颊鸦,不堪抟击。公作诗戏之,曰:海东霜隼品仍多,万里秋天数刻过。狡兔积年安茂草,弋人终日望沧波。青鹘独击归林麓,皂颊群飞入网罗。为谢文登贤太守,求方逐恶意如何?后辽国求于女真,以致大乱,由此鸟也。"[4]不过,偶而也有飞至更南者。赵汸《东山存稿》卷7《李镇安生墓志铭》:"淮安之虹县,有鹰山,海东青鹘岁来巢焉,邑豪民争占籍镇南王府为打捕户,以王教,禁民无得入山樵采,惊散鹰鹘,因为奸利。君至官,即诣宪府,极言其害,得启王免采鹰罢户,豪民尽怨君,而王府亦恶之矣。"[5]

8.5

毫无疑问,无论在"淮水"以南的南宋,还是在"白沟"迤南的北宋,其所领封域,都不是"北珠"所赖以生成的珠蚌和"海东青"的真正栖息地。"海东青",大概本来也是一种"候鸟",一种追随猎物于冬季南移的"候鸟";而山东以及更南,也就是分布偏南的"亚种"偶尔止足的所

---

[1]文渊阁《四库全书》本,页23上。

[2]文渊阁《四库全书》本,页19上、下。

[3]文渊阁《四库全书》本,页27下。

[4]《唐宋史料笔记丛刊》,萧鲁阳点校本,中华书局1983年版,页89。

[5]文渊阁《四库全书》本,页54下。

·欧·亚·历·史·文·化·文·库·

在。所称"登州"附近的"海崖"、"海岸",则"岠嵎"等山。《清献集》卷6《奏疏论灾异、乞择相》:"迩来岠嵎山谷惊裂有声,他郡数处地亦震动,此伯阳所谓阳伏而不能出,阴迫而不能升。盖土失其性,其为灾异,益可骇也。"[1]王辟之《渑水燕谈录》卷4:"庆历末,仁宗春秋高,皇嗣未立,登州岠嵎山数震,郡以言。彭年(于髦)上疏曰:岠嵎极东方,殆东朝未建,人心摇动之象。宜早定储,以安天下之心;且言宜以齐为节度。逮英宗入继,乃由齐邸遂为兴德军,以先识称之。"[2]于钦《至顺齐乘》卷1:"金山,亦名岠嵎山,栖霞县东北二十里,以产金得名,即《地记》莱阳县之黄银坑也。隋开皇十八年,牟州刺史辛公义于此坑冶铸,得黄银献之。山寺有隋碑,淘金者所祖。然隋、唐以来,皆守土官采以充贡,为数不多,未见其害。""土俗讹传隋开皇中,岠嵎山出黄金九屋,俗儒便纪之于石,为可笑也。"[3]

"北珠"每与"南金"、"南贝"并列,而为脍炙人口的稀世珍宝。刘才邵《檆溪居士集》卷3《游西湖、天竺,书所见成绝句》:"灵风袅袅转幡幢,红蜡光中一缕香。万德庄严等尘土,北珠南贝若为妆。"[4]刘埙《水云村稿》卷11《内幅荐友》:"有如公门桃、李,夹袋姓名,南金、北珠,随取随有,孰敢议其无人?"[5]其名贵,也许还可从颇多的"偷盗"、"诈骗"事件中稍加窥见。《续资治通鉴长编》卷423:"丙子,景灵宫衍庆殿亡北珠,事下开封府,系治甚久。知府吕公孺言:殿成,主者不一,又物之名数,代者未尝交也,且讳日宫嫔沓至。今有所亡,岂可尽指吏卒?狱虽具,顾非圣裁不可。上深以为然。时幕人迁醮坐,误毁其角,当徒者数十人,公孺奏状而释之。"[6]熊克《中兴小纪》卷9:"道君自韩州徙居五国[头]城,金人请道君减去随行官吏,道君力恳之,不从,乃召谕之曰:卿等相随而来,忧乐固当同之,但事属他人,无如之何。言

〔1〕文渊阁《四库全书》本,页24上。
〔2〕《唐宋史料笔记丛刊》,吕友仁点校本,中华书局1981年版,页43。
〔3〕中华书局《宋元方志丛刊》影印乾隆刊本,页523下。
〔4〕文渊阁《四库全书》本,页18上、下。
〔5〕文渊阁《四库全书》本,页34上。
〔6〕《续资治通鉴长编》,中华书局标点本,2004年版,页10232。

讫,泣下,官吏皆呼号而出。宗室亦不许随行,惟孝骞嫡孙有奕等六人从焉。五国宇董八曷打下通事庆{格}[哥],诈传八曷打之言求北珠,道君与之。他日事发,八曷打欲杀庆{格}[哥],遣人审覆,道君曰:初无此事,恐复误传。北人闻之,皆手加于额。"[1]

虽然,在穿戴上大量使用"北珠",可以说是南宋人的"崇尚";但是,论其风行之伊始,当然是在北宋。孟元老《东京梦华录》卷10《驾宿太庙,奉神主出室》:"驾乘玉辂,冠服如图画间星官之服,头冠皆北珠装结,顶通天冠,又谓之卷云冠,服绛袍,执元圭,其玉辂顶,皆镂金大莲叶攒簇,四柱栏槛,镂玉盘花龙凤。"[2]李廌《师友谈记》:"宝慈曰:夫人与吾年相若,特命二女使扶拥,以示恩意。[孙]敬之曰:吕相夫人,乃中表亲也。为某言禁中礼数甚详,曰:御宴惟五人,上居中,宝慈在东,长乐在西,皆南向。太妃暨中宫,皆西向。宝慈暨长乐皆白角团冠,前后惟白玉龙簪而已,衣黄背子衣,无华彩。太妃暨中宫,皆镂金云月冠,前后亦白玉龙簪,而饰以北珠。珠甚大,衣红背子,皆用珠为饰。中宫虽预坐,而妇礼甚谨,惟内顾宝慈,坐不敢安,虽广乐在廷,未尝一视也。"[3]就是女真之馈"北珠"为礼物,也是在"靖康"之前。《三朝北盟会编》卷2:"女真发渤海人一名李善庆,熟女真一名{小萨多}[散睹],生女真一名{布达}[卜答],共三人,赍国书并北珠、生金、貂革、人参、松子为贽,同马政等偕来还礼朝觐,以[政和八年]十二月二日至登州,诣京师。"[4]

与"海东青"相比,宋人对"北珠"的知识更少。后者的产地,据前引所及,乃"辽东海汊";也许正是由此"引申",明人曹昭于《格古要论》卷中《珍奇论》云:"北珠出北海,亦论大小分两定价,看身分圆转、身青色、披肩结顶者价高,如骨色、粉白、油黄浑色者价低。"[5]事实上,其不是"海珠"而是"江珠"。《元史》卷94《食货志岁课》:"珠在大都

---

〔1〕文渊阁《四库全书》本,页4上。

〔2〕《中国古代都城资料丛刊》,伊永文笺注本,中华书局2006年版,页907。

〔3〕文渊阁《四库全书》本,页7下,页8上。

〔4〕文渊阁《四库全书》本,页15上。

〔5〕文渊阁《四库全书》本,页14下。

者,元贞元年,听民于┊扬┊[杨]村、直沽口捞采,命官买之。在南京者,至元十一年,命灭怯、安山等采于宋阿江、阿爷苦江、忽吕古江采之。在广州者,采于大步海。他如兀难、曲朵剌、浑都忽三河之珠,至元五年,徙凤哥等户捞焉。胜州、延州、乃延等城之珠,十三年,命朵鲁不觖等捞焉。"[1]所称"宋阿江"亦今松花江、"阿爷苦江"亦今乌苏里江、"忽吕古江"亦今牡丹江,才是"北珠"的真正产地。而"海东青"栖息地之一的"五国"部,恰好位于前者及其主流"混同江"亦今黑龙江的沿岸。《明一统志》卷25:"五国头城,在三万卫北一千里。自此而东,分为五国,故名。"[2]徐问《读书札记》卷2:"东有女直,为黑水鞨鞑之后。国有长白山,其巅有潭,周八十里。南流至辽东、朝鲜国,为鸭绿江,南入于海。北流为女真混同江,经金会宁府,达五国头城北,东入海。"[3]

---

〔1〕中华书局标点本,1978 年版,页 2380。
〔2〕文渊阁《四库全书》本,页 52 上。
〔3〕文渊阁《四库全书》本,页 7 下。

9 拱鼠堪食
——黄鼠和辽、元、明的类似肉食

元人酷爱捕食"黄鼠",凡到过二都的人,于相关的买卖、宰杀、烹调甚至其生活习性都十分熟悉。追索历史,早在先秦,即以知道"鸟、鼠同穴"之"鼠",并缘其习惯姿势别称作"礼鼠"、"拱鼠"。除了岭南外,其他地方居民只在灾害严重时偶尔捕食。而辽人所酷爱捕食之"毗狸",盖"大黄鼠"、"土拨鼠"亦元人所呼"塔剌不花"。入明以后,这一习俗被承袭,无论"黄鼠"、"大黄鼠"甚至"竹鼠"皆在捕食范围。与先前的孛儿只吉朝比较,朱氏臣民在"鼠肉"的消费方面,地域范围稍宽而数量规模不及。由于大部分"鼠"类皆是草场、竹林、禾田的破坏者,因此,以其为"殊味",兼有"除害"的作用,而于草原尤大。

9.1

有元一代十分流行的美食,见有名为"黄鼠"之特别菜肴。《柳待制集》卷5《还次桓州》:"寒雨初干草未霜,穹庐秋色满沙场。割鲜俎上荐黄鼠,献获鞍间悬白狼。别部乌桓知几族?他山稽落是何方?长云西北天如水,想见旌旗瀚海光。"[1]与柳贯有邮诗来往的吴莱,同样提到了这一"割鲜"或"时珍"。《渊颖集》卷4《寄柳博士》:"试续儒林传,南州定几人?清标腾凤翼,素手截鲸鳞。卓荦初观国,轩腾早致身。燕秦争骋侠,邹鲁共称醇。旅剑浑如淬,家毡在一振。于焉征有道,自此教成均。学术诸生识,才名六馆亲。土床然烛夜,茸帐给餐晨。上下

---

〔1〕《四部丛刊初编》景印元刊本,页2下。

·欧·亚·历·史·文·化·文·库·

笙镛间,纵横俎豆陈。岐原周鼓老,阙里魏碑真。白日需前席,青云仰后尘。山林稽猛驳,文字到祥麟。岂独呻占毕? 犹应逐缙绅。讨论抽秘典,扈从得良臣。绝漠幽洲暗,沧波碣石邻。鸾旗飞旆旐,革辂压轮困。御苑材官集,离宫突骑巡。赤狐翻远译,黄鼠割时珍。法酒蒲萄熟,天花芍药春。遡风沙鹘健,冲雪野驼驯。北海谁求隐? 东都或对宾。三关宁设险,八极总归仁。怅望怀今古,赓歌迈等伦。短衣曾见宠,长铗每忘贫。共往仍联驷,同吟更接茵。玉山森巨石,金水濯芳津。本拟追枚乘,终然愧郄诜。鹿鸣来已再,鹏击去何因? 色挺淮王桂,香生楚客苹。圣朝初荐士,江汉有垂纶。"〔1〕

到过朝廷所在"上都"或"大都"的当时人,大概都熟悉"黄鼠"的捕捉和买卖。贡师泰《玩斋集》卷5《和胡士恭滦阳纳钵即事韵》:"荞麦花深野韭肥,乌桓城下客行稀。健儿掘地得黄鼠,日暮骑羊齐唱归。"〔2〕杨允孚《滦京杂咏》卷下:"怪得家僮笑语回,门前惊见事奇哉! 老翁携鼠街头卖,碧眼黄髯骑象来。黄鼠,滦京奇品。"〔3〕自然,对于如何剥杀和烹调"黄鼠"的"残忍"情景,许多人曾经亲眼目睹、亲耳听闻。杨维祯《铁崖乐府》卷4《折杨柳》:"鼓角横吹曲也。折杨柳,杨柳不可折。杨柳条,十丈长,与君系马青丝缰。阒支妇,剖黄鼠,劝君饮马乳。杨柳声,作人语。杨柳枝,作人舞。"〔4〕如果"集合"作盘,或者加进"地椒",或者添入"野韭",都是理想的搭配;如果"单独"为碟,最好与白色的"马湩"一起烧烤。张昱《可闲老人集》卷2《辇下曲》:"对朋角饮目相招,黄鼠生烧入地椒。马湩饮轮金铎刺,顶宁割发不相饶。"〔5〕《草堂雅集》卷10郑守仁《和贡泰父待制上京即事》:"野韭青青黄鼠肥,地椒细细白翎飞。郎君{集赛}[怯薛]今朝出,请得官钱买酒归"〔6〕。刘仁本《羽庭集》卷4《塞下曲》:"帐压寒云雪未消,羽林围猎试弓刁。满斸

〔1〕《四部丛刊初编》景印至正刊本,页29下,页30上。

〔2〕文渊阁《四库全书》本,页8下。

〔3〕中华书局《知不斋丛书》本,页502下。

〔4〕文渊阁《四库全书》本,页1下。

〔5〕文渊阁《四库全书》本,页24上。

〔6〕文渊阁《四库全书》本,页53上。

白浭烧黄鼠，仰看青天射黑雕。"[1]

"黄鼠"，显然就是二都所在及附近"燕南"、"山西"等处的"土产"。袁桷《清容居士集》卷15《上京杂咏》："上国饶为客，天凉眼倍青。白鱼沙际网，黄鼠草间翎。芍药围红斗，麻姑缀玉钉。渐知尘骨换，振佩接青冥。"[2]马祖常《石田先生集》卷2《北行》："山转疑无路，溪深似有云。衣裳沾沆瀣，鞍马入氤氲。岩树花凝昼，崖藤蔓驻曛。佛宫金匝匝，帐屋锦文文。尘坌车争出，霞舒骑乱分。烟中听犬吠，天畔见人耘。草檄期诛泄，歌诗拟吊贲。家家收枣栗，处处种榆枌。枕有仙人记，琴无山鬼闻。时巡劳圣主，灵会召神君。泉脉流钗股，松身镂缬纹。团团留象迹，蠢蠢立驼群。龙虎盘南石，貔貅镇北军。井盐仍晶晶，马酒亦醺醺。越贡珠玑错，夷琛翠羽纷。弓旌征隐逸，斧钺赐功勋。俗已多羊酪，民还贱豕豶。雨余雷菌长，秋入地椒芬。井邑联山海，仓箱溢陇汾。白鹰随雪雁，黄鼠掘田畇。"[3]《滦京杂咏》卷下："霜寒塞月青山瘦，草实平坡黄鼠肥。欲问前朝开宴处，白头宫使往还稀。文宗曾开宴于南坡，故云。"[4]许有壬《至正集》卷18《和谢敬德学士入关至上都杂诗》："凉亭雨过长蒲茸，使者求鱼月向东。黄鼠顿肥秋后草，海青多逸晓来风。庖羞水陆八珍聚，琛贡梯航万国通。射猎宁非男子事？莫言丁字胜强弓。"[5]

不仅如此，元人对"黄鼠"的生活习性也颇了解。陈孚《陈刚中集》卷3《明安驿道中》："黄沙浩浩万云飞，云际草深黄鼠肥。貂帽老翁骑铁马，胸前抱得黄羊归。"[6]陈义高《秋岩集》卷下《庚辰春，再随驾北行》："天地苍茫阔，其如旅况何！冰融河水浊，沙接塞云多。土穴居黄鼠，毡车驾白驼。"[7]《玩斋集》卷拾遗《归隐庵记》："云间（松江府）处士吴崇谦，世居支县之芦城。由芦城徙郡城之南久，君怫然不乐者，更

〔1〕文渊阁《四库全书》本，页33下。
〔2〕《四部丛刊初编》景印元刊本，页10下。
〔3〕《北京图书馆古籍珍本丛刊》，影印后至元刊本，书目文献出版社，页158上、下。
〔4〕《知不斋丛书》，中华书局，页503上。
〔5〕《元人文集珍本丛刊》，影印宣统刊本，新文丰出版社，页110下。
〔6〕文渊阁《四库全书》本，页21上。
〔7〕文渊阁《四库全书》本，页1下。

徙三泾之口,自号小村,且二十年矣。一日,由泾北二里许,顾瞻草树丛茂,旁多闲田,将复迁焉。道见黄鼠人立而拱,明日,出如之,明日,又如之。处士曰:是若迎我者,岂偶然哉? 吾其终隐于此矣。"[1]而明初人刘绩,曾经转述过极可能是前朝人的知识。《古今说海》卷114《霏雪录》:"北方黄鼠,穴处各有配匹,人掘其穴者,见其中作小土窖,若床榻之状,则牝牡所居之处也。秋时,蓄黍菽及草木之实以御冬,各为小窖,别而贮之,天气晴和,时出坐穴口,见人则拱前腋如揖状,即窜入穴。韩[愈]、孟[郊]联句所谓礼鼠拱而立者,是也。惟畏地猴,地猴形极小,人驯养之,纵入其穴,则衔黄鼠喙,曳而出之。味极肥美,元朝恒为玉食之献,置官守其处,人不得擅取也。"[2]

9.2

"黄鼠"一名,很早就出现于中国的载籍。《穆天子传》卷2:"丁巳,天子西征。己未,宿于黄鼠之山西□,乃遂西征。癸亥,至于西王母之邦。"[3]明人归有光,也曾提到过这一段文字。《震川集》卷2《西王母图序》:"《列子》曰:穆王觞瑶池,乃观日之所入,一日行万里。王乃叹曰:呜呼! 予一人,不足于德而谐于乐,后世其追数吾过乎? 穆王盖有悔心矣。然又曰:穆王几神人哉! 能穷当世之乐,犹百年乃徂,后世以为登遐焉。《[穆天子]传》云:天子西征,宿于黄鼠之山,至于西王母之邦,执圭璧,好献锦组,西王母再拜受之,觞瑶池之上。遂驱升于弇山,乃纪丌迹于石,而树之槐眉,曰西王母之山。"[4]"西王母",宋人程大昌《禹贡论》卷下《弱水》:"自汉武帝后,西域始通,中国两汉诸儒,并附雍境以西。而言弱水者,大抵两出[《汉书》]《西域传》。条支临西海,长老传闻有弱水、西王母,一也。《地理志》:金城临羌及张掖删丹,弱水之所源委,二也。就二者言之,条支弱水,其时以为传闻,未尝亲

---

〔1〕文渊阁《四库全书》本,页21下,页22上。
〔2〕文渊阁《四库全书》本,页18上、下。
〔3〕《四部丛刊初编》,景印清刊本,页6下。
〔4〕《四部丛刊初编》,景印清刊本,页25下,页26上。

见,则信否未易轻判。至金城临羌,虽班固之所定著,而亦绝无参证,岂以临羌之地,有山而名昆仑,有石室而名西王母,室固因弱水、西王母,旧同一传,因遂举弱水附着其间也邪?"[1]

"雍境之西","金城临羌及张掖删丹,弱水之所源委",又有所谓"鸟鼠之山"。宋人王应麟,曾经列举诸书所说。《诗地理考》卷6《秦者,陇西谷名,近雍州鸟鼠之山》:"《郡县志》:鸟鼠山,今名青雀山,在渭州渭源县西七十六里。渭水所出,凡有三源并下。其同穴鸟如家雀,色小青,其鼠如家鼠,色小黄。《尔雅》《山海经》注:其鸟为鵌,其鼠为鼵,共处一穴。鼠在内,鸟在外,故山以为名。《禹贡》注:鸟、鼠共为雌、雄,同穴处此山。《沙州记》:寒岭,去大阳川三十里,有雀、鼠同穴之山。"[2]同是宋人的罗愿,又追述"鼵"等的外形。《尔雅翼》卷23《释鸟鼵》:"鸟、鼠同穴之中,渭水出焉。其鸟为鵌,其鼠为鼵,鼵如人家鼠而短尾,鵌似叠鹩而小,黄、黑色,入地三四尺,鼠在内,鸟在外,在陇西首阳县。"[3]而前所引"《郡县志》",正是唐人李吉甫之作。《元和郡县图志》卷39:"鸟鼠山,今名青雀山,在县西七十六里。渭水所出,凡有三源并下。其同穴鸟如家雀,色小青,其鼠如家鼠,色小黄。近穴溲溺气甚辛辣,使人变逆呕吐,牛马得此气,多疲卧不起而大汗。"[4]暨,李昉《太平御览》卷40:"《沙州记》曰:鸟、鼠同穴山,鸟如家雀色小白;鼠小黄而无尾。凡同穴地皆肥沃,壤尽软熟,如人耕,多生黄花、紫草。"[5]

所称"礼鼠",出自韩愈、孟郊之"联诗",又与《诗经》中"相鼠"相关。《昌黎集》卷8《城南联句》:"脱实自开坼,牵柔谁绕萦?礼鼠拱而立,骇牛躃且鸣。蔬甲喜临社,田毛乐宽征。露萤不自暖,冻蝶尚思轻。"[6]孙奕《示儿编》卷3《经说相鼠》:"相鼠有体,人而无礼,胡不遄

〔1〕文渊阁《四库全书》本,页8上、下。
〔2〕文渊阁《四库全书》本,页17上、下。
〔3〕文渊阁《四库全书》本,页13下。
〔4〕《中国古代地理总志丛刊》,贺次君点校本,中华书局1983年版,页984。
〔5〕《四部丛刊初编》,景印宋刊本,页7下。
〔6〕《四部丛刊初编》,景印元刊朱熹校本,页1下。

死？相，州名。陆玑云：河东有大鼠，能人立，交前两脚于头上，跳舞善鸣。故退之(韩愈)《城南联句》云：礼鼠拱而立。按《地志》：相州属河北，与河东相邻，则知相州有此鼠，能拱而人立，其有礼之体如此，诗人盖取譬焉，毛氏以相为视信。如毛说，则视物之有体与皮者，皆可喻礼，何取于鼠哉？或谓相州当平声呼，非也。世言相缬，亦有所本。陈无己[《赠晁补之》]诗云：相州红缬鄂州花，相字可平音呼哉！东坡(苏轼)《指掌图》亦云：河亶甲居相，即今相州是也。"[1]《两宋名贤小集》卷28苏颂《次韵约诸君游长干寺》："亭台各轩豁，岩谷更空谽。殿角芝成玉，松梢露坠甘。穴栖多礼鼠，池怪集神蚺。可爱临冈曲，何人结草庵？"[2]郑清之《安晚堂集》卷补1《江汉亭百韵》："或纡若绮縠，或列若簨簴。或背若相违，或进若相与。或翁若兴云，或林若率旅。或惊若脱兔，或拱若礼鼠。或若鸡出埘，或若马奔圉。或变若龙蛇，或怪若獿貐。"[3]

观察到"鼠拱而立"的行为，生活在中唐的韩愈并非一人，也并非第一人；而"礼鼠"，也先有"拱鼠"之名。《关尹子》《三极篇》："圣人师蜂立君臣，师蜘蛛立网罟，师拱鼠制礼，师战蚁置兵。众人师贤人，贤人师圣人，圣人师万物，惟圣人同物，所以无我。"[4]李昉《太平广记》卷444《魏元忠》："唐魏元忠，本名真宰，素强正，有干识。其未达时，家贫，独有一婢，厨中方爨，出汲水还，乃见老猿为其看火。婢惊白之，元忠徐曰：猿愍我无人力，为我执爨，甚善乎！又常呼苍头未应，狗代呼之，又曰：此孝顺狗也，乃能代我劳。又独坐，有群鼠拱手立其前，又曰：鼠饥，就我求食。乃令食之。出《广异记》。"[5]《清江三孔集》卷25孔平仲《重到山寺》："人迹少到此，上扉长悄然。空庭但噪雀，古木自生烟。鼠拱颓墙穴，蜗交腐栋涎。登临未穷览，斜影促归鞭。"[6]金涓《青

〔1〕文渊阁《四库全书》本，页1下，页2上。
〔2〕《宋集珍本丛刊》，影印清钞本，线装书局，页186上。
〔3〕《宋集珍本丛刊》，影印民国刊本，线装书局，页591上。
〔4〕文渊阁《四库全书》本，页10下。
〔5〕中华书局句逗本，1981年版，页3633。
〔6〕《宋集珍本丛刊》，影印清刊本，线装书局，页676下。

村遗稿》《和杨仲齐韵》："光明清绝地,物色藉诗描。野鼠拱虚穴,山蜂归早朝。闲庭翻芍药,枯木引陵苕。鼻观香风入,移时独未消。"[1]王质《诗总闻》卷3《相鼠》："鼠,穴虫之总名也。一种见人,则交其前足而拱,谓之礼鼠,亦谓之拱鼠。相或为拱字变,韩氏所谓礼鼠拱而立者也。"[2]

9.3

　　根据北宋派遣前往辽的使臣追述,契丹人格外嗜好一种形如"大鼠"而名为"毗狸"的动物。王辟之《渑水燕谈录》卷8《事志》："契丹国产毗狸,形类大鼠而足短,极肥,其国以为殊味。穴地取之,以供国主之膳。自公、相下,不可得而尝。常以羊乳饲之。顷年,虏使尝携至京,烹以进御。今朝臣奉使其国者,皆得食之,然中国人亦不嗜其味也。"[3]所称"毗狸"、"貔狸",大概是"蕃语"称呼"毗黎邦"、"北令邦"一词的音译。由于其极为珍贵,以致与"羊犯"一起作为对"外宾"的特别馈赠。而有着"夷夏"区别思想的南朝使节,却轻易地使之返归自然。《说郛》卷18上张舜民《画墁录》："北使岁正旦生辰,驰至京,见毕,密赐大使一千五百两,副使一千三百两,中金也。南使至北朝,帐前见毕,亦密赐羊犯十枚,毗黎邦十头;毗黎邦,大鼠也,其国上供物。善蠡物,如猪、猫,若以一窝置十觔肉鼎,实时麋烂。臣下不敢畜,唯以赐南使。绍圣初,备员北使,亦蒙此赐。余得之,即纵诸田,北人大骇,亟求不见,乃曰:奈何以此纵之?唯上意礼厚南使,方有十枚。本国岁课,其方更无租徭,唯此采捕十数,以拟上供。一则以待南使也,如帐前问之某等,皆被责。今已四散收捕,因辞以不杀无用。自尔直至还界,无日不及之,嗟惜也。其贵重如此。"[4]

　　南宋士人周密,也在追记中提到过以上"殊味",只不过其文字大

---

　　〔1〕文渊阁《四库全书》本,页5上。

　　〔2〕文渊阁《四库全书》本,页11下。

　　〔3〕《唐宋史料笔记丛刊》,吕友仁点校本,中华书局1981年,页100。

　　〔4〕文渊阁《四库全书》本,页44下,页45上。

·欧·亚·历·史·文·化·文·库·

多摭自他作;因为时至赵氏末年,即使是"北人",也已很少知道。《齐东野语》卷16《北令邦》:"《渑水燕谈》载:契丹国产大鼠,曰毗狸,形类大鼠而足短,极肥。其国以为殊味,穴地取之,以供国王之膳。自公、相以下,皆不得尝,常以羊乳饲之。顷北使尝携至京,烹以进御。本朝使其国者,亦皆得食之,盖极珍重之也。浮休《使辽录》亦谓有[北]令邦者,以其肉一斋,置之食物之鼎,则立糜烂,是以爱重。陆氏《旧闻》云:状类大鼠,极肥脂,甚畏日,为隙光所射,辄死。《续挥犀》载:刁约使契丹,戏为诗云:押燕移离毕,看房贺跋支。饯行三匹裂,密赐十毗狸。如鼠而大,穴居,食果谷,味若狨而脆,契丹以为珍膳。数说皆微有异同,要之即此一物,亦竹㹠、玃、狸之类耳。近世乃不闻有此,扣之北客,亦多不知,何耶?"[1]而"戏为诗",沈括《梦溪笔谈》卷25:"刁约使契丹,戏为四句诗曰:押燕移离毕,看房贺跋支。饯行三匹裂,密赐十貔狸。皆纪实也。移离毕,官名,如中国执政官;贺跋支,如执衣防合;匹裂,小木罂,以色绫木为之,如黄漆;貔狸,形如鼠而大,穴居,食果谷,嗜肉,狄人为珍膳,味如狨子而脆。"[2]

根据明人徐应秋的主张,"毗狸"也就是"大黄鼠"、"土拨鼠"亦"塔剌不花"。徐应秋《玉芝堂谈荟》卷34《毗狸》:"余意即今西北边所谓塔喇巴哈(塔剌不花)者也,一名大黄鼠。《饮膳正要》:塔喇巴哈,一名土拨鼠,味甘无毒,煮食之,宜人,生山后草泽中。北人掘取以食,虽肥,煮则无油,汤无味。"[3]胡祗遹《紫山先生集》卷16《王德真神道碑》:"太祖巡狩于｛图拉｝[秃剌]河,匠官史大使帅群工恳诉于公(王德真)曰:吾侪小人,以绝食而殍者已十七八,存者亦将垂死,微公,其谁救之?公即言于上,凡所获猎兽,尽以给饿者,继赐以牛羊,又弛塔｛拉布哈｝[剌不花]、松实之禁,得采食用。"[4]在"药膳"中,"大黄鼠"或与"黄鼠"并列。《至正析津志辑佚》《物产》:"苦察羊,牛,马,无头

---

〔1〕《唐宋史料笔记丛刊》,张茂鹏点校本,中华书局1983年版,页298,页299。
〔2〕《四部丛刊初编》,景印明刊本,页7上、下。
〔3〕文渊阁《四库全书》本,页26上、下。
〔4〕文渊阁《四库全书》本,页14上。

有身,海马,海驴,脱落不花,皆赋也。"〔1〕忽思慧《饮膳正要》卷3:"塔剌不花,一名土拨鼠。味甘,无毒,主野鸡瘘疮,煮食之,宜人。生山后草泽中,北人掘取以食,虽肥,煮则无油,汤无味,多食,难克化,微动气。皮作番皮,不湿透,甚暖。头骨去下颏肉令齿,全治小儿无睡,悬之头边,即令得睡。""黄鼠,味甘平,无毒,多食发疮。"〔2〕《元史》卷74《祭祀志宗庙》:"菱、芡、栗、黄鼠,仲秋用之。""鲤、黄羊、塔剌不花,季冬用之。"〔3〕

　　"土拨鼠"之可食且入药,早在北宋人的相关著作中就已被提到。唐慎微《证类本草》卷16:"土拨鼠,味甘平,无毒,主野鸡瘘疮。肥美,煮食之,宜人。生西蕃山泽,穴土为窠,形如獭。夷人掘取食之。"〔4〕至于"竹䶆"、"竹貓",亦"竹鼠",也是"佳尝"之一。《太平广记》卷163《竹貓》:"竹貓者,食竹之鼠也。生于深山溪谷竹林之中,无人之境,非竹不食,巨如野狸,其肉肥脆。山民重之,每发地,取之甚艰。岐、梁睚眦之年,秦、陇之地,无远近岩谷之间,此物争出,投城隍及所在民家,或穿墉坏城,或自门阈而入。犬食不尽,则并入人家房内,秦民之口腹饫焉。忽有童谣曰:貓貓引黑牛,天差不自由。但看戊寅岁(贞明四年),扬在蜀江头。智者不能议之。"〔5〕晁公遡《嵩山集》卷4《谢曾子长分饷临江军黄雀》:"远游旅食荒山里,竹鼠山鸡污刀几。鸣鞭走送来扣门,眼明忽见衔环子。"〔6〕《说郛》卷61下刘欣期《交州记》《竹鼠》:"竹鼠,如小猫大,食竹根,出封溪县。"〔7〕从宋人所引文字来看,"置之食物之鼎,则立縻烂"的"毗狸",也属于"䶆"之类。《埤雅》卷2《释鱼鳖》:韦氏《燕山录》曰:"煮羊以䶆,煮鳖以蚊。盖物之相感如此,虽有明智,弗能推也。"〔8〕

　　〔1〕北京图书馆善本组标点本,北京古籍出版社1983年版,页238。
　　〔2〕《四部丛刊续编》,景印明刊本,页19下,页20上。
　　〔3〕中华书局标点本,1978年版,页1845。
　　〔4〕《四部丛刊初编》,景印泰和刊本,页15下。
　　〔5〕《太平广记》,中华书局句逗本,1961年版,页1187。
　　〔6〕文渊阁《四库全书》本,页7下。
　　〔7〕文渊阁《四库全书》本,页38上。
　　〔8〕文渊阁《四库全书》本,页7上。

9.4

"黄鼠"的酷爱,也为明朝皇帝及其国戚、朝贵所继承;其就成了"御膳"、"御赐"名单上的珍稀。吕毖《明宫史》卷4《饮食好尚》:"斯时(正月)所尚珍味,则冬笋、银鱼、鸽蛋、麻□、活鬼,塞外之黄鼠、半翅、鹖鸡,江南之蛋、柑、凤尾桔、漳州桔、橄榄、小金桔、风菱、脆藕,西山之苹果、软子、石榴之属,冰下活虾之类,不可胜计。"[1]王世贞《弇山堂别集》卷67《来朝之赏》:"特赐公主可考者,赐宁国长公主:永乐十五年,赐钞五万贯、彩段三十四、彩绢三十四、黄鼠一千个、酥油一百斤、榛子十石、红枣五石、栗子十石、核桃一万个。"[2]陆容《菽园杂记》卷4:"宣府、大同之墟,产黄鼠。秋高时肥美,土人以为珍馔,守臣岁以贡献及馈送朝贵,则下令军中捕之,价腾贵,一鼠可值银一钱,颇为地方贻害。凡捕鼠者,必畜松尾鼠数只,名夜猴儿,能嗅黄鼠穴,知其有无,有则入啮其鼻而出,盖物各有所制,如蜀人养乌鬼以捕鱼也。"[3]其充"贡赋"之所在,《明一统志》卷5、卷21、卷36:"粱、米、榛,地椒,黄鼠,以上[万全都指挥使司所属]各卫皆出。""白芥子,地薹,黄鼠,[大同府所属]各州、县皆出。""黄鼠,[延安府属]延川、青涧、神木三县出。"[4]

烹煮"黄鼠"的地域,有明较之有元,似乎更为广阔。《甬上耆旧诗》卷19屠隆《太息行,送姜太符黄门北上谒补》:"太符尝以言谪广昌边尉,既服阕,乃北。太息复太息,霜风疾如织。急霰堕阴崖,涕下不可拭。英雄流浪若漂梗,神采不发空项领。忧来匕箸忽欲堕,且尔进前呼胙艋。我自揶揄人,人亦睚眦我。何能剖向渠?许大真礧砢。往年曾问昭余祈,可怜无水照须眉。飞狐关外黄鼠肥,朝铺夕铺徒自嘻。"[5]除了太行山、雁山以北外,还包括贺兰山麓等整个沿边的"塞上"。郑

〔1〕文渊阁《四库全书》本,页2下,页3上。

〔2〕《中国历史文集丛刊》,魏连科点校本,中华书局2006年版,页1268。

〔3〕《元明史料笔记丛刊》,佚之点校本,中华书局1985年版,页45,页46。

〔4〕文渊阁《四库全书》本,页31下,页10上,页40上。

〔5〕文渊阁《四库全书》本,页27下。

真《荥阳外史集》卷91《瑞州萧彦良久客宁夏，既归省母，则其妻已死，遂携子以行。其妻弟喻孟良，求诗以赠》："边庭西望李王朝，万里晴沙雪未消。晓镜孤鸾心悄悄，春晖寸草梦迢迢。穹庐饭早烧黄鼠，古漠衣寒制黑貂。应有外家怜宅相，离情远逐暮云飘。"[1]于谦《于忠肃集》卷11《塞上即景》："目极烟沙草带霜，天寒岁暮景苍茫。炕头炽炭烧黄鼠，马上弯弓射白狼。上将亲平西突厥，前军近逐左贤王。边城无事烽尘静，坐听鸣笳送夕阳。"[2]朱彝尊《曝书亭集》卷12《曹溶先生挽诗六十四韵》："池清移塞柳，花翠绕秦芄。拥被陶为穴，炊粱金拆筒。白榆贪食耳，黄鼠厌充肴。糖躁三沽蟹，糕黏九日猫。"[3]

明人既食"黄鼠"，也食"大黄鼠"亦"土拨鼠"，甚至"竹鼠"。宋诩《竹屿山房杂部》卷3："黄鼠，一种：塔剌不花，又名土拨鼠。鲜同兔、玉面狸，宜酒醋同葱花、椒糟、蒸，宜火宜溲，小麦、面苴之陈。"[4]何宇度《益部谈资》卷下："竹鼶，太平东乡皆有之，生于竹中之鼠也，形色俱类鼠，差大而肥。烹之，味与黄鼠无异。"[5]对其生态等，也有不少新说。李日华《六研斋笔记》卷1："大城县王茂才，名培，字因赤，其兄名铉，字鼎和，来乞书扇，贻黄鼠二。鼎和曰：鼠生大同、宣府地界，窃食田禾而肥。土人放鹰逐之，鼠辄入坎中，不能擒也。有兽名夜猴者，状如鼠，而大土人系以伺鹰，既得坎，则放夜猴入坎中，立擒出之。"[6]李时珍《本草纲目》卷51下："黄鼠，状类大鼠，黄色而足短，善走，极肥。穴居有土窟，如床榻之状者，则牝、牡所居之处。秋时畜豆、粟、草木之实以御冬，各为小窖，别而贮之。村民以水灌穴而捕之，味极肥美，如豚子而脆，皮可为裘领。""竹鼶，出南方，居土穴中，大如兔。人多食之，味如鸭肉。"[7]所食时有禁忌，高濂《遵生八笺》卷6《十一月事忌》："发宿疾，勿食生韭；多涕唾，勿食黄鼠；损神气，勿食虾、蚌带甲之物，勿食獐

〔1〕文渊阁《四库全书》本，页23下。
〔2〕文渊阁《四库全书》本，页55上。
〔3〕《四部丛刊初编》景印清刊本，页18上。
〔4〕文渊阁《四库全书》本，页20上。
〔5〕文渊阁《四库全书》本，页8上。
〔6〕文渊阁《四库全书》本，页17上。
〔7〕文渊阁《四库全书》本，页31下，页32上，页30上。

肉;动气,勿食火焙肉。"[1]

明士人还喜欢用"黄鼠"毛所制成的笔书写,而此主要来自"京师"。《明诗综》卷7刘永之:"陈君心吾,以黄鼠笔见贻,此笔,唯京师多用之,江南罕得也。冰鼠金毫锐,霜筠翠管长。携来南郡远,制出北州良。内史来禽帖,黄门急就章。秋林多柿叶,挥洒兴难忘。"[2]其实,"鼠毫"在前朝即有。黄玠《弁山小隐吟录》卷2《赠制笔沈生》:"月中仙人白兔公,缟衣翩然乘玉虹。遗我利器五色光,将使奏赋蓬莱宫。江淹老去才思劣,夜郎归来亦华发。愿乞瑶池不死方,须得玄霜和紫雪。剥啄叩门秋梦回,有客真为黄香来。坐中顿见两毛颖,脱帽露顶美且鬋。君不闻朔土贵人执笏思对事,仓卒墨丸磨盾鼻。何曾望见魏与虥?马上柳条能作字。后来雪庵、松雪俱善书,始爱都人张生黄鼠须。安知沈郎晚出笔更好?犹及馆阁供欧虞。拔奇取俊锋锷见,双兔健似生于菟。用之不啻仗手杖,颠倒纵横随所如。"[3]除外,"辽东"的"辽阳府"同时有鼠和毫的出产。《金史》卷24《地理志》:"辽阳府:产白兔、师姑布、鼠毫、白鼠皮、人参、白附子。"[4]乃贤《金台集》卷1《送刘碧溪之辽阳国王府文学》:"松亭岭上雪霏霏,五月行人尚夹衣。日暮草根黄鼠立,雨晴沙际白翎飞。名王礼币来青海,弟子弦歌近绛帏。太乙终怜刘向苦,高车驷马迟君归。"[5]

9.5

令人惊奇,中国人最早食用"鼠"之肉,可以追溯到三代之一的周。《尹文子》《鼠璞》:"郑人谓玉未理者为璞,周人谓鼠未腊者为璞。周人乃怀璞,问郑贾曰:欲买璞乎?贾曰:欲。因出其璞视之,乃鼠也,因谢不取。"[6]此后,居住于"大河"、"大江"流域的居民似乎都抛弃了这一

〔1〕文渊阁《四库全书》本,页20上。
〔2〕中华书局标点本,2007年版,页274。
〔3〕文渊阁《四库全书》本,页27上、下。
〔4〕中华书局标点本,1975年版,页555。
〔5〕文渊阁《四库全书》本,页23上。
〔6〕文渊阁《四库全书》本,页15下。

"俗好"，只是在灾难乏食之际，才偶尔尝之。《北齐书》卷1《神武纪》："居无何，又使刘贵请兆，以并、肆频岁霜旱，降户掘黄鼠而食之，皆面无谷色，徒污人国土，请令就食山东，待温饱而处分之。[尔朱]兆从其议，其长史慕容绍宗谏曰：不可。今四方扰扰，人怀异望，况高公雄略，又握大兵，将不可为。"[1]唯有"岭南"之人，长久保持这种习惯，甚至生吃幼仔。朱胜非《绀珠集》卷12《倦游录家鹿》："岭南人食鼠，谓之家鹿。"[2]张鹭《朝野佥载》卷2："岭南獠民，好为蜜唧，即鼠胎未瞬、通身赤蠕者，饲之以蜜，钉之筵上，嗫嗫而行，以箸挟取啖之，唧唧作声，故曰蜜唧。"[3]《全唐诗》卷354《蛮子歌》："蛮语钩辀音，蛮衣斑斓布。熏狸掘沙鼠，时节祠盘瓠。忽逢乘马客，恍若惊麇顾。腰斧上高山，意行无旧路。"[4]再后，奠基"松漠"的契丹人重拾旧尚；逮至蒙古人合一南、北，更将兹发扬至于"光大"。

"黄鼠"、"土拨鼠"、"竹鼠"等，几乎无一不是草场、竹林、禾田的破坏者。《魏书》卷112上《灵征志》："正始四年八月，泾州黄鼠、蝗虫、班虫，河州蚼蚄、班虫，凉州、司州、恒农郡蝗虫并为灾。"[5]李焘《续资治通鉴长编》卷138："庆历二年，庞籍代知延州，乃言：诸路皆传元昊为西蕃所败，野利族叛，黄鼠食稼，天旱，赐遗、互市久不通，饮无茶，衣帛贵，国内疲困，思纳款。"[6]吕南公《灌园集》卷4《黄茅行》："晚来凶札作饥馑，首尾七春荒播种。已知人物俱流亡，祇有室庐齐歇空。回旋却走向淮浙，并值纷纷叹饥冻。积尸狼籍臭相兼，无异烂鱼藏暑瓮。去秋关陕谷将稔，践嚼忽惊黄鼠众。正忧飞挽负洮岷，敢论仓箱稀食用。"[7]王禹偁《小畜集》卷3《竹鼺》："商岭多修篁，苍翠连山谷。有鼠生其中，荐食无厌足。春笋啮生犀，秋筠折寒玉。饫饱致肥腯，优游恣蕃育。林密鸢不撄，穴深犬难逐。凤凰饿欲死，彼实无一掬。唯此竹间

---

〔1〕中华书局标点本，1972年版，页5。

〔2〕文渊阁《四库全书》本，页10上。

〔3〕《唐宋史料笔记丛刊》，赵守俨点校本，中华书局1979年版，页41。

〔4〕中华书局句逗本，1960年版，页3963。

〔5〕中华书局标点本，1974年版，页2922。

〔6〕中华书局标点本，1993年，页3330。

〔7〕文渊阁《四库全书》本，页2上、下。

�，琅玕长满腹。暖戏绿丛阴，举头傲鸿鹄。不知商山民，爱尔身上肉。有锸利其锋，有锥铦于镞。开穴窘如囚，洞胸声似哭。膏血尚淋漓，携来入市鬻。"[1]因此，以其为"珍羞"的举动，兼有"除害"的作用。这一作用，于草原的意义尤大。

就元、明二代"黄鼠"的"消费"规模来看，应该是后者不如前者。当明，兹鼠依然数量众多，只不过许多地方不在直接控制罢了。李懋《古廉集》卷11《黄鼠》："柘彩凝沙映日光，平原窟宅翳苍茫。拱门岂畏飞鹰搏？入穴还如狡兔藏。物类生来形独异，天厨赐出味偏长。好当校猎捐躯日，莫遣傍人谩得将。"[2]王恭《白云樵唱集》卷4《书王孙射雁图》："锦袍朱帽绿弓弦，却射飞鸿灞水边。不识柳林关外路，白狼黄鼠满秋田。"[3]当元，未免有物以稀为贵的感叹。《大雅集》卷6顾瑛《无题》："滦河开国世还淳，职贡梯航罔不宾。珠树木难炎土物，紫驼黄鼠朔方珍。雕题火老镀金珥，漆齿夷王冠玉麟。荒服年来朝贡绝，包茅责入竟何人？"[4]《金台集》卷2《塞上曲》："马乳新桐玉满瓶，沙羊黄鼠割来腥。踏歌尽醉营盘晚，鞭鼓声中按海青。"[5]就是进入南方的餐桌，似乎也有"痕迹"可寻。陈镒《午溪集》卷6《陪黄晋卿提举、杨震卿山长宴张贞居外史竹轩》："仙家风景少人知，亭馆春明宴客迟。黄鼠登盘脂似蜡，白鱼落刃鲙如丝。天香冉冉花双品，日色晖晖竹数枝。始信蓬莱在尘世，门前车马自纷驰。"[6]《至正集》卷13《黄鼠》："北产推珍味，南来怯陋容。瓠肥宜不武，人拱若为恭。发掘怜禽狝，招徕或水攻。君毋急盘馔，幸自不穿墉。"[7]

杨慎《升庵集》卷81《沙鼠》："沙鼠，今之黄鼠也。"[8]"沙鼠"，屡见于唐人的诗文。《全唐诗》卷282李益《登夏州城，观送行人，赋得六

---

〔1〕《宋集珍本丛刊》，影印绍兴刊本，线装书局，页541下。

〔2〕文渊阁《四库全书》本，页23上。

〔3〕文渊阁《四库全书》本，页38下。

〔4〕文渊阁《四库全书》本，页14上。

〔5〕文渊阁《四库全书》本，页8下。

〔6〕文渊阁《四库全书》本，页10上。

〔7〕《元人文集本丛刊》，影印宣统刊本，新文丰出版社，页84上。

〔8〕文渊阁《四库全书》本，页33上。

州胡儿歌》:"六州胡儿六蕃语,十岁骑羊逐沙鼠。沙头牧马孤雁飞,汉军游骑貂锦衣。云中征戍三千里,今日征行何岁归?无定河边数株柳,共送行人一杯酒。胡儿起作和蕃歌,齐唱呜呜尽垂手。心知旧国西州远,西向胡天望乡久。"[1] 齐己《禅月集》卷3《塞上曲》:"锦袍健儿黑如漆,骑羊上冰如箭疾。蒲萄酒白雕腊红,苜蓿根甜沙鼠出。单于右臂何须断?天子昭昭本如日。一握蟹螯一握丝,须知只为平戎术。"[2] 尽管,黄鼠(Spermophilus F. Cuvier)、旱獭(土拨鼠,Marmota Bhunenbach)和沙鼠(Marions Illiger)在栖息地域上有所重叠;但是,毕竟与竹鼠(Rhizomys Gray)一样,乃是颇有差别的不同属类。据《中国哺乳动物种和亚种分类名录和分布大全》,分别属于哺乳纲啮齿目松鼠科、仓鼠科、竹鼠科。[3] 如果将之笼统归于"野鼠",那就另当别论了。《元朝秘史》卷2:"帖木真那里相遇着了,又去不儿罕山前有古连勒古名字的山。那山里有桑古儿河,河边有合剌只鲁格名字的小山,有个青海子做营盘。住其间,打捕土拨鼠、野鼠吃着过活了。"[4]

---

　　〔1〕《全唐诗》,中华书局标点本,1960 年版,页 3211。

　　〔2〕《四部丛刊初编》景印宋刊本,页 3 下。

　　〔3〕中国林业出版社刊本,2003 年版,页 151—153,页 154,页 167—170,页 212—214。

　　〔4〕《四部丛刊三编》景印元钞本,页 27 下。

10　灵根夜吠

——中药材地骨的宋、元代传奇

　　"地骨"及今人以主要采用其皮而易称的"地骨皮",本系茄科植物"枸杞"的根、茎。本文从宋人綦崇礼所撰骈体《代宰执贺顺州进枸杞表》深入展开,考察了该种药材在中世纪中国的种种"传奇"。说来十分有趣,曾经在药学史上居有重要地位的"地骨",其食用,乃是缘期盼延年益寿、辟食长生而起。"神话"是美好的,但不真实。部分人生活在不真实中,甚至生活在编造的"神话"中,既欺人,也欺己。而徽宗时的相关"进献",同时具有颂扬"拓土"功绩、推广"崇道"精神以及祝愿"长生"的"意义"。不管怎样,由"枸杞"根、茎而萌生的诸多传闻和咏诵,乃是古人所创造的诸多文化蕴含之一。然而,就是在文明推开的过程中,未必不曾发生过因为寻索"千年"尤物而引起的"灭顶之灾"。

10.1

　　有宋一朝,牵连于药用植物"枸杞"的诗、文颇多,最为闻名于当世者,乃綦崇礼所撰骈体文字之《代宰执贺顺州进枸杞表》。全文见于其所作《北海集》卷26:"灵根夜吠,变异质于千年;驿骑朝驰,荐圣人之万寿。眷荒裔沉藏之久,实王师恢复之初。物岂无知? 时如有待。臣某中贺。臣闻:神仙不可以学得,至道不可以情求。访云海之三山,殆为虚语;候金丹之九转,安睹成功? 与其捕影以徒劳,孰若清心而自至? 惟养生之上药,著却老之嘉名。夙标农帝之书,杂见道家之记。验西河之遗法,盖推服饵之良;询南丘之故封,厥有延长之益。能致飞仙之变化,更传伏狗之精英。方士搜奇,叹穷年而未遇;边臣效异,得具体以来归。疑彼舐鼎之留形,宛若结匀而取象。天心垂佑,上符所属之辰;地宝储休,下见始开之境。帝龄兆永,国祚增隆。恭惟皇帝陛下:体妙希夷,凝神昭旷。四海觌亨嘉之会,群生跻仁寿之区。城彼朔方,允合天人之望;震于珍物,是兴草木之祥。式彰辟国之符,益衍后天之算。遗一丸而生羽翼,笑魏君夸诞之词;名百物而垂衣裳,协帝祖神灵之德。事{下}[光]简册,欢动搢绅。臣等:佐治无功,逢辰有幸。数北州之贡,既观寿物之奇;占南极之躔,伫奏老人之瑞。"〔1〕

蓁崇礼,李幼武《宋名臣言行录》卷别上7:"蓁崇礼,北海先生,字叔厚,世为高密人,后徙潍之北海。登政和八年上舍第,调淄州淄[川]县簿。秩满,改学正,除博士,改正字。丁母忧,归。建炎戊申(二年),宰邵州邵阳、道州倅,俱不就,除尚书工部员外郎;寻为起居郎,摄给事中,召试政事堂,顷刻为制诰三篇,词翰奇伟,上亟叹其能,拜中书舍人。四年,兼权直学士院,除吏侍,求便郡,拜徽猷直学、知漳州、明州。绍兴二年,复为吏侍,权直院,丐他局,移兵侍,进直院。俄除翰学,兼侍读兼史馆修撰,引疾在告丐去,不允,换宝文直学士,知绍兴府、浙东帅。期年,丐闲,许之,三任太平观祠。十二年,上章告老。八月,薨,年六十,进爵高密侯,赠朝议大夫。"〔2〕前所录文之作,乃在"裕陵"亦宋徽宗在位的"宣和间",时其尚为太学"博士"。谢采伯《密斋笔记》卷5:"宣和间,筑顺州,得枸杞宿根,形如葵,伏献厚(裕)陵。"〔3〕张端义《贵耳集》卷上:"蓁内相崇礼,在太学前廊,裕陵有进枸杞根如犬大,作贺表。学官令前廊撰述,皆不下笔,蓁欣然当之。其用一句:灵根夜吠,举学皆服,用东坡(苏轼)诗云:灵庞或夜吠,又出白乐天(居易)《枸杞》诗,因此后登玉堂。"〔4〕

生活年代稍晚的楼钥,在为蓁崇礼文集作序时,刻意提到了这一"事件"。《攻愧集》卷51《北海先生文集序》:"皇朝文章之盛,高掩前

〔1〕《宋集珍本丛刊》,影印乾隆钞本,线装书局,页258上、下。
〔2〕《宋史资料萃编(第一辑)》,影印同治刊本,文海出版社,页1559。
〔3〕文渊阁《四库全书》本,页5下。
〔4〕文渊阁《四库全书》本,页22上、下。

古。徽宗在御,天下承平,上则日月戴承、星文云彩之效祥,下则灵芝朱草、赤乌白鹊之呈瑞。名表进贺,殆无虚时。文士角立,争奋所长,无不工致,形容铺张,以为盛观。会进筑顺州,得枸杞宿根于土中,其形蔡伏,仙家以为千载所化,驰献阙廷。上(徽宗)生于壬戌(元丰五年),正符所属之辰,尤以为善祥,百寮欲以诘朝拜表,诸公阁笔相视,无以措词。先是,庠校英才,久束于王氏之学,不习应用之文,车驾幸学,欲进一表,而无能应者。时翰林学士綦公,为诸生出稿袖间,无不惊服;至是,已为学官(博士),有荐公名者,延致东阁,授以题意,公从容属联,妙绝一时。首曰:灵根夜吠,变异质于千年;驿骑朝驰,荐圣人之万寿。眷荒裔沈藏之久,实王师恢复之初。物岂无知? 时各有待。既进,天子为之改容,即日,喧传京师,诸公咸自以为不及也。公初起北海之滨,学殖甚富,不求人知,自是贵名日起。遂登馆殿,未及施用,而以内艰去矣。”“公之从孙焕丰,集公文为五十六卷,藏于家。”“公讳崇礼,字叔厚,潍州人。北海,其自号也。”[1]

进献“枸杞”之“顺州”,盖后晋高祖石敬瑭所割“幽、云十六州”之一;北宋末叶,一度由灭亡耶律氏的完颜氏“归还”于赵氏。《宋史》卷90《地理志》:“顺州,唐置,石晋以赂契丹。宣和四年,金人以州来归,赐郡名曰顺兴,团练。县一:怀柔。”[2]叶适《水心集》卷23《王楠墓志铭》:“公讳楠,字木叔,故顺州王氏。石敬瑭叛,贿其地于狄(契丹)。迁永嘉亭山,为温州人。”[3]这个治今北京市顺义区的“顺州”,还曾发现过被“勘同”为“驳”的“异兽”。刘攽《彭城集》卷35《刘敞行状》:“[至和]二年八月,假翰林学士、右谏议大夫,充北朝皇太后生辰、国信使,契丹遣其臣马佑求迓行。自幽州东北入古北口,更长兴、白隰山路,诘曲缭绕,或折而西南行千余里,乃出山至柳河。公问佑曰:自松亭直北趋柳河,径易,不数日至中京,何不行此? 敌人本欲以山路迂回,使中国信其阻远,常秘讳之,不使汉使知。及得公问,惊谢曰:实然,然自通

〔1〕《四部丛刊初编》,景印《武英殿聚珍》本,页 18 上、下,页 19 上,页 20 上、下,页 21 上。

〔2〕中华书局标点本,1977 年版,页 2250。

〔3〕《宋集珍本丛刊》,影印正统刊本,线装书局,页 609 上。

好以来,置驿如此,不敢改也。佑复问:顺州山中有异兽,如马食虎、豹,人以为山神,此何名也?公曰:以某所闻,驳也,其状如白马,黑尾锯牙,音如鼓沩桓,迎日而驰。为诵《山海经》《管子》书晓之,佑释然相视,喜曰:真是也。"[1]

10.2

綦崇礼表中所"化用"的白居易、苏轼的诗句,分别有迹可寻。前者,《白氏长庆集》卷55《和郭使君题枸杞》:"山阳太守政严明,吏静人安无犬惊。不知灵药根成狗,怪得时闻吠夜声。"[2]后者,《东坡集》卷23《小圃五咏·枸杞》《次韵正辅同游白水山》、卷32《和桃花源诗并序》:"神药不自閟,罗生满山泽。日有牛羊忧,岁有野火厄。越俗不好事,过眼等茨棘。青荑春自长,绛珠烂莫摘。短篱护新植,紫笋生卧节。根茎与花实,收拾无弃物。大将玄吾鬓,小则饷我客。似闻朱明洞,中有千岁质。灵庞或夜吠,可见不可索。仙人偿许我,借杖扶衰疾。""相携行到水穷处,庶几一见留子嗟。千年枸杞常夜吠,无数草棘工藏遮。但令凡心一洗濯,神人仙药不我遐。山中归来万想灭,岂复回顾双云鸦?""桃源信不远,藜杖可小憩。躬耕任地力,绝学抱天艺。臂鸡有时鸣,尻驾无可税。芩龟亦晨吸,杞狗或夜吠。耘樵得甘芳,龁啮谢炮制。"[3]其实,使用相同"典故"者远不啻兹二人。在唐,刘禹锡《刘梦得集》卷外1:"楚州开元寺北院,枸杞临井,繁茂可观,群贤赋诗,因以继和。僧房药树依寒井,井有香泉树有灵。翠黛叶生笼石甃,殷红子熟照铜瓶。枝繁本是仙人杖,根老新成瑞犬形。上品功能甘露味,还知一勺可延龄。"[4]

在宋,张耒《张右史集》卷9《赠翟公巽》:"我昔出守来丹阳,江流五月如探汤。使君之居在山腹,绕舍树石何青苍!千年药根蟠井底,灵

[1]文渊阁《四库全书》本,页7上、下。
[2]《四部丛刊初编》,景印日本翻宋刊本,页3上。
[3]文渊阁《四库全书》本,页18下,页15下,页16上,页13下。
[4]《四部丛刊初编》景印宋刊本,页65上。

137

液浸灌通寒浆。人言枸杞精变狗,夜吠往往闻空廊。金山荡漾浪花里,一舸遥去随渔郎。最奇岩斋人迹少,乳水时滴白石床。翠翠坡陀负日色,白骑掀舞占风祥。"[1]杨万里《诚斋集》卷20《尝枸杞》:"芥花菘荃钱春忙,夜吠仙苗喜晚尝。味挹玉膏甘复脆,气含风露咽犹香。作齑淡着微输酪,笔茗临时莫过汤。却忆荆溪古城上,翠条红乳摘盈箱。"[2]陈着《本堂集》卷26《次韵演雅》:"洛阳棘满门,连昌菌当衙。枸杞怪成犬,寄奴妖见蛇。芸香虚辟蠹,鞠梅工两蛙。黄檗到里苦,紫荆无外遮。衰绿秋蒲柳,赧赤春金沙。熏莸类莫辨,桐梓谁汝嘉?山下犹有蕨,丘中能无麻。杖老竹生力,炷病艾炘痂。芷兰足幽媚,桃李从俗夸。"[3]刘辰翁《须溪四景诗集》卷1《棋声花院闭》:"棋声何处起?满院寂无哗。门闭鸡鸣午,庭空蝶绕花。静中时落子,高处欲惊鸦。枸杞篱根吠,棠梨屋角斜。客迷柯下路,人在桔中家。此乐商山似,休争着数差?"[4]林景熙《白石樵唱》卷3《黄耳冢》:"陆机犬名黄耳。筠筒音断水云村,吠入空林枸杞根。我亦天涯音信杳,卢令诗在为招魂。"[5]

其原始出处,乃是唐人的"神仙"传奇。沈汾《续仙传》卷上《朱孺子》:"朱孺子,永嘉安固人也。幼而师事道士王元(玄)正,居大若岩,勤苦事于元正,深慕仙道。常登山岭,采黄精服饵,历十余年。一日,就溪灌蔬,忽见岸侧有二花犬相趁,孺子异之,乃寻逐入枸杞丛下。归语,元正讶之,遂与孺子俱往伺之,复见二犬戏跃,逼之,又入枸杞下。元正与孺子共寻掘,乃得二枸杞,根形状如花犬,坚若石,洗泽挈归,煮之,而孺子益薪着火,三昼夜不离灶侧。试尝其汁,味最甘美,吃不已。及见根烂,以告元正来,共取食之。俄顷,孺子忽然飞升在峰上,元正惊异,久之,孺子谢别元正,升云而去。至今俗呼其峰为童子峰。元正后饵其根尽,不知其年寿,亦隐于岩之西。陶山有采樵者,时或见之。"[6]形状

---

〔1〕《宋集珍本丛刊》,影印明钞本,线装书局,页680下。

〔2〕线装书局《宋集珍本丛刊》影印明钞本,页210下。

〔3〕文渊阁《四库全书》本,页7下,页8上。

〔4〕线装书局《宋集珍本丛刊》影印清刊本,页773上。

〔5〕线装书局《宋集珍本丛刊》影印嘉靖刊本,页596下。

〔6〕文渊阁《四库全书》本,页3上、下。

类似的"枸杞"根能作狗叫声,流闻甚广。张邦基《墨庄漫录》卷9《枸杞与崔伯易枸杞诗序》:"臣昔尝与希真游南岳朱陵洞天,过古兰若基,野客留宿庵下,有闻类狗吠。希真谓:此非人境,安得有是?客笑曰:岩腹枸杞,生而酷似,此其音也。臣忆旧说,黎明,祈客,欲识其处,未至百步,皆曰:彼婆娑出众荣者是也。臣与希真将前,客急止曰:此神物也,侧常有蛇、虎守护,必待有道之士以归,若等无得辄近。"[1]

就是当朝,也有相关的"神仙"传奇。徐铉《稽神录》卷5《陈师》:"豫章逆旅梅氏,颇济惠行旅,僧、道投止,皆不求直。恒有一道士,衣服蓝缕,来止其家,梅厚待之。一日,谓梅曰:吾明日当设齐,从君求新瓷碗二十事及匕筋。君亦宜来会,可于天宝洞前访陈师也。梅许之,道士持碗渡江而去。梅翌日诣洞前,问其村人,莫知其处。久之,将回,偶得一小径,甚明静,试寻之,果得一院,有青衣童应门,问之,乃陈之居也。既入见,道士衣冠华洁,延与之坐,命具食。顷之,食至,乃熟蒸一婴儿,梅惧不食,良久,又进食,乃蒸一犬子,梅亦不食。道士叹息,命取昨所得碗赠客,视之,乃金碗也。谓梅曰:子善人也,虽然不得仙,千岁人参、枸杞皆不肯食,乃分也。谢而遣之,曰:此而后,不可复继见矣。"[2]不过,真实的事情该是:即使食用了形似狗的"枸杞"根,也未必能能"飞升"。黄休复《茅亭客话》卷9《采枸杞》:"华阳邑村民段九者,常入山野中采枸杞根、茎,货之有年矣。因于紫山脚下,见枸杞一株甚大,遂厮之,根本怪异,不类常者,长尺余,四茎如四足,两茎如头尾,若一兽形。持归村舍,家狗吠之不已,至夜,四隅村落,群狗聚而吠之,终夕不辍,不堪其喧也。迟明,妻怒,将充朝爨,群狗乃不复吠矣。"[3]

10.3

作为药用植物的"枸杞",很早就为中国人所知晓。葛洪《抱朴子》卷内11《仙药》:"象柴,一名{纯}[托]卢是也。或名仙人杖,或云西王

〔1〕《唐宋史料笔记丛刊》,孔凡礼点校本,中华书局2002年版,页247。
〔2〕文渊阁《四库全书》本,页7上、下。
〔3〕文渊阁《四库全书》本,页5下。

母杖,或名天精,或名却老,或名地骨,或名枸杞也。"[1]唐慎微《证类本草》卷12:"枸杞,味苦寒,根大寒,子微寒,无毒,主五内邪气、热中消渴、周痹风湿、下胸胁气,客热头痛,补内伤、大劳、嘘吸,坚筋骨,强阴,利大小肠。久服,坚筋骨,轻身,不老,耐寒暑。一名杞根,一名地骨,一名枸忌,一名地辅,一名羊乳,一名却暑,一名仙人杖,一名西王母杖。""枸杞生常山、平泽及丘陵、阪岸,今处处有之。春生苗,叶如石榴叶而软薄,堪食,俗呼为甜菜。其茎干高三五尺,作丛。六月、七月,生小红紫花,随便结红实,形微长,如枣核。其根,名地骨。春、夏采叶,秋采茎、实,冬采根。"[2]逮至入宋,相关的作者特别提醒北方"枸杞"与南方"枸棘"的区分。郑樵《通志》卷76《昆虫草木略》:"枸杞,曰杞根,曰地骨,曰枸忌,曰地辅,曰羊乳,曰却暑,曰仙人杖,曰西王母[杖],曰枸檵,曰苦杞,曰托卢,曰天精,曰却老,曰地仙苗。""世言有两种:无刺者曰枸杞,有刺者曰枸棘。又云:蓬莱南丘村者,高一二丈,其根盘结甚固,其村之人多寿考。南地生者,名枸棘,有刺,延蔓如草莱。"[3]

"枸杞"之叶、枝、籽、根,皆可入药,而各有称号。《类说》卷35《集韵》《枸杞》:"春曰天精子,夏曰枸杞叶,秋曰却老枝,冬曰地骨皮。"[4]按照各部分的采制季节来看,则:春"天精叶",夏"枸杞枝",秋"却老子",冬"地骨根"。王焘《外台秘要方》卷30:"春名天精,夏名枸杞,秋名却老,冬名地骨。春三月上建日,采叶;夏三月上建日,采枝;秋三月上建日,采子;冬三月上建日,采根;四味并暴干。"[5]除外,顾名思义:"地仙苗"即"天精","仙人杖"、"西王母杖"即"枸杞","象柴"、"杞根"、"地辅"即"地骨"。释文珦《潜山集》卷8《幽处》:"幽处绝烦喧,白云常在门。高歌动涧壑,空境外乾坤。洗眼菖蒲水,轻身枸杞根。闲中存至乐,难与俗人言。"[6]无论茎、根,其皮均被叫做"地骨皮"。《银

---

〔1〕《四部丛刊初编》景印明刊本,页1下。

〔2〕文渊阁《四库全书》本,页23下,页24上、下。

〔3〕浙江古籍出版社影印《十通》本,2002年版,页875下。

〔4〕文渊阁《四库全书》本,页6上。

〔5〕文渊阁《四库全书》本,页17下。

〔6〕文渊阁《四库全书》本,页10上。

海精微》卷下："地骨皮,味苦寒,入肾经,退热,除蒸泻,肺热宜用。"[1]
赵与峕《宾退录》卷10:"惟《元丰九域志》为详,尝撮一岁所贡":"地骨皮二十斤:京兆[府]一十斤,虢[州]一十斤"[2]。蒲寿宬《心泉学诗稿》卷5《赋枸杞》:"神草如蓬世不知,壁间墙角自离离。辛盘空芼仙人杖,药斧惟寻地骨皮。千岁未逢朱孺子,四时堪供陆天随。霜晨忽讶春樱熟,闲摘殷红绕断篱。"[3]

"仙人杖"一名,也由来已久。陈子昂《陈伯玉集》卷1《观荆玉篇,并序》、卷4《为乔补阙论突厥表》:"丙戌岁(垂拱二年),余从左补阙乔公北征。夏四月,军幕次于张掖河。河洲草木,无他异者,惟有仙人杖,往往蔟生。幽朔地寒,与中国稍异。余家世好服食,昔尝饵之。及此役也,已息意兹味,戍人有荐嘉蔬者,此物焉。余辗然而笑曰:始者与此君别,不图至是而见之,岂非神明嘉惠,欲将扶吾寿也?因为乔公昌言其能,时东莱王仲烈亦同旅,闻而大喜,甘心食之,已旬有五日矣。适有行人,自谓能知药者,谓乔公曰:此白棘也,公何谬哉?仲烈愕然而疑,亦曰:吾怪其味甘,今果如此。乔公信是言,乃讥余,作《采玉篇》,谓宋人不识玉,而宝珉石也。余心知必是,犹以独见之故,被夺于众人。""今居延海泽,接张掖河,中间堪营田处数百千顷,水草畜牧,供巨万。又甘州诸屯,犬牙相接,见所蓄粟、麦,积数十万,田因水利,种无不收。"[4]治今甘肃张掖市的甘州,正是后世"枸杞"的著名产地之一。沈括《梦溪笔谈》卷26《药议》:"枸杞,陕西极边生者,高丈余,大可作柱,叶长数寸,无刺,根、皮如厚朴,甘美异于他处者。《千金翼》云:甘州者为真,叶厚大者是,大体出河西诸郡,其次江、池间埂上者,实圆如樱桃,全少核,暴干如饼,极膏润有味。"[5]

宋人以"仙人杖"亦"王母杖"为"枸杞"之别号,远非一二。《东坡集》卷24《以黄子木拄杖为子由生日之寿》、卷26《周教授索枸杞,因以

〔1〕文渊阁《四库全书》本,页107下。
〔2〕文渊阁《四库全书》本,页20下、21上。
〔3〕文渊阁《四库全书》本,页9下。
〔4〕《四部丛刊初编》景印明刊本,页8下,页9上,页14下。
〔5〕《四部丛刊初编》景印明刊本,页5上。

诗赠,录呈广倅萧大夫》:"灵寿扶孔光,菊潭饮伯始。虽云闲草木,岂乐蒙此耻? 一时偶收用,千载相瘢疷。海南无嘉植,野果名黄子。坚瘦多节目,天材任操倚。嗟我始剪裁,世用或缘此。贵从老夫手,往配先生几。相从归故山,不愧仙人杞。《本草》:枸杞,一名仙人杖。""邺侯藏书手不触,嗟我嗜书终日读。短檠照字细如毛,怪底眼花悬两目。扶衰赖有王母杖,名字于今挂仙录。荒城古堑草露寒,碧叶丛低红菽粟。春根夏苗秋着子,尽付天随耻充腹。兰伤桂折缘有用,尔独何损丹其族? 赠君慎勿比薏苡,采之终日不盈掬。外泽中干非尔俦,敛藏更借秋阳曝。鸡壅桔梗一称帝,堇也虽尊等臣仆。时复论功不汝遗,异时谨事东篱菊。"[1]黄庭坚《豫章集》卷3《显圣寺庭枸杞》:"仙苗寿日月,佛界承露雨。谁为万年计? 乞此一抔土。扶疏上翠盖,磊落缀丹乳。去家尚不食,出家何用许? 政恐落人间,采剥四时苦。养成九节杖,持献西王母。"[2]王质《绍陶录》卷下《山友续辞·枸杞》:"我取友兮得枸杞,左陂花头野声起。襄襄霏雨杂斜阳,半湿半干留春水。仙人杖、王母杖。所思兮,可旷野。莺怂恿,野花旺。"[3]

10.4

迨至有元中叶,昔日朱孺子食"枸杞"根成仙的所在,经过历朝增修,俨然成了治今浙江温州市之"温州路"地方的名胜。虞集《道园学古录》卷45《大若岩广福灵真宫铭·并序》:"大若岩者,在温州永嘉县北百八十里,道书所书赤水山福地者也。其山周回五十里,岩高十七丈,深百四十尺,广倍之。石环中虚,容光东启,居者如在屋室。""晋永嘉中,有传隐遥王贞白者隐此洞,其弟子朱孺子见白犬走枸杞丛下,怪之,掘得根若犬者,煮食之,身轻石台仙去,故名其台曰飞升台。而枸杞,至今丰茂异常产,来游者皆撷茹之。传王或云犹在,时曾有人见之。""唐时,人间有水旱疾疫,祷辄应。咸通七年,恩王府参军、知永嘉

---

〔1〕文渊阁《四库全书》本,页15上、下,页11下,页12上。
〔2〕《四部丛刊初编》,景印干道刊本,页5上。
〔3〕文渊阁《四库全书》本,页18下,页19上。

监崔玄德始请于朝,为立祠,度道士居之,予田四百五十亩,禁樵采一里。宋宣和三年,建三清殿岩中,赐名广福灵真宫,岩中风雨不及,至今若新成者。又有两殿、五祠、一钟楼,皆在岩中,道馆、厨库在岩外。庆元中,道士娄□、王希皓知宫事,皆修治之。入国朝,用温州道录兼领,故其徒散理别业,宫废不治。大德四年,曹渊龙始专居之,出私钱,募人上垦其山,下堤其溪水,除导其湮芜,得田数十亩,益以己之私产,悉以资宫中之用。作斋堂,治丸屋之当治者,几二十年而宫事备。"[1]

直接提到"朱孺子"名字和直接演绎其"幸遇"的诗歌,无论元中、明初皆多有之。张翥《蜕庵集》卷3《题闲闲吴宗师徒孙丁自南卷》:"羡君学道上清宫,亲得先生早发蒙。枸杞未逢朱孺子,丹砂须问葛仙翁。窗前点易寒研露,坛上焚香夜礼空。化鹤归来定何事?从师千载住崆峒。"[2]金善《金文靖集》卷2《大若灵根,为医者顾东启作》:"吾闻永嘉朱孺子,幼慕玄真王道士。炼药冥栖大若岩,日服丹砂学冲举。时从绝岭劚黄精,饵之十年道不成。偶来溪边见二犬,奇形异状忽心惊。追踪逐影何恍惚!枸杞根深下盘屈。乃知此物鲜通灵,采食应能致仙术。斩根净洗清溪流,宝鼎温温瑞气浮。煮来三夕火不绝,味若崖蜜倾金瓯。孺子饮之惊且悟,便觉胸怀洒甘露。清风两腋肌骨轻,白日飞腾入云去。玄真引领慕升仙,西陶山中自长年。山人往往寻踪迹,出没隐显随风烟。君家业医今几世?活人功多人感惠。何用当年枸杞根?满林红杏皆春意。"[3]除外,尚有几乎属于"引用"的"简略"文字。王祯《农书》卷10《百谷谱杂类》:"枸杞千岁,其形如犬。朱孺子幼事道士王元(玄)正,居大若岩,汲于溪,见二花犬,因逐之,入于枸杞丛下。掘之,根形如二犬,食之,忽觉身轻。"[4]

犹如前代一样,元中及明初的士人,于以上"掌故",也同样是"温故而如新"。赵文《青山集》卷1《送文介山序》:"翁(文介山)龙钟,方

---

〔1〕《四部丛刊初编》,景印景泰翻印元刊本,页2下,页3上。
〔2〕《四部丛刊初编》,景印明刊本,页18下。
〔3〕《明人文集丛刊(第一期)》,影印成化刊本,文海出版社,页121。
〔4〕中华书局句逗本,1956年版,页114。

据案苦吟，闻篱根枸杞声，杖藜出问谁何？顾小孙，取瓷瓯，酌数过又吟。"[1]张雨《句曲外史集》卷中《欧阳巡尉遇仙卷》："勾漏丹砂还道术，泷冈阡表足家声。芙蓉城小花周匝，枸杞丛深犬吠迎。不上飙梯十二级，白头空愧学长生。"[2]陈樵《鹿皮子集》卷4《玉雪亭》："梨云柳絮共微茫，春人园林一色芳。枸杞通灵空吠月，芙蕖到死不禁霜。梦游蓬岛瑶台曙，歌落吴云玉树长。"[3]吕诚《来鹤亭集》卷6《访成真观有感》："暮年重访成真观，不见秋云竹外楼。枸杞经春皆化犬，朱藤历岁总如虬。种桃道士冯虚去，采药骚人汗漫游。见说蓬莱又清浅，傥将黄鹤问丹丘。"[4]林弼《林登州集》卷4《次倪孟明集药名之作，呈徐梅所座主》："药笼兼收芝术无，空淹远志在江湖。樊笼防已怜鹦鹉，岐路留行厌鹧鸪。仙去好寻灵枸杞，客来谩笑煨葫芦。"[5]董良史《西郊笑端集》卷1："昌德言小海楼上，即席次韵，答陆宅之先生，并示晏如上人。枸杞或闻岩下吠，莲花曾见火中开。函关望气青牛度，天竺驮经白马来。道眼同归无物地，也知明镜本非台。"[6]

神仙之说，固然不真；"枸杞"根于古代药方中，倒是极为常见。除泡酒外[7]，以之为主者，仅见于孙思邈《备急千金要方》卷13、卷19、卷21、卷24、卷38、卷68，即有："治小儿湿癣方：枸杞根，捣作末，和腊月猪膏傅之。""治虫齿方：又方大醋一升，煮枸杞根白皮一升，取半升含之，虫立出。""治面疱方：生地黄三斤、枸杞根一十斤。右二味，先捣枸杞，次捣地黄，曝干合筛。空腹酒服，方寸匕日三，久服，颜如童子。此秘方也。""枸杞—菖蒲酒治缓急风、四肢不随、行步不正、口急及四体不得屈伸方：菖蒲五斤，枸杞根一伯斤。右二味，细剉，以水四石煮，取

〔1〕文渊阁《四库全书》本，页14上。
〔2〕文渊阁《四库全书》本，页21上。
〔3〕文渊阁《四库全书》本，页12上。
〔4〕文渊阁《四库全书》本，页10下。
〔5〕《北京图书馆古籍珍本丛刊》，影印康熙刊本，书目文献出版社，页438上。
〔6〕文渊阁《四库全书》本，页69下，页70上。
〔7〕《备急千金要方》卷82，文渊阁《四库全书》本，页19上："枸杞酒方：枸杞根一百二十斤，切以东流水四石，煮一日一夜，取清汁一石，清曲一如家酝法，熟取，清贮不津。器中内平地黄末二斤半，桂心、干姜、泽泻、蜀椒末各一升，商陆末二升，以绢袋贮，内酒底。紧塞口，埋入地三尺，坚覆上三七日，沐浴整衣冠，再拜，平晓向甲寅地日出处开之。其酒赤，如金色。"

一石六斗，去滓，酿二斛米酒熟，稍稍饮之。""五加酒治虚劳不足方：五加皮、枸杞根，白皮各一斗。右二味，㕮咀，以水一石五斗煮，取汁七斗，分取四斗，浸曲一斗，余三斗，用拌饭下米，多少如常酿法。熟，压取服之，多少任性。禁如药法，倍日将息。""小鹿骨煎治一切虚羸皆服之方：鹿骨，一具碎；枸杞根，切二升。右二味，各以水一斗，别器各煎汁五升，去滓澄清，乃合一器，共煎取五升。日二服尽，好将慎，皆用大斗。""治瘭疽着手、足、肩、背，忽发累累如赤豆，剥之汁出者方：枸杞根并葵根叶，煮汁煎，令如糖随意服之。"[1]

10.5

在中国的药学史上，"地骨"及今人以主要采用其皮而易称"地骨皮"的"枸杞"根、茎，曾经居有相当重要的地位。说来十分有趣，对于其食用，乃是缘期盼延年益寿、辟食长生而起。《说郛》卷75上韦行规《保生月录》："南岳真人赤松子枸杞煎丸：枸杞子根三十觔，取皮，九蒸九曝，捣为粉，取根、骨，清水煎之，添汤煮，去渣熬成膏，和粉为丸，桐子大。每服三五十丸，寿增无算。"[2]张君房《云笈七签》卷74《方药》："南岳真人赤松子苟杞煎丸：苟杞根三十斤，取皮别着，九蒸九曝，捣粉取根骨煎之，添水可三石，后并煎之，如稀饧，即入前粉和丸，如梧桐子大。服之一剂，寿加百年。此方赤松子以传李八伯，立盟不泄，如妄传，天殃将罚。"[3]段成式《酉阳杂俎》卷续2："[段]成式常见道者论枸杞、茯苓、人参、术形有异，服之获上寿，或不荤血，不色欲遇之，必能降真为地仙矣。"[4]《茅亭客话》卷9《采枸杞》："[黄]休复见道书云：枸杞、茯苓、人参、薯药、术等形有异者，饵之皆获上寿。或除嗜欲啬神抱和，则必有真灵降顾，接引为地仙尔。"[5]李存《鄱阳集》卷9《挽邓卓峰》："碣

〔1〕孙思邈《备急千金要方》，页14下，页3上，页21上，页7下，页8上，页9上、下，页14上。

〔2〕文渊阁《四库全书》本，页31下。

〔3〕《四部丛刊初编》，景印正统《道藏》本，页18下，页19上。

〔4〕中华书局方南生校点本，1981年版，页213。

〔5〕《茅亭客话》，文渊阁《四库全书》本，页5下，页6上。

石相逢一梦空,谈谐清润昨朝同。引年尚可借枸杞,疗疾何知乏鞠艻?行已此生非碌碌,视天他日岂梦梦?"[1]正是有了这种基础,相关的"神话"才应运而生。

"神话"是美好的,但不真实。部分人生活在不真实中,甚至生活在编造的"神话"中,既欺人,也欺己。"枸杞"作为"珍奇"以"奉贡"的事件,早在真宗君临之际,就已曾发生。李焘《续资治通鉴长编》卷91:"天禧二年四月戊寅,以嵩山故种放宅及兴唐观基山林赐女道士王道真,仍禁樵采。道真绝粒岁久,景德中,尝召见,献枸杞树,自言相传四百年矣,愿至尊采撷服饵,用资上寿,上特优礼焉。"[2]逮至徽宗时,"进献"具有颂扬"拓土"功绩、推广"崇道"精神以及祝愿"长生"的三重"意义"。也正是因为有此"背景",綦崇礼"引经据典"竭尽夸张能事的拟表,才博得了非常的好评。然而曾几何时,在女真军队的连续进攻下,这位企冀不死、于治国既昏且庸的"天子",惟落得了背井离乡、囚禁荒芜的悲惨结局。不过,当年的颂谀者,南渡后,"尽忠竭诚,遇事极论,进而造膝,退多削稿",成了"中兴"的辅佐者;于是,当年的"讳言"也就成了后来的"佳话"。《攻愧集》卷51《北海先生文集序》:"惟公(綦崇礼)与汪龙溪追述古作,谨四六之体,至于今行之然,此等在公,皆为余事。尽忠竭诚,遇事极论,进而造膝,退多削稿,以辅成中兴之业,公之力为多焉。"[3]

不管怎样,由"枸杞"根、茎而萌生的诸多传闻和咏诵,乃是古代中国人所创造的诸多文化蕴含之一。无论"桃花源"诗之和,无论"大若岩"祠之立,其耀眼之光,其眩目之芒,皆可与天地共烨,与日月争辉。然而,就是在这种文明推开的过程中,对于兹种植物而言,未必不曾发生过因为寻索"千年"尤物而引起的"灭顶之灾"?!《五百家播芳大全文粹》卷92苏轼《白鹤新居上梁文》:"抛梁下,凿井疏畦散邻社,千年枸杞夜长号,万丈丹梯谁羽化?"[4]王阮《义丰集》《广福上真宫》:"枸

---

〔1〕《北京图书馆古籍珍本丛刊》,影印永乐刊本,书目文献出版社,页574下。
〔2〕中华书局标点本,1993年版,页2108。
〔3〕《四部丛刊初编》,景印《武英殿聚珍》本,页20上。
〔4〕文渊阁《四库全书》本,页30下。

杞号千年,夜鹤鸣九皋。坐令会丹炉,安此神火熬。"〔1〕《句曲外史集》卷补上《寄倪元镇》:"雨天初寒雪复作,春风相欺何太颠? 谁依井灶皆兽迹? 独拥书册犹鸢肩。枸杞埋根乍难屃,樱桃放花殊可怜。贺监宅前旧游处,快放柳条维酒船。"〔2〕刘基《诚意伯集》卷16《送岳季坚入计筹山》:"阳羡先生故将孙,拂衣高蹈入玄门。瓮盈五粒松花酒,食有千年枸杞根。"〔3〕叶颙《樵云独唱》卷2《山中游》:"掘栖烟之枸杞,屃含露之猪苓。驻予颜兮长春,延予年兮遐龄。"〔4〕《全蜀艺文志》卷2史子玉《枸杞赋,并引》:"至若仙仗飞空,髣髴骖鸾,寿干通灵,时闻吠庞。幸则高人逸士,袭其馨而挹其味,不幸则樵夫野叟,爨之弃而斧之戕也。"〔5〕

最后,莱斯利—布雷姆尼斯(Bremmess L.)《药用植物》(Eyewitness Handbooks – Herbs):"枸杞(Lycium chinense):落叶灌木;茎弓形弯曲,叶绿色,夏天开紫色花,秋天或初冬结果。"〔6〕然而,需要更正者,历年既久的"枸杞"非"灌木"。李复《潏水集》卷1《慈恩寺枸杞》:"枸杞始甚微,短枝如棘生。今兹七十年,巨干何忻荣! 偶以遗樵薪,遂有嘉树名。雨露养秋实,错落丹乳明。细蔓如牵牛,半枯犹络索。晚叶已老硬,不堪芼吾羹。根大多灵异,岁久精气成。为取入刀圭,颓颠扫霜茎。"〔7〕《墨庄漫录》卷9《枸杞与崔伯易枸杞诗序》:"元丰己未(二年)三月,陛下亲策进士集英殿。三馆故事:臣得寓直殿廊,入左银台门少四十步许御沟之上,有若洞天所望,就视,则枸杞也。其本围尺有咫,右纽而连理。臣亟询卫士高者,对曰:闻天圣前尤盛,此荐出苗耳。臣益悚然,窃语同舍。或曰:是虽可进而甚秘也,曾减仙山神鳌之岩乎? 既而叹曰:下诚有物耶! 孕天地阴阳之至和,隐端然不可辄至之神,今乃自幸托宫槐、禁柳之列,备一时洒扫之观,是岂浪出而徒然耶? 偶臣属

〔1〕《宋集珍本丛刊》,影印淳佑刊本,线装书局,页373上。
〔2〕文渊阁《四库全书》本,页10下。
〔3〕《四部丛刊初编》景印明刊本,页11上。
〔4〕文渊阁《四库全书》本,页6下。
〔5〕文渊阁《四库全书》本,页19下,页20上。
〔6〕《自然珍藏图鉴丛书》中译本,友谊出版社2003年版,页114上。
〔7〕文渊阁《四库全书》本,页17上、下。

昧方士采制饵服之节度，未得相与抃舞欢呼，随万年之觞，一供吾君，亦臣子心愿目想，而深可愧恨慊然者。因感而成诗，姑有待焉。"[1]

---

〔1〕《唐宋史料笔记丛刊》，孔凡礼点校本，中华书局 2002 年版，页 248。

11　露蒸蔷薇
——宋、元进口化妆品蔷薇水考

被称为"蔷薇水"或"蔷薇露"的中古时代化妆品、香料之一种,其市场遍布东南亚的占城、三佛齐、龙涎屿、须文答剌、喃巫哩,南亚的注辇、高郎步、古里佛、东西竺,西亚的芦眉、麻离拔、记施,而其产地却在波斯湾北的大食。其在中国的消费,起始于唐,风靡于五代、北宋,普及于南宋、元。或用于熏衣,或用于洁身,或用于清新空气,或用于调配香料。商品的进口地,则数南中国的主要港口明州、泉州、广州。其物货之家喻户晓,更可从时人诗文的隐喻中清晰地感受到。关于其原料、工艺、制作技术,分别到明初和明末,才因使臣的亲眼所见和传教士的亲手实验被记录,而为使用该海外方物达数百年的中国人所知悉。

11.1

"蔷薇水"或"蔷薇露"一名,于五代末,因"占城"国入贡,声誉卓然。《宋史》卷489《占城传》:"周显德中,其(占城)王释利因德漫遣其臣莆诃散贡方物,有云龙形通犀带、菩萨石。又有蔷薇水洒衣,经岁香不歇;猛火油,得水愈炽,皆贮以瑠璃瓶。"[1]《新五代史》卷74《四夷附录》:"自前世未尝通中国。显德五年,其(占城)国王因德漫遣使者莆诃散来,贡猛火油八十四瓶、蔷薇水十五瓶。其表以贝多叶书之,以香木为函。猛火油以洒物,得水则出火。蔷薇水,云得自西域,以洒衣,虽

---

〔1〕中华书局标点本,1977年版,页14079。

敝而香不灭。"[1]《册府元龟》卷972《外臣部朝贡》:"显德五年九月,占城国王释利因德漫遣其臣莆诃散等来贡方物,中有洒衣蔷薇水一十五琉璃瓶,言出自西域。凡鲜华之衣,以此水洒之,则不黦而复郁烈之香,连岁不歇。又进猛火油八十四琉璃瓶,是油得水而愈炽。彼国凡水战,则用之。"[2]乐史《太平寰宇记》卷179:"占城国,周朝通焉。显德五年,其王释利因得漫遣其臣蒲诃散等来贡方物,中有洒衣蔷薇水一十五琉璃瓶,言出自西域。凡鲜华之衣,以此水洒之,则不点而复,郁烈之香,连岁不歇。又进猛火油八十四琉璃瓶,是油得水而愈炽。彼国凡水战,则用之。是日,因赐蒲诃散等冠带、衣服、缯帛、茵褥等有差。"[3]

相同或相似的记载,也见于笔记、小说。白居易、孔傅《白孔六帖》卷79《蛮夷贡赋》:"猛火油、蔷薇水,五代占城,显德五年,其国王因德漫遣使者莆诃散来贡猛火油八十四瓶,蔷薇水十五瓶。其表,以贝多叶书之。以香木为函,猛火油以洒物,得水则出火。蔷薇水云得自西域,以洒衣,虽敝而香不灭。"[4]张世南《游宦纪闻》卷3:"占城国,前此未尝与中国通。唐显德五年,国王因德漫遣使者莆诃散来,贡猛火油八十四瓶、蔷薇水十五瓶,其表以贝多叶书之,香木为函。猛火油以洒物,得水则出火。蔷薇水得自西域,洒衣虽敝而香不减。""《内典》云:人火得水则灭,龙火得水而炽,信有此理,《阴阳自然变化论》曰:龙能变水,人能变火,龙不见石,人不见风,鱼不见水,鬼不见地,此亦理也。"[5]也有以"占城"为"昆明"国者。陈敬《陈氏香谱》卷1:"五代时,蕃将蒲诃散以十五瓶效贡,厥后,罕有至者"。"后周显德五年,昆明国献蔷薇水十五瓶,得自西域,以之洒衣,衣敝而香不灭。"[6]曾慥《类说》卷59《香后谱》:"蔷薇水,周显德五年,昆明国献蔷薇水十五瓶,云得自西域,以洒衣,衣敝而香不灭。"[7]《说郛》卷77下张泌《妆楼记》:"蔷薇水,周显

〔1〕中华书局标点本,1974年版,页922。

〔2〕中华书局影印明刊本,1960年版,页11425。

〔3〕光绪金陵书局刊本,页17下。

〔4〕文渊阁《四库全书》本,页26上。

〔5〕《唐宋史料笔记丛刊》,张茂鹏点校本,中华书局1981年版,页27。

〔6〕文渊阁《四库全书》本,页25下,页26上。

〔7〕文渊阁《四库全书》本,页19上。

德五年,昆明国献蔷薇水十五瓶,云得自西域,以洒衣,衣敝而香不灭。"[1]

中国宫廷中较早使用"蔷薇水"或"蔷薇露"者,还包括同时存在的南唐。张敦颐《六朝事迹编类》卷下《山冈门》:"天水碧:南唐末时前数年,宫人挼蔷薇水染生帛。一夕,忘收,为浓露所溃,色倍鲜翠。因令染坊,染必经宿露之,号为天水碧。宫中竞服之,识者以为天水,赵之望也。"[2]江少虞《宋朝事实类苑》卷47《天水碧》:"金陵将亡前数年,宫中人按蔷薇水染生帛。一夕,忘收,为浓露所溃,色倍鲜翠。因令染坊染碧,必经宿露之,号为天水碧。宫中竞服之,识者以为天水,赵之望也。"[3]《景定建康志》卷50:"南唐将亡前数年,宫中人挼蔷薇水染生帛。一夕,忘收,为浓露所溃,色倍鲜翠,因令染坊染碧,必经宿露之,号为天水碧。宫中竞服之,识者以为天水赵之望也。开宝中,新修营得一石,记凡数百字,隶书从头,云从他痛、从他痛,如此连写,至末云:不为石子尽,更书千万个从他痛、从他痛,不知其谶也。未几,王师渡江云。"[4]蔡绦《铁围山丛谈》卷2:"昔江南李重光染帛,多为天水碧。天水,国姓也,当是时,艺祖方受命,言天水碧者,世谓逼迫之兆。未几,王师果下建邺。及政和之末,复为天水碧,时争袭慕江南风流,然吾心独甚恶之。未几,金人寒盟,岂亦逼迫之兆乎?"[5]

中国宫廷中最早使用"蔷薇水"或"蔷薇露"者,似乎还数前于后周的后唐和前蜀。陶谷《清异录》卷下《灵芳国》:"后唐龙辉殿安假山水一,铺沈香为山阜,蔷薇水、苏合油为江池,零、藿、丁香为林树,熏陆为城郭,黄、紫檀为屋宇,白檀为人物,方围一丈三尺,城门小牌,曰灵芳国。或云:平蜀得之者。"[6]与兹相吻合,"蔷薇水"或"蔷薇露"曾为生活在中唐的士宦所知晓。冯贽《云仙杂记》卷6:"大雅之文:柳宗元得

〔1〕文渊阁《四库全书》本,页19上。
〔2〕文渊阁《四库全书》本,页23下。
〔3〕上海古籍出版社刊本,1981年版,页618。
〔4〕《宋元方志丛刊》,影印嘉庆刊本,中华书局1990年版,页2169上。
〔5〕《唐宋史料笔记丛刊》,冯惠民、沈鹏麟点校本,中华书局1983年版,页44。
〔6〕文渊阁《四库全书》本,页75上、下。

韩愈所寄诗,先以蔷薇露盥手,薰玉蕤香,后发读,曰:大雅之文,正当如是。《好事集》。"[1]而后世,每以此作"典故"引用。刘克庄《后村诗话》卷14:"长吉歌行新意险语,自有苍生以来所无。樊川云:极骚人墨客笔力,尽古人文章变态,非长吉,不足以当之。高轩过乃其总角时所作,若宿构者。然其母曰:是儿欲呕出心乃已。知子莫若母,岂非苦吟而得者欤? 唐《杂记》云:贺性傲,忽其诗为母中表投之溷中,故传于世者绝少。悲夫! 使吾有中表如贺,当濯蔷薇水、薰玉蕤香,方敢开卷。此中表岂鼻塞,不知香臭者欤?"[2]王恽《秋涧集》卷73《跋临本兰亭序》:"此帖在临本间最佳,却疑是唐人填书,年深墨花脱落,若透绢影耳。又当以蔷薇露盥手、爇玉蕤香,观之可也。"[3]

11.2

当进入北宋以后,"蔷薇水"或"蔷薇露"方始进入寻常人家。苏洵《嘉佑集》卷16《香》:"捣麝筛檀入范模,润分薇露合鸡苏。一丝吐出青烟细,半炷烧成玉箸粗。道士每占经次第,佳人惟验绣工夫。轩窗几席随宜用,不待高擎鹊尾炉。"[4]黄庭坚《山谷集》卷外7《次韵几复苔予所赠物,石博山》:"绝域蔷薇露,他山菡萏炉。薰衣作家想,伏枕梦闺姝。游子官蚁穴,谪仙居瓠壶。当时有忧乐,回首亦成无。"[5]郭祥正《青山集》卷16《颖叔招饮吴圃》:"五鼓开画戟,平明出重闉。小桥分野径,吴圃会众宾。番禺二月尾,落花已无春。唯有蔷薇水,衣襟四时熏。短垣乃浮丘,楼观何斩新! 我公发幽晦,输金走车轮。蓬莱飞一岛,云外拖晴绅。此景在眉睫,图绘未必匀。从来不弹弋,傍砌鸟雀驯。寄语北海若,停风护松筠。负才诗傲敌,纵酒吞湖漘。酩酊安足辞? 不饮终成尘。逍遥一日事,浮脆百年身。何须跨黄鹤? 追彼瑶池人。"[6]

---

〔1〕文渊阁《四库全书》本,页8上。

〔2〕文渊阁《四库全书》本,页12上、下。

〔3〕《四部丛刊初编》,景印弘治翻印元刊本,页13上。

〔4〕文渊阁《四库全书》本,页14上。

〔5〕文渊阁《四库全书》本,页11下。

〔6〕《宋集珍本丛刊》,影印宋刊本,线装书局,页677上。

更不用说稍晚时候皇家的苑殿了。杨万里《诚斋集》卷28:"正月五日,以送伴借官侍宴集英殿,口号:金猊狻猊立玉台,双瞻御座首都回。水沉山麝蔷薇露,漱作香云喷出来。"[1]刘克庄《后村集》卷1《宫词》:"先帝宫人总道妆,遥瞻陵柏泪成行。旧恩恰似蔷薇水,滴在罗衣到死香。"[2]

南宋、金分别立国以后,"蔷薇水"或"蔷薇露"的使用更为普及。《后村集》卷8《答留通判元崇》:"不见龙骧与骥驰,纷纷虫篆斗蛛丝。君侯杰出南方者,老仆终当北面之。忆玉树枝劳远梦,薰蔷薇水读来诗。自惭眼力非关令,紫气浮空懵不知。"[3]文天祥《文山集》卷1《赠拆字嗅衣相士》:"阿英薰蒸透肌理,不洁未蒙好西子。芙蓉浪中蔷薇水,苏合蜣螂忘彼已。马嵬新袜钩新月,腥臊千年天地裂。是间曾着鼻孔么,梅香窦臭无如何。"[4]《中州集》卷7毛麾《魏城马南瑞以异香见贻,且索诗为赋》:"二卉真香岂复加?便宜编谱入雄夸。留残一点蔷薇水,幻出诸天薝卜花。佩带正垂金钿小,薰炉孤起翠云斜。"[5]《中州乐府》蔡松年《水调歌头》:"世间物,惟有酒,可忘忧。萧闲一段归计,佳处着君侯。翠竹江村月上,但要纶巾鹤氅,来往亦风流。醉墨蔷薇露,洒遍酒家楼。"[6]《赵氏铁网珊瑚》卷2柯谦《题范文正公书伯夷颂》:"企清风兮薇山之阳,宝芳帖兮薇露之香。意人世不可以久留兮,雷霆下而取将。幸邺侯之巾袭兮,俨墨迹之未亡。把一麾而东来兮,文正之乡。乔木苍苍兮兰菲菲,其弥芳嘉。先正之有后兮,伟德泽之长。出此帖而归之兮,甚魏笏之辉煌。时不可兮再得,勉世世兮珍藏。"[7]

入元以后,"蔷薇水"或"蔷薇露"的使用,一如前朝。耶律铸《双溪醉隐集》卷6《因阅乐,戏赠友人》:"蔷薇露渍霓裳润,桂子风飘月殿

〔1〕《四部丛刊初编》景印宋钞本,页15上。

〔2〕《四部丛刊初编》,景印清钞本,页14下。

〔3〕《四部丛刊初编》,景印清钞本,页12上、下。

〔4〕《四部丛刊初编》,景印明刊本,页7下。

〔5〕《四部丛刊初编》,景印民国景元刊本,页4上。

〔6〕《四部丛刊初编》,景印民国景元刊本,页2下。

〔7〕文渊阁《四库全书》本,页65下。

香。犹自鸣蛙聋醉梦，欲教人说是归昌。"[1]《御选元诗》卷 29 谢端《送李彦方副使之闽》："台除近日多留中，今日东门送君去。平生不到黄河壖，褰帷万里闽关路。画鹢轻摇杨柳风，绣衣肯裹蔷薇露。"[2]虞集《道园类稿》卷 6《次韵吴宗师》："砚池满贮蔷薇水，翯腹轻磨翡翠钗。仙苑烟云随地暖，道山风日尚春佳。巢笙夜夜鸣金屋，飞鸟时时步玉阶。"[3]丁复《桧亭集》卷 3《宝鸭曲》："重帘未厌水云姿，华屋清深寄间绝。生殊剥花红锦翅，枯咽半湿蔷薇水。宝灯夜县琉璃光，恍若淡在沧浪里。"[4]陈樵《鹿皮子集》卷 1《卧褥香炉赋》："若蘅薇荐芬，沈榆效质。又若龙脑在燔，丹螺献甲。汉壁捐椒，楚芳委榇。夺藉兰之蒸蕙，醒醉花之病叶。博山倚席，菡萏生寒。蔷薇百濯，豆蔻汤干。香从何来？来无定源。藻绣丛中，不火而然。香生弱缕，五色非烟。援衾拂席，银黄可鉴。动如丸走，止与轮停。触钿函而不转，环绶笱以如萦。拂绮襦而缓引，当白泽以留行。左右周旋，芳尘不惊。金烬无迹，芝印长存。花将银缕，屫随金校。么凤低回，蟉龙天蟜。钿花争丽，雀翘分藻。映红玉之春娇，共琼株之晨照。"[5]

此种情况，一直持续到有明初年。吕诚《来鹤亭集》卷 1《赋带露樱桃》："玉纤香剥鸡头软，仙掌寒分鹤顶丹。天酒淋漓樊子醉，月盘璀璨汉臣看。不妨更渍蔷薇水，润我谈玄舌本干。"[6]胡奎《斗南老人集》卷 4《题清致轩》："玉湖清冰清彻底，铜盘甘露甘如醴。一洗胸中万斛尘，挥毫濯以蔷薇水。坐中宾客且勿喧，听我长歌清致之高轩。闻道幽居最清绝，人物似是瀛洲仙。五峰佳气郁不散，仰见华盖当中天。"[7]黄镇成《秋声集》卷 1《贫女吟》："贫女娉婷年少时，绮窗日日画蛾眉。不羡桃花妆笑靥，肯随杨柳斗腰肢。寒机织得云间素，青鸾一一衔花度。自裁春雾作春衣，含香试缕蔷薇露。长怜玉质解倾城，谁料贫家嫁

〔1〕文渊阁《四库全书》本，页 36 上。

〔2〕文渊阁《四库全书》本，页 11 下，页 12 上。

〔3〕《元人文集珍本丛刊》，影印明初翻印至正刊本，新文丰出版社，页 343 下。

〔4〕文渊阁《四库全书》本，页 7 上、下。

〔5〕文渊阁《四库全书》本，页 6 上、下。

〔6〕文渊阁《四库全书》本，页 4 上。

〔7〕文渊阁《四库全书》本，页 48 下。

不成？年去年来春色晚，花开花落两无凭。"[1]张昱《张光弼集》卷6
《次林叔大都事韵》《惆怅》："不知汉主黄金屋，何似卢家白玉堂？好梦
自抛桃叶后，闲愁似过柳条长。无端收得番罗帕，彻夜蔷薇露水香";
"画阁小杯鹦鹉绿，玉盘纤手荔枝红。春衫汗泡蔷薇露，夜帐香回茉莉
风。惆怅近来江海上，却将鞍马学从戎"[2]《明诗综》卷15刘涣《绝
句》："鬈薄云松绿雾凉，春风额点麝脐黄。背人扑得双胡蝶，满扇蔷薇
露水香。"[3]高启《大全集》卷16《蔷薇露盥手》："蛮估海帆回，银罂玉
永开。盥余香满手，恰似折花来。"[4]

11.3

　　根据稍晚的记录，西亚、南亚都有"蔷薇露"或"蔷薇水"的大宗消
费。周嘉胄《香乘》卷5《香品》、卷10《香事分类》、卷12《香事别录》：
"饮蔷薇香露：榜葛剌国，不饮酒，恐乱性，以蔷薇露和香蜜水饮之。
《星槎胜览》";"礼佛寺香壁：天方，古筠冲地。一名天堂国，内有礼佛
寺。遍寺墙壁，皆蔷薇露、龙涎香和水为之，馨香不绝。《方舆胜览》";
"涂香礼寺：祖法儿国，其民如遇礼拜寺日，必先沐浴，用蔷薇露、或沉
香油涂其面。《方舆胜览》"[5]　其海外贸易地，遍及东西航路所经。
在南亚，于宋有今印度金奈市南之"注辇"、于元有今斯里兰卡科伦坡
市之"高郎步"、印度科泽科德市之"古里佛"等。《宋史》卷489《注辇
国传》："熙宁十年，国王地华加罗遣使奇啰啰、副使南卑琶打、判官麻
图华罗等二十七人来献跹豆珠、麻珠、瑠璃大洗盘、白梅花脑、锦花犀
牙、乳香、瓶香、蔷薇水、金莲花、木香、阿魏、鹏砂、丁香。使副以真珠、
龙脑登陛，跪而散之，谓之撒殿。"[6]汪大渊《岛夷志略》《高郎步》《古
里佛》："[高郎步]稍煮海为盐，酿蔗浆为酒。有酋长。地产红石头，与

　　〔1〕《北京图书馆古籍珍本丛刊》，影印洪武刊本，书目文献出版社，页635上。
　　〔2〕《四部丛刊续编》，景印明钞本，页11下，页3下。
　　〔3〕文渊阁《四库全书》本，页2下，页3上。
　　〔4〕《四部丛刊初编》，景印景泰刊本，页7上。
　　〔5〕《四部丛刊初编》，景印景泰刊本，页7下，页5上。
　　〔6〕中华书局标点本，1977年版，页14098。

·欧·亚·历·史·文·化·文·库·

僧加剌同。贸易之货,用八丹布、斗锡、酒、蔷薇水、苏木、金、银之属。"
"[古里佛],桑布、蔷薇水、波罗蜜、孩儿茶。其珊瑚、真珠、乳香诸等货,皆由甘理、佛朗来也。"[1]

在东南亚,于宋有今印度尼西亚巴邻旁市之"三佛齐",于元有今马来西亚新山市东之"东西竺"、印度尼西亚棉兰市北之"须文答剌"、班达亚齐市北之"喃巫哩"等。赵汝适《诸蕃志》卷上《三佛齐国》:"浴以蔷薇露,用水则有巨浸之患。"[2]《陈氏香谱》卷1:"瓢香,《琐碎录》云:三佛齐国以匏瓢盛蔷薇水至中国,水尽,碎其瓢而藏之,与笃耨瓢略同,又名干葫芦片,以之蒸香最妙。"[3]《宋史》卷489《三佛齐传》:"开宝七年,又贡象牙、乳香、蔷薇水、万岁枣、褊桃、白沙糖、水晶指环、瑠璃瓶、珊瑚树。"[4]《岛夷志略》《东西竺》《须文答剌》《喃巫哩》:"[东西竺]地产槟榔、老叶、椰心簟、木绵花。番人取其椰心之嫩而白者,或素或染,织而为簟,售之唐人。其簟冬暖而夏凉,亦可贵也。贸易之货,用花锡、胡椒、铁器、蔷薇露水之属。""[须文答剌]土产脑子、粗降真、香味短、鹤顶、斗锡。种茄树高丈有余,经三四年不菱,生茄子以梯摘之,如西瓜大,重十余斤。贸易之货,用西洋丝布、樟脑、蔷薇水、黄油伞、青布、五色缎之属。""[喃巫哩]地产鹤顶、龟筒、玳瑁,降真香冠于各番。贸易之货,用金、银、铁器、蔷薇水、红丝布、樟脑、青白花碗之属。"[5]

在西亚,于宋有土耳其科尼亚市之"芦眉"、也门木卡拉市东之"麻离拔"、伊朗阿巴斯港市西南之"记施"等国。《诸蕃志》卷上《芦眉国》:"芦眉国,自麻啰拔西陆行三百余程始到,亦名眉路骨国","地产绞绡、金字越诺布、间金间丝织锦绮、摩娑石、无名异、蔷薇水、栀子花、苏合油、鹏砂及上等碾花琉璃。人家好畜驼、马、犬"[6]。"麻啰拔"、"芦眉"亦"眉路骨",即"麻离拔"、"眉路骨惇"。周去非《岭外代答》

〔1〕《中外交通史籍丛刊》,苏继庼校释本,中华书局1981年版,页270,页325。
〔2〕《中外交通史籍丛刊》,杨博文校释本,中华书局1996年版,页35。
〔3〕文渊阁《四库全书》本,页15上。
〔4〕中华书局标点本,1977年版,页19089。
〔5〕中华书局标点本,1977年版,页227,页240,页261。
〔6〕《中外交通史籍丛刊》,杨博文校释本,中华书局1996年版,页116。

卷3《外国门》："有麻离拔国，广州自中冬以后发船，乘北风行，约四十日，到地名蓝里，博买苏木、白锡、长白藤，住至次冬，再乘东北风，六十日顺风方到。此国产乳香、龙涎、真珠、琉璃、犀角、象牙、珊瑚、木香、没药、血竭、阿魏、苏合油、没石子、蔷薇水等货，皆大食诸国至此博易。""有眉路骨惇国，居七重之城。自上古用黑光大石迭就，每城相去千步，有蕃塔三百余，内一塔，高八十丈，内有三百六十房，人皆缠头搭项，寒即以色毛段为衣。以肉、面为食，以金、银为钱，所谓鲛绡、蔷薇水、栀子花、摩娑石、鹏砂，皆其所产也。"〔1〕暨，《诸蕃志》卷上《记施国》："记施国，在海屿中，望见大食，半日可到"，"大食岁遣骆驼负蔷薇水、栀子花、水银、白铜、生银、朱砂、紫草、细布等下船至本国，贩于他国"。〔2〕

实际上，无论东南亚、南亚还是西亚诸国，所有"蔷薇水"或"蔷薇露"的产地，都是西亚的"大食"。《诸蕃志》卷上《三佛齐国》《大食国》："土地所产，玳瑁、脑子、沉速暂香、粗熟香、降真香、丁香、檀香、荳蔻，外有真珠、乳香、蔷薇水、栀子花、腽肭脐、没药、芦荟、阿魏、木香、苏合油、象牙、珊瑚树、猫儿睛、琥珀、番布、番剑等，皆大食诸番所产，萃于本国。番商兴贩，用金、银、瓷器、锦绫、缬绢、糖、铁、酒、米、干良姜、大黄、樟脑等物博易。""国有大港，深二十余丈，东南濒海，支流达于诸路。港之两岸皆民居，日为墟市，舟车辐凑，麻、麦、粟、豆、糖、面、油、柴、鸡、羊、鹅、鸭、鱼、虾、枣圈、蒲萄、杂果皆萃焉。土地所出，真珠、象牙、犀角、乳香、龙涎、木香、丁香、肉荳蔻、安息香、芦荟、没药、血碣、阿魏、腽肭脐、鹏砂、琉璃、玻璃、砗磲、珊瑚树、猫儿睛、栀子花、蔷薇水、没石子、黄蜡、织金软锦、驼毛布、兜罗锦、异缎等。番商兴贩，系就三佛齐、佛啰安等国转易。麻啰抹、施曷、奴发、哑四包闲、啰施美、木俱兰、伽力吉、毗喏耶、伊禄、白达、思莲、白莲、积吉、甘眉、蒲花罗、层拔、弼琶啰、勿拔、瓮篱、记施、麻嘉、弼斯罗、吉瓷尼、勿斯离，皆其属国也。"〔3〕

---

〔1〕《中外交通史籍丛刊》，杨武泉校注本，中华书局1999年版，页99—100。
〔2〕《中外交通史籍丛刊》，杨博文校释本，中华书局1996年版，页108—109。
〔3〕《中外交通史籍丛刊》，杨博文校释本，中华书局1996年版，页35—36，页90。

11.4

　　"蔷薇水"或"蔷薇露"的中国集散地,则为南方的港口明州、泉州和广州。《宝庆四明志》卷 6:"外化蕃船,遇到申上司候指挥抽解。纽色:银子,鬼谷珠,朱砂,珊瑚,琥珀,玳瑁,象牙,沈香,笺香,丁香,龙涎香,苏合香,黄熟香,檀香,阿香,乌里香,金颜香,上生香,天竺香,安息香,木香,亚湿香,速香,乳香,降真香,麝香,加路香,茴香,脑子,木札脑,白笃耨,黑笃耨,蔷薇水,白荳蔻,芦荟,没药,没石子,槟榔,胡椒,硼砂,阿魏,膃肭脐,藤黄,紫矿,犀角,葫芦瓢,红花,蜡。"[1]赵彦卫《云麓漫钞》卷 5:"福建市舶司常到诸国舶船,大食、嘉令、麻辣、新条、甘柸、三佛齐国,则有真珠、象牙、犀角、脑子、乳香、沈香、煎香、珊瑚、琉璃、玛瑙、玳瑁、龟筒、栀子香、蔷薇水、龙涎等。"[2]徐积《徐节孝集》卷 31《语录》:"公闻蒋颖叔(士奇)得广帅,曰:广为雄藩府,座出先导,以门旗夹以银挝屠刽人,次之它镇所无也。初至,蛮酋必以琉璃瓶注蔷薇水挥洒于太守,不及其它。"[3]王士禛《池北偶谈》卷 5《蔡卞、白敏中》:"人有不可以一节取者,《宋史》载蔡卞历扬、广、越、润、陈五州。广州宝贝丛凑,一无所取。及徙越,夷人清其去,以蔷薇露洒衣送之。即此一事论之,虽与沉香载石同称可也,而乃出于卞之巨奸。"[4]

　　尽管,"蔷薇水"或"蔷薇露"在中国自有其固定的市场和消费者;可是,身为消费者的中国人,当时却并不十分清楚知道其原料和制作工艺。《诸蕃志》卷下《蔷薇水》:"蔷薇水,大食国花露也。五代时,蕃使蒲诃散以十五瓶效贡,厥后,罕有至者。今多采花浸水,蒸取其液,以代焉。其水多伪,杂以琉璃瓶试之,飘摇数四,其泡周上下者为真,其花与中国蔷薇不同。"[5]《陈氏香谱》卷 1:"今则采末利花蒸取其液以代焉,

---

　　[1]《宋元方志丛刊》,影印咸丰《宋元四明六志》本,中华书局 1990 年版,页 5058 下,页 5059上。

　　[2]《唐宋史料笔记丛刊》,傅根清点校本,中华书局 1998 年版,页 88。

　　[3]文渊阁《四库全书》本,页 4 下,页 5 上。

　　[4]齐鲁书社文益人点校本,2007 年版,页 88。

　　[5]《中外交通史籍丛刊》,杨博文校释本,中华书局 1996 年版,页 172。

然其水多伪杂,试之,当用琉璃瓶盛之,翻摇数四,其泡自上下者为真。"[1]《铁围山丛谈》卷6:"旧说蔷薇水,乃外国采蔷薇花上露水,殆不然。实用白金别为甑,采蔷薇花蒸气成水,则屡采屡蒸,积而为香,此所以不败。但异域蔷薇花气,馨烈非常,故大食国蔷薇水虽贮琉璃缶中,蜡密封其外,然香犹透彻,闻数十步,洒着人衣袂,经十数日不歇也。至五羊效外国造香,则不能得蔷薇,第取素馨、茉莉花为之,亦足袭人鼻观,但视大食国真蔷薇水,犹奴尔。"[2]又,《陈氏香谱》卷1:"野悉密香,潜斋(辅广)云:出佛林国,亦出波斯国,苗长七八尺,叶似梅,四时敷荣。其花五出,白色,不结实,花开时,遍野皆香,与岭南詹糖相类。西域人常采其花,压以为油,甚香滑。唐人以此和香,或云蔷薇水,即此花油也,亦见《[酉阳]杂俎》。"[3]

除了亲眼所见制作过程的使臣陈诚,几乎大部分明中前以前关于"蔷薇水"或"蔷薇露"的记载,都属真假参半的传闻。黄衷《海语》卷中《物产酴醿露》:"酴醿,海国所产为盛。出大西洋国者,花如中州之牡丹,蛮中遇天气凄寒,零露凝结,着他草木,乃冰澌木稼,殊无香韵。惟酴醿花上琼瑶晶莹,芬芳袭人,若甘露焉。夷女以泽体发,腻香经月不灭。国人贮以铅瓶,行贩他国,暹罗尤特爱重,竞买略不论直。随船至广,价亦腾贵。大抵用资香奁之饰耳。"[4]张燮《东西洋考》卷2:"蔷薇水,充贡。《华夷考》:名酴醿露。曰:海国所产,天气凄寒,零露凝结,着他草木乃冰澌,木稼殊无香韵,惟酴醿花上琼瑶晶莹,芬芳袭人,若甘露焉。夷女以泽体发,腻香经月不灭。暹罗尤特爱重,竞买略不论直。"[5]陈诚《竹山集》卷内1《蔷薇露之说》:"蔷薇水,观广记云:大食国之花露也。五代时,藩使蒲河散以十五瓶效贡。此说似奇,岂有花露可得十五瓶哉?予于丁酉夏四月初复至哈烈,值蔷薇盛开,富家巨室,植皆塞道。花色鲜红,香气甚重,采置几席,其香稍衰。则收拾顿炉甑

〔1〕文渊阁《四库全书》本,页25下,页26上。
〔2〕《唐宋史料笔记丛刊》,冯惠民、沈鹏麟点校本,中华书局1983年版,页97。
〔3〕文渊阁《四库全书》本,页25下。
〔4〕文渊阁《四库全书》本,页7上。
〔5〕《中外交通史籍丛刊》,谢方点校本,中华书局1981年版,页37。

间,如作烧酒之制。蒸出花汁,滴下成水,以瓶瓯贮之,故可多得。以渑酒浆,以洒衣服,香气经久不散。故凡合香品,得此最为奇妙也。"[1]

《岛夷志略》《龙涎屿》:"然用之(龙涎)合诸香,则味尤清远,虽茄蓝木、梅花脑、檀、麝、栀子花、沉速木、蔷薇水众香,必待此以发之。"[2]实际上,"蔷薇水"或"蔷薇露"也是合成香的重要配料之一。《陈氏香谱》卷1、卷2、卷3:"熏华香:盖以海南降真劈作薄片,用大食蔷薇水浸透,于甑内蒸干,慢火藙之,最为清绝。樟镇所售,尤佳。""江南李主帐中香:以香投油,封浸百日,藙之,入蔷薇水更佳。""杨古老龙涎香:至调时,掺入搜匀,更用苏合油、蔷薇水、龙涎别研,再搜为饼子。""李王花浸沉:沉香不拘多少,剉碎,取有香花,蒸茶蘼、木犀、桔花或桔叶亦可。福建末利花之类,带露水摘花一盌,以瓷盒盛之,纸盖,入甑蒸食,顷取出,去花留汗汁,浸沉香,日中暴干。如是者三,以沉香透润为度。或云:皆不若蔷薇水浸之最妙。""杏花香:为末,入蔷薇水匀和,作饼子。""复古东阁云头香:为末,蔷薇水和匀,如无,以淡水和之。""元若虚总管瑶英胜:先将沉香细剉,砧令极细,方用蔷薇水浸一宿。次日,再上砧三五次。""韩钤辖正德香:用蔷薇水和,令干湿得所,上砧石细砧,脱花藙之。""辛押陀罗亚悉香:为细末,以蔷薇水、苏合油和剂,作丸或饼,藙之。""笃耨佩香:为细末,蔷薇水徐徐和之。"[3]

11.5

应该没有疑问,在中世纪东方流行的香水中,来自于西亚的"蔷薇水"或"蔷薇露",盖其中的佼佼者。根据现有的数据,可以基本断定:其在中国的消费,起始于唐,勃兴于五代、北宋,繁盛于南宋、元。繁盛的标志之一,其赫然名列在当时的馈赠物名单之中。周必大《周益公集》卷190《刘文潜司业焞》:"某借易拜问太夫人:共想心志舒愉,寿体

---

〔1〕《四库全书存目丛书》,影印雍正刊本,齐鲁书社,页326上、下。

〔2〕《四库全书存目丛书》,影印雍正刊本,齐鲁书社,页44。

〔3〕文渊阁《四库全书》本,页30下,页11上,页28下,页39下,页11下,页27下,页28上,页29下,页33上。

日益胜健。尊嫂恭人懿候万福，郎娘侍履均庆。此去昏嫁之类，种种皆便也。山妇辈多致恋恋之意，欲寄书籍、研石为贶，计台斾已行，遣村夫甚遽恐，追路不及，谩有湖南高机一端、海南蓬莱香十两、蔷薇水一瓶。轻则速达，意不在物也。愧悚，愧悚。抚干须为易地计，莫少留归、峡间，以俟同涂否？某欲作李仁甫、张真甫子弟书，皆写不及。它时相见，望道下悃。"[1]《诚斋集》卷24《和张功父送黄蔷薇并酒之韵》："海外蔷薇水，中州未得方。旋偷金掌露，浅染玉罗裳。已换桃花骨，何须贾氏香？更烦曲生辈，同访墨池杨。功父诗云：已从槐借叶，更与菊为裳。"[2]虞俦《尊白堂集》卷4《广东漕王侨卿寄蔷薇露因用韵》："薰炉斗帐自温温，露挹蔷薇岭外村。气韵更如沉水润，风流不带海岚昏。""美人晓镜玉妆台，仙掌承来傅粉腮。莹彻琉璃瓶外影，闻香不待蜡封开。"[3]

"蔷薇水"或"蔷薇露"之于宋、元之际，可说是家喻户晓，这还可从时人诗文的隐喻中清晰地感受到。释德洪《石门文字禅》卷5："予顷还自海外，夏均父以襄阳别业见要，使居之。后六年，均父谪祁阳酒官，余自长沙往谢之，夜语，感而作。今年中秋夕，水宿青苹渚。谁持一纸书？剥啄叩蓬户。呼灯得欸识，失床喜而舞。开书有新诗，喜事遽如许。丽如春湖晓，月映蔷薇露。笔力回春工，仿佛失风度。湘江三百里，欸段沿江路。岳色满征鞍，疾驱那敢顾？"[4]《诚斋集》卷34《高视石岭，雨中云气蔽亏，山色隐显》："堆从平地到天半，并作清香一炷焚。烟绕翠鬟苍玉佩，身披白縠素罗裙。更将万斛蔷薇露，洒作桑麻万顷云。"[5]释英《白云集》卷3《游邹县峄山》："紫烟翠雾锁空蒙，恍然误入桃源路。洞口仙人坐芝石，双脸凝丹发垂素。见人长揖无一语，松间指看三珠树。左金童，右玉女，捧螺杯擘麟脯霓。裳曲奏，胎禽舞，玻璃泻，蔷

[1]《宋集珍本丛刊》，影印明钞本，线装书局，页706下
[2]《宋集珍本丛刊》，影印明钞本，线装书局，页8上、下。
[3]《宋集珍本丛刊》，影印乾隆钞本，线装书局，页490上、下。
[4]《四部丛刊初编》，景印明钞本，页10上。
[5]《四部丛刊初编》，景印宋钞本，页115上。

薇露。浪游乘兴不知醉,一觉黄粱天地外。"[1]《秋涧集》卷20《遐观｛享｝[亭],南剑州总尹张侯所构》:"闽右江山第一州,危栏高倚九峰头。大书快睹凌云榜,神化空惊跃剑舟。冠盖送迎无少暇,风烟吟眺暂相酬。晓凉多趁蔷薇露,醉墨淋漓想未休。"[2]

"蔷薇水"或"蔷薇露"的制作方法,直到西学东渐之际,方始由中国人所知。顾起元《说略》卷28《卉笺》:"旧说蔷薇水,乃外国人采蔷薇花上露,殆不然。实用白银或铅为甑瓶,采蔷薇花蒸之成水,屡采屡蒸,积而为香,此所以不败。但西域蔷薇花,其气馨非常,故大食国蔷薇,虽水贮琉璃缶中,蜡密封其外,香犹彻透开数十步。洒着人衣袂,经数十日,香不歇也。顷年,欧罗巴国人利玛窦居南都,取此中蔷薇花蒸水,然香味迥不及矣。"[3]熊三拔《泰西水法》卷4:"凡诸药,系草木果蓏谷菜诸部,具有水性者。皆用新鲜物料,依法蒸馏得水,名之为露。今所用蔷薇露,则以蔷薇花作之,其它药所作,皆此类也。""欲作诸露,以物料治净长大者剉碎之,花则去蒂与心,置铜锅中,不须按实,按实,气不上行也。置铜锅入灶窝内,兜牟盖之,文火烧之,砖热则锅底热,热气升于兜牟,即化为水,沿兜牟而下,入于沟,出于管,以器承之。兜牟之上,以布盖之,恒用冷水湿之,气升遇冷,即化水。候物料既干,而易之所得之水,以银石瓷器贮之,日晒之,令减其半,则水气尽能久不坏。玻璃尤胜,透日易耗故也。他凡为香,以其花草作之,如蔷薇、木樨、茉莉、梅莲之属;凡为味,以其花草作之,如薄荷、茶茴、香紫苏之属。诸香与味,用其水,皆胜其物。"[4]

最后,关于"蔷薇水"或"蔷薇露"之始见。明人杨慎《升庵集》卷59《瑞香花诗》谓:"又,唐人诗云:谁将玉胆蔷薇水?新濯琼肌锦绣禅。体物既工,用韵又奇,可谓绝唱矣。"[5]所称"唐人诗",其实是南宋人杨万里的诗。《诚斋集》卷41《瑞香盛开,呈益国公》:"近看丁香万粒

〔1〕文渊阁《四库全书》本,页5下。

〔2〕《四部丛刊初编》,景印弘治翻之刊,页11上。

〔3〕文渊阁《四库全书》本,页32上。

〔4〕文渊阁《四库全书》本,页6上、8上、下。

〔5〕文渊阁《四库全书》本,页15上。

攒,远看却与紫球般。谁将玉胆蔷薇水？新濯琼肤锦绣禅。"〔1〕不过,唐或唐以前人于诗、文虽不及"蔷薇水"或"蔷薇露",但对因之而有"露"或"水"的蔷薇花,却是赋咏再三。谢朓《谢宣城集》卷5《咏蔷薇》:"低枝讵胜叶？轻香幸自通。发萼初攒紫,余采尚霏红。新花对白日,故蕊逐行风。参差不俱曜,谁肯盼微丛？"〔2〕储光羲《储光羲集》卷4《蔷薇》:"袅袅长数寻,青青不作林。一茎独秀当庭心,数枝分作满庭阴。春日迟迟欲将半,庭影离离正堪玩。枝上娇莺不畏人,叶底飞蛾自相乱。秦家女儿爱芳菲,画眉相伴采葳蕤。高处红须欲就手,低边绿刺已牵衣。蒲萄架上朝光满,杨柳园中暝鸟飞。连袂踏歌从此去,风吹香气逐人归。"〔3〕又,白居易《白氏长庆集》卷15《题王侍御池亭》:"朱门深锁春池满,岸落蔷薇水浸莎。毕竟林塘谁是主？主人来少客来多。"〔4〕所见"蔷薇水",非加工的成品"蔷薇水",而是掉落"蔷薇"花瓣于其中的普通"水"罢了。

---

〔1〕《四部丛刊初编》,景印宋钞本,页12下。

〔2〕《四部丛刊初编》,景印明翻宋刊本,页4上、下。

〔3〕文渊阁《四库全书》本,页12上、下。

〔4〕《四部丛刊初编》,景印日本翻宋刊本,页13下。

12　镂梓辅曲

——《中原音韵》与金、元人语言

　　在汉语言的演化过程中,由中国古代音韵体系进入以官话为主体的中国近、现代音韵体系,毫无疑问,自金历元至明,乃是其中最为重要的环节。而反映这一环节状况的代表作,当然就是《中原音韵》一书。该书所反映的汉文字读音,较之先前,主要有二个特点:一是平声分阴、阳,二是入声分归平、上、去。该书之作,主要的目的是为了方便制作戏曲。戏曲,缘唱腔和曲调的高、低、平产生音和乐的变化。元代的戏曲作家,利用四声的高低平来配合音和乐的高、低、平,大致由低到高用阳平的字,由高到低用去声的字,由高到低又转高用上声的字,平而延长用阴平的字。与《广韵》比较,《中原音韵》最为显著的差别就是韵部的归并。这当然意味着从北宋到元的汉字读音音素的减少,亦不少近似的读音,有趋同的情况。

12.1

　　在汉语言的演化过程中,由中国古代音韵体系进入以官话为主体的中国近、现代音韵体系,毫无疑问,自金历元至明,乃是其中最为重要的环节。而反映这一环节状况的代表作之一,当然就是《中原音韵》一书。《中原音韵》卷首虞集《中原音韵序》:"高安周德清,工乐府、善音律,自制《中原音韵》一帙,分若干部,以为正语之本,变雅之端。其法以声之清浊,定字为阴阳,如高声从阳,低声从阴,使用字者,随声高下,措字为词,各有攸当,则清浊得宜,而无凌犯之患矣。以声之上下,分韵为平仄,如入声直促,难谐音调,成韵之入声,悉派三声,志以黑白,使用韵者,随字阴、阳置韵,成文各有所协,则上下中律,而无拘拗之病矣。"〔1〕李祁《云阳集》卷4《周德清乐府韵序》:"高安周德清,通音律、善乐府,举沈氏之书,而洗空之,考其源流,指其疵缪,特出己见,以阴、阳定平声之上下,而向之东、冬、钟、江等韵皆属下平,以中原之音正四方之音,而向之混、缓、范、犯等字,皆归去声。此其最明白而易见者,它亦未暇悉论也。盖德清之所以能为此者,以其能精通中原之音,善北方乐府,故能审声以知音,审音以类字,而其说则皆本于自然,非有所安排布置而为之也。"〔2〕

《中原音韵》作者周德清,瑞州路高安县人。《续文献通考》卷198《经籍考词曲》:"周德清《中原音韵》2卷。德清,字挺斋,高安人。"〔3〕《明清类天文分野之书》卷5《斗牛吴越分》:"五代南唐保大十年,复置筠州,而高安为倚郭县。宋宝庆初,改筠州为瑞州,县仍属焉。元仍其旧,[立总管府]。"〔4〕然而,《中原音韵》卷末《中原音韵后序》唯云:"挺斋周德清书"〔5〕;而前引虞集、李祁文中每称"高安周德清"。按照元代士人的惯例,他人相称,书后落款,常以字、号,不以名;而字往往是名含义的引申或补充。以字"伯生"、号"邵庵"的虞集来说,正是这样。吴澄《吴文正集》卷28《题陶庵、邵庵记后》:"往年,尝于吾庐之侧治一室,真文成张司徒、靖节陶征士、希夷陈先生、康节邵先生画像其中,晨夕瞻敬。后以寇扰弗靖,迁徙不常而废。吾友国子助教虞伯生取靖节、康节二贤之氏名其庵,与予意岂异也?"〔6〕《元风雅》卷首《元风雅序》:"至元二年岁在丙子八月辛巳,邵庵道人虞伯生题词。"〔7〕暨,虞集《道园类稿》卷30《刘仲经字说》:"保定刘道传来求字,字之曰仲经,又请其说","言道传而不本诸经,可乎?故字之曰仲经"〔8〕据此以言,很

〔1〕文渊阁《四库全书》本,页1下,页2上。
〔2〕《北京图书馆古籍珍本丛刊》,影印清钞本,书目文献出版社,页217上、下。
〔3〕浙江古籍出版社影印《十通》本,2000年版,页4366中。
〔4〕《续修四库全书》影印明刊本,上海古籍出版社,页18上、下。
〔5〕文渊阁《四库全书》本,页2上。
〔6〕《元人文集珍本丛刊》,影印成化刊本,新文丰出版社,页488上。
〔7〕文渊阁《四库全书》本,页2上。
〔8〕《元人文集珍本丛刊》,影印明初翻印至正刊本,新文丰出版社,页81下,页82上。

有可能,"德清"为字,"挺斋"为号。

周德清之生活时代,贯穿整个元中、后期。《中原音韵》卷末《中原音韵后序》、卷首《中原音韵序》:"泰定甲子秋,予(周德清)既作《中原音韵》并起例,以遗青原萧存存。""乃复叹曰:予作乐府三十年。""余还山中,眊且废矣,德清留滞江南,又无有赏其音者。方今天下治平,朝廷将必有大制作,兴乐府以协律,如汉武、宣之世,然则颂清庙、歌郊祀,据和平正大之音,以揄扬今日之盛者,其不在于诸君子乎?德清勉之。前奎章阁侍书学士虞集书。"[1]"泰定甲子",即元泰定帝泰定元年。以其二十之龄始作乐府,则其生年,或在南宋度宗咸淳二年。而虞集为其书作序的时间,盖在元顺帝元统元年以后。赵汸《东山存稿》卷6《虞集行状》:"天历二年,升中顺大夫,未几,拜[虞集]奎章阁侍书学士,升亚中大夫,仍前翰林直学士、知制诰同修国史、兼经筵官、兼国子祭酒。岁中,进阶中奉大夫。至顺元年,为御试进士读卷官,奉旨修皇朝《经世大典》,任总裁。二年,拜翰林侍讲学士、通奉大夫,余如故。今上皇帝入纂大统,被旨赴上都。秋,以病谒告归田里。元统二年,有旨召还禁林,从使者至,即疾作不能行而归。至正八年五月二十三日,终于崇仁私第,年七十有七。"[2]

《中原音韵》书成后,屡经付梓。明刊本有名《中州音韵》者,而清四库阁臣将之析为二卷。蔡清《虚斋集》卷3《中州音韵序》:"顾其书,虽为识者所赏,而未及显行于世,况更物以来,蠹蚀湮晦,复百余年。吴兴王文璧先生,隐居乐道,沉潜书史,而不废音韵之学。今年,九十矣,乃能取家藏故本,大加订正,视故本为益精且详。以吾闽宪金张公某,其甥也,属为梓行之。适漳守罗侯某及龙溪尹姚君某获见其书,遂请于公,以成其事,俾清识一言于其端。"[3]祝允明《怀星堂集》卷24《重刻中原音韵序》:"大河王将军廷瑞,俊迈士也,既刻诗韵,复欲取周德清《中原音韵》入板,以示予,予为之喜甚。凡正音之说,德清全书言之甚

---

[1] 文渊阁《四库全书》本,页1上、下,页2下,页3上。

[2] 文渊阁《四库全书》本,页6上、下。

[3] 文渊阁《四库全书》本,页47下。

详,因稍为括取要旨数节授之,令列诸前,庶览者可得其概也。缮毕就梓,稍引之云尔。"[1]何瑭《柏斋集》卷9《读中原音韵》:"《中原音韵》,江西周德清氏所著也","独其所述十二曲调,犹可考见古乐之仿佛,观者亦不可尽废之耳。呜呼!礼失而求之野,此岂得已也哉?"[2]《四库全书总目》卷199:"是书成于泰定甲子,原不分卷帙,考其中原音韵起例以下,即列诸部字数,正语作词起例以下,即列作词诸法。盖前为韵书,后为附论,畛域显然。今据此厘为二卷,以便省览。"[3]

12.2

《中原音韵》一书所反映的汉文字读音,较之以之为"参照"的《广韵》,主要有两个特点:一是平声分阴、阳,一是入声分归平、上、去。该书卷首《中原音韵起例》:"盖其不悟声分平仄、字别阴阳。夫声分平仄者,谓无入声,以入声派入平、上、去三声也,作平者最为紧切,施之句中,不可不谨,派入三声者,广其韵耳,有才者,本韵自足矣。字别阴阳者,阴阳字,平声有之,上、去俱无。上、去各止一声,平、上、去有三声。""予甚欲为订砭之文,以正其语,便其作而使成乐府,恐起争端,矧为人之学乎!因重张之,请遂分平声阴、阳,及撮其三声同音,兼以入声派入三声,如碑字次本声后,茸成一帙,分为十九,名之曰《中原音韵》。"[4]《柏斋集》卷9《读中原音韵》:"其法,谓平分二义,入派三声。平分二义,则以平声之字音有抑扬,分为阴阳,如荒黄、青晴之类是也。词曲之间,当用阳字者,不可用阴字,当用阴字者,不可用阳字,若失其法,则歌喉有碍。然此亦近世之论耳,古法不然也。古人歌诗,有叶音之法,盖借他字之音而歌之也,则于字相近而音有抑扬者,固可以相借而用之矣。况周法谓入派三声,则入声之字,当歌之时,亦借为平、上、去声而歌之矣。拘于平声而不拘于入声,抑岂得为通例乎?然则周氏

---

〔1〕文渊阁《四库全书》本,页24上。

〔2〕文渊阁《四库全书》本,页28上、下,页29上。

〔3〕中华书局标点本,1997年版,页2811前。

〔4〕文渊阁《四库全书》本,页1下,页2上,页4上。

盖亦知音而未达者也。"[1]

首先,是"平分二义"。《广韵》卷1、卷2为"上平声"、"下平声",共涵56个韵部。"上平声"涵东、冬、钟、江、支、脂、之、微、鱼、虞、模、齐、佳、皆、灰、咍、真、谆、臻、文、欣、元、魂、痕、寒、桓、删等28个韵部,"下平声"涵先、仙、萧、宵、肴、豪、歌、戈、麻、阳、唐、庚、耕、清、青、蒸、登、尤、侯、幽、侵、覃、谈、盐、添、咸、衔、严、凡等28个韵部。[2] 可是,在读音的声调中,它们并没有任何区别。《中原音韵》卷首《中原音韵起例》:"上平声,非指一东至二十八山而言,下平声非指一先至二十七咸而言,前辈为《广韵》平声多分为上、下卷,非分其音也,殊不知平声字字俱有上平、下平之分,但有有音无字之别,非一东至山皆上平,一先至咸皆下平声也。如东、红二字之类,东字下平声,属阴;红字上平声,属阳。阴者,即下平声;阳者,即上平声。试以东字调平仄,又以红字调平仄,便可知平声阴、阳字音。又可知上、去二声,各止一声,俱无阴、阳之别矣。"[3]也就是说,周德清将音调平直的字与音调向上的字进行了区分;实际上,其所称的"阴平"、"阳平"、"上"声、"去"声四声,就是现代汉语拼音的第一声、第二声、第三声、第四声。

其次,为"入派三声"。《广韵》卷5为"入声",共34个韵部。这些韵部又可分作3类:一是音节由单元音加上"k"者,含屋、沃、烛、觉、药、铎、陌、麦、昔、锡、职、德等十二韵;二是音节由单元音加上"t"者,含质、术、栉、物、迄、月、没、曷、末、黠、辖、屑、薛等十三韵;三是音节由单元音加上"p"者,含缉、合、盍、叶、帖、洽、狎、业、乏等九韵。[4] 在《中原音韵》卷上、中,以上各韵部字分别被并入音节不含"n"、"ng"、"m"等音素的支思、齐微、鱼模、皆来、萧豪、歌戈、家麻、车遮、尤侯等9个韵部。同书卷下《中原音韵正语作词起例》:"一入声派入平、上、去三声者,以广其押韵,为作词而设耳。然呼吸、言语之间,还有入声之别。""一亳州友人孙德卿长于隐语,谓中原音韵三声,乃四海所同者,不独

---

〔1〕文渊阁《四库全书》本,页28上、下。

〔2〕中国书店影印宋刊本,1982年版,页1,页2,页111,页112。

〔3〕文渊阁《四库全书》本,页2上、下。

〔4〕中国书店影印宋刊本,1982年版,页427,页428。

正语作词。""今之所编,四海同音,何所往而不可也? 诗禅得之字,字皆可为法。余曰:尝有此恨。窃谓言语既正,谜字亦正矣。从茸音韵以来,每与同志包猜用此为则,平、上、去本声则可,但入声作三声,如平声伏与扶,上声拂与斧,去声屋与误字之类,俱同声,则不可,何也? 入声作三声者,广其押韵,为作词而设耳,毋以此为比,当以呼吸言语,还有入声之别,而辨之可也。德卿曰:然。"[1]

《广韵》卷2、卷3、卷4中,原来音节含有"m"音素的侵、覃、谈、盐、添、咸、衔、严、凡;寝、感、敢、琰、忝、俨、赚、槛、范;沁、勘、阚、艳、桥、酽、陷、鉴、梵等27个韵部[2];《中原音韵》卷上只将侵、沁、寝等3个韵部的字合并作侵寻等1个韵部,注明为"闭口韵"[3]。其余则合为监咸、廉纤等2个韵部,无别注明;这似乎意味着此两个韵部字的读音已经不再有"m"的音素。而《广韵》卷1、卷2、卷3、卷4中,原来音节含有"ng"、"n"音素的东、冬、钟、江、阳、唐、庚、耕、清、青、蒸、登,董、肿、讲、养、荡、梗、耿、静、迥、拯、等,送、宋、用、绛、漾、宕、映、净、劲、径、证、嶝;真、谆、臻、文、欣、元、魂、痕、寒、桓、删、先、仙;轸、准、吻、隐、阮、混、很、旱、缓、潸、产、铣、狝;震、稕、问、焮、愿、恩、恨、翰、换、谏、裥、霰、线等74个韵[4],在《中原音韵》中被合并作东钟、江阳、庚青、寒山、桓欢、先天、真文等7个韵部,二者仍保留原来的区别。同书卷下《中原音韵正语作词起例》:"一广韵入声缉至乏,中原音韵无合口,派入三声亦然,切不可开口同押","开合同押,用了三韵,大可笑焉。词之法度全不知,妄乱编集板行,其不耻者如是,作者紧戒"[5]。

12.3

《中原音韵》之作,主要目的是为了方便制作戏曲。戏曲,缘唱腔

[1]文渊阁《四库全书》本,页2上,页4上、下,页5上。
[2]中国书店影印宋刊本,1982年版,页112,页215,页321,页322。
[3]文渊阁《四库全书》本,页32上。
[4]中国书店影印宋刊本,1982年版,页1,页111,页213,页214,页215,页319,页321。
[5]文渊阁《四库全书》本,页3下,页4上。

和曲调的高、低、平产生音和乐的变化。元代的戏曲作家,利用四声的高低平来配合音和乐的高、低、平,大致由低到高用阳平的字,由高到低用去声的字,由高到低又转高用上声的字,平而延长用阴平的字。入声字,无论是音节尾含有"k"、"t"、"p"还是已经转化为半爆破的短顿、急促的音,都不利于演唱,因此,以入声转三声也由此而来。在周德清生活的时代,"中原"的语言中,入声字似乎还存在,只不过已有"消亡"的不可逆转的趋向。《中原音韵》卷下《中原音韵正语作词起例》:"一平、上、去、入四声,音韵无入声,派入平、上、去三声。前辈佳作,中间备载明白,但未有以集之者。今撮其同声,或有未当,于我同志,改而正诸。""一入声派入平、上、去三声者,以广其押韵,为作词而设耳。然呼吸、言语之间,还有入声之别。""一入声派入平、上、去三声,如碑字次本韵后,使黑白分明,以别本声外来,庶使学者有才者,本韵自足矣。"[1]陶宗仪《南村辍耕录》卷4《广寒秋》:"今中州之韵,入声似平声,又可作去声,所以蜀、术等字,皆与鱼、虞相近。"[2]除此以外,音节尾含有"m"音素韵部的缩小,也是这类读音趋于"消亡"的中间阶段。

与《广韵》比较,《中原音韵》最为显著的差别就是韵部的归并。这当然意味着从北宋到元的汉字读音音素的减少,亦不少近似的读音,有趋同的情况。《云阳集》卷4《周德清乐府韵序》:"予(李祁)自幼入小学,学诗常怪夫东冬之不相通也,清青之不相用也,则执以问诸师,师曰:此有清浊,非尔所知。及长而益疑,则又以质诸乡之先辈,则乡之先辈,亦有疑之者矣。疑之而著而为书者,有之矣。恨世变莫知所存,亦莫能忆究其说,常往来于怀。"[3]这一情况,在元宪宗二年所刊刘渊《新刊礼部韵略》亦"平水韵"、"平水韵略"中,即已是十分典型的现象,以致为与周德清同时代的熊忠所采用。《古今韵会举要》卷首《古今韵会举要凡例》卷1:"一江南监本免解进士毛氏晃《增修礼部韵略》,江北平水刘氏渊壬子《新刊礼部韵略》,互有增字,今逐韵随音附入。注云:

---

〔1〕文渊阁《四库全书》本,页2上。
〔2〕《元明史料笔记丛刊》句逗本,中华书局1980年版,页53。
〔3〕《北京图书馆古籍珍本丛刊》,影印清钞本,书目文献出版社,页217上。

毛氏韵增、平水韵增,凡二千一百四十二字。毛氏增一千七百二十字,平水韵增四百三十六字。""一旧韵上平、下平、上、去、入五声,凡二百六韵。今依平水韵,并通用之韵为一百七韵。""案《礼部韵略》所收之字,本以便场屋声律之用。后有续降补遗及毛氏韵略、平水韵略重加增入,然犹未尽。今以经、子、史选凡可备用之字,随韵添收,仍各会其数于四声之卷首。"[1]

与《广韵》相比较,《中原音韵》的次要差别,盖不少字的所属韵部有了变化。这标志着:在二者各不相同的时期,那些字的读音有了很大的变化。《中原音韵》卷下《中原音韵正语作词起例》:"止依《广韵》呼吸,上、去、入声,姑置未暇殚述,略举平声。如靴(许戈切)在戈韵,车、邪、遮、嗟却在麻韵,靴不协车,车却协麻。元、暄、鸳、言、褰、焉,俱不协先,却与魂、痕同押,烦、翻不协寒、山,亦与魂、痕同押,靴与戈、车与麻、元与烦、烦与魂,其音何以相着? 佳、街同音,与皆同押,不协哈,哈却与灰同押,灰不协挥,杯不协碑,梅不协糜,雷不协羸,必呼梅为埋,雷为来,方与哈协,如此呼吸,非鸩舌而何? 不独中原,尽使天下之人俱为闽海之音,可乎?"[2]宋濂《宋文宪集》卷12《洪武正音序》:"恭惟皇上稽古右文,万几之暇,亲阅韵书,见其比类失伦,声音乖舛,召词臣谕之曰:韵学起于江左,殊失正音,有独用当并为通用者,如东、冬、清、青之属,亦有一韵当析为二韵者,如虞、模、麻、遮之属。若斯之类,不可枚举。卿等当广询通音韵者,重刊定之。"[3]其实,当时读音与先前韵书的差别,并非所在"江左"的原因,而更可能是读音本身的今昔不同。

在当时人的汉字读音中,也有如同今人的倾向,字读半边,以讹为正。《中原音韵》卷下《中原音韵正语作词起例》:"一欢娱之娱(《广韵》:音愚),四海之人皆读为吴;提撕之撕(广韵:音西),四海之人皆读为斯;有诮之者,谓读别字,依其边傍字音也。犁牛之子骍且角之骍字(广韵:息营切,音星),而读为辛,却依其边傍,字音诮之者而不诮之,

〔1〕文渊阁《四库全书》本,页5下,页6上,页2下。
〔2〕文渊阁《四库全书》本,页5下,页6上。
〔3〕《四部备要》,校刊严荣校刊本,上海中华书局,页173下。

盖知其彼之误，而不知此之谬。前辈编字有云：日月象形，江河谐声，止戈为武，如此取义，娱、撕二字，依傍有吴、斯读之，又何害于义理？岂不长于傍，是辛而读为星字之音乎？"[1]除外，当时还存在着不少方言读音。《虚斋集》卷3《中州音韵序》："虞文靖公，一代名儒也，尝爱德清先生之书而序之，深许其得音之正，而序中所谓吴、楚伤于轻浮，燕、蓟失于重浊云云者。"[2]《中原音韵》卷下《中原音韵正语作词起例》："一庞涓呼为庞坚，泉坚坚而始流，可乎？陶渊明呼为陶烟明，鱼跃于烟，可乎？一堆儿为一醉（平声）儿，卷起千醉（平声）雪，可乎？羊尾子为羊椅子，吴头楚椅，可乎？来也未为来也，异辰巳午异，可乎？此类未能从命，以待士夫之辨。""一有客谓世有称往为网，桂为寄，美为选，到为豆，丛为从，此乃与陶渊明之渊字为烟字之所同也。"[3]

12.4

《虚斋集》卷3《中州音韵序》："秦、汉而下，王者不考文，及江左音倡，而天下（46）无正声。因循千有余载，而我太祖高皇帝始命儒臣大厘正之，名曰《洪武正韵》。信有以追先王考文之典，而为万世不刊之书矣。然人知正韵出于当时儒臣，承诏之所编定，而不知其有得于《中州音韵》之书者，宜多也。何以言之？"[4]然而，被称为"厘正"因循"千有余载"错误的《洪武正韵》，其实不曾考校过《中原音韵》。其所做的工作十分粗糙，不过是将平水韵加以进一步合并罢了。《洪武正韵》卷首《凡例》："一旧韵上平声二十八韵，下平声二十九韵，平水刘渊始并通用者以省重复，上平声十五韵，下平声十五韵，今通作二十二韵。旧韵上声五十五韵，刘氏三十韵，今作二十二韵，旧韵去声六十韵，刘氏三十韵，今作二十二韵。旧韵入声三十四韵，刘氏一十七韵，今作一十韵。盖旧韵以同一音者妄加分析，愈见繁碎，今并革之，作七十六韵，庶从简

---

〔1〕文渊阁《四库全书》本，页5上、下。

〔2〕文渊阁《四库全书》本，页47上。

〔3〕文渊阁《四库全书》本，页1上、下。

〔4〕文渊阁《四库全书》本，页40下，页41上。

易也。"〔1〕方以智《通雅》卷首2："宋濂、王僎、赵埙、孙蕡等定正本高安而存入声,依三衢毛居正论字画,扬时伟笺之。王应电曰:《洪武正韵》间以小篆正楷书之讹,而未尝以古文正小篆之谬,且严于章奏,而略于经史,故刀笔之吏,或所玩习,而经生学士,多未识知。"〔2〕

入明以后,《中原音韵》受到更多的不是赞扬而是批评。韩邦奇《苑洛志乐》卷1："古乐既亡,代变新声。至元,则坏之极矣。周德清《中原音韵》方且自谓知音,姑以四声论之,声之有平、上、去、入,犹天之元亨利贞,地之东西南北也。今以元音入不能歌,乃以入声派入三声,是何理也? 夫之、知、王、黄呼唤虽差声,与韵未害也,德清乃以六为溜,国为鬼,至于别为平则无字,彼徒知讥沈约以南蛮之音为中原之音,自不知以北狄之音为中原之音也。独其论黄、荒、原、元之分阴、阳为得耳,以点绛唇论之,则游艺中原差而竚立闲阶是矣。"〔3〕这种情况表明,《中原音韵》所"突现"的语音变异,在一些地方没能推广,特别是南中国。张萱《疑耀》卷1《北音无入声》:"周德清在元时,自谓知音者,故尝著《中原音韵》,今所行《洪武正韵》,多宗之。余故有侍儿工琵琶,尝谱《太和正音》,止有平、上、去三声而无入声。余窃疑之,不知其与周德清之音韵实暗合也。德清,北人,其所著音韵,皆北声,故以六为溜,以国为鬼,谓之中原之音,可乎? 至四声而阙入声,尤为谬妄,声之有平、上、去、入,犹天之有元亨利贞,地之有东南西北也,阙一,其可乎? 故余所梓《太和正音谱》曰北雅,以此。"〔4〕

明士人恪守唐、宋"传统"的自诩,与菲薄"胜国"元之倾向,相依相存。乃为江南太仓州人的王世贞,则重申具有入声字音的语言为"正"。《弇州四部稿》卷70《校正诗韵小序》:"沈休文以四声制韵,自谓灵均以来,此秘未睹。陆韩卿难之而不得,斌道人演之而始明。后有珙法师者,复以喉、舌、齿、唇、牙改隶五方,而纤悉尽矣。故诗之有四声也,自休文始也,字之有切也,自神珙始也。然传休文者,谓虽妙有铨

---

〔1〕文渊阁《四库全书》本,页6上、下。
〔2〕文渊阁《四库全书》本,页31下,页32上。
〔3〕文渊阁《四库全书》本,页4下,页5上。
〔4〕文渊阁《四库全书》本,页11下,页12上。

辨,而诸赋往往与之乖。自唐人为五、七言律,乃独皆祖之,而约韵自是重后世矣。元周德清者,其裁驳小有致耳,乃遂欲以三声而夺四声,君子讥之。"[1]实际上,世所传沈约的音韵体系,也就是《切韵》《广韵》《平水韵》所延续者。朱彝尊《曝书亭集》卷34《重刊广韵序》:"声韵之学,盛于六代。周颙以天子圣哲分四声,而学者言韵,悉本沈约。顾其书,终莫有传者。今之广韵,源于陆法言切韵,而长孙纳言为之笺注者也。其后,诸家各有增加,已非《广韵》之旧。""自平水刘渊淳佑中,始并为一百七韵,于是,合殷于文,合隐于吻,合焮于问,尽乖唐人之官韵。好异者又惑于婆罗门书,取华严字母三十有六,颠倒伦次。逮《洪武正韵》出,唇齿之不分,清浊之莫辨,虽以天子之尊,行之不远,则是非之心,人皆有之矣。"[2]

毛奇龄《西河集》卷16《辩毛稚黄韵学通指书》:"予谓古曲词简,则歌必长,今曲词繁,则歌必促,此正古有曼声,今无曼声之辨,而通指误以宋词慢调为慢声,辄谓慢声实始于宋,则是以词之短长为声之短长矣。且古歌之曼,有明据者。""则其词短而歌长,亦可验矣。且歌促于北,而缓于南,南曲有闭口、入声而反缓,《中原音韵》无闭口入声而反促,则是古曲曼声,实亡于北声之有变,实不系于入声之无闭口,而通指欲以是为德清解嘲,岂可耶?且歌字有声,未闻字甫出而诎,然止为闭口也。"[3]实际上,明以后的戏曲演唱,字的声调并不要求与曲调吻合;这与元人的要求不同。《中原音韵》卷首《中原音韵起例》:"韵脚用三声,何者?为是不思前辈某字某韵,必用某声,却云也唱得,乃文过之词,非作者之言也。平而仄,仄而平,上去而去上,去上而上去者,谚云:钮折嗓子,是也。其如歌姬之喉咽,何入声于句中不能歌者?不知入声作平声也。歌其字音,非其字者,合用阴而阳、阳而阴也。"[4]其中的原因,或许就是南方人的语言本来就没有"规范"。孔齐《静斋至正直记》卷1《中原雅音》:"北方声音端正,谓之中原雅音,今汴、洛、中山等处是

〔1〕文渊阁《四库全书》本,页24下,页25上。
〔2〕文渊阁《四库全书》本,页24下,页25上。
〔3〕文渊阁《四库全书》本,页14下,页15上。
〔4〕文渊阁《四库全书》本,页3下,页4上。

也。南方风气不同，声音亦异，至于读书字样，皆讹轻重开合，亦不辨所谓，不及中原远矣。"[1]

12.5

纵观中国中古时期北中国汉语读音的演变，大概自唐以来，历宋、金而日益简化。逮至元，形成了三个明显的趋势：相近韵部的大量归并，平声分化作阴、阳，入声分派入平、上、去三声。而这三者，正是近现代汉语北方"官话"亦"普通话"读音的主要特点。入声消失的轨迹，先是转为急促、短顿之声，后再转为其他三声。而后一步骤，流行于当时的戏曲，则是其促使成型的媒介和催化剂。然而，由于中国的幅员辽阔，各地语言因子的差异，即使是中原地域发生语言变异的时候，南中国的不少地方，诸如湘、赣、吴、闽、粤等地，仍然流行着"方言"和没有发生变异或很少发生变异的昔日"官话"。原籍也在江西、曾经长期旅居于大都的元人虞集的表述，似乎就是这种状况的真实反映。《中原音韵》卷首《中原音韵序》："我朝混一以来，朔南暨声教，士大夫歌咏，必求正声。凡所制作，皆足以鸣国家气化之盛。自是北乐府出，一洗东南习俗之陋，大抵雅乐之不作，声音之学，不传也久矣。五方言语，又复不类，吴、楚伤于轻浮，燕、冀失于重浊，秦、陇去声为入，梁、益平声似去，河北、河东，取韵尤远。吴人呼饶为尧，读武为姥，说如近鱼切，珍为丁心之类，正音岂不误哉？"[2]

近、现代汉语"官话"赖以形成的趋势，除相近韵部的大量归并自前朝就有外，平声分化作阴、阳，入声分派入平、上、去三声二项，极可能最早出现在完颜氏金。女真人的统治，使得女真语发音的一些特点、诸如语调"凝重"等影响汉语的读音。赵彦卫《云麓漫抄》卷14："且四方之音不同，国、墨、北、惑字，北人呼作谷、木、卜、斛，南人则小转为唇音。北人近于俗，南人近于雅。若以四声切之，则北人之字可切，而南人于

---

[1]《四库全书存目丛书》，影印清钞本，齐鲁书社，页207下。
[2] 文渊阁《四库全书》本，页1上、下。

四声中,俱无是字矣。"[1]胡应麟《少室山房笔丛》卷25《庄岳委谈下》:"董解元见《[南村]辍耕录》,明谓金章宗时人,去元世较远,决不能与马、郑辈相及。而涵虚子记元词手,乃有董解元等,岂别一人? 或即金人以其北调之祖,故引之耶? 惜其名字、州里,皆不可得。且陶著书元末,已谓董曲虽传,能习者少,则金、元腔调,亦自迥不侔矣。"[2]金与南宋,亦北、南中国的"官话"语音差别,也可从相关文字中看出。《中原音韵》卷首《中原音韵序》:"宋代作者,如苏子瞻(轼)变化不测之才,犹不免制词如诗之诮;若周邦彦、姜尧章(夔)辈,自制谱曲,稍称通律,而词气又不无卑弱之憾;辛幼安(弃疾)自北而南,元裕之(好问)在金末国初,虽词多慷慨,而音节则为中州之正学者取之。"[3]

　　近来的研究,颇有主张有元存在两种"官话"的倾向:"上都"、"河洛";而《中原音韵》的语言基础在后者。李新魁先生《中原音韵音系研究》第3章《中原音韵所代表的音系》:"他说的中原,也是指河、洛一带。"[4]李立成《元代汉语音系的比较研究·前言》:"蒙古人所认可的标准音,不可能是在这一带影响不大的中原之音,而是为上都及其附近地区的本地方言,这种方言得到了官府的提倡推行。"[5]说来,"中原"一词,在当时多指整个燕山迤南。郝经《陵川集》卷21《居庸关铭,并序》:"营、幽、并、代之北,山岭隔阂,连高夹深,呀口伛脊,数千里岩壑重复,扼制出入。是天所以限南北、界内外,固中原之圉,壮天地之势者也。""及出北口,则左转上谷之右,并长岭而西,阴湮枯沙,遗镞朽骨,凄风惨日,自为一天。中原能守,则为阳国北门;中原失守,则为阴国南门。"[6]值得注意,为该书作序的虞集、李祁,皆是旅居大都多年,而从未到过蒙古初年一度如同废墟的"河、洛"。至于"上都"则为完全新建的都城,其居民来自各地,不太可能拥有"成型"的地方语言。王恽《秋

---

〔1〕《唐宋史料笔记丛刊》,傅根清点校本,中华书局1996年版,页248,页249。

〔2〕文渊阁《四库全书》本,页13下。

〔3〕文渊阁《四库全书》本,页1上。

〔4〕郑州,中州书画社刊本,1998年版,页31。

〔5〕北京,外文出版社刊本,2002年版,页3。

〔6〕《北京图书馆古籍珍本丛刊》,影印正德刊本,书目文献出版社,页670上、下。

洞先生集》卷80《中堂纪事》:"岁丙辰,始建都城。龙冈蟠其阴,滦江经其阳,四山拱卫,佳气葱郁。"[1]

耐人寻味的是,《中原音韵》的作者既然不是"中原"人,而其所居住的江西,却存在着不少"知音":西域人琐非、"青原"亦吉安路庐陵县人萧存存、罗宗信[2]。周巽《性情集》卷6《大隐楼,为妹夫罗宗信赋》:"卜居栖迹在城南,朝市纷纭不肯谈。树下鹤归唯见一,花前凤舞自成三。"[3]王礼《麟原集》卷后5《大隐楼记》:"郡城南行三里许,有起杰然闳丽之楼者,问谁欤?罗其姓,宗信其字也。""今宗信虽宅于市,恂恂然退藏斯楼,若无若虚,不求闻于人,人亦鲜知之者。谓其缺山泉之乐,则兰盆蒲石之列几席,非匡庐瀑布之泓澄者乎?苍松翠竹之在图障,非会稽山阴之美茂者乎?表以大隐,孰曰不宜?"[4]当明洪武六年,其仍在世。《石渠宝笈》卷14兀颜思敬《跋五代胡瓌番马图》:"今年夏,余来庐陵,过道友罗宗信先生,出示一卷,展卷尺许。""洪武六年癸丑十有一月二十五日,东平兀颜思敬跋。"[5]无独有偶,别有一个庐陵县人,曾为"同类"书作序。刘辰翁《须溪集》卷6《北韵序》:"世道反古,横行倒置,蹄远亥午,乃有《北韵》南来,简便同文,又胜昔之《韵略》,函三于一,事省物备。夫文者,不以律次,则亦何不可者?东平朱簿,刻而布之,如睹爰历,复滂喜为言。"[6]

---

〔1〕《元人文集珍本丛刊》影印明修补至治刊本,新文丰出版社,页369下。

〔2〕《中原音韵》卷末《中原音韵后序》,文渊阁《四库全书》本,页1上、下:"未几,访西域友人琐非复初,同志罗宗信见饷,携东山之妓,开北海之樽。于时,英才若云,文笔如槊,复初举觞,命讴者歌乐府《四块玉》,至彩扇歌、青楼饮,宗信止其音,而谓予曰:彩字对青字,而歌青字为晴,吾揣其音,此字合用平字声,必欲扬其音,而青字乃抑之,非也。畴昔尝闻萧存存言,君所著《中原音韵》,乃正语作词之法,以别阴、阳字义。予因大笑,越席持其须而言曰:信哉!吉之多士,而君又士之俊者也。尝游江海,观其称豪杰者,非富即贵,求能正其音之讹,顾其曲之误者,鲜矣","未有如今日之遇宗信,知某曲之非,某曲之是也。举首四顾,螺山之色,鹭渚之波,为之改容"。

〔3〕文渊阁《四库全书》本,页8下。

〔4〕文渊阁《四库全书》本,页9上,页10上。

〔5〕文渊阁《四库全书》本,页15下,页16上、下。

〔6〕文渊阁《四库全书》本,页16下,页17上。

13　派分仰峤

——曹洞禅宿行秀及其师其徒

生活在金末、元初的曹洞宗僧人"万松老人"亦行秀,其以蒙古"必阇赤"长亦"中书令"耶律楚材的老师而为当今学界所知。追究颇为模糊的相关生平、事迹,其当生于金世宗大定八年,卒于元定宗元年以后,先后住持过燕京路之仰山、万寿、大觉和宣德路奉圣州之兴圣等寺。进入合罕统治后,曾拥有"领释教都总统、传戒三学都坛主"的头衔。其教界徒弟,知名者有法隆、洪倪、至温、福裕等,宗脉延于寿圣及河南路之少林、上都路之龙光华严等寺。而其擅长文辞的传统,得以从"嚚和尚"等的写作长久沿袭。其俗界徒弟,劝化的效果颇不相同,既有最终皈依者,如"从源"亦耶律楚材、"屏山"李纯甫,也有最终背弃者,如"清溪"陈时可。

13.1

要论金末、元初的高僧,蒙古"必阇赤"长亦"中书令"耶律楚材的老师"万松老人"行秀,或许是其中最为著名的一位。《湛然居士集》卷3《万松老人真赞》,卷10《寄西庵上人》《和谢昭先韵》:"兹因恒州四众敦请万松老师,师不行,且以顶相付之,门弟湛然居士再拜而赞之。每恨恒山,不逢珪老。四众同缘,万松亲到。""忆昔吾师放晚参,扬兵西北击东南。吾师,万松老也。一声霹雳龙飞去,尚有痴人宿草庵。""失奚为劣得奚优?遇流而行坎则留。笑视纷纷儿女辈,成是败非徒相尤。弃人所取取所弃,独识万松为出类。本欲心空及第归,暮请晨参唯一志。浮生迅速奔隙驹,无穷尘劫元斯须。参透威音劫前事,花开枯木谁云枯？河朔干戈犹未息,西域十年空旅食。贤人退隐予未能,钧衡旷位虚名极。"[1]同书卷首《湛然居士文集序》:"湛然居士年二十有七,受显诀于万松。其法,忘死生、外身世,毁誉不能动,哀乐不能入。湛然大会其心,精究入神,尽弃宿学,冒寒暑、无昼夜者三年,尽得其道。万松面授衣颂,目之为湛然居士从源。自古宗师,印证公侯,明白四知,无若此者。湛然从是自称嗣法弟子从源。自古公侯,承禀宗师,明白四知,亦无若此者。""甲午年(元太宗六年)仲冬晦日,万松野老行秀中夜秉烛序。"[2]

"万松老人",以"谈禅"闻名,以致连有金一代大文人赵秉文等也对之十分佩服。《滏水集》卷19《答麻知几书》:"谈道,吾敬常先生、王贤佐,谈禅,吾敬万松秀、玉泉政,论医不及仪企贤、任子山,经学与文章不及李之纯与足下。如足下一病,自不能疗,便谓举世无知医者,可乎？足下易学,自可忘忧遗老,至于释、老二家,勿谓秦无人,闻颇喜杂学,然慎所以习之者,多难之世,盆成括之徒,当敬而远之。"[3]按照耶律楚材的说法,其兼有本宗曹洞以外其他诸支的长处。《湛然居士集》卷13《万松老人万寿语录序》:"余忝侍万松老师,谬承子印,因遍阅诸派宗旨,各有所长,利出害随,法当尔耳。云门之宗,悟者得之于紧俏,迷者失之于识情;临济之宗,明者得之于峻拔,迷者失之于莽卤;曹洞之宗,智者得之于绵密,愚者失之于廉纤。独万松老人得大自在三昧。决择玄微,全曹洞之血脉;判断语录,具云门之善巧;拈提公案,备临济之机锋;沩仰、法眼之炉鞴,兼而有之。使学人不堕于识情、莽卤、廉纤之病,真间世之宗师也。""老师语录,似此之类尤多,不可遍举。且道五派中是那一宗门风？具眼者试辨看。噫！千载之下,自有知音。乙未夏四日,湛然居士漆水耶律楚才晋卿序于和林城。"[4]

"万松老人"不仅通禅,对儒也有相当的知晓。《湛然居士集》卷8《万松老人评唱天童觉和尚颂古从容庵录序》:"昔予在京师时,禅伯甚

〔1〕中华书局谢方点校本,1986年版,页44,页224,页226,页227。
〔2〕中华书局谢方点校本,1986年版,页1,页2。
〔3〕《四部丛刊初编》景印元明钞本,页8上。
〔4〕中华书局谢方点校本,1986年版,页294,页295。

多,惟圣安澄公和尚神气严明,言词磊落,予独重之。故尝访以祖道,屡以古昔尊宿语录中所得者叩之澄公。间有许可者,予亦自以为得。及遭忧患以来,功名之心,束之高阁,求祖道愈亟,遂再以前事访诸圣安。圣安翻案,不然所见,予甚惑焉。圣安从容谓予曰:昔公位居要地,又儒者多不谛信佛书,惟搜摘语录,以资谈柄,故予不敢苦加钳锤耳。今揣君之心,果为本分事以问予,予岂得犹袭前愆,不为苦口乎? 予老矣,素不通儒,不能教子。有万松老人者,儒、释兼备,宗说精通,辨才无碍,君可见之。"[1]根据后人的提及,其还以"孔子之教"之"要"为何考试年轻的儒师。程巨夫《雪楼先生集》卷9《薛庸斋先生墓碑铭》亦《薛玄墓碑》:"先生生而不群,幼而有诗声,冠而载书入少华,昼夜诵习,不以辟地废。束枯葵,学书泉上,石为之洼,其勤类是。又从明理学者游,遂一以圣贤为宗。国初,游大同,过应州,高、韩二帅喜而荐之中令耶律公(楚材),得应州教授,俾子弟学焉。公与间语,辄击节赏,会沙门万松问先生:以孔子之教,何者为要? 答曰:君君臣臣,父父子子;松默服。"[2]

《元文类》卷57宋子贞《中书令耶律公神道碑》亦《耶律楚材神道碑》称:"赤气告祥,龙飞朔野。义师长驱,削平天下。儒服从容,左右弥缝。克诚厥功,惟中令公。令公维何? 代掌燮理。太师之孙,文献之子。白璧堂堂,维国之华。帝曰斯人,天赐我家。重明耀离,大命既革。乾旋坤转,如再开辟。内外畴咨,付之钧司。吾国吾民,汝翼汝为。公拜稽首,曰敢不力? 权舆帝坟,草创人极。"[3]说来,此正是"嗣法弟子从源"对于其师"万松老人"嘱咐的实践。《湛然居士集》卷13《寄万松老人书》、卷6《寄用之侍郎》:"承手教,谕及弟子有以儒治国、以佛治心之语,近乎破二作三,屈佛道以徇儒情者。此亦弟子之行权也。教不云乎? 无为小乘人而说大乘法,弟子亦谓举世皆黄能,任公之饵不足投也。故以是语饵束教之庸儒,为信道之渐焉。虽然,非屈佛道也,是道

---

〔1〕中华书局谢方点校本,1986年版,页191。

〔2〕《元代珍本文集汇刊》,影印洪武刊本,国立中央图书馆,页360。

〔3〕《四部丛刊初编》,景印至正刊本,页23上、下。

不足以治心,仅能治天下,则固为道之余滓矣。""用之侍郎遗书,诚以无忘孔子之教。予谓穷理尽性,莫尚佛乘;济世安民,无如孔教。用我则行宣尼之常道,舍我则乐释氏之真如,何为不可也?因作诗以见意云。蓬莱怜我寄芳笺,劝我无忘仁义先。几句良言甜似蜜?数行温语暖于绵。从来谁识龟毛拂?到底难调胶柱弦。用我必行周孔教,舍予不负万松轩。"[1]

13.2

"万松老人"的生、卒年,并无直接记载。《湛然居士集》卷8《评唱天童拈古请益后录序》:"今《佛鉴》《佛果拈八方珠玉集》具在,愈可疑焉。三大老后,果有天童觉和尚拈颂洞下宗风,为古今绝唱,迨今百年,尚无评唱者。予参承余暇,固请万松老师评唱之,欲成三宗鼎峙之势,忍拈覆𫗦贞斋之讥。今评唱《颂古从容庵录》已大播诸方,评唱《拈古请益后录》时,老师年已六十有五矣。循常首带佛事,人情暑隙之间,侍僧请益,旋举旋录,皆不思而对,应笔成文。凡二十七日,百则详备,神锋颖利,于斯见矣。若夫据令于临济棒喝以前,发机于云门三句之外,岂更与佛果、圆通残馊争长哉?俊快衲子,举一明三,瞥见全鼎,则沩仰、法眼,双铉亦宛然矣。但恐信不及,徒劳话岁寒也。吁!壬辰重阳日,湛然居士漆水耶律楚材晋卿叙于天山。"[2]"壬辰",元太宗四年。向前追溯 64 年,得"戊子",金世宗大定八年,乃为其生年。就此算来,较其弟子耶律楚材要长 22 岁。《元文类》卷 57《耶律楚材神道碑》:"公以明昌元年六月二十日生。文献公(耶律履)通术数,尤邃太玄,私谓所亲曰:吾年六十而得此子,吾家千里驹也。他日,必成伟器,且当为异国用。因取左氏之楚虽有材,晋实用之,以为名字。"[3]

耶律楚材卒于"甲辰"亦元太宗后称制三年,确凿无疑。《元文类》卷 57《耶律楚材神道碑》:"公以其年(甲辰)五月十有四日,以疾薨于

---

〔1〕中华书局谢方点校本,1986 年版,页 293,页 130。

〔2〕中华书局谢方点校本,1986 年版,页 192,页 193。

〔3〕《四部丛刊初编》,景印至正刊本,页 10 上、下。

位,享年五十五。蒙古诸人哭之,如丧其亲戚,和林为之罢市,绝音乐者数日。天下士大夫,莫不茹泣相吊。"[1]《河汾诸老集》卷1麻革《中书大丞相耶律公挽词》:"砥柱中流折,藏舟半夜移。世贤高允相,人叹叔孙仪。未拜荆州面,尝蒙国士知。无阶陪引绋,万里[望灵]辆。""文献群公表,东丹八叶传。珪璋贻嗣德,兰藻霭遗编。禁籍虚青琐,{仲}[神]游定玉泉。太常千字诔,谁有笔如椽?"[2]其平生所作,并无任何关于其师"万松老人"的吊唁文字;因此,这后者的逝世可能要比前者更晚。《雪楼先生集》卷8《嵩山少林寺裕和尚碑铭》亦《福裕碑》:"至岁乙巳,时世祖居潜邸,命师以明年(丙午,元定宗元年)于少林大作资戒会。""其住少林也,万松、海云二老实为之主。属少林煨烬之余,暂憩缑氏之永庆。已而兴仆起废,训走说法,施者如丘山,来者如归市。嵩阳诸刹,金碧一新,洛阳白马,经筵不辍,皆师力也。而师瞑目燕坐,张寂而默,若无与焉。"[3]如以其徒福裕"于少林大作资戒会"时,万松尚在世上,则其至少活了78岁。

《湛然居士集》卷13《释氏新闻序》:"昔仰峤丛林为燕然之最,主事僧辈历久不更,执权附势,动摇住持人。泰和中,本寺奏请万松老人住持,上许之。万松忻然奉诏。人或劝之曰:师新出世,彼易师之年少,彼不得施其欲,必起风波,无遗后悔乎?师笑而不答。既住院,师一遵旧法,无所变更,惟拱默而已。夏罢,主事辈依例辞职,师因其辞也,悉罢之。师预于众中询访耆德,为众推仰者数人;至是,咸代其职。积岁颓风,一朝顿革,远近翕然,称吾师素有将相之材矣。"[4]"仰峤丛林"即"仰山寺"。《中州集》卷4李纯甫《杂诗》:"空译流沙语,难参少室禅。泥牛耕海底,玉犬吠云边。仰峤圆茶梦,曹山放酒颠。书生眼如月,休被衲僧穿。"[5]《湛然居士集》卷9《和孟云卿韵》:"归与奚待鬓双皤?无限闾山耸岌峨。万壑松风思仰峤,千岩烟雨忆平坡。仰山、平

〔1〕《四部丛刊初编》,景印至正刊本,页21下。

〔2〕《四部丛刊初编》,景印元刊本,页10上。

〔3〕《元代珍本文集汇刊》,影印洪武刊本,国立部央图书馆,页341,页342。

〔4〕中华书局谢方点校本,1986年版,页276。

〔5〕《四部丛刊初编》,景印元刊本,页30上。

坡,皆燕然名刹也。开基气概鲸吞海,遁世生涯鼠饮河。好买扁舟从此逝,醉眠江国一渔蓑。"[1] 行秀住持该刹的时间,据别种记载,则在此前数年。释念常《佛祖历代通载》卷20:"丁巳(承安二年),特诏万松住仰山。升堂,有偈曰:莲宫特作梵宫修,圣境还须圣驾游。雨过水澄禽泛子,霞明山静锦蒙头。成汤也展恢天网,吕望稀垂浸月钩。试问风光甚时节? 黄金世界桂花秋。"[2]

"万松老人"管领仰山寺期间,更有"惊世骇俗"之举。《湛然居士集》卷13《释氏新闻序》:"迄后章庙秋猎于山,主事辈白师曰:故事,车驾巡幸本寺,必进珍玩;不然,则有司必有诘问。师责之曰:十方檀信布施,为出家儿,余与若不具正眼,空食施物,理应偿报,汝不闻木耳之缘乎? 富有四海,贵为一人,岂需我曹之珍货也哉? 且君子爱人也以德,岂可以此瑕类贻君主乎? 因手录偈一章,诣行宫进之。大蒙称赏,有成汤狩野恢天网、吕尚渔矶浸月钩之句,诚仁人之言也。翌日,章庙入山行香,屡垂顾问,仍御书诗一章遗之,师亦泊如也。车驾还宫,遣使赐钱二百万,使者传敕,命使跪听。师曰:出家儿安有此例? 使者怒曰:若然,则予当回车。师曰:传旨则安敢不听? 不传则亦由使者意。竟焚香立听诏旨。章庙知之,责其使曰:朕施财祈福耳,安用野人闲礼耶? 上下悚然,服吾师不屈王公之前矣。此二事,天下所共知者也,其余师之隐德默行未播于人间者,何胜道哉?"[3] 那次"巡幸",金章宗还留下了"御制"的韵文[4]。《全金诗增补中州集》卷首上《游{龙}[仰]山》:"嵯峨云影几千重? 高出尘寰迥不同。金色界中兜率境,碧莲花里梵王宫。鹤惊秋露三更月,虎啸疏林万壑风。龙山即石壁寺。试拂花笺为觅句,诗成自适任非工。"[5]

[1]中华书局谢方点校本,1986年版,页209。
[2]《北京图书馆古籍珍本丛刊》,影印至正刊本,书目文献出版社,页399下。
[3]中华书局谢方点校本,1986年版,页277。
[4]蒋一葵《长安客话》卷3《郊西杂记》,上海书店《丛书集成续编》影印《常州先哲遗书》本,页367上:"仰山,峰峦拱秀,中顶如莲花心,傍有五峰,曰:独秀、翠微、紫盖、妙高、紫微。中多禅刹,以在 西山外更西四十余里,故人迹罕到。金章宗尝游焉,有诗曰:金色界中兜率景,碧莲花里梵王宫。鹤惊清露三更月,虎啸疏林万壑风;今石刻尚存。"
[5]文渊阁《四库全书》本,页8下,页9上。

13.3

"万松老人"之师,圆寂于其出掌仰山寺之时。《湛然居士集》卷8《燕京大觉禅寺创建经藏记》《玉山圆明禅院请予为功德主》:"昔雪岩示寂于玉山时,万松老人方应诏住持仰峤,讣问既至,不俟驾而行。遇完颜子玉诸涂,子玉叹曰:士人闻受业之师物故也,虽相去信宿之地,未闻躬与其祭者,岂有千里奔丧者耶?佛祖之教,源远流长者,有自来矣。子玉每以此事语及士大夫。""玉山乃雪岩之故刹,湛然实万松之门人。既是当家,本非生客。春风秋月,长联万叶之芳;晨香夕灯,永祝一人之寿。"[1]这个"雪岩",当然不是时在南中国的"雪岩钦"。戴表元《剡源先生集》卷9《圆至师诗文集序》:"师讳圆至,字天隐,江西高安姚氏子。父、兄宗邻,俱以进士科目起家。独喜为僧,江上兵事起,即去依袁州仰山雪岩钦禅师。至元中,自淮入浙,依承天觉庵真禅师、天童月波明禅师、育王横川巩禅师。"[2]赵孟頫《松雪斋集》卷外《天目山大觉正等禅寺记》:"大觉正等禅寺,居山之莲花峰。高峰禅师名原妙,吴郡吴江人。早得法于雪岩钦公,临济十七世孙,尽得瞿昙氏灵明真觉之要,行业孤峻,机用险绝,影不出山者三十年。"[3]两个同名号的禅僧,在宗派上也不同:前者属曹洞,后者则临济。

《湛然居士集》卷11,卷14《寄东林》《寄东林同参》,卷13《德兴府峂峪云岩寺请东林老人住持疏》:"屡承东林问参赐书,未遑裁答,乱道鄙语,以待手诃云。同参万里寄书来,盥手缄封手自开。没骨舌头我难说,无根树子若能栽。金鹏手段平翻海,任老钓竿不钓能。何日万松轩侧畔,笑谈抵掌一开怀?""东林已秀两三枝,覆荫人天正此时。贪向龙宫翻贝叶,恼人不寄玉泉诗。以来书云:见阅藏经,故有是语。""东林屡有寄来诗,忙里何尝报一辞?岂是玉泉生吝惜?言无嗞味不宜时。""昔日山中养圣胎,峪中松桧手亲栽。院荒松老无龙象,便请东林更一

---

[1]中华书局谢方点校本,1986年版,页198,页199,页175。
[2]《四部丛刊初编》,景印万历刊本,页11下,页12上。
[3]《四部丛刊初编》,景印元刊本,页7上。

来。公幼年尝在此寺,有手植松在焉。"[1]"东林"即"东林法隆",正是"万松老人"门下之佼佼者。《遗山先生集》卷37《晶和尚颂序》、卷35《少林药局记》:"余往在南都,侍闲闲赵公(秉文)、礼部杨公(云翼)、屏山李先生(纯甫)燕谈,每及青州以来诸禅老,皆为万松老人号称辨才,无碍当世,无有能当之者。承平时,已有染衣学亡之目,故凡出其门者,望而知其为名父之子。虽东林隆高出十百辈,而晶于是中,犹为上首。""兴定末,东林隆住少林,檀施有以白金为百年斋者,自寇彦温而下百家,图为悠久计,乃复用青州故事,取世所必用疗疾之功博者百余方,以为药使,病者自择焉。"[2]

《湛然居士集》卷7《请倪公》、卷9《寄倪公首座》、卷14《答倪公故人》:"倪公本是我同参,道价峥嵘冠斗南。千里云山旧游地,何妨杖锡住西庵?""亨监逃海淹麻瓮,隆老成龙过禹门。独有倪公尚痴坐,几时承继万松轩?""玉泉回报故人书:问子参玄着意无?且趁万松炉韝热,疾忙索取护身符。"[3]兹有望"承继万松轩"的"倪公",盖行秀的徒弟之一洪倪。元好问《遗山先生集》卷35《寿圣禅寺功德记》:"万寿长老僧洪倪暨予,皆河东人。今年夏,予来燕城,知师主寿圣也,将往过之,师遣侍者致参承云:三四年以来,常欲走书币太原,有请于吾子,幸今至矣,税驾于我,可乎?予欣然从之。他日,问所求,师曰:无他,惟丐文以记寺事耳,请具道所以然。""岁丙午(元定宗元年),禅、律诸人猥以第一代见请,倪不敏,洒扫于此者,十寒暑矣。今廊庑斋厨,下迨库厩,粗有处所,而其大较出于郑[氏]之喜舍、[提点]润之力赞者为多。""师道行清实,临事详雅。初受具玉山,参枝足清和尚,闻万松道价,裹粮千里,以巾侍自誓。松一见,即以座元处之。承事十五年,备极劳苦,他人无与比者。出世住万寿,荒废已久,无几何,为之一新之。戒大会虽出于国力,所以成胜缘者,师有力焉。"[4]

"万松老人"的徒弟之一,盖"和公"。《湛然居士集》卷13《和公大

---

[1]中华书局谢方点校本,1986年版,页251,页300,页285。
[2]《四部丛刊初编》,景印弘治刊本,页15下,页16上,页4下。
[3]中华书局谢方点校本,1986年版,页155,页213,页312。
[4]《四部丛刊初编》,景印弘治刊本,页6上、下,页7上、下,页8上。

·欧·亚·历·史·文·化·文·库·

禅师塔记》："师本平水人,俗姓段氏。幼习儒业,甫冠,应经义举。因阅春秋左氏传,悟兴衰之不常,慨然投笔,退居山林。年二十,弃俗出家,礼平阳大慈云寺僧宗言为师,受戒披剃,颇习经论。后闻教外别传之旨,乃倾心焉。遍谒诸方,因缘不契。师知万松老人之声价照映南北,直抵燕然而见之。居数载,师资道契,始获密许,人颇知之。丙戌(元太祖二十一年)夏六月,故劝农使王公为功德主,作大斋,又蒙行省相公泊以下僚佐专使赍疏,劝请开堂出世,因住持大万寿禅寺。师素刚毅寡合,未期,退居渔阳之盘山报国寺。建州元帅葛公、权府朱公、弹压樊公闻师之名,飞疏敦请。辞不获已,杖锡北行,诣建州梨花道院,以塞其命。未几,示微疾,移居闾山之崇福寺养病。一日,忽召门人普净辈,谓之曰:生死去来,犹空花水月,何足为讶? 遂净发更衣,端坐而嘱后事。乃作颂曰:临行一句,当面不讳。皓月清风,不居正位。颂毕,右胁而寂。师将顺世,有本寺传戒大师临谓之曰:善为道路。师笑而不答,令众且去勿喧。众皆出,闻师咄一声,众惊视之,师已寂矣。三日,神光不变。茶毗之日,颇有祥异。数州士民焚香拜礼者,络绎于路。师俗寿四十六,僧腊一十六。其徒迎其灵骨,藏于万寿祖茔之侧。"[1]

13.4

"万松老人"的徒弟之一,乃号为"雪庭"的福裕。《雪楼先生集》卷8《福裕碑》:"师之住世也,三阅藏经而成诵,诱掖后学无倦色,通群书、善翰墨,吟咏、提唱、普说,几十万言,播在丛林,而师未始以为能事。幼遭世变,茕然无依,道逢老比丘,劝以学佛,曰:能诵法华经,足矣。师曰:佛法止是乎? 比丘异之,与偕谒古佛于仙岩,曰:此龙象种,当为大器。即为祝发授具,与双溪广公同执事者七年。游方来燕,亲炙报恩万松师者又十年,道益隆,学者益广。""字好问,人以雪庭称之,太原文水张氏子。九龄,入学,日了千言,乡闾曰圣小儿。方娠,母有异梦,及生,

---

〔1〕中华书局谢方点校本,1986 年版,页 289,页 290。

家有吉征。其说法也,涸池出泉,古殿有光,诸瑞非一云者。"[1]王恽《秋涧先生集》卷43《雪庭裕公和尚语录序》:"雪庭初参万松秀公,万松得法雪岩上人,纵横理窟,深入佛海。至于游戏翰墨,与闲闲、屏山二居士互相赞叹,为方外师友,其器业,概可知已。师参礼阅十寒暑,独能秀拔丛林,得根{踞}[据]为奥,遂出世主奉福精蓝,继应少林敦请,招提禅刹,号中天名胜。板荡后,增崇起废,顿还旧观,缁徒具瞻,翕若海会。于是,欸龙庭而振举宗风,敞五林而弘阐家教,因缘会合,倾动一时,以无碍妙辨现当机应身处,统堂第一位者,盖有年于兹。"[2]

《秋涧先生集》卷43《雪庭裕公和尚语录序》:"今年甲午(至元三十一年)冬,万寿主僧圆让偕少林惠山来谒,因及山中物色,与向梦不少异,相顾一笑,乃有是耶?遂袖出一编,曰:先师雪庭语录也。仍合爪前请曰:公山林清兴,虽未称遂,幸题辞篇端,以为佗日张本,宁无意乎?予以事与心会,似非偶然者,按所具腾说,以应恳求。"[3]这个有"语录"传世的福裕,却是耶律铸的知契。《双溪醉隐集》卷3《西园春兴,因赠雪庭上人,兼简张公讲师》《春日,西园招雪庭》《西园席上,招雪庭裕上人》:"万丈虹霓络紫烟,笙歌清沸雨余天。满庭芳草翠如积,一洞碧桃明欲然。流水引来梅坞底,春风吹到酒垆边。""护花飞蝶来逞舞,恋柳啼莺自献歌。妨物性疏轻物议,惜春情重奈春何!流年不为朱颜息,莫厌樽前语笑多。""烟柳翠涵深院雨,露花香湿满楼风。自从愁阵持降节,拟与诗兵纪战功。借问飘零断肠客:为谁幽独卧莲宫?"[4]其还曾将道士出版诋毁佛教之作事报告朝廷,成为辩论的发端。释祥迈《至元辩伪录》卷5:"宪宗皇帝朝,道家流出一书,曰老君化胡成佛,继及八十一化图,镂板本传四方,其言浅陋诞妄,意在轻蔑释教而自重其教。罽宾大师兰麻、总统、少林福裕以其事奏闻。"[5]

"万松老人"的徒弟之一,乃号为"全一"的至温。虞集《道园学古

〔1〕《四部丛刊初编》,景印元刊本,页342,页343。
〔2〕《元代珍本文集汇刊》,影印洪武刊本,国立中央图书馆,页24下。
〔3〕《元代珍本文集汇刊》,影印洪武刊本,国立中央图书馆,页24下。
〔4〕文渊阁《四库全书》本,页13上,页33上,页34上、下。
〔5〕《北京图书馆古籍珍本丛刊》,景印元刊本,书目文献出版社,页528上。

录》卷48《佛国普安大禅师塔铭》亦《至温塔铭》："师讳至温,字其玉,一号全一,邢州郝氏子也。幼聪敏异常儿,年六岁,其母携之至庞马村,见寂照和尚于净土院。寂照曰:汝其为释氏乎?师心许之。会寂照避乱去隐辽西,乃礼寂照弟子辨庵讷而祝发焉。无还富公主净土,莅众甚严,师不以为忤。庚寅之岁,无还开法万寿,师与十僧同往佐之。万松某公以青州辨公宗旨开示法要,门庭高广,四方尊之,师见万松,始以才气过人,稍不容于众,然而传记多闻,论辨无碍,百家诸子之言,多所涉猎,又善草书,有颠、素之遗法,年才十有五,为万松侍者,凡万松偈颂法语,一闻辄了之,遂得法焉。常以侍者代应,对谈锋迅,利不可犯,时人已深期之。故太保刘文贞公,长师一岁,少时相好也,刘公厌世,故思学道,师欢之为僧,同参西京宝胜明公。"[1]陶宗仪《书史会要》卷7:"释至温,字其玉,一号全无,俗姓郝氏。｛荆｝[邢]州人,与太保刘文贞公(秉忠)少相好,同为僧。及公为世祖知遇,荐至温可大用,召见,将授以官,弗受,锡号佛国普安大禅师。博记多闻,论辨无碍,百家诸子之言,多所涉猎。善草书,得颠、素之遗法,有草书、诗文传于世。"[2]

也曾参加僧、道大辩论的至温,后被遴选为新建上都龙光华严寺的"开山",而福裕正是其继嗣。《道园学古录》卷48《至温塔铭》:"宪宗末年,僧道士有诤,各为违言以相危,上命聚讼于和林,剖决真伪,师从少林诸师辨之,道士义堕,薙须发者十七人,道宫之复为僧者,以千百计。""至顺二年夏,上都大龙光华严禅寺住持僧法琳言:昔在宪宗皇帝癸丑之岁,世祖皇帝尝命我开山温公统释氏于中原。后五年,丙辰之岁,始城上都。又三年,戊午之岁,作大龙光华严寺。寺于城东北隅,温公主之。温去世,而少林雪庭裕公主之。裕公去之二十年,竹斋谊公、屏岩颙公、云松微公,至于我先师筠轩寿公,六世矣。在寿公之时,英宗皇帝念兹寺为世祖所筑,作而新之,加广大焉,命寿公为司徒,以重其事。"[3]袁桷《清容居士集》卷25《华严寺碑》:"仁宗皇帝在东宫,如华

---

〔1〕《四部丛刊初编》,景印景泰翻印元刊本,页5下,页6上。
〔2〕文渊阁《四库全书》本,页28下。
〔3〕《四部丛刊初编》,景印景泰翻印元刊本,页6下,页5上。

严,惕然永思,粤维皇祖置虑,弘廓建都,功业弗克,崇阐绍开。是我子孙不大彰显,爰命守臣臣某撤而广之。踰十年,将成,仁宗陟方,继天体道敬文仁武大昭孝皇帝北巡狩回上都,首幸华严寺。""闻首主是山者,曰至温,师以妙密缜致为本行,传宗洞山,与太保刘文贞公秉忠为方外交,磊落有大计,因得见世祖于潜邸,陈对明朗,遂大器之。六传曰惟寿,今授司徒,际遇隆赫,于法祖有光。"[1]

<h1 style="text-align:center">13.5</h1>

对于"万松老人"亦行秀在金、元之际佛教界的尊崇"地位",似乎毋庸怀疑。在完颜氏皇帝君临时期,他曾经在禁庭升坐;在乞颜部合罕统治时期,他也照旧登高坛主持。《佛祖历代通载》卷20:"明昌四年,诏请万松长老于禁庭升座,帝亲迎礼,闻未闻法,开悟感慨,亲奉锦绮大僧祇支诣座授施后妃、贵戚,罗拜拱跪,各施珍爱,以奉供养。建普度会,施利异常,连日祥云,连绵天际。从此年丰,讴歌满路。每岁设斋,常感祥瑞。万松,洞下宗人。"[2]《湛然居士集》卷3《寄曲阳戒坛会首大师》:"四众飞书请万松,不消弹指已成功。灯笼证据真谈辨,露柱承当不耳聋。梵行细推无处所,戒坛须信塞虚空。无为济物谁能悉?惟有东垣月拂风。"[3]而由之驻锡之刹,除仰山外,尚有燕京路之万寿、大觉,宣德路奉圣州之兴圣等寺。《双溪醉隐集》卷3《游奉圣州龙岩寺》:"净名花界开中叶,兴圣莲宫庇上根。其方丈茶榜云:万松中兴。龙岩寺,本旧兴圣寺。"[4]《湛然居士集》卷8《万卦山天宁万寿禅寺命予为功德主,因作疏》、卷14《信之和余酬贾非熊三字韵见寄,因再赓元韵以复之》:"惟万卦之古刹,实万松之旧游。""洛下好游白傅寺,济源重觅侍中庵。衰翁自揣何多幸?昨梦斋中得罢参。万松老人住持大觉

---

〔1〕《四部丛刊初编》景印元刊本,页19上、下,页20下。
〔2〕《北京图书馆古籍珍本丛刊》,影印至正刊本,书目文献出版社,页399上。
〔3〕中华书局谢方点校本,1986年版,页45。
〔4〕文渊阁《四库全书》本,页42下。

寺,榜其斋曰昨梦。"[1]

《至正析津志辑佚》《寺观》录《大宝集寺宗原堂记》:"大觉圆通大宗师、守司空志玄,当承安间,统领教门。暨归国朝,行业高峻,王侯将相,争趋下风,世称长公。一传而为领释教都总统、传戒三学都坛主行秀,再传而为领诸路释教都总统、三学都坛主圆明,继以领释教都总统、开内三学都坛主、开府仪同三司、光禄大夫、司徒、邠国公知栋。至元二十二年,世祖皇帝建圣寿万安寺于新都,诏栋公开山主之,仍命同门圆融清慧大师妙文主领祖刹,修治弊坏。后至者,或久或速,缘尽而止,咸称其选。"[2]这个"释教都总统、传戒三学都坛主行秀",就是"万松老人";而那个"圆通大宗师"则即"圆通国师"。《湛然居士集》卷8《燕京崇寿禅院故圆通大师朗公碑铭》以《祖朗碑》:"师讳祖朗,姓李氏,蓟州渔阳人。九岁出家,礼燕京大圣安寺圆通国师为师。大定十三年,京西弘业寺受具。至二十一年,改弘业为大万安禅寺,有司承制,师充知事。厥后拂衣驻锡圣安,复为举充监寺。崇寿禅院者,实圆通国师退老之旧居也。以师为宿旧之最,承安间,坚请师为宗主住持,一历十稔。又奉敕选香林禅寺开山提点,凡三载,敕赐总持大德,答其勤也。既而崇寿复请住持,载阅五春。贞佑间,奉敕改赐今号。度门徒凡十有一人,咸有肖父之风焉。"[3]

行秀本人专注写作,有作品曾经出版。《湛然居士集》卷8《万松老人评唱天童觉和尚颂古从容庵录序》:"师平昔法语偈颂,皆法隆公所收,今不复得其稿。吾宗有天童者,颂古百篇,号为绝唱。予坚请万松评唱是颂,开发后学。前后九书,间关七年,方蒙见寄。予西域伶仃数载,忽受是书,如醉而醒,如死而苏,踊跃欢呼,东望稽首,再四披绎。""京城惟法弟从祥者,与仆为忘年交,谨致书请刊行于世,以贻来者。"[4]在其徒子徒孙中,也不乏擅长文辞者。《遗山先生集》卷37《昂和尚颂序》:"岁甲寅(元宪宗四年)秋七月,余自清凉还太原,会乾明志

---

〔1〕中华书局谢方点校本,1986年版,页176,页304。
〔2〕北京图书馆善本组标点本,北京古籍出版社1983年版,页71。
〔3〕中华书局谢方点校本,1986年版,页193,页194。
〔4〕中华书局谢方点校本,1986年版,页191,页192。

公出其法兄弟万寿曇和尚《颂古百则语》，委余题端。""其语言三昧，盖不必置论，余独记屏山语云：东坡、山谷，俱尝以翰墨作佛事，而山谷为祖师禅，东坡为文字禅。且道曇和尚百则语，附之东坡软？山谷软？余亦尝赠嵩山隽侍者学诗云：诗为禅客添花锦，禅是诗家切玉刀。曇和尚添花锦软？切玉刀软？余皆不能知，所可知者，读一则语未竟，觉水壶先生风味津津然出齿颊间，当是此老少年作举子时，结习未尽尔。"[1]《道园学古录》卷48《至温塔铭》："师有草书诗文传于世，可以观其人焉。其老也，将有所论撰，不及而殁。"[2]《清容居士集》卷25《华严寺碑》："[惟]寿能文辞，守其道专固，则永以传。"[3]

　　"万松老人"于俗家"居士"也努力劝化，但是，结果颇不相同。"屏山"亦李纯甫，一如"从源"亦耶律楚材；而"清溪"陈时可则截然相反。《湛然居士集》卷13《楞严外解序》、卷9《戏陈秀玉，并序》："泰和中，屏山作《释迦文佛赞》，不远千里，以序见托于万松老师。永长巨豪刘润甫者，笑谓老师曰：屏山儿时闻佛，以手加额，既冠排佛，今复赞佛。吾师之序，可慎与之，庸讵知他日得不复似韩、欧排佛乎？老师曰：不然。今屏山信解入微，如理而说，岂但悔悟于前非？亦将资信于来者。且儿时喜佛者，生知宿禀也；既冠排佛者，华报蛊惑也；退而赞佛者，不远而复也。而今而后，世尊所谓吾保此木，决定入海矣。后果如吾师言。""万寿堂头自汴梁来，远寄万松老师偈颂。旧本有《和节度陈公》一绝云：清溪居士陈秀玉，要结莲宫香火缘。赚得梢翁摇橹棹，却云到岸不须船。噫！三十年前，已有此段公案。湛然目清溪为昧心居士者，厥有旨哉！仆未参万松时，秀玉盛称老师之德业，尔后少得受用，皆清溪导引之力也。每欲报之，秀玉竟不一染指，故作是诗以戏之。不见桃源路渺茫，清溪招引到仙乡。骑驴觅驴，未当好心。湛然幸得駒駒饱，擘与些儿不肯尝。也须吐却，恰似真个。"[4]

〔1〕《四部丛刊初编》，景印弘治刊本，页15下，页16上。
〔2〕《四部丛刊初编》，景印弘治刊本，页7上。
〔3〕《四部丛刊初编》，景印元刊本，页20下。
〔4〕中华书局谢方点校本，1986年版，页273，页274，页213。

14 出世燕山

——大蒙古国临济僧印简生平考索

临济宗高僧海云印简生活在完颜氏末叶、孛儿只吉氏初年,几乎贯穿整个大蒙古国时期。当其青少年时,曾经二度为北方军队俘虏,由"告天人"的身份,转而成为成吉思汗个人位下的户籍和具有相当"自由"的"达里罕"。此后,又在促使"太祖二皇后"、"太宗六皇后"以及"皇太后"等的信奉过程中,又获得了"皇子"或"王子"们的皈依。在其"争取"到的成吉思汗的子、孙中,尤以守寡的唆罗火帖尼主持的拖雷系为最:忽必烈、旭烈兀。而在应答前者相关"信仰"的提问中,值得注意,其强调的重点"世间法"即"佛法"。至于对记载文字中时间、空间等不"确切"的求证,始终贯穿写作,特别是相关人事的地名。

14.1

临济宗高僧海云印简生活的年代,恰当完颜氏末叶、孛儿只吉氏初年,几乎贯穿整个大蒙古国时期。其生、卒系时,盖金泰和二年、元宪宗七年亦宋宝祐五年。释念常《佛祖历代通载》卷 21 录《庆寿海云大士传》亦《印简传》:"丁巳,有元庆寿海云大士迁化。名印简,山西之岚谷宁远人。俗宋氏微子之后。父慈善,信服乡里,里人称为虚静先生。母金源王氏。祖世奉佛不仕。师生于金之泰和壬戌十二月望,人品恢伟,童幼神悟。"[1]程巨夫《雪楼先生集》卷 6《海云简和尚碑》亦《印简碑铭》:"师名印简,宋姓,岚谷宁远人。""丁巳四月三日,趣画天风海涛飞

---

〔1〕《北京图书馆古籍珍本丛刊》,影印至正刊本,书目文献出版社,页 416 上。

云之状于华严之西壁,诘朝而逝,年五十六。"[1]"岚谷"、"宁远",分别为治今岢岚县西南、五寨县西北之"苛岚州"、"武州"的"附郭"单位。《金史》卷26、卷24《地理志》:"岢岚州,下,刺史。本宋岢岚军,大定二十二年,为州。贞祐三年九月,升为防御。四年正月,升为节镇;五月,复为防御。户五千八百五十。一县:岚谷,堡一。有岚谷山、雪山、岢岚水。""武州。下。刺史。大定前,仍置宣威军。户一万三千八百五十一。县一:宁远。晋故县。"[2]当然,也有可能是另外一种情况:"武州"省并,其"亲民"之县"宁远"被降作乡,改隶"苛岚州"的"岚谷县"。

《雪楼先生集》卷6《印简碑铭》:"七岁,授《孝经》,开卷问:开者何宗?明者何义?父母奇之,俾从浮屠颜公祝发。明年,师沼公,授经论、通讲说,居岚州广惠寺,日乞食以养,余即为粥,以食饿者。金宣宗闻之,赐号通玄广惠大师。天兵破岚州,以师及沼公归,赐号寂照英悟大师,称之曰小长老。"[3]"颜公"即"传戒";"沼公",即"中观"。《佛祖历代通载》卷21录《印简传》:"七岁,亲授以《孝经》《开宗明义》章,乃曰:开者何宗?明者何义?亲惊异,知非尘劳中人,携见传戒颜公。颜欲观其根气,授以《草庵歌》,至坏与不坏主元在。师问曰:主在何处?颜曰:何主也?师曰:离坏不坏者。曰:此客也。师曰:主瞢。颜吟吟而已。乃得礼中观沼公为师。八岁,受三归五、八十善戒法。师方十一,蒙豫王恩赐纳具。有洪彦上座,问师曰:子今受大戒了,缘何作小僧?师曰:缘僧小故,戒说大也。试问上座:戒老耶?小耶?曰:我身则老。语未终,师大声曰:休生分别。"[4]刘侗、于奕正《帝京景物略》《双塔寺》录王万庆《特赠光天普照佛日圆明海云佑圣国师塔铭》亦《印简塔铭》:"父异之,以见传戒颜公,祝发。明年,礼中观沼公,受戒,修童子行";"年十一,纳具足戒,已能开众讲义,济众凶岁。金宣宗闻之,赐号通玄广慧大师"。[5]

〔1〕《元代珍本文集汇刊》,影印洪武二十八年刊本,国立中央图书馆,页284。
〔2〕中华书局标点本,1976年版,页633,页568。
〔3〕《元代珍本文集汇刊》,影印洪武刊本,国立中央图书馆,页283。
〔4〕《北京图书馆古籍珍本丛刊》,影印至正刊本,书目文献出版社,页416上。
〔5〕《明清小品丛刊》,孙小力校注本,上海古籍出版社2001年版,页232。

　　《佛祖历代通载》卷 21 录《印简传》:"师年十三,时成吉思皇帝征
伐天下,师在宁远,于城陷之际稠人中,亲面圣颜,俾师敛髻。师告曰:
若从国仪,则失僧相也。蒙旨如故,自此僧有不同俗民之异也。"[1]《元
朝史》第 3 章《蒙古的统治》第 3 节《蒙古对中原汉地统治方式的演变》
注释:"《佛祖历代通载》谓海云十三岁时(元太祖九年),蒙古军陷{岚
谷}[宁远],他于稠人中亲面圣颜。按此年成吉思汗率中路军徇河北
诸地,未至山西,海云所见当是窝阔台。"[2]作者此云,唯根据《元史》
卷 1《太祖纪》行文判断[3];如果相信《元圣武亲征录》所载,则铁木真
与其四子拖雷的进攻方向正在"宁远"所在的河东:"上自率众攻涿州,
命二日拔之。乃分军为三道:大太子、二太子、三太子为右军,循太行西
南,破保州、中山、邢、{冶}[洺]、{镪}[磁]、相、卫、辉、怀、孟等州,弃
真定、威州境,沿东海,破诸[城]、沂等城而还。上与四太子驭诸部
{君}[军]抵黄河,大掠平阳、太原而还。哈撒儿、安赤那颜、朱儿撒台、
薄察为左军,由中道进,破深、莫、河间、青、沧、景、献、济南、滨、棣、益
{相}[都]等城,弃东平、大名不攻,余皆望风而拔,下令北还。又遣木
花里回攻密州,拔之。上至中都,亦来合。甲戌(太祖十年),上驻营于
中都北壬甸。"[4]

　　《佛祖历代通载》卷 21 录《印简传》:"师年十八,天兵再下,太师、
国王(木华黎)领兵取岚城,四众逃难解散,师侍中观如故。观曰:吾迫
桑榆,汝方富有春秋,今此玉石俱焚,子宜逃生去。师泣曰:因果无差,
死生有命,安可离师而求脱免乎? 纵或得脱,亦非仁子之心也。老人察
师诚确,嘱师曰:子向去朔漠,有大因缘,吾与子俱北渡矣。明日,城

---

　　[1]《北京图书馆古籍珍本丛刊》,影印至正刊本,书目文献出版社,页 416 下。
　　[2]人民出版社刊本,2006 年版,页 224。
　　[3]中华书局标点本,1976 年版,页 17:"是秋(八年癸酉),分兵三道:命皇子术赤、察合台、
窝阔台为右军,循太行而南,取保、遂、安肃、安定、邢、洺、磁、相、卫、辉、怀、孟,掠泽、潞、辽、沁、平
阳、太原、吉、隰,拔汾、石、岚、忻、代、武等州而还;皇弟哈撒儿及斡陈那颜、拙赤驸、薄刹为左军,
遵海而东,取蓟州、平、滦辽西诸郡而还;帝与皇子拖雷为中军,取雄、霸、莫、安、河间、沧、景、献、
深、祁、蠡、冀、恩、濮、开、滑、博、济、泰安、济南、滨、棣、益都、淄、潍、登、莱、沂等郡。"
　　[4]《说郛一百弓》卷 55,影印《说郛三种》本,上海古籍出版社,页 848 下。

降。"〔1〕"岚城",应当就是治今岚县(东村)东北之"岚州城"之缩写;因此,兹所述,即前引所见"天兵破岚州"之役。《大明清类天文分野之书》卷1《觜参晋分》:"元魏于此置岚州。隋置楼烦郡。唐武德四年,置东会州;州罢,复置岚州。天宝元年,改为楼烦郡。干元元年,复为岚州。金升为镇西军节度。元复为岚州,省岢岚入焉。本朝为岚县。"〔2〕其于太原府相近,故而有领属关系。同恕《矩庵集》卷6《赠嘉议大夫、礼部尚书郭公神道碑铭》:"按公讳德,字彦修。其先,太原岚州人。"〔3〕"师年十八",亦元太祖十四年。苏天爵《元名臣事略》卷1《太师鲁国忠武王》亦《木华黎》:"戊寅(太祖十三年),王自中都由西京(大同府)击雁门(代州)、定襄(忻州)、并(太原府)、晋(平阳府)、高平(泽州)、上党(潞州)等郡,悉平之","己卯,以萧神特末儿为左司郎中,狼川张瑜为右司郎中"。〔4〕

14.2

印简"赐号寂照英悟大师,称之曰小长老",发生在岚州被俘北迁以后。《佛祖历代通载》卷21录《印简传》:"国王将中观及师分拨直隶成吉思皇帝,载中观于黄犊轻车,师亲执御,日营采汲。经年,至赤城,舍于郎中张公宅。使臣太速不花并麻赖传成吉思皇帝圣旨,道与摩花里(木华黎)国王:你使人来说底老长老、小长老,实是告天的人,好与衣粮养活者,教做头儿多收拾那般人。在意告天,不拣阿谁休欺负,交达里罕行者。是时,国王奉诏,大加恩赐,延居兴安香泉院。国王署中观慈云正觉大禅师,师寂照英悟大师,所需皆官给。小长老之名,自此

---

〔1〕《北京图书馆古籍珍本丛刊》,影印至正刊本,书目文献出版社,页416下。
〔2〕《续修四库全书》,影印明刊本,上海古籍出版社,页114上。
〔3〕文渊阁《四库全书》本,页3上。
〔4〕中华书局姚景安点校本,1996年版,页5。原文作:"自中都由西京击雁门、定襄并晋、高平、上党等郡,悉平之。"按《金史》卷26《地理志》,页632、630、638、629、634:"雁门"、"定襄"、"高平"、"上党"等,"代"、"忻"、"泽"、"潞"等"州"的"郡"名;"并"当作"并",与"晋"同为"太原"、"平阳"二单位升"府"前的"州"名。

·欧·亚·历·史·文·化·文·库·

始。"〔1〕"郎中张公",也许就是已见前引之燕京等处都行省之"右司郎中"张瑜。"赤城",今河北赤城县,位于后来二都的"站赤"干道上。刘敏中《中庵集》卷 4《至元丙子初,赴上都,赤城至望云道中》:"晓日瞳眬过赤城,风烟遥接望云亭。好山解要新诗写,瘦马能摇宿酒醒。高下野桃红漫漫,萦回沙水碧泠泠。人家剩有升平象,满地牛羊草色青。"〔2〕胡助《纯白斋稿》卷2《赤城》:"山石似丹垩,赤城因得名。土异产灵瑞,永宜奉天明。市廛集商贾,有驿通上京。触热此经过,忽看风雨生。平原走潢潦,河流浩新声。斯须即开霁,灿烂云霞横。"〔3〕

木华黎之与印简熟悉,中间尚有二位随军将领的介绍。《佛祖历代通载》卷 21 录《印简传》:"有清乐元帅史公天泽、义州元帅李公七哥者,见师气宇非常,问曰:尔是何人?师曰:我沙门也。史曰:食肉否?师曰:何肉?史曰:人肉。师曰:人非兽也,虎豹尚不相食,况人乎!史曰:今日兵刃之下,尔亦能不伤乎?师曰:必仗其外护者。公喜甚。李帅问曰:尔既为僧,禅耶?教耶?师曰:禅、教,乃僧之羽翼也。如国之用人,必须文武兼济。李曰:然则必也,从何而住?师曰:二俱不住。李曰:尔何人也?师曰:佛师。复曰:吾亲教中观,亦在于此。二公见师年幼无所畏惧,应对不凡,即与往见中观。二公闻中观教诲谆谆,乃大喜曰:果然有是父、有是子也。于是,礼中观为师,与师结为金石友。"〔4〕"义州元帅李公七哥",即李守忠。《元名臣事略》卷 1《木华黎》:"金守臣弃城遁,以按察儿为前锋元帅,统蒙古军屯平阳,以备金兵;以义州监军李廷植弟李七守忠权河东西路帅府事。"〔5〕《元史》卷 193《李伯温传》:"丁亥夏四月,[李]守忠出援之,会于高梁,师溃入城。平阳副帅夹谷常德潜献东门,以纳金兵,城遂陷。金人执守忠至汴,诱以高爵,使降,守{中}[忠]骂之,语恶,金人怒,置守忠铁笼中,火炙死。"〔6〕

---

〔1〕《北京图书馆古籍珍本丛刊》,影印至正刊本,书目文献出版社,页 417 上。
〔2〕文渊阁《四库全书》本,页 1 下。
〔3〕文渊阁《四库全书》本,页 8 下。
〔4〕《北京图书馆古籍珍本丛刊》,影印至正刊本,书目文献出版社,页 416 下,页 417 上。
〔5〕《元名臣事略》,中华书局姚景安点校本,1996 年版,页 5。
〔6〕中华书局标点本,1976 年版,页 4378。

"清乐元帅史公天泽"之"天泽",可能是"天倪"之误。前者,直到那以后的几年里,任职也不过"帐前总校"。王恽《秋涧先生集》卷48《开府仪同三司、中书左丞相、忠武史公家传》亦《史天泽家传》:"及金将武仙以真定降,王命公兄天倪充河北西路兵马都元帅,即镇守,俾仙贰焉。时公年二十有三,身长八尺,音吐钟铉然,善骑射,拳勇绝人,属橐鞬,署帐前总校。明年乙酉(元太祖二十年)春,护母夫人北归。"〔1〕作为对照,也在变乱中陨身的后者才是随木华黎经略河东的"清乐军"管领。《元史》卷147《史天倪传》:"先伦卒时,河朔诸郡结清乐社四十余,社近千人,岁时像伦而祠之;至是,天倪选其壮勇万人为义兵,号清乐军,以从兄天祥为先锋,所向无敌。分兵略三河、蓟州,诸砦望风欸服。甲戌,朝太祖于燕之幄殿,所陈皆奇谋至计,大称旨,赐金符,授马步军都统,管领二十四万户。""己卯,从木华黎徇河东,至绛州。"〔2〕邓文原《巴西集》卷下《故朝散大夫、同知饶州路总管府事史公墓铭》亦《史元亨墓铭》:"史氏世居大兴之武清,自金紫(天倪)公为帅,始占籍真定。会金将武仙为副,欲阴为不法,贼公于酒所。凡五郡之宾僚、将校、民吏,闻公之死,咸雪涕相语曰:金紫之德之美而遽止,是天之福善,其在后人乎?"〔3〕

香泉院所在的"兴安",有可能就是治今河北承德市西的"兴州"。这个后来上都路的属州,曾经被升置作官衔为"总管府"的"路"。当其直接管辖域为"府"时,"兴安"或许就是它的名号〔4〕。吴澄《吴文正集》卷33《大元故朝列大夫、金燕南河北道肃政廉访司事赵侯墓碑》亦《赵思恭墓碑》:"山后兴州诸路饥,移文请赈救,省、台就命侯往,随便宜设方略,活数万人。"〔5〕袁桷《清容居士集》卷29《磁州知州程君墓志铭》亦《程翔墓志铭》:"良佑,甫解职,以选守令,授奉政大夫、上都路兴

〔1〕《元代珍本文集汇刊》,影印洪武刊本,国立中央图书馆,页84上。
〔2〕中华书局标点本,1976年版,页3479,页3480。
〔3〕《北京图书馆古籍珍本丛刊》,影印清钞本,书目文献出版社,页784下。
〔4〕如:《陵川集》卷35《左副元帅祁阳贾侯神道碑铭》亦《贾辅神道碑》,北京,书目文献出版社《北京图书馆古籍珍本丛刊》影印正德刊本,页796上:"朝廷嘉之,玺书褒赞,赐以金符,升州(保)为府,锡名曰顺天。"
〔5〕《元人文集珍本丛刊》,影印成化刊本,新文丰出版社,页557上。

州知州。"[1]贡师泰《玩斋集》卷1《兴州道中》:"畿县出西北,山川何雄深!况兹气候殊,岩壑更嶔崟。落叶委空谷,疏松表高林。征马度前阪,浮云落微阴。风吹发萧萧,日莫思沉沉。岂不厌驰驱?严程有官箴。敬亭邈天际,行当契冲襟。"[2]当中观沼入寂后,收藏舍利的塔就建在"府之西北隅"。《佛祖历代通载》卷21录《印简传》:"年十九,中观将示寂,有羽客杨至慎求颂,老人俾执笔代书偈曰:七十三年如掣电,临行为君通一线。泥牛飞过海东来,天上人间寻不见。客曰:师几时行?老人曰:三日后。时五月廿七日也。至六月初一,果无疾而寂。师哀毁过礼,阇维收顶骨舍利供养,建塔于府之西北隅。师罄所有为设斋,唯乞食看塔。"[3]

14.3

中观沼卒后,印简按照其遗言的指点,前往燕京。《佛祖历代通载》卷21录《印简传》:"一夜,闻空中有声,召师名。师瞥然有省,乃迁入三峰道院。复闻人告曰:大事将成,行矣,毋滞此黎明。策杖之燕,过松铺,值雨,宿于岩下,因击火大悟,自扪面曰:今日始知眉横鼻直,信道天下老和上不寐语。明日,至景州,见本无玄和上,问:从何所来?师曰:云收幽谷。曰:何处去?师曰:月照长松。玄点首曰:孟八郎,便怎么去也。师诺诺趋出,过洵州,遇宿儒张子真,问:上人何不安住?师曰:河里无鱼市上取。先是,中观临终时,师问中观曰:某甲当依何人?了此大事。观嘱曰:贺八十去。师既入燕,至大庆寿寺,乃省前谶。"[4]"景州"、"洵州",分别由治今遵化县、三河市的"遵化县"、"三河县"所升置。王寂《拙轩集》卷6《先君行状》亦《王础行状》:"一日,轻兵追北,夜阴霾迷所向,误堕溺津,为辽人逻得之,羁縻于景州南部落,子孙

---

〔1〕《四部丛刊初编》,景印元刊本,页17上。

〔2〕文渊阁《四库全书》本,页16下。

〔3〕《北京图书馆古籍珍本丛刊》,影印至正刊本,书目文献出版社,页417上。

〔4〕《北京图书馆古籍珍本丛刊》,影印至正刊本,书目文献出版社,页417上、下。

因家焉。"[1]李庭《寓庵集》卷6《元故洵州三河县令兼镇抚军民李公墓志铭》:"大朝革命,有司以公前朝旧人,用荐者,擢为洵州三河县令。时新被兵,公抚摩疲瘵,区处有方,故赋敛不繁而用度足,吏民咸畏爱之。未几,兼镇抚军民事。"[2]

印简在得到大庆寿寺长老中和璋亦中和章的许可后,先后"出世"住持燕南、河北的"大刹"。《雪楼先生集》卷6《印简碑铭》:"沼没,弟章公住燕之庆寿寺,有名,往依之。章昔梦师来,即请为记室。又思沼没时,属师有贺八十之语,心独喜。年十九,住兴州仁智寺,历燕之庆寿、竹林,易之兴国,兴安之永庆,昌平之开元,真定之临济,云中之龙官、华严诸大刹,而主永庆者二,庆寿者三。"[3]《佛祖历代通载》卷21录《印简传》:"于是,径谒中和老人璋公。中和先一夕梦一异僧策杖径趋方丈,踞师子座。既明,谓知客曰:今日但有〔旦〕[客]过,当令来见老僧。及晚,师至,引见,中和笑曰:此衲子,乃夜来所梦者。""明日,命师掌书记。自此,中和复以向上钳槌差别、关棙种种辩验,师以无碍辩才应答,皆契其悟解,精明度越前辈。寿一日谓师曰:汝今已到大安乐之地,宜善护持。吾有如来正法眼、藏祖师涅盘妙心,密付于汝,毋令湮没。师掩耳而出。即以衣颂授师,颂曰:天地同根无异殊,家山何处不逢渠?吾今付与空王印,万法光辉总一如。出世住兴州仁智,历迁涞阳之兴国、兴安永庆,以至大庆寿寺,皆太师国王及诸重臣之命。"[4]"涞阳",即治今易县的"易州";"云中",即治今大同市的"大同府"。

当蒙古当局决定考试僧人经典以达到"沙汰"目的时,印简的态度似乎非常矛盾:既对此规定表示理解,却又声明本门教派以"悟"为第一。《佛祖历代通载》卷21录《印简传》:"乙未(元太宗七年),朝廷差札忽笃侍读选试经僧、道。""师从容对曰:诸师当以斯激励众僧,习应试经典,主上必有深意。我观今日沙门少护戒律,学不尽礼,身远于道,故天龙亡卫而感,朝廷励其考试也。三宝加被,必不辜圣诏。遂与华使

〔1〕文渊阁《四库全书》本,页8上、下。
〔2〕《元人文集珍本丛刊》,影印《藕香零拾》本,新文丰出版社,页35下,页36上。
〔3〕《元代珍本文集汇刊》,影印洪武刊本,国立中央图书馆,页283,页284。
〔4〕《北京图书馆古籍珍本丛刊》,影印至正刊本,书目文献出版社,页417下,页418上。

相见。之后,其处置法度,悉从师议。"〔1〕《帝京景物略》《双塔寺》录王万庆《印简塔铭》:"诏试僧、道,不通经者还编户。往见夏里丞相,曰:山僧年三十六,一字不识。丞相曰:一字不识,何名为僧?曰:方今大官人,识字也无?因言:僧以悟为第一,岂与聘士同科?丞相以闻。"〔2〕《雪楼先生集》卷 6《印简碑铭》:"会朝廷将试天下僧,丞相以问师,曰:山僧元不看经,一字不识。固问,师曰:国家先务,节用爱民,锄奸立善,以保天命。我辈,乌足计哉?上闻而嘉之。"〔3〕"抵制"的结果,仅仅是将这项既定"方针"的施行推迟了两年。《元文类》卷 57 宋子贞《中书令耶律公神道碑》亦《耶律楚材神道碑》:"丁酉,汰三教僧、道,试经通者,给牒受戒,许居寺、观,儒人中选者,则复其家。公初言僧、道中避役者多,合行选试;至是,始行之。"〔4〕

　　"裒集奉常礼乐"的孔子后人元措的"续封",向被视作蒙古始行"文治"的标志。阎复《静轩集》卷 2《曲阜孔子庙碑》:"洪惟圣元,神武造邦。天兵傅汴,戎事方殷,不忘存敬先圣之祀,诏求五十一代孙衍圣公元措归鲁,裒集奉常礼乐于兵烬之余。燕翼之谋,肇于此矣。"〔5〕《元文类》卷 57《耶律楚材神道碑》:"初,汴京未下,奏遣使入城,索取孔子五十一代孙袭封衍圣公元措,令收拾散亡礼乐人等,及取名儒梁陟等数辈于燕京,置编修所,平阳置经籍,所以开文治。"〔6〕而此举措的落实,却有赖于乃为和尚的印简的斡旋。《佛祖历代通载》卷 21 录《印简传》:"初,孔圣之后袭封衍圣公元措者,渡河,复曲阜庙林之祀;时公持东平严公书谒师,师以袭封事为言于大官人。师为其言曰:孔子善稽古典,以大中至正之道,三纲五常之礼,性命祸福之原,君臣、父子、夫妇之道,治国齐家平天下,正心诚意之本。自孔子至此,袭封衍圣公,凡五十一代。凡有国者,使之袭承祀事,未尝有缺。大官闻是言,乃大敬信。

〔1〕《北京图书馆古籍珍本丛刊》,影印至正刊本,书目文献出版社,页 418 下。
〔2〕《明清小品丛刊》,孙小力校注本,上海古籍出版社 2001 年版,页 233。
〔3〕《元代珍本文献汇刊》,影印洪武刊本,国立中央图书馆,页 285。
〔4〕《四部丛刊初编》,景印至正刊本,页 18 上。
〔5〕《元人文集珍本丛刊》,影印《藕香零拾》本,新文丰出版社,页 544 下。
〔6〕《四部丛刊初编》,景印至正刊本,页 15 上、下。

于是,从师所言,命复袭其爵,以继其祀事。师复以颜、孟相传孔子之道,令其子孙不绝,及习周、孔儒业者为言,亦皆获免其差役之赋,使之服勤其教,为国家之用三十六[年]。"[1]

14.4

印简之得到"黄金家族"主要成员及其后、妃的眷顾,成吉思汗以后,绵延不绝。《佛祖历代通载》卷21录《印简传》:"辛卯(元太宗三年)十一月,受大元皇帝宣赐师称心自在行。""丁酉正月,太祖皇帝二皇后,以光天镇国大士号奉师。""壬寅(元太宗后称制元年),护必烈(忽必烈)大王请师赴帐下,问佛法大意。""由是太后遵祖皇圣旨,僧居上首,仙人不得在僧之前。王以珠祎金锦、无缝大衣奉以师礼。王固留师,师固辞。""甲辰,护必烈大王以珠笠奉师。乙巳,奉六皇后旨,于五台为国祈福。丙午,奉六皇后诏,师起至中途,值风疾作,回奏,得旨还燕。丁未(元定宗二年),贵由皇帝即位,颁诏命师统僧,赐白金万两。师于昊天寺建大会,为国祈福。太子合赖察请师入和林,延居太平兴国禅寺,尊师之礼非常。辛亥,蒙哥皇帝即位,颁降恩诏,顾遇优渥,命师复领天下僧事,蠲免差役,悉依旧制。丙辰正月,奉圣旨,建会于昊天寺。初二日,于会中忽患风恙,半身不举。至夏初,稍愈。是月,旭威烈大王差蒙古歹宣差以金柱杖、金缕袈裟段,并令旨奉师求法语。"[2]"宣赐",也就是"诏书"。《帝京景物略》《双塔寺》录王万庆《印简塔铭》:"年三十,合罕帝遣阿先脱兀怜赐以称心自在行之诏。"[3]

印简向犹在"潜邸"的忽必烈说法的内容,颇耐人寻味《佛祖历代通载》卷21录《印简传》:"时秉忠书记为侍郎,刘太保也。复问:佛法中,有安天下之法否?师曰:包含法界,子育四生,其事大备。于佛法境中,此四大洲,如大地中一微尘许,况一四海乎! 若论社稷安危,在生民

---

〔1〕《北京图书馆古籍珍本丛刊》,影印至正刊本,书目文献出版社,页419上。
〔2〕《北京图书馆古籍珍本丛刊》,影印至正刊本,书目文献出版社,页418上,页419上,页420上。
〔3〕《明清小品丛刊》,孙小力校注本,上海古籍出版社2001年版,页233。

之休戚；休戚安危，皆在乎政，亦在乎天。在天在人，皆不离心，而人不知天之与人，是其问别法于何行？故分其天也、人也。我释迦氏之法，于庙堂之论，在王法正论，品理固昭然，非难非易，惟恐王不能尽行也。又宜求天下大贤硕儒，问以古今治乱兴亡之事，当有所闻也。王又问：三教何教为尊？何法最胜？何人为上？师曰：诸圣之中，吾佛最胜；诸法之中，佛法最真；居人之中，唯僧无诈。故三教中，佛教居其上，古来之式也。王问：佛法此去，如何受持？师曰：信心难生，善心难发。今已发生，务要护持专一，不忘元受菩提心戒，不见三宝，有过恒念，百姓不安，善抚绥、明赏罚，执政无私，任贤纳谏，一切时中，常行方便，皆佛法也。"[1]《雪楼先生集》卷6《印简碑铭》："世祖在潜邸，数延问佛法之要，在家出家异同，对曰：佛性被一切处，非染非静，非生非灭，何有同异？殿下亲为皇弟，重任藩寄，宜稽古审得失、举贤错枉，以尊主庇民为务，佛法之要，孰大于此？"[2]

"秉忠书记"，即子聪。《元史》卷157《刘秉忠传》："刘秉忠，字仲晦，初名侃，因从释氏，又名子聪，拜官后，始更今名。"[3]《藏春集》卷6张文谦《故光禄大夫、太保、赠太傅仪同三司，谥文真刘公行状》亦《刘秉忠行状》："戊戌(元太宗十年)春，遂决意逃避世事，遁居于武安之清化，迁滴水涧，苦形骸、甘澹泊，宅心物外，与全真道者居。复欲西游关陕，天宁虚照老师闻之，爱其才而不能舍，遣弟子辈诣清化就为披剃，与之俱来。秋七月，大蝗，居人之乏食者十八九，虚照老因妹婿之请，就熟云中，挈公同往。己亥秋，虚照老还邢，公因留住南堂，讲习天文、阴阳、三式诸书。会海云大士至，一见，奇其才。时上在藩邸，遣使召海云老北上，因携公偕行。既至，见公洒落不凡，及通阴阳、天文之书，甚喜。海云老南归，公遂见留。"[4]其与印简，行辈为"孙"。赵孟頫《松雪斋集》卷9《临济正宗之碑，奉敕撰》："海云性与道合，心与法冥，细无不入，大无不包。师住临济院，能系祖传，以正道统佛法，盖至此而中兴

---

〔1〕《北京图书馆古籍珍本丛刊》，影印至正刊本，书目文献出版社，页419上、下。

〔2〕《元代珍本文集汇刊》，影印洪武刊本，国立中央图书馆，页285。

〔3〕中华书局标点本，1976年版，页3687。

〔4〕《北京图书馆古籍珍本丛刊》，影印明刊本，书目文献出版社，页227上。

焉。当世祖圣德神功文武皇帝在潜邸,数屈至尊,请问道要,虽其言往复绸缪,而独以慈悲不杀为本。师之大弟子二人,曰可庵朗、赜庵儇。朗公度荜庵满及太傅刘文贞,儇公度西云大宗师安公。师以文贞公机智弘达,使事世祖皇帝。"[1]

"旭威烈大王",当是忽必烈的弟弟旭烈兀;由此看来,"威烈"两字颠倒,覆原当作"旭烈威"。这位"大王"的"汤沐邑",盖在彰德路。胡祗遹《紫山集》卷15《大元故怀远大将军、彰德路达｛噜噶齐扬珠｝[鲁花赤完者]台公神道碑铭》亦《纳｛琳｝[剌]居准神道碑》:"上皇喜其忠贞,许以土地、人民,辞不敢受,曰:俱非臣所欲也。臣宗族散落,愿托天威聚集之。得四百余家,复为大族。太上皇(拖雷)四子,以公隶｛锡喇｝[旭烈兀]大王位下。西征,留公领本位诸局,继受令旨充本位下达｛噜噶齐｝[鲁花赤]。先帝龙飞金符,授彰德路达｛噜噶齐｝[鲁花赤],以本位汤沐邑也。"[2]而将子聪网罗入门者,正是本路天宁寺的"老师"。任士林《松乡集》卷1《彰德路天宁寺凤林演禅师碑》亦《福演碑》:"世祖皇帝在位,诏师为彰德路天宁寺住持;寻恭奉圣旨,上都庆安寺作千佛大会。法云布尔日,慧雨驰风,获大殊利。至元辛巳(十八年),裕宗皇帝时在东宫,以纳钵地隶荡阴者益寺之制,俾建舍利宝塔以镇之。"[3]《藏春集》卷6徒单公履《故光禄大夫、太保刘公墓志铭》亦《刘秉忠墓志铭》:"乃遁居武安之清化,作文数篇以寓意。又迁滴水涧,虽疏食饮水,裕如也。天宁虚照老师闻之,奇其行高而节苦,遣弟子颜仲复辈以礼谕公,遂备弟子礼。"[4]

14.5

回顾有元一代佛教历史的伊始,毫无疑问,以"海云"为号的印简乃是个极为为重要的人物。早在铁木真君临之时,其即缘"告天人"而

---

〔1〕《四部丛刊初编》,景印元刊本,页19下,页20上。
〔2〕文渊阁《四库全书》本,页15下,页16上。
〔3〕文渊阁《四库全书》本,页35下。
〔4〕《北京图书馆古籍珍本丛刊》,影印明刊本,书目文献出版社,页232下。

成为"达里罕"。志费尼《世界征服者史》第 1 部分《成吉思汗的兴起，世界众帝王的国土落入其手的开端：一个简要纪事》："答剌罕（Tarkhan）是这样的人：他们免纳征课，享有每次战役的掳获物；无论何时，只要他们愿意，他们可以不经许可或同意进入御前。成吉思汗还把军队、奴隶及无数的服饰、马匹和牲口赐给他们。并传诏称：不管他们犯多大的罪，都不得召他们审讯；这条诏令也有效到他们的第九代子孙。"[1]不过，对于僧人来说，"达里罕"的权利不可能包括全部；概言之，亦窝阔台诏书所云："称心自在行之。"此后，在促使"太祖二皇后"、"太宗六皇后"以及"皇太后"等的信奉过程中，又获得了"皇子"或"王子"们的皈依。在其"争取"到的成吉思汗的子、孙中，尤以守寡的唆罗火帖尼主持的拖雷系为最：忽必烈、旭烈兀甚至还有蒙哥。值得注意，这前者从而接受"佛戒"者，最早乃印简，而非八思巴。《佛祖历代通载》卷 21 录《印简传》："师初示以人天因果之教，次以种种法要开其心地。王（护必烈）生信心，求授菩提心戒。"[2]

印简对未来世祖开讲的"佛法"，相当部分是"世法"亦"世间法"而非"教法"。不仅是卓有影响力的宗王，就是地方官员，凡涉及"世务"的人，宣讲的也大都不是真正的本宗主旨，而是类似于"儒"的主张。《佛祖历代通载》卷 21 录《印简传》："师曰：若人了知此事，通明佛法，应知世法即是佛法，道情岂异人情？古之人，亦有起于负贩者，立大功名于世，载于史册，千载之下，凛然生气。况今圣明天子在上，如日月之照临。考试僧、道，如经童之举，岂可以贤良方正同科？国家宜以兴修万善，敬奉三宝，以奉上天，永延国祚可也。我等沙门之用舍，何足道哉？"[3]《帝京景物略》《双塔寺》录王万庆《印简塔铭》："每言于大官人忽都护：孔子者，生民圣人，宜世封以祀。复言：颜子、孟子后及习周、孔学者，皆宜免差役，勤服其业。从之。"[4]同时蕴含"佛法"、"世法"，这就是"海云"与其门徒"成功"的"正法"。《松雪斋集》卷 9《临济正宗

---

〔1〕志费尼《世界征服者史》，何高济中译本，内蒙古人民出版社 1980 年版，页 39，页 40。
〔2〕《北京图书馆古籍珍本丛刊》，影印至正刊本，书目文献出版社，页 419 上。
〔3〕《北京图书馆古籍珍本丛刊》，影印至正刊本，书目文献出版社，页 418 下。
〔4〕《明清小品丛刊》，孙小力校注本，上海古籍出版社 2001 年版，页 233。

之碑,奉敕撰》:"又传十世,是为海云。坐祖道场,能绍厥闻。维我世祖,诞膺天命。威震九有,维佛是敬。闻师之名,若古圣贤。尝进一言,深入圣听。不杀之仁,其利甚弘。俾大弟子,为帝股肱。至西云公,能嗣其业。""皇帝万年,正法永传。尚迪后人,勿昧其原。"[1]

中古时期中国关于高僧的传记,由于作者具有的倾向性,大多专意突出主叙人物的"灵异"、"圣神",而于相关时间、空间的确切性,皆不太予以贯注。就如本文业经引用的数据来说,也多有语焉未详的情况。乃贤《河朔访古记》卷上:"临济寺,在真定府城中,定远门东街飞云楼之东。其三门下,有唐吴道子所画布袋和尚像,及摇铃普化真赞、东坡墨竹绿筠轩诗等石刻,极为精妙。寺乃临济祖庭,其灵塔,则金世宗所建也。昔临济和尚结茅于此,尝与木塔、河阳二师围炉而坐。木塔曰:摇铃普化,果是凡是圣?普化适至,揭帘而入:汝谓我是凡是圣?临济大喝一声,普化作偈曰:河阳新妇子,木塔老婆禅。临济小厮儿,倒具一双眼。世传寺本赵王镕所赐墨君和故宅也。"[2]兹正是印简曾经住持过的"大刹";而治今正定县的真定路,恰好就是拖雷位的"分邑"。《秋涧先生集》卷54《大元故真定路兵马都总管史公神道碑铭》亦《史楫神道碑》:"壬寅,上大加称赏,即授公真定路兵马都总管。""各道发楮币贸迁,例不越境,所司胶固,取息二三岁一更,易致虚耗元胎,商旅不通。公腾奏皇太后,立银钞相权法,度低昂而为重轻,变涩滞而为通便。"[3]所谓"皇太后",也就是前引文所见的"太后":唆罗火帖尼。

在相关的研究中,陈得芝先生《再论蒙古与吐蕃和吐蕃佛教的初期接触》、萧启庆先生《忽必烈的潜邸旧侣考》等文就曾引用和提到过关于印简亦"海云"的资料、背景:"成吉思汗对各种宗教一般都采取兼容政策,例如木华黎攻山西时德禅僧中观及其徒海云"[4],"四方文学被[宗王忽必烈]召者,为当时佛教领袖海云"[5]。而后者的《大蒙古

[1]《四部丛刊初编》,景印元刊本,页20下。
[2]文渊阁《四库全书》本,页13下,页14上。
[3]《元代珍本文集汇刊》,影印洪武刊本,国立中央图书馆,页140上、下。
[4]载《蒙元史研究丛稿》,人民出版社刊本,2005年版,页311。
[5]载《元代史新探》,新文丰出版社刊本,1983年版,页269。

国时代衍圣公复爵考实》一文,更是包含了"罕见"的史料李世弼《襃崇祖庙记》:"既而都运张公告公(孔元措)曰:瑜申禀上司,专以本路历日所售白金修饰圣庙,中书又虑不足,并以益都历金增焉。其事已付山丞相(耶律丑山),府君当亲诣焉。公闻之忻然,遽率子弟,具骖乘,不远千里,直抵燕京,邂逅竹林堂简老(印简)、长春宫大师萧公(元素),皆丞相之师友,喜而相许优佑之。""简虽不亲行,继以侍者往,皆为之先容,而言于山相曰:宣圣治世之口,如天地日月,莫能形容。今其孙以林庙故,亲来赞成其事,不亦善乎?丞相敬而从之。丁酉岁仲冬二十有六日,公自然而适固安之西口,谒山相帐下,由二师先言,故信宿而就其事。宣圣之后,悉口租赋,而颜、孟之裔亦如之。袭封之职,祭祀之田,并令仍口。朝廷优恤,德至渥也。"(《民国曲阜县志》卷 8 录)[1]

---

[1]载《蒙元史新探》,允晨文化实业公司《允晨丛刊》本,1994 年版,页 54。

15 嘉议安让
——元初彰德路的总管和达鲁花赤

提起有元初期之"世侯",学术界经常只注意其世次沿袭、跋扈一方、生杀予夺的方面。然而,除极少数的"大世侯"以及他们的"依附"者外,相对"分立"的"中、小世侯"家族,要想取得并长期保持"富贵",不得不备尝遭遇的艰辛和酸楚。回顾清平萧氏在彰德的一度"陵替",似乎正是这种情况的反映。与其子孙日后仅凭"战功"谋求"发迹"的情况成为对照,凭借蒙古合罕和宗王的信任,"达鲁花赤"大多能够安享"荣华"于有生之年。就是在实行官制的"迁转"以后,"汤沐邑"所在的路分的"监郡"胤裔,也仍能长时间地继续"承袭"的"旧例"。对此,同在彰德的蒙古宴只吉台氏家族,则又是堪称"典型"的事例。

15.1

胡祗遹《紫山先生集》卷17《萧千户神道碑铭》亦《萧世昌神道碑》:"千户姓萧,讳世昌,其先辽贵族。五世祖阿萨尔,仕辽为群牧使。四世祖奇拉尔,赠镇国上将军、上骑都尉、河南县开国子。高祖栢德本,赠辅国上将军、轻车都尉、河南县开国伯。曾祖图萨拉,赠奉国上将军、河南郡开国伯。祖德亨,朝廷以开国归义之勋爵奉国上将军,官彰德路总管兼行军总帅府事。考某,征南行军千户。公数岁而孤,入小学读书,不勤师友,不偕群儿戏弄,视听动止,端重渊静,如老成人。学对属,即知声律、物象,奇辞英气,精密雄伟,常胜其偶。九岁,袭爵,受万户府札,充鄂勒千户。十二岁,体貌壮丽,魁然一奇男子,拜命金符、管军正

·欧·亚·历·史·文·化·文·库·

千户。岁己未（宪宗九年），扈从渡江。中统建元，再拜恩命，千户如故。三年壬戌，讨平叛贼李璮，复立宿州，并县西城。至元六年春，南征五河口，临敌，手馘四十余人，获战舰二，军实不计，以功为山东路统军司荐，申行中书省，省拟上闻迁升，不幸以明岁正月十有六日，感风疾而殁，年二十有六。闻者莫不哀悼。夫人段氏，严东平鲁王之外甥，千户君亡时，年二十有四，即自贬损，膏脉贵习，不御华饰，守节教子，成夫之志。今其子亦袭爵有年矣。以某年月日，将葬于某所。遣其子某，奉状以公之墓碑来请铭。"[1]

可惜以上书籍只有被四库阁臣篡易的本子，其相关人名已被改得面目全非。所幸还有一篇关于萧世昌的"专文"，而仍保有"原始"的模样，那就是许有壬《至正集》卷52《故征南千户萧公神道碑铭，并序》亦《萧世昌神道碑》："公讳世昌，字荣甫，系出辽右族述律氏，后赐姓萧。至金，更姓石抹氏，居涅霫。至阿梭儿，为郡牧使。金正隆间，子孙移戍清平，又为清平人。郡牧生致腊儿，赠镇国上将军、正骑都尉、河南县开国子。子百得本，赠辅国上将军、轻车都尉、河南县开国伯，公高祖也。曾祖套撒儿，奉国上将军、护军、河南郡开国侯。祖德亨，字仲通，以小字海住行。我元吊伐之初，隶行将，太师承制拜馆陶招抚使。取磁州，未尝戮一人。河南得鹿邑、太康生口五千余人，悉纵遣之。复彰德有功，迁奉国上将军、彰德路总管兼行军总帅府事。用是得赠三世，因占籍彰德焉。"[2]两下对照，可知："阿萨尔"本作"阿梭儿"，"奇拉尔"本作"致腊儿"，"图萨拉"本作"套撒儿"，而"栢德本"又作"百得本"，"德亨"小名"海住"。至于"郡牧"，当作"群牧"为是。《辽史》卷91《耶律普仆里笃传》："重熙十九年，夏人侵金肃军，败之，斩首万余级，加右武卫上将军。时近边群牧数被冦掠，迁到塌岭都监以治之，桴鼓不鸣。"[3]

萧世昌"不幸以明岁（至元七年）正月十有六日，感风疾而殁，年二

---

〔1〕文渊阁《四库全书》本，页5下，页6上、下，页7上。

〔2〕《元人文集珍本丛刊》，影印宣统刊本，新文丰出版社，页248上。

〔3〕中华书局标点本，1974年版，页1365。

十有六",其时,其妻段氏,"年二十有四";本人仕履,"九岁,受万户府札,充鄂勒千户","十二岁,拜命金符、管军正千户"。《至正集》卷52《萧世昌神道碑》则云:"公七岁而孤,容止端重,不类童子,能自力学。始学对属,即自知声律。九岁,主奥鲁。十三,袭千户,佩符征南,仪质雄伟,如成人。已未,扈从渡江。中统建元,以旧职易新命。三年,从讨李璮,七旬不解甲,复宿、蕲,皆有功。至元六年春,取五河口,手馘四十余人,钩兵及贼,反曳以去,拔剑断其臂,搏战舟中,血流没履,得战舰二,资械无算,今血履故在,统军上其功,未报,七年正月十七日,卒于军,年二十有五。夫人段氏,千户高奴女,严鲁王甥,年十五嫁,征戍悉从。二十三,居孀。"〔1〕据此,"鄂勒"即"奥鲁";其寿数,"年二十五",实岁;"年二十六",虚岁。其生年,则当在乙巳年,亦太宗后称制四年。段氏年龄相差一岁,情况类似。"严鲁王",亦前引所见"严东平鲁王",指严实,惟其不曾封"王",故当作"公"。苏天爵《元名臣事略》卷10《平章宋公》亦《宋子贞》:"[彭]义斌殁,偕众归国朝。东平行台严鲁公(实)闻其名,招置幕府,置详议官,兼提举学校。"〔2〕

《紫山先生集》卷16《舒穆噜某神道碑》载:"侯讳某,字某,姓舒穆噜氏。其先辽贵族,家于辽、碣间。高祖阿萨尔,仕为群牧使。正隆中,子孙以屯戍迁清平之杏园营,遂占籍焉。曾祖奇拉尔;妣耶律氏。祖栢德本;妣耶律氏。父图萨拉;妣耶律氏。岁丙午,行省、太师(木华黎)统诸道兵破大名,侯遂隶帐下,拜馆陶招抚使。俄迁东平、大名招抚使、元帅左监军,留事东平行台严公,以取磁州功,遂兼知州事。复以取林州功,迁同知彰德府总管事。丁亥四月,收复彰德,升林州、彰德府事。"〔3〕检照前引,"舒穆噜氏"即"石抹氏";"阿萨尔"、"奇拉尔"、"栢德本"、"图萨拉"分别即"阿梭儿"、"致腊儿"、"百得本"、"套撒儿"。而"德亨"亦"海住",其所任正是"馆陶招抚使"。"丙午",当作"丙戌",盖"乙酉"的明年。而大名,曾是南宋将领彭义斌的据点。元好问

〔1〕《元人文集珍本丛刊》,影印宣统刊本,新文丰出版社,页248上。
〔2〕姚景安点校本,中华书局,1996年版,页200。
〔3〕文渊阁《四库全书》本,页17上、下。

《遗山先生集》卷29《千户赵侯神道碑铭》亦《赵天锡神道碑》、卷26《东平行台严公神道碑》亦《严实神道碑》："甲申，宋将彭义斌据大名，屡以兵来侵〔冠州〕，人心颇摇"；"其（乙酉，太祖二十年）七月，义斌下真定、道西山，与孛里海等军相望，分公以帐下兵，阳助而阴伺之，公知势已迫，即连趣孛里海军而与之合。战始交，宋兵崩溃，乃擒义斌，不旬月，先所失部分尽复之"。[1]

<h2 style="text-align:center">15.2</h2>

萧氏之任"千户"，始于萧世昌之父珪和叔父璘。《至正集》卷52《萧世昌神道碑》："考珪，佩金符、征南千户。配耶律氏。"[2]《紫山先生集》卷16《卫辉提领长官萧公神道碑铭》亦《萧璘神道碑》："公讳璘，字文玉，姓萧氏。其先祖｛图萨拉｝〔夺撒剌〕，世辽之贵族，赠奉国上将军。四世祖阿｛萨尔｝〔梭儿〕，仕辽为群牧使。正隆中，子孙以屯戍迁清平之杏园营，遂为清平人。高祖｛奇拉尔｝〔致腊儿〕，赠镇国上将军、上骑都尉、河南县开国子；妣耶律氏，河南县太君。曾祖栢德本，赠辅国上将军、轻车都尉、河南县开国伯；妣耶律氏，河南郡太君。考德亨，奉国上将军，知彰德路总管府，兼行军总帅府事。""岁壬寅（太宗后称制元年），公年未弱冠，奉国君异其不凡，命提领本路司、县事。临政明敏，虽老奸巨猾，亦不敢欺，剖决如流，事无留滞，奉国君知其可用。""迁授新、旧卫、辉三州提领长官，振领大纲，简而有要，诚以御下三州之内，属吏效忠，民用不扰，期岁后，赋税增而狱讼简，上计于郡，为他州最。时江表未下，粮饷切急，民力不能支，公辄立己倦，称贷于富室，以供其兵役，故事得办集，而民不告病。岁戊申（定宗三年），南伐，以材升千夫长，佩金符。主将奇其军功，锡以名马、玄缣、锦绮各有差，用是知名诸军。"[3]

"七岁而孤"的萧世昌之任"行军千户"，或云"十二岁"，或云"十

〔1〕《四部丛刊初编》景印弘治刊本，页13下，页3上、下。

〔2〕《元人文集珍本丛刊》，影印宣统刊本，新文丰出版社，页248上。

〔3〕文渊阁《四库全书》本，页11下，页12上。

三岁"。其军队的承袭,理应嗣自其叔父而非其父。《紫山先生集》卷16《萧璘神道碑》:"上平大理,以扈从忠勤,蒙宝剑之赐。师还,叙劳定功,人将以为有不次之用、以是年□月逢疾卒,时年三十有二,闻者莫不哀悼。"[1]"平大理"之事,发生在"癸丑"亦宪宗三年。姚燧《牧庵集》卷26《开府仪同三司、太尉、太保、太子太师、中书右丞相史公先德碑》亦《乞台普济先德碑》:"考算智尔威,关弓驰马,拳勇绝人。入侍世祖潜藩,岁癸丑,从平云南诸国,以骁果闻。及归行赏,赐马五匹、钞二千五百两,价与银埒。己未,又从济江,攻鄂,战疾力。明年,帝正天位。"[2]"己未"的"扈从渡江"之役,世昌也曾参加,即"扈从渡江"之谓。如果璘在大理城陷落后,又追随将军兀良合台继续征进,则其"师还"当在"乙卯"和世昌虚岁十二岁的"丙辰"间。王恽《秋涧先生集》卷50《大元光禄大夫、平章政事兀良氏先庙碑铭》亦《阿术先庙碑》:"乙卯秋,以云南平定,遣使献捷于朝,且请曰:西南夷,汉尝郡县之,设官料民,俾同内地,此其时也。允焉,蒙赐其军银五千两、彩段二万四百疋,仍授银印,俾还镇大理。丙辰岁九月,遣使招降交趾,留介不报。"[3]

与此相符,萧璘之子此后不再出任"武职";世昌之子恒则一度袭领"旧部"。《紫山先生集》卷16《萧璘神道碑》:"夫人满札氏幽闲贞静,端庄雅重,失俪以来,能以礼自防,膏沐容饰,屏绝不事。子男一人,名世杰,有父风,释褐唐州判官,自幼孤以至成立,皆母夫人教之之力也。"[4]《至正集》卷52《萧世昌神道碑》:"二子:恒始七岁,谦二岁,挈孤扶榇,归葬安阳建善村新茔。遂屏绝华饰,始终一节,事姑尽孝,教恒辈学,虽长有小过,不少恕。孙剌哈不花五岁,母亡,躬自抚育。宗族贫者,周给恐后,身自俭约,与家人同,一门三百口,肃如也。至元二十二年,中书以孝节旌其门。大德十一年三月二十四日,卒,享年六十,祔征南墓。恒亦年十三,袭公旧部,征交趾、戍边徼,以疾归,封武略将军、飞

〔1〕文渊阁《四库全书》本,页12下,页13上。

〔2〕《四部丛刊初编》景印《武英殿聚珍》本,页1下。

〔3〕《元代珍本文集汇刊》,影印洪武刊本,国立中央图书馆,页106上。

〔4〕文渊阁《四库全书》本,页13上。

骑尉、临漳县男;谦精国语,由河南省蒙古史除承事郎、河南省管勾、奉发架阁库,擢承务郎、杭州路仁和县尹,未上,卒。孙男六人:曰处义,袭父职;曰处礼,处智,处信,处约,皆恒子;剌哈不花,谦子也,一名处仁,起家宥府行人,监修国史、蒙古史,除从事郎、益都路峄州判官、河南省蒙古史,擢承务郎、顺德府内丘县尹,有惠政。女九人,皆适名族。曾孙男六人,女五人,皆幼。"[1]

　除萧氏外,曾任"彰德路权府事"王氏的后裔中,也有"拜千户长"的成员。《紫山先生集》卷17《守贞玄静散人女冠左炼师墓碑》亦《左氏墓碑》:"炼师姓左氏,世为安阳陵岳人。故孝弟力田,业进士左某之女;彰德路权府事兼安阳县令王信之妻;安阳县丞王铎之母;奉训大夫、荆湖北道宣慰副使武安胡祇遹之妻母。孝慈勤俭,十九岁而适王氏。时贞祐后,河朔兵乱,彰德当四通八达之要冲,日寻干戈,贵贱无宁居。师干夫之蛊,虽流离顿挫、颠沛急遽之际,善自保防,未与夫一日相失也。其夫自农里立军功,仕至县令。外府僚、内助之力为多。甫三十九而寡。甫三十九而寡,即以不再醮为誓。""时子铎未冠,师曰:为人之母,不成其子,他日何面见所天于九原? 遂力与二三女奴纺绩织纴,训诸僮以力田,教子以读书习骑射。不数年,而竟袭父爵。""孙男三人:长以军功拜百夫长,次亦以军功拜千夫长,次早卒。"[2] 左氏之婿的胡祇遹,《秋涧先生集》卷40《故翰林学士紫山胡公祠堂记》:"紫山胡公捐馆之三载,彰德监尹脱里不花暨廉访使完间,与郡士民询谋金同,乃像公于治城西郭别墅之读易堂,于以揭虔妥灵,致岁时香火之奠","公讳祇遹,字绍闻,自号紫山,磁之武安人。由中书郎官历河东、山东按察使、济宁总管,仕至翰林学士、大中大夫"[3]

15.3

　萧世昌之祖父德亨,曾经拥有"迁奉国上将军、彰德路总管,兼行

〔1〕《元人文集珍本丛刊》,影印宣统刊本,新文丰出版社,页248上、下。

〔2〕文渊阁《四库全书》本,页13上、下,页14下。

〔3〕《元人文集珍本丛刊》,影印明修补至治刊本,页540下。

军总帅府事"的职衔。其叔父璘也曾"代父、兄之劳",担任过"权知彰德路总管府事"。《紫山先生集》卷16《萧璘神道碑》:"未几,改授权知彰德路总管府事。南北要冲,使者旁午,事务殷繁。代父、兄之劳,应期会簿书之剧,虽老于吏事者不能堪,公处之裕如也。"[1]"总帅府",《元史》卷58《地理志》:"元太宗四年,立彰德总帅府,领卫、辉二州。宪宗二年,割出卫、辉,以彰德为帅府,属真定路。"[2]不过,需要纠正,早在"丁亥"亦太祖二十二年,即已存在这个由"总管"所"兼"的机构。《紫山先生集》卷18《显武将军、安阳县令兼辅岩县令李公墓志铭》亦《李玉墓志铭》:"岁丁亥,公挺身内属,隶职彰德路总帅府,换授总领,佩[银]符。岁戊子,东平行尚书省承制以公舍逆从顺,帅众来归,授武略将军,充总领。"[3]逮至宪宗七年,"总管"改由其他途径遴选。《嘉靖彰德府志》卷4杜秉彝《高文忠公庙记》亦《高鸣庙记》:"岁癸丑,宪宗以处士征;既至,上便宜二十事,上善其议。丁巳,以亲王荐,授彰德路总管"[4]。鲜于枢《困学斋杂录》:"吏部高先生鸣,字雄飞,岢岚人。历彰德路总管,召为翰林学士。至元五年,至御史,迁吏部尚书,终于官。"[5]

从颇有"讳言"的文字中,可以窥出萧德亨之死于非命的遭遇。《紫山集》卷16《舒穆噜某神道碑》:"某年月日,以事死于燕,邦人悲之,年五十有八。夫人若干人。子男若干人。女若干人。孙男若干人。女若干人。某年月日卜葬于某所某原。铭曰:金亡河朔兵尘红,天威张皇开四封。网罗豪俊图巨功,割疆自立从群雄。赵南卫北实要冲,十室九罄糜锘锋。失侯得将如萍蓬,以暴易暴承偾踵。维侯孤骞逆长风,提携猛将来罴熊。抚摩痍瘵濡疲癃,剪夷棘莽成桑农。黄金台高心益恭,幕宾济济人中龙。岁时朝觐或会同,高压群牧声隆隆。蒲鞭仁慈出天衷,公私仓廪俱阜丰。诱民以善民易从,一缄幽恨埋阏宫。英魂夜半号

〔1〕文渊阁《四库全书》本,页12上。
〔2〕中华书局标点本,1978年版,页1360。
〔3〕文渊阁《四库全书》本,页10上、下。
〔4〕《天一阁藏明代方志选刊》,影印原刊本,上海古籍书店1982年版,页20上、下。
〔5〕《知不足斋丛书》影印本,中华书局1999年版,页489上。

苍穹,吁嗟大福潜大凶。高鸟既尽藏良弓,太行西崎漳水东,邦人思侯哀无穷。"[1]"高鸟既尽藏良弓"一语,意味着其乃被上司借口罪状杀害。《史记》卷41《越王勾践世家》:"范蠡遂去,自齐遗大夫种书曰:蜚鸟尽,良弓藏;狡兔死,走狗烹。越王为人长颈鸟喙,可与共患难,不可与共乐,子何不去?"[2]陈师道《后山集》卷13《取守论》:"后之取天下者以兵,兵者,争而已矣,以诈胜,诈以力胜,力致其争也。至其尽敌,则无所与争,而君、臣相屠矣。故其语曰:兔死犬烹,鸟尽弓藏。盖其所取者,乃所以杀其身也。"[3]

当萧氏不再是彰德路地方"总管"时,某个李姓不知名的人曾经取而代之。《紫山先生集》卷13《李侯四孙名字说》:"彰德路长官元帅李侯,胆略武勇过人,善骑射刀稍,每战必胜。壮岁遭际皇朝开创之昌运,以武功授彰德路长官,久于从军树勋业,遂以元帅名当世。第八子承祥昭德,为其四子求立名字。名其长曰震,字伯威;次曰克,字仲桓;次曰强,字叔能;次曰明,字季昌;因申其说。"[4]这位"元帅",后来也投身于南方的战争。《安阳县金石志》卷8 胡祗遹《韩氏新茔世德碑》:"[韩]成,隐德不耀,孝悌力田,终其身。[子]进,结发从军,隶本路元帅李侯帐下,以材勇为百夫长,攻钓鱼下襄、邓,破坦贼,屡以战功受锦衣、宝鞍之赐,仍得拔都之美名。"[5]《紫山先生集》卷8《送李总管序》:"总管李侯,乃一世名将,灭金平宋之勋,佩金虎符,屯田江淮。安阳诸公设供帐诗酒,祖送于南熏门外。""兵、农一民也,战、耕二道也。牧民用兵,在前人已有治目治齿之谕,总管宜思之。""亟其乘,屋其始,播百谷。以是观之,殆非与中天明月,令严夜寂,不愆于五步七步、四伐五伐乃止,齐焉同轨而并辙也。且以积年久战,父亡子继,兄死弟及,卒得休养生息于田亩,甚可悯焉。"[6]不知兹"总管"是"屯田"所在还是"本

---

[1]文渊阁《四库全书》本,页17下,页18上、下。

[2]中华书局标点本,1975年版,页1746。

[3]文渊阁《四库全书》本,页6上。

[4]文渊阁《四库全书》本,页20下。

[5]《安阳县金石志》,嘉庆刊本,页7下。

[6]文渊阁《四库全书》本,页46上、下。

路"的"长官"?

与"总管"曾有姓氏变迁不同,"达鲁花赤"的职衔长期由一人占据。《紫山先生集》卷15《大元故怀远大将军、怀孟路达噜噶齐兼诸军鄂勒蒙古公神道碑》亦《蒙古伯神道碑》:"朝廷以公为能,自｛呼图克｝[忽都忽]帐下｛扎萨克齐｝[札撒赤],擢拜彰德路达｛噜噶齐｝[鲁花赤],岁丙申(太宗八年)之四月也。""戊戌春二月,怀州守臣王荣叛,太师、国王命公讨平之。且有殄歼之训,公对曰:王师讨逆,胁从者犹当宥,况无辜乎?国王嘉其言而从之。王荣伏诛,而阖境得免。郡人壶浆香火,攀送号泣而不忍去。后｛四｝[二]十年,改治河内,百姓闻而喜曰:是全活我父母、妻子、亲族、姻娅旧使君也。"[1]刘敏中《中庵先生集》卷6《敕赐益都行省达鲁花赤、赠推忠宣力功臣、金紫光禄大夫、太尉、上柱国、温国公,谥忠襄珊竹公神道碑铭》亦《纯直海神道碑铭》:"己亥,同官王荣韬祸心,专恣不法,一日,执公,将寘于死。其党请[于]荣[曰]:公未尝毒吾人,愿勿杀。荣言是善驿骑不杀,必遽闻。复力请,荣乃闭公佛室中,劫众保太行暖帐砦以叛。夫人喜礼伯伦闻乱,手击鼓召兵,至荣宅,窥牖破户,得公,则面缚帛抹口,两足跟断矣。公不胜忿,翼以二子,裹创驰旁郡请兵,彰德郡将蒙古伯济兵破其砦,获荣戮之。"[2]

15.4

彰德路"总管",如前已及,当宪宗七年,曾由汤沐邑封主旭烈兀"荐举"委任。《秋涧先生集》卷60《故将仕郎、汲县尹韩府君墓志铭》亦《韩澍墓志铭》:"丙辰岁,朝廷以相之五县封太弟为采邑,继郡帅例肆觐,君毅然以民计从行。及敷对称旨,擢为本府户曹孔目官。明年春,降玺书,起聘君太原高公鸣为彰德路总管,遂汰冗员、擢群能、新旧图,至设府史不数人,君首以才选。无几,转案牍提控官,夙夜在公,励

〔1〕文渊阁《四库全书》本,页19下,页20上。
〔2〕《北京图书馆古籍珍本丛刊》,影印清钞本,书目文献出版社,页318下。

精所事,阅六岁,克勤犹一日,大为总尹所知,转录事参军。"[1]《元史》卷 160《高鸣传》:"诸王旭烈兀将征西域,闻其贤,遣使者三辈召之,鸣乃起,为王陈西征二十余策,王数称善,即荐为彰德路总管。世祖即位,赐诰命、金符,已而召为翰林学士,兼太常少卿。"[2]此后,则由朝廷"迁转"指派。《秋涧先生集》卷 57《大元故昭勇大将军、北京路总管兼本路诸军奥鲁总管王公神道碑铭》亦《王遵神道碑》、卷 58《大元故正议大夫、浙西道宣慰使,行工部尚书孙公神道碑铭》亦《孙公亮神道碑》:"至元乙丑(二年),转官制行,授怀远大将军、知中山府事。三年,升昭勇大将军、彰德路总管。六年,改怀远大将军、总尹顺德路。""至元十四年春,升授中顺大夫、彰德路总管,分佩金虎符。"[3]

至元二年以后,"达鲁花赤"的任职"旧例"并无更变。《紫山先生集》卷 15《大元故怀远大将军、彰德路达{噜噶齐}扬珠台公神道碑铭》、亦《纳怜居准神道碑》:"太上皇四子,以公隶{锡喇}[旭烈]大王位下。""先帝龙飞金符,授彰德路达{噜噶齐}[鲁花赤],以本位汤沐邑也。未几,佩虎符,职如故。""公以丁巳岁夏四月到郡,时适旱,解鞍而雨。""岁己未,今上六师南下,公迎拜行营。""庚申(中统元年),建元,上即位。诸王议事于金帐,惟公得与。上欲用公于庙堂,以病辞。""明年,还郡。是岁十一月初二日,薨于私第之正寝,享年六十有三,实至元六年也。""子男五人:长曰{额呼}[也烈],充中书省断事官;次曰{雅图噶}[也都哈],侍从贤王立功西域;次曰阿{固岱}[忽台],刚毅沈雄,未及仕;皆先公卒;次曰{伊尔图}[亦剌都],仁厚重静,袭爵彰德路达{噜噶齐}[鲁花赤],授怀远大将军,有惠政,民到今思之;次曰{伊尔布哈}[也里不花],恭敬谦和,以侍从勤恪,授直省舍人,迁南京治中,至元二十九年,以侄嘉议公让职,复承先业,中顺大夫、彰德路大达{噜噶齐}[鲁花赤]。孙男二人:长曰{超}[抄]台,刚烈有父风;次曰{斡里}

---

〔1〕《元代珍本文集汇刊》,影印洪武刊本,国立中央图书馆,页 193 上。

〔2〕中华书局标点本,1976 年版,页 3758。

〔3〕《元代珍本文集汇刊》,影印洪武刊本,国立中央图书馆,页 168 下,页 177 下。前者在任期曾修过儒学,许有壬《圭塘小藁》卷 8《彰德路儒学营修记》,文渊阁《四库全书》本,页 8 下:"至元六年己巳,总管王遵重建,继之营修者,时有人焉。"

［完闾］，袭爵，九年，让归于叔。"[1]

完闾缘政绩及"让位"于也里不花的举动，获得当时士人的再三颂扬。《紫山先生集》卷8《斡哩监司诗卷序》《送监司之济南序》："某人过彰德，赠土主达{噜噶齐}［鲁花赤］三诗，士大夫从而和之，遂成巨轴。市井田亩之人，咏其言、歌其德，莫不欢忻鼓舞，况白发老儒，思见善政之万一者耶？""彰德路总管府达{噜噶齐}［鲁花赤］嘉议公，蒙古之贵种。高、曾而上，为开国近臣，为大官，以彰德乃本位汤沐邑，官当设监临，临莅彰德，迄今三世。未弱冠，袭父爵，廉节惠政，铭在民心，备见于遗爱去思碑。至元壬辰，状申省庭，曰：叔父齿已壮，当承世胄，愿避职让爵以归之。都省以情上闻，皇帝嘉其忠厚孝让，从其请。未几，御史台沙汰诸道提刑官，更新司名为肃政廉访，公选才德有望实者，首荐公廉访山东东西道，天下闻而荣之。"[2]《秋涧先生集》卷5《十月牡丹》："彰德路监郡完闾嘉议，治甚有声，壬辰（至元二十九年）秋，辞职，让其叔也里不花中顺。是岁冬十月，新侯府第发牡丹二本。明年秋，计吏伯耕香林先生孙不远千里来，求诗于翰林诸公，因首为赋此。""一枝鹤翎红，照映朝袍贵。散彩冰雪中，造物有深意。正缘二侯贤，抚字见早岁。蔼然礼让余，涵蓄坤灵秘。"[3]

《紫山先生集》卷15《怀远大将军、彰德路达噜噶齐扬珠台公德政去思碑》亦《完闾去思碑》："彰德路达{噜噶齐}［鲁花赤］扬珠台公，承祖考世爵，监临本郡九年，至元壬辰（二十九年），让位于其叔。未几，御史台上闻，升嘉议大夫、山东东西道肃政廉访使，士闻而荣之。"[4]《安阳县金石志》卷9高书训《韩魏王新庙碑》："贤王疆理西域，食邑于相，乃命大臣宴只吉台氏，系哄吉剌贵族也。其子怀远袭爵。怀远没，嘉议袭之，嘉议让其叔太中而升侍御使。""太中大夫、彰德路总管府达鲁花赤，兼管本路诸军奥鲁总管府达鲁花赤，兼管劝农事也里不花。元

〔1〕文渊阁《四库全书》本，页16上、下，页17上、下，页18上。
〔2〕文渊阁《四库全书》本，页10下，页11上，页43上、下。
〔3〕《元代珍本文集汇刊》，影印洪武刊本，国立中央图书馆，页207上、下。
〔4〕文渊阁《四库全书》本，页1下。

大德二年十一月二十六日立石。"〔1〕"扬珠台",即"宴只吉台",又作"晏质谨"。"怀远",即完间父亦剌都。《紫山先生集》卷8《怀远公诗序》、卷11《府学储书记》:"我朝典郡官,中外公论贤冠一时者,以彰德达{噜噶齐}[鲁花赤]怀远公为称首。公蒙古贵族,祖、考门阀英伟,婵嫣有耳者皆知之。侍御东鲁王公肯堂,明鉴赏慎,许可作古风三章以为赠,哀美其德政。""彰德总管胡公,下车,以兴学养士为务,尝与秘书监侯公议储书以待学者。达{噜噶齐}[鲁花赤]晏质谨公闻而悦之,首出百卷,不数月,收书万二千卷,椟之府,且惧岁久散失,特以书籍总目、助书人姓字,俾刻诸石。"〔2〕

15.5

提起有元初期之"世侯",未免与跋扈一方、生杀予夺,以及"父死子继,兄没弟及"的形象联系起来。《秋涧先生集》卷57《王遵神道碑》:"国家当肇造之际,所在豪杰,应期效顺,畀世侯迭将,镇据一方,父死子继,兄没弟及。"〔3〕然而,除极少数的"大世侯"以及他们的"依附"者外,相对"分立"的"中、小世侯"家族,要想取得并长期保持"富贵",不得不备尝遭遇的艰辛和酸楚。《紫山集》卷8《庆博州赵总管致仕还乡八秩诗序》:"我朝以神武起北方,幽、燕以南,风从云会,功成事定,剖符锡命,列为侯伯,连城数十,户数十万,租赋焉,生杀焉,一出于侯伯。然而不一再世,化门阀为丘墟,陷子孙于编氓杂类,身受韩、彭、陈、英之祸者十居四三,而以嗜欲天殒者,不可计数。所谓功名富贵,岂易处哉?"〔4〕就是在完颜氏国灭以后,内部纷争,或是当局有"谋划"的裁抑、邻道有"居心"的并吞,都在不同程度上加深了这种"陵替"。即彰德本路而言,也有堪称"典型"的例子。刘因《静修先生集》卷22《叙节妇贾韩》:"父某,金末,尝代上党张公(开)为潞州帅。后归国,移镇

---

〔1〕《安阳县金石志》,嘉庆刊本,页7下,页9下。

〔2〕文渊阁《四库全书》本,页3上,页26上。

〔3〕《元代珍本文集汇刊》,影印洪武刊本,国立中央图书馆,页168上。

〔4〕文渊阁《四库全书》本,页26上、下。

彰德西道。会有告其与金恒山武公（仙）通问讯者，遂系狱行唐。当天下草昧，非强宗豪族，不能自保其室家，况当衰谢罪累之余，其强凌豪夺，孰复能御之者？"[1]

回视清平萧氏，当德亨以后，其子胤所沿者，唯"千户"一脉。然而，当年其径被视作彰德的"府主"。《紫山先生集》卷18《瓜尔佳隐士墓志铭》亦《夹谷秉直墓志铭》："府主萧侯月馈廪粟，漕长耶律公起公监大名税，皆不受。"[2]其本人可能的罹难，似乎正属于"韩、彭（彭越）、陈（陈豨）、英（英布）之祸"一类。无独有偶，这4人中前者的韩信，同样也曾无奈地说过类似的言语。《汉书》卷34《韩信传》："高祖令武士缚信，载后车，信曰：果若人言：狡兔死，良狗亨。上曰：人告公反。遂械信，至雒阳，赦以为淮阴侯。"[3]此外，"权府"的出现，也意味着"总管"的任上空缺。《紫山先生集》卷18《奉直大夫、金江西湖东道肃政廉访司事杜公墓志铭》亦《杜伯元墓志铭》："父讳杲，字明之，避兵北至彰德，遂占籍焉，府主承制释褐判彰德录事司，俄升军民都镇抚、权彰德府事。好贤乐善，一时名公大老，如元遗山（好问）、杜止轩（仁杰），主于家，动为数月留。岁辛亥（元宪宗元年），以寿终。"[4]与"总管"成为对照，凭借蒙古合罕和宗王的信任，除非发生"犯上作乱"的变故，"达鲁花赤"大多能够安享"荣华"于有生之年。就是在实行官制的"迁转"以后，"汤沐邑"所在的路分的"监郡"家族，仍能继续"承袭"的"旧例"。

《紫山先生集》卷10《创建三皇庙记》《什达尔夫人墓碣铭》："至元戊子（二十五年），彰德路［前］宣差远公、总管少中胡公，卜地之远阛阓，幽寂爽垲，可以宅神妥灵，卜于金凤坊之东，创建而崇起之。洗庸工之陋像，开天日之圣仪，俾万姓皆知报本崇德，不独在于医、巫也。"暨，"夫人，回纥国王{哈里沙}之女，皇太弟位下管领内外{彻辰扣}［怯怜口］{苏珠克台}［术赤台］之妻也，父母钟爱，命名曰什达尔。中统建

〔1〕《四部丛刊初编》，景印至顺刊本，页8下，页9上。
〔2〕文渊阁《四库全书》本，页25下。
〔3〕中华书局标点本，1962年版，页1876。
〔4〕文渊阁《四库全书》本，页18上。

元,奉王命送公主东嫁布达驸马,以路梗不能西。继闻夫亡,特旨命夫人廪禄庖肉、春秋裳衣于大王所封之食邑,遂家彰德。勤俭清慎,享年四十有九,以疾卒于至元二十五年冬十月二十有六日。一女,名{托克托}[脱脱]伦,适怀远大将军、彰德路达{噜噶齐}[鲁花赤]兼诸军{鄂勒}[奥鲁]达{噜噶齐}[鲁花赤]兼管内劝农事某。"[1]根据行文,唯"彰德路宣差远公"之"远公"当作"怀远公",而"怀远大将军、彰德路达鲁花赤兼诸军奥鲁达鲁花赤兼管内劝农事某"之"某"当作"亦剌都"。"宣差",即"达鲁花赤"。蒲道源《闲居丛稿》卷10《跋寿星手卷》:"兴元某宣差公,为一路长。人有以献之者,俾予题跋。予以为公当体朝廷意,俾民安业于春风和气之中,不但如此卷退藏于密而已,不知公以为何如?"[2]

"晏只吉台"或"晏质真"氏世官之"达鲁花赤",并没有与孛儿只吉王朝相始终。《至正集》卷53《西域使者哈只哈心碑》:"迁林州达鲁花赤,升奉议大夫、彰德路总管府达鲁花赤,兼本路诸军奥鲁、总管府达鲁花赤管内劝农事。丙子(后至元二年)春旱,入境即雨,和叔(荀凯霖)自谓偶然,而民心用是悦其来也。作洹水石桥,修公廨、传舍,百废俱兴。"[3]这个以"荀"为姓的成员,所出为"色目"而非"蒙古"。而在至元十三年以前的彰德路"总管"的名单中,应该还有胡祇遹的好友王椅。《紫山先生集》卷18《龙虎卫上将军、安武军节度使,兼行深、冀二州元帅府事王公行状》亦《王乂行状》:"子男七人:曰植,字茂才,赵州节度判官;曰松,字国才,不仕;曰桧,字公才,历赞皇、沙河二县令;曰桢,字叔才,不仕;曰楫,字季才,不仕;曰椅,字彦才,释褐王府掾,历中书省左右司员外郎、大名等路宣抚司郎中、左三部郎中、大名等七路宣慰司郎中、户部郎中、奉政大夫、同金徽政院事,兼领太府监、奉议大夫、同知顺天路转运司事,佩金符,少中大夫、顺天路转运使、中议大夫、吏

---

〔1〕文渊阁《四库全书》本,页2下,页30下,页31上。

〔2〕《中华再造善本丛书》,影印至正刊本,北京图书馆出版社,页20上。

〔3〕《元人文集珍本丛刊》,影印宣统刊本,新文丰出版社,页251下。

部侍郎、中书省给事中、少中大夫、彰德路总管兼⎰鄂勒⎱[奥鲁],佩金虎符;曰栋,字子才,真定鄂勒千户","至元十年四月朔,武安胡衹遹谨状"。[1]

---

〔1〕文渊阁《四库全书》本,页40上、下。

16 万瓷凝玉

——元代的葡萄酒生产及消费

在中国葡萄酒的制作历史上,元代无疑是其中最为重要的时期。经过数百年的隔绝以后,却缘蒙古的征服,遂使"域外"的西方和"域内"东方的相关文明又一次联结起来。又因蒙古贵族嗜好的推波助澜,葡萄酒的生产和消费达到了中世纪的空前规模。就"生产分布"而言,包涵"京畿"、"山西"、"河东"和前代盛产兹种酒的"河西"地方。就"消费分布"而言,则囊括了无论南、北中国。在质地方面,已有透明无色的"哈剌吉"及呈现黄、红、紫、黑等不同光泽的品种。在用途方面,"通常"饮用、祭祀、典礼、祝寿、赏赐、馈赠,以及被视为"食疗"之一种。除了葡萄酒酝酿的本身进步外,其尚在一定程度上促进了"水菓"制酒的发展,刺激了烹调的创新和容具的选择。

16.1

有元一代较早提到沁人心脾的"葡萄酒",应该是生活年代跨有金、蒙古统治的著名士人元好问。《遗山先生集》卷 1《蒲桃酒赋,并序》:"予亦尝见还自西域者云:大石人绞蒲桃浆封而埋之,未几,成酒,愈久者愈佳,有藏至千斛者。其说正与此合,物无大小显晦,自有时决,非偶然者。夫得之数百年之后,而证数万里之远,是可赋也。"[1]"大石",盖辽末林牙耶律大石在西方所建立的哈剌契丹故土。《湛然居士集》卷 12《怀古一百韵寄张敏之》:"鸭绿金朝起,桑干玉玺遗。后辽兴

---

[1]《四部丛刊初编》景印弘治刊本,页 2 下。

大石,西域统龟兹。万里威声震,百年名教垂。"[1]"还自西域者",很可能就是兴定中前往西方觐见成吉思汗的女真使臣吾古孙仲端。不过,在其记载中,"酿蒲萄为酒"者,乃"回纥"、亦"回回"。刘祁《归潜志》卷13《北使记》:"大契丹大石者,在回纥中。""仁宗次子立,以用非其人,政荒,为回纥所灭。今其国人无几,衣服悉回纥也。""其回纥国,地广袤,际西不见疆畛。""鼋鼍为桥,舟如梭然。唯桑五谷颇类中国,种树亦人力。其盐产于山,酿蒲萄为酒。"[2]《黑鞑事略》:"又两次金帐中送葡萄酒,盛以玻璃瓶,一瓶可得十余小盏。其色如南方柿汁,味甚甜,闻多饮亦醉,但无缘得多耳,回回国贡来。"[3]

元中叶人盛如梓《庶斋老学丛谈》卷上提到:"寻思干者,西人云肥也。以地土肥饶,故以名甚当。庶用金铜钱,无孔。郭环城数十里,皆园林,飞渠走泉,方池圆沼,花木连延,诚为胜概。瓜大者如马首,谷无黍糯、大豆,盛夏无雨,以蒲萄酿酒,有桑不能蚕,皆服屈昫。"[4]以上段落,乃从"中书令"亦成吉思汗的侍臣耶律楚材的作品中摘抄简化而成;"寻思干",亦"河中府",今乌兹别克斯坦撒马尔罕(Samarqand)市。《西游录》卷上:"寻思干者,西人云肥也,以地土肥饶故名之。西辽名是城曰河中府,以濒河故也。寻思干甚富庶,用金、铜钱,无孔郭,百物皆以权平之。环郭数十里皆园林也,家必有园,园必成趣,率飞渠走泉,方池圆沼,柏柳相接,桃李连延,亦一时之胜概也。瓜大者如马首许,长可以容狐。八谷中无黍、糯、大豆,余皆有之。盛夏无雨,引河以激,率二亩收钟许。酿以蒲桃,味如中山九酝。颇有桑,鲜能蚕者,故丝茧绝难,皆服屈昫。"[5]《湛然居士集》卷4《再用韵,记西游事》:"河中花木蔽春山,烂赏东风纵宝鞍。西域寻思干城,西辽目为河中府。留得晚瓜过腊半,藏来秋果到春残。亲尝杷榄宁论价?自酿蒲萄不纳官。常叹

〔1〕中华书局谢方点校本,1986年版,页260。

〔2〕《元明史料笔记丛刊》,崔文印点校本,中华书局1983年版,页167—168。

〔3〕《丛书集成初编》本,页13。

〔4〕《知不足斋丛书》影印本,中华书局,页427上。

〔5〕《中西交通史丛刊》,向达校注本,中华书局1981年版,页3。

不才还有幸,滞留遐域得佳餐。"[1]

"长春真人"丘处机一行,据李志常的记录,则对"和州"、"鳖思马"亦今吐鲁番(Turfan)市东南的哈剌和州(Qarakhoja)、今吉木萨尔(Jimusar)县西北的别失八里(Beshbaliq)的"葡萄酒"印象更为深刻。《长春真人游记》卷上:"八月二十七日,抵阴山后,回纥郊迎至小城北。队长设葡萄酒及名果、大饼、浑葱,裂波斯布人一尺,乃言曰:此阴山前三百里和州也,其地大热,葡萄至伙。西即鳖思马大城,旧于城西葡萄园之上。时回纥王部族劝葡萄酒,供以异花、杂果、名香。""大石林牙,以农桑为务,酿葡萄为酒,果实与中国同。惟夏秋无雨,堵疏河以灌溉,百谷用成。"[2]这里的"回纥",乃"畏兀儿",正是往昔的哈剌契丹亦"大石林牙"的附庸之一。志费尼《世界征服者史》第1部《畏吾儿地的征服和亦都护的归顺》:"当哈剌契丹[的皇帝]征服河中及突厥斯坦那年的春季,巴儿术(Barchuq)也落入臣服的圈套,不得不交纳贡品。哈剌契丹的皇帝把一名沙黑纳(Shahna)派给他,其名叫少监(Shaukem)。这个少监,当他在职位上站稳了,就开始作威作福,对亦都护和他的将官百般凌辱。""成吉思汗征服契丹,他凯旋的信息传遍四方。这时,亦都护下令把少监围困在他们称为哈剌火者(Kara-Khoja)城的一所房屋中,把房子推倒压在他头上。"[3]

元世祖以后,已经大部沦为察合台汗领地的"大石林牙"故域,也仍然是蒙古皇帝所用葡萄酒最为重要的供应地之一。胡祗遹《紫山集》卷6《送陈按察金西省事》:"全材妙选临西极,开府先封定远侯。天马蒲萄成岁贡,雪山青海入边筹。"[4]许有壬《至正集》卷20《谢贺右丞寄蒲萄酒》《和明初蒲萄酒韵》:"几年西域蓄清醇?万里鸥夷贡紫宸。仙露甘分红玉液,天风香透白衣尘。相君不用凉州牧,老子方怀汉水春";"汉家西域一朝开,万斛珠玑作酒材。真味不知辞曲蘖,历年无

---

〔1〕中华书局谢方点校本,1986年版,页67。

〔2〕《丛书集成初编》本,页31,页32,页38,页39。

〔3〕何高济中译本,内蒙古人民出版社1980年版,页49。

〔4〕文渊阁《四库全书》本,页21上、下。

败冠尊罍。殊方尤物宜充赋,何处春江更泼醅?"[1]《圭塘稿》卷别上许有壬《承赠蒲萄阿尔奇(哈剌吉)感慰不能自已,遂成廿八字,亦颇得意,为后日张本。七十八岁兄某力疾书)》:"西酝蒲萄贵莫名,炼蒸成露更通灵。文园渴思虽抵海,不及浮槎一卵瓶。"[2]特别是双方的关系得到充分改善的时候,"贡献"的频率颇高。《元史》卷28《英宗纪》、卷34、卷36《文宗纪》、卷41《顺帝纪》:"至治三年二月,诸王怯伯遣使贡蒲萄酒";"至顺二年三月,西番哈剌火州来贡蒲萄酒";"三年二月,诸王答儿马失里、哈儿蛮各遣使来贡蒲萄酒、西马、金鸦鹘";"至正七年十月,西番盗起,凡二百余所,陷哈剌火州,劫供御蒲萄酒,杀使臣"。[3]

16. 2

"河东"地方的"平阳"亦"晋宁"、"太原"亦"冀宁"二路,都曾是宫廷所用葡萄酒的酿造场所。由于在大都建立生产基地,且规模不断扩大、可以满足需要而允许民间经营。《元史》卷4《世祖纪》、卷16《世祖纪》、卷19《成宗纪》:"中统二年六月,敕平阳路安邑县,蒲萄酒自今毋贡";"至元二十八年五月,宫城中建蒲萄酒室、女工室";"元贞二年三月,罢太原、平阳路酿进蒲萄酒,其蒲萄园民恃为业者,皆还之"。[4]除外,"山西"地方的"西京"亦"大同"路,也是当时最为重要的酿制地域。《山右石刻丛编》卷34虞集《姚天福神道碑》:"公讳天福,字君祥,姓姚氏","稍长,有材亀,怀仁县推择为吏,同列或弄文墨嘁嗻甘歠为得志,公鄙之,去从儒者学春秋,通大义,固以节谊自期矣","当宪宗皇帝时,世祖以太弟驻兵白登、怀仁,当以葡萄酒进行幕,公以吏在行,应对敏给,上奇之,留备宿卫"。[5]袁桷《清容居士集》卷5《送鄱阳刘县令之官宣宁》:"想彼强盛时,驰突声嗷嘈。烽烟彻云表,低昂望前旄。

〔1〕《元人文集珍本丛刊》,影印宣统刊本,新文丰出版社,页120上。
〔2〕文渊阁《四库全书》本,页12上。
〔3〕中华书局标点本,1976年版,页629,页755,页800,页801,页879。
〔4〕中华书局标点本,1976年版,页70—71,页347,页402—403。
〔5〕《续修四库全书》,影印光绪刊本,上海古籍出版社,页46上。

楼烦古喉襟,燕秦据其尻。八月秋气肃,千家酿蒲萄。"[1]虞集《道园遗稿》卷2《丰州李氏孝义诗》:"沙中枸杞已成树,的皪丹珠饱秋露。蒲萄满堂间钟乳,上堂馈食有肥羜。"[2]

有元葡萄酒生产数量的庞大,可以从其消费的状况略见一斑。首先是宫殿、府邸宴会的使用。《元史》卷121《速不台》:"拔都曰:漷宁河战时,速不台救迟,杀我八哈秃。速不台曰:诸王惟知上流水浅,且有桥,遂渡而与战,不知我于下流,结栰未成,今但言我迟,当思其故。于是,拔都亦悟。后大会,饮以马乳及蒲萄酒,言征怯怜时事,曰:当时所获,皆速不台功也。"[3]柳贯《柳待制集》卷5《观失剌斡耳朵御宴回》、卷1《九月廿八日,迎大驾至昌平县》:"毳幕承空挂绣楣,彩绳亘地掣文霓。辰旗忽动祠光下,甲帐徐开殿影齐。芍药名花团簇坐,蒲萄法酒拆封泥。御前赐酺千官醉,恩觉中天雨露似";"前瞻直南口,帐殿层云开。驼铃远有响,象驭不惊埃。却轸升玉座,甫进蒲萄醅。侍仪主奉引,唤仗声如雷。雕盘荐桃实,磊落推玫瑰。庶明土物爱,敢觊天颜回"。[4]谢应芳《龟巢稿》卷16《送郑教谕进表之京》:"束毡黉舍跨征鞍,奉表朝家庆履端。虎拜三呼称万寿,龙颜一笑宴千官。酌来天上葡萄酒,洗去胸中苜蓿盘。官样文章新制作,老夫刮目待归看。"[5]王逢《梧溪集》卷2《简任伯温检校》:"旌旗交影凤池边,退食微闻午漏传。犹比至元无事日,印文铜绿长苔钱。官厨日送葡萄酒,画省春看芍药阑。不忘旧为丞相掾,手图天马献金銮。"[6]

其次是葡萄酒在民间的使用,几乎遍及全国各地。刘诜《桂隐集》卷诗3《送杨拱吾应昌府判》:"昔年金宋通盟处,今日春风花满路。轻裘走马江南人,高髻弹弦河北女。水肥鱼美如截肪,争压蒲萄留客住。风流通守诚斋孙,政事文章俱有谱。盛年得此未为远,回首都门犹尺

〔1〕《四部丛刊初编》景印元刊本,页16下。
〔2〕《北京图书馆古籍珍本丛刊》,影印至正刊本,书目文献出版社,页20上。
〔3〕中华书局标点本,1976年版,页2978。
〔4〕《四部丛刊初编》景印元刊本,页2上。
〔5〕文渊阁《四库全书》本,页18上。
〔6〕《北京图书馆古籍珍本丛刊》,影印景泰刊本,书目文献出版社,页462上。

五。"[1]在京畿,汪元量《湖山类稿》卷2《通州道中》:"雪塞捣砧人成远,霜营吹角客愁孤。几回兀坐穹庐下?赖有葡萄酒熟初。"[2]贡奎《云林集》卷5《和曹继清高士止酒诗》:"袅袅烟炉暝,霏霏碾茗香。眉攒嗤仿效,袖舞笑郎当。湩酪忻新嗜,蒲萄爱屡尝。行吟怀楚屈,真乐尚陶唐。"[3]《清容居士集》卷15:"四月廿一日,与继学同出健德门,而伯庸以是日入都城,作诗寄之:客有百和香,我有蒲萄杯。把杯客不见,我心为之灰。愿留百和香,以待二子回。"[4]王沂《伊滨集》卷12《和陆友仁尺五城南诗》:"尺五城南日半曛,金羁绣毂两纷纷。羯鼓声催柘枝曲,葡萄酒污石榴裙。"[5]实际上,大、小二都城里都有专门从事买卖的人员。《至正集》卷27《竹枝,和继学韵》:"野蕨堆盘见蕨芽,珍羞眩眼有天花。宛人自卖葡萄酒,夏客能烹枸杞茶。"[6]乃贤《金台集》卷1《京城春日》:"晚来金水河边路,柳絮纷纷扑绣鞍。黄鹤楼东卖酒家,王孙清晓驻游车。宝钗换得蒲萄去,今日城东看杏华。"[7]

在淮南,萨都剌《雁门集》卷1《蒲萄酒美,鲥鱼味肥,赋蒲萄歌》:"扬州酒美天下无,小槽夜走蒲萄珠。金盘露滑碎白玉,银瓮水暖浮黄酥。柳花吹尽春江涨,雪花鲥鱼出丝网。王郎载酒过江来,开酒脍鱼醉春晚。"[8]在浙西,贝琼《清江集》卷诗2《送潘时雍归钱唐》:"海县兵未息,公子今何之?酌君葡萄酒,听我白苎词。"[9]在湖北、陕西、陇西,《清容居士集》卷7《宋诚甫押送交趾使之武昌》、卷12《安西老人》载有:"碧瓦门深鼓角高,罗庭椎髻声嗷嘈。银瓮蒲萄云叶重,锦毡叱拨风花骄。深知王臣有奇算,蛮使低头输密款";"方瞳如漆耳轮高,喜见曾孙守碧桃。鸠杖月明寻枸杞,凤箫春暖醉蒲萄。故人天上方蝉冕,老

〔1〕文渊阁《四库全书》本,页20下,页21上。
〔2〕中华书局孔凡礼辑校本,1984年版,页35。
〔3〕《北京图书馆古籍珍本丛刊》,影印弘治刊本,书目文献出版社,页67下。
〔4〕《四部丛刊初编》,景印元刊本,页26下。
〔5〕文渊阁《四库全书》本,页7下。
〔6〕《元人文集珍本丛刊》,影印宣统刊本,新文丰出版社,页146上。
〔7〕《汲古阁元人集及历代诗家》影印本,全国图书馆文献缩微复制中心,页224。
〔8〕《中国古典文学丛书》标点本,上海古籍出版社1982年版,页183。
〔9〕《四部丛刊初编》,景印明刊本,页9下。

子山中但豹韬。欲问汝南耆旧事,且乘龟殼把双螯"。[1] 朱德润《存复斋集》卷10《送李益斋之临洮》:"良人西征二三载,宝幢车马声尘遥。如今不用酒泉郡,岂必坐使朱颜凋?蒲萄苜蓿味虽美,异方土俗殊乡里。"[2] 在河西,赵孟頫《松雪斋集》卷5《送岳德敬提举甘肃儒学》:"苦欲留君君不留,奋鬐跨马走甘州。功名到手不可避,富贵逼人那得休?春酒蒲萄歌窈窕,秋沙苜蓿饱骅骝。"[3]《伊滨集》卷6《送张掾之官河西》:"含香辞粉署,跃马过凉州。野迥牛羊小,天低帐幕稠。清朝行召用,雄镇要分忧。细酌蒲萄酒,宁愁前路修?"[4]

16.3

葡萄酒的酿造方法,以"火州"亦"哈剌和州"为例。《至正析津志辑佚》《物产》:"酝之时,取葡萄带青者。其酝也,在三五间砖石甃砌干净地上,作甓瓷缺嵌入地中,欲其低凹以聚,其甕可容数百石者。然后取青葡萄不以数计,堆积如山,铺开,用人以足蹂践之使平,却以大木压之,覆以羊皮并毡毯之类,欲其重厚,别无曲药。压后出闭其门,十日半月后窥见原压低下,此其验也。方入室,众力挽下毡木,搬开而观,则酒已盈甕矣。乃取清者入别甕贮之,此头等酒。复以足蹊平葡萄滓,仍如其法盖,复闭户而去。又数日,如前法取酒。窨之如此者有三次,故有头酒、二酒、三酒之类。直似其消尽,却以其滓逐旋澄之清为度。上等酒,一二杯可醉人数日。复有取此酒烧作哈剌吉,尤毒人。"[5]"哈剌吉",又作"哈剌基"。叶子奇《草木子》卷3《克谨篇》:"法酒:用器烧酒之精液取之,名曰哈剌基,酒极醲烈,其清如水,盖酒露也。每岁于冀宁等路造蒲萄酒,八月,至太行山中辨其真伪。真者不冰,倾之则流注,伪者杂水,即冰凌而腹坚矣。其久藏者,中有一块,虽极寒,其余皆冰,而

〔1〕《四部丛刊初编》,景印明刊本,页9下,页10上,页3下,页4上。

〔2〕《涵芬楼秘集(第五集)》,影印旧钞本,北京图书馆出版社,页593。

〔3〕《历代画家诗文集》,影印后至元刊本,学生书局,页187—188。

〔4〕文渊阁《四库全书》本,页7上。

〔5〕北京古籍出版社刊本,1983年版,页239。

此不冰,盖蒲萄酒之精液也。饮之,则令人透腋而死。二三年宿蒲萄酒,饮之有大毒,亦令人死。此皆元朝之法酒,古无有也。"[1]

在葡萄酒的品种方面,除透明的蒸馏酒"哈剌吉"外,仅就色泽而言,尚有属于"白葡萄酒"的"黄"和属于"红葡萄酒"的"红"、"紫"、"黑"等类。《湛然居士集》卷6《戏作》:"苍颜太守领西阳,招引诗人入醉乡。屈眴轻衫裁鸭绿,葡萄新酒泛鹅黄。白葡萄酒,色如金波。歌姝窈窕鬒遮口,舞妓轻盈眼放光。野客乍来同见惯,春风不足断人肠。""太守多才民富强,光风特不让苏杭。葡萄酒熟红珠滴,杷橄花开紫雪香。异域丝篁无律吕,胡姬声调自宫商。人生行乐无如此,何必咨嗟忆故乡?"[2]《清容居士集》卷15《装马曲》:"宝刀羽箭鸣玲珑,雁翅却立朝重瞳。沉沉樱殿云五色,法曲初奏歌熏风。酬官庭前列千斛,万瓮蒲萄凝紫玉。"[3]王翰《梁园寓稿》卷9《葡萄酒》:"揉碎含霜黑水晶,春波滟滟暖霞生。甘浆细挹红泉溜,浅沫轻浮绛雪明。"[4]其质地上乘者,晶莹剔透,犹如纯金、美玉、琥珀、琥珀。《湛然居士集》卷5《赠蒲察元帅》:"闲骑白马思无穷,来访西城绿发翁。元老规模妙天下,锦城风景压河中。花开杷榄芙蕖淡,酒泛葡萄琥珀浓。痛饮且图容易醉,欲凭春梦到卢龙。"[5]马祖常《石田先生集》卷2《秋意》:"银床坠露下高桐,竹练含冰留麝笼,蒲萄酒作玛瑙红。湘娥江边采芙蓉,月华流影天汉东。素商凄清扬微风,草根知秋有鸣蛩。"[6]

在葡萄酒的贮存方面,元人也掌握了前代的先进技术。杨瑀《山居新话》卷3:"尚酝蒲萄酒,有至元、大德间所进者尚存,闻者疑之。余观西汉大宛,传富人藏蒲萄酒万石,数十年不败,自古有之矣。"[7]只不过随着光阴的推移,酒的颜色会发生变化罢了。耶律铸《双溪醉隐集》卷3《秋日,避暑尘外亭》:"软红尘外水云乡,隐映双溪避暑荘。雌霓连

---

〔1〕《元明史料笔记丛刊》句断本,中华书局1983年版,页68。

〔2〕中华书局谢方点校本,1986年版,页136。

〔3〕《四部丛刊初编》,景印明刊本,《清容居士集》,页27上。

〔4〕文渊阁《四库全书》本,页10下。

〔5〕中华书局谢方点校本,1986年版,页91。

〔6〕《中州名家集》,李叔毅点校本,中州古籍出版社1991年版,页26。

〔7〕《元明史料笔记丛刊》,余大钧点校本,中华书局2006年版,页219。

·欧·亚·历·史·文·化·文·库·

蜷应计雨，雄风回穴为输凉。年光变弄蒲萄色，天气经营菡萏香。"[1]
盛放的器皿，格外讲究，不乏金、银制作。张弘范《淮阳集》《醉中》："金
杯潋滟涨蒲萄，玉颊潮红意气豪。一撮乾坤是何物？古今只解戏儿
曹。"[2]周伯琦《近光集》卷1《是年五月，扈从上京，宫学纪事绝句，洪
禧殿》："镂花香案错琳璆，金瓮蒲萄大白浮。群玉诸山环御榻，瑶池只
在殿西头。"[3]贡师泰《玩斋集》卷2《友人赴陕西作县》："角声吹起满
城雪，北风萧萧嘶小骢。银瓶细溜蒲萄热，三迭歌残人欲别。"[4]卢琦
《圭峰先生集》卷上《寒夜怀京和韵》："宫壶龙滴晓漏尽，玉阶马滑春雪
融。锦衣高唱少年子，银瓮索酒蒲萄宫。"[5]蓝智《蓝涧集》卷4："七月
二十八夜，同巢翁石父燕集玄都道院中。是日，雷雨昼晦。既夕，星月
烂然。席上有作：偶与高人燕武夷，天空山水漾晴辉。金盘晓露葡萄
酒，玉女秋风薜荔衣。"[6]

　　如同前引所见，收藏葡萄酒的最常见材料，乃是玻璃。而其烧制工
艺，也是传自西方。《湛然居士集》卷1《和许昌张彦升见寄》、卷6《西
域蒲华城，赠富察元帅》："真人休运应千载，生知神武威中邦。杜绝奇
技贱异物，连城玉斗曾亲撞。兵出潼关渡天堑，翠华杂映駹虞幢。生民
歌舞叹奚后，壶浆箪食辕门降。偏师一鼓汴梁下，逻骑饮马扬子江。良
臣自有魏郑辈，死谏安用干与逢？少微昨夜照平水，清河国士真无双。
壮岁游学力稽古，孜孜继晷焚兰釭。新诗寄我有深意，再三舒卷临幽
窗。安得先生赞王室？委倚奚忧庶政厖。堪笑纷纷匹夫勇，徒夸巨鼎
千钧扛。何日安车蒲轮诏公入北阙？蒲萄佳酝烂饮玻璃缸。西人蒲萄
酿，皆贮以玻璃瓶。""骚人岁杪到君家，土物萧疏一饼茶。相国传呼扶
下马，将军忙指买来车。琉璃钟里葡萄酒，琥珀瓶中杷榄花。万里遐荒
获此乐，不妨终老在天涯。"[7]何梦桂《铁牛翁遗稿》《和散里平章游东

---

〔1〕文渊阁《四库全书》本，页29上。

〔2〕文渊阁《四库全书》本，页13上。

〔3〕文渊阁《四库全书》本，页20下。

〔4〕文渊阁《四库全书》本，页18上。

〔5〕《北京图书馆古籍珍本丛刊》，影印万历刊本，书目文献出版社，页117上。

〔6〕文渊阁《四库全书》本，页12下。

〔7〕中华书局谢方点校本，1986年版，页10，页135，页136。

安汪伯谅半山亭诗韵》:"丹溪青山冠闽浙,胜游忽聚金台客。朱阑碧槛倚云隈,满地松花踏香雪。玉京北望苍烟重,山光水色开天容。咳唾随风落珠玉,葡萄酒艳玻璃钟。逍遥聊作无事饮,倒着接䍦从酩酊。潮生眼缬春风和,月上松萝酒初醒。金闺公子玉堂仙,长歌击节音琅然。君不闻香山老子长短三千篇,一金一首鸡林传。"[1]

16.4

元代葡萄酒的最大用途,与前、后其他朝代一样,当然是用作"通常"的饮料。《湛然居士集》卷5《庚辰,西域清明》:"清明时节过边城,远客临风几许情? 野鸟间关难解语,山花烂漫不知名。蒲萄酒熟愁肠乱,玛瑙杯寒醉眼明。遥想故园今好在,梨花深院鹧鸪声。"[2]方逢辰《蛟峰集》卷3《回徐总启》:"君子占七日之亨,阳从地起;王人序诸侯之上,福与日新。方拟庆笺,先蒙异汗。恭惟某官气排冬凛,德配春和。一线添长,缓如丝之;六䌀重缇,嘘暖回挟。纩于三军,或遣其归,可拱而俟。某冷伴青藜之杖,浪辱蒲萄之觞。既有滴红,宁惮斗十千之直? 第虞餐素不无困三百之讥。感藏诸心,言不尽意。"[3]侯克中《艮斋集》卷8《自警》:"潢潦无源起怒涛,镜中妍丑岂能逃? 苟无远虑休非孟,纵有清材莫和陶。细碾腊茶烹橄□,浅斟春酒泛蒲萄。几时坐对缑山月? 两袖天风醉碧桃。"[4]《雁门集》卷1《伤思曲,哀燕将军》:"宫锦袍,毡帐高,将军夜酌凉蒲萄。蒲萄力重醉不醒,美人犹在珊瑚枕。"[5]《龟巢稿》卷5《和贾教授咏怀》:"两袖西风独倚楼,一天秋色断虹收。水村霜落红于染,山色烟岚翠欲流。眼底□来兴废事,胸中销尽古今愁。莫嫌苜蓿盘无味,喜有葡萄酒可笃。"[6]

元代的葡萄酒,还用于"祭祀"、"典礼"和"祝寿"。前、中者,程端

---

〔1〕文渊阁《四库全书》本,页11上。
〔2〕中华书局谢方点校本,1986年版,页93。
〔3〕《宋集珍本丛刊》影印顺治刊本,线装书局,页681上。
〔4〕文渊阁《四库全书》本,页6下。
〔5〕《中国古典文学丛书》标点本,上海古籍出版社,1982年版,页154。
〔6〕文渊阁《四库全书》本,页37下。

礼《畏斋集》卷 2:"闻有达官祷济渎神池中,出蒲萄酒一壶以赐之者,众有诗,邀余同赋:济渎神灵骇八区,蒲萄尊酒捧文鱼。细看小字封题处,当是何年祭拜余? 不数欧明如愿婢,更祈思邈活人书。忠诚移为吾君献,亦有宫壶载后车。"[1]《元史》卷 9、卷 10《世祖纪》、卷 75《祭祀志宗庙》:"至元十三年九月,享于太庙,常馔外,益野豕、鹿、羊、蒲萄酒";"十五年十月,享于太庙,常设牢醴外,益以羊、鹿、豕、蒲萄酒";"六曰晨裸:祀日丑前五刻,太常卿、光禄卿、太庙令率其属设烛于神位,遂同三献官、司徒、大礼使等每室一人,分设御香、酒醴,以金玉爵斝,酌马湩、蒲萄尚酝酒奠于神案"[2] 后者,《雁门集》卷 6《上京杂咏》:"一派箫韶起半空,水晶行殿玉屏风。诸工舞蹈千官贺,高捧蒲萄寿两宫。"[3]《畏斋集》卷 2《代诸生寿王岂岩》:"高才绝识真难比,苦学清修孰与同? 岂但说诗胜匡鼎,也知著论过王充。千觥酒罄蒲萄绿,万朵灯敷菡萏红。吾道极天终不坠,江东教思与无穷。"[4]《龟巢稿》卷 17《寿万拙斋》:"今吾故吾知不同,朱门无复挂桑弓。但将一斛葡萄酒,净洗平生磊块胸。"[5]

很得人喜爱的葡萄酒,自然是"赏赐"、"馈赠"的重要物品之一。《元史》卷 162《杨大渊传》、卷 135《塔出传》、卷 160《李谦传》、卷 136《阿沙不花传》:"宪宗悦,赐葡萄酒。[杨]大渊遂以故官侍郎、都元帅听命,而民得生全";"[塔出]帅师攻安丰、庐、寿等州,俘生口万余来献。赐蒲萄酒二壶,仍以曹州官园为第宅,给城南闲田为牧地";"世祖曰:闻卿(李谦)不饮,然能为朕强饮乎? 因赐蒲萄酒一钟,曰:此极醉人,恐汝不胜。即令三近侍扶掖使出";"武宗大悦,解衣衣之,拜中书平章政事,军国大事并听裁决。因奏平内难之有功者燕只哥以下十人为兵马指挥,为直省舍人。诏先奉蒲萄酒及锦绮还报两宫,仁宗即日率

---

〔1〕文渊阁《四库全书》本,页 22 下。

〔2〕中华书局标点本,1976 年版,页 185,页 205,页 1869。

〔3〕《中国古典文学丛书》标点本,上海古籍出版社 1982 年版,页 161。

〔4〕文渊阁《四库全书》本,页 27 下。

〔5〕文渊阁《四库全书》本,页 9 上。

群臣出迎"。[1] 虞集《道园类稿》卷4《送胡士则》、卷5《八月八日,有感题,视草堂壁》:"明光殿里初进书,紫衫束带帽正乌。君王欢喜侍臣贺,殿下风暄花萼舒。是时亲赐蒲萄酒,激滟玉杯先入手。承恩归去各西东,共叹文明古稀有";"识字头先白,谋生计转劳。文园多病渴,常想赐蒲萄"。[2]《石田先生集》卷2《次韵继学》:"岂有遮尘手?应无见曲涎。地清天似水,席暖鬁如绵。客送蒲萄酒,人分苜蓿田。书思趋豹省,捵藻赋龙船。谁念冯唐老?为郎白首年。"[3]

好饮的元人,还将葡萄酒视为"食疗"之一种。王恽《秋涧先生集》卷94《西使记》、卷61《张善渊墓碣铭,并序》、卷48《史天泽家传》:"又南有赤木儿城,居民多并、汾人。有兽似虎,毛厚,金色无文,善伤人。有虫如蛛,毒中人,则烦渴饮水,立死。唯过醉葡萄酒,吐则解,有嗜酒";"上南巡,临幸寿宫,时公(张善渊)以疾不克朝谒,□上言念旧眷,命近侍存问,仍赐御药、葡萄酒,服之,病良已";"与右丞相伯颜总大军,行台荆湖,自襄州水陆并进,趣鄂渚渡江,中道病不能进。上闻,遣使赐葡萄酒劳公(史天泽)"。[4]《元史》卷155《汪德臣传》:"[汪]德臣微疾,帝劳之曰:汝疾皆为我家。饮以葡萄酒,解玉带赐之曰:饮我酒、服我带,疾其有瘳乎?德臣泣谢。"[5]元明善《清河集》卷5《廉希宪神道碑》:"奏上,上曰:国家不用兵得地,未之见也。希宪坐致数千里外之坚城劲土,其仁政为何如也?赐西域善药、高昌蒲桃酒。""皇太子方听天下政,遣人赐蒲桃酒,谕王曰:上命公领门下省,勿难群小,吾为公德。阿合马不利而止。"[6]

姚燧《牧庵集》卷14《博啰罕神道碑》:"又战宝应,弃高邮不攻,由西小河达漕河,据湾头堡,断通、泰援,竟拔扬州,斩其制帅李庭芝,淮东诸州悉下。赐[博罗欢]西域药及蒲萄酒、介胄、弓矢、鞍勒。"[7]

---

〔1〕中华书局标点本,1976年版,页3792,页3273,页3767,页3298。
〔2〕《元人文集珍本丛刊》,影印明初翻印至正刊本,新文丰出版社,页315上,页326上、下。
〔3〕《中州名家集》,李叔毅点校本,中州古籍出版社1991年版,页35。
〔4〕《四部丛刊初编》,景印弘治翻元刊本,页5上,页9下,页18上。
〔5〕中华书局标点本,1976年版,页3652。
〔6〕《元人文集珍本丛刊》,影印《藕香零拾》本,页188下。
〔7〕《四部丛刊初编》,景印《武英殿聚珍》本,页4上。

16.5

在中国葡萄酒的制作历史上,元代无疑是其中最为重要的时期。葡萄的种植、葡萄酒的酝酿,追溯其由来,不论其技术和工艺都来自"华夏"的"域外"。经过数百年的隔绝以后,却缘蒙古的征服,遂使西方和东方的相关文明又一次联结起来。又因蒙古贵族嗜好的推波助澜,葡萄酒的生产和消费达到了中世纪的空前规模。高启《大全集》卷8《尝蒲萄酒歌》:"西域几年归使隔?汉宫遗种秋萧瑟。谁将马乳压瑶浆?远饷江南渴吟客。赤霞流髓浓无声,初疑豹血淋银罂。吴都不数黄柑酿,隋殿虚传玉薤名。"[1]其先,游历西方的大汗侍臣耶律楚材能够在葡萄架下品尝泡制的葡萄酒;稍晚,定居东方的皇帝官员刘鹗同样也能在葡萄架下品尝泡制的葡萄酒。《湛然居士集》卷5《赠蒲察元帅》:"忙唤贤姬寻器皿,更呼辽客奏筝篆。葡萄架底葡萄酒,杷榄花前杷榄仁。酒酽花繁正如许,莫教辜负锦城春。"[2]《惟实集》卷5:"高荣禄筑南城别墅,苍松老柏,异花时菓,蔚然成林。公与夫人乘小车,携二孙来往其间,征余赋,遂次杜公何将军山林。阴满蒲萄架,春浮木槿篱。持家还有妇,继志岂无儿?身外忧何事?惟教酒榼随。"[3]这既是文化生活普及的一个楷模,也是食品经济推广的一个典型,更是东亚、中亚居民在交往过程中结出的奇葩硕果。

关于元代"域内"葡萄酒生产的地理分布,由于相关数据的不足和文字的含糊,本文只提到了"京畿"、"山西"和"河东"。不过,从部分不太确切的记载来看,前代盛产兹种酒的地方"河西",亦"甘肃行省"的领封,同样也该名列其中。《清容居士集》卷10《送乐德敬甘肃儒学提举》:"磅礴坤舆总帝图,手提文印化沮渠。旋宫更问凉州谱,尚右时通梵国书。枸杞夜号端入驿,蒲萄秋落易盈车。飞沙斜日频回首,归雁

---

[1]《四部丛刊初编》,景印景泰刊本,页9上、下。

[2]中华书局谢方点校本,1986年版,页91。

[3]文渊阁《四库全书》本,页3下,页4上。

相迎亦惘如。"[1]范梈《范德机集》卷7《寄上甘肃吴右丞》："塞上孤鹰白雪毛，塞门风物静萧骚。黄河西去从天下，泰华东来拔地高。枸杞莫将如薏苡，醍醐足饮胜蒲萄。遥瞻圭衮还丹日，正属江湖心绪劳。"[2]《石田先生集》卷2《灵州》："乍入西河地，归心见梦余。蒲萄怜酒美，苜蓿趁田居。少妇能骑马，高年未识书。清朝重农谷，稍稍把犁锄。"[3]可能相比较之下，西方的葡萄酒仍有特色，仍有人专门从"海道"进口，以进献给"万乘之尊"的天子。黄溍《文献集》卷8上《杨枢墓志铭》："君（杨枢）往来长风巨浪中，历五星霜。凡舟楫、糇粮、物器之须，一出于君，不以烦有司。既又用私钱市其土物白马、黑犬、琥珀、蒲萄酒、蕃盐之属以进，平章政事察那等引见宸庆殿而退。"[4]

葡萄酒的生产，尚在相当程度上促进了"水菓"制酒的发展。周密《癸辛杂识》卷续上《梨酒》："仲宾（李衎）又云：向其家有梨园，其树之大者，每株收梨二车。忽一岁盛生，触处皆然，数倍常年。以此不可售，甚至用以饲猪，其贱可知。有所谓山梨者，味极佳，意颇惜之，漫用大瓮储数百枚，以缶盖而泥其口，意欲久藏，旋取食之。久则忘之，及半岁后，因至园中，忽闻酒气熏人，疑守舍者酿熟，因索之，则无有也。因启观所藏梨，则化之为水，清冷可爱，湛然甘美，真佳酝也，饮之辄醉。回回国葡萄酒止用葡萄酿之，初不杂以他物，始知梨可酿，前所未闻也。"[5]《至正析津志辑佚》《物产》："枣酒，京南真定为之，仍用些少曲糵，烧作哈剌吉，微烟气，甚甘，能饱人口椹子酒，微黑色，京南真定等处咸有之，大热有毒，饮之后，能令人腹内饱满，若口、齿、唇、舌，久则皆𪒠。"[6]《秋涧先生集》卷6《三勒浆歌，并序》："唐代宗大历间，幸太学，以三勒浆赐诸生，此后不复闻于世。今光禄许公复以庵摩、诃毗、梨三者酿而成浆。其光色晔晔然如蒲萄、桂醑，味则温馨甘滑，浑涵妙理。

〔1〕《四部丛刊初编》，景印元刊本，页19上。
〔2〕《四部丛刊初编》，景印清钞本，页9下。
〔3〕《中州名家集》，李叔毅点校本，中州古籍出版社1991年版，页30。
〔4〕文渊阁《四库全书》本，页42下。
〔5〕《唐宋史料笔记丛刊》，吴企明点校本，中华书局1988年版，页130。
〔6〕《唐宋史料笔记丛刊》，吴企明点校本，中华书局1988年版，页239。

及荐御天颜,喜甚,谓非余品可及,遂以时供内府。不肖以沾沥之余,发为歌诗,于以见国朝德被四表,万物毕至之盛。许公爱君之心,以汤液醪醴,跻圣寿于无疆之休也。"[1]

葡萄酒的生产,还在一定程度上刺激了烹调的创新和容具的选择。前项,以葡萄酒浇烧"驼峰",正是时人最为精美的膳食之一。方回《桐江续集》卷13《次韵鲜于伯机秋怀长句》:"逾燕涉漠将十霜,西风满眼榆林黄。时逢北客话围场,鞍马意气犹扬扬。骆驼红乳蒲萄酒,袒割一醉千百觞。君今病痁卧南方,掉头不顾尚书郎。紫阳山人饿欲死,江湖一壑秋田伤。哀歌相和意惨怆,夜视宇宙何茫茫。"[2]《湖山类稿》卷2《冬至日,同舍会拜》:"燕市人争看秀才,团圞此日会金台。葡萄酒熟浇驼髓,萝卜羹甜煮鹿胎。砚笔寂寥空酒泪,管弦呜咽自生哀。雪寒门户宾朋少,且拨红炉守泰来。"[3]《玩斋集》卷5《和胡士恭滦阳纳钵即事韵》:"紫驼峰挂葡萄酒,白马鬃悬芍药花。绣帽宫人传旨出,黄门伴送内臣家。"[4]后项,李孝光《五峰集》卷10《戏柬王季行》:"才子劳心治墨庄,风流文采足飞扬。蒲萄酿酒浇鹦鹉,桐叶题诗咏凤凰。春满画阑花欲语,月临华屋竹生香。"[5]"鹦鹉",乃海洋中的生物"鹦鹉螺",时人采集以用来当作杯、盘之类。至于所谓的"金莲盏",并非器皿,乃是文士一时"疏狂"的假借罢了:以妇女的绣鞋当杯托,置盏其中以"行酒。"[6]

〔1〕《元人文集珍本丛刊》,影印明修补至治刊本,新文丰出版社,页14上、下。

〔2〕文渊阁《四库全书》本,页19上。

〔3〕中华书局孔凡礼辑校本,1984年版,页73。

〔4〕文渊阁《四库全书》本,页8上。

〔5〕文渊阁《四库全书》本,页27下、28上。

〔6〕陶宗仪《南村辍耕录》卷23《金莲杯》,中华书局《元明史料笔记丛刊》重印断句本,1980年,页279:"杨铁崖(维桢)耽好声色,每于筵间见歌儿舞女,有缠足纤小者,则脱其鞋,载盏以行酒,谓之金莲杯。予窃怪其可厌,后读张邦基《墨庄漫录》载王深辅道《双凫》诗云:时时行地罗裙掩,双手更擎春激滟。傍人都道不须辞,尽做十分能几点? 春柔浅醮蒲萄暖,和笑劝人教引满。洛尘忽泛不胜娇,划蹈金莲行款款。观此诗,则老子之疏狂有自来矣。"

17　宗衍临济

——元大都路庆寿寺史述证

　　既有宏大规模，又有深厚传承的大都庆寿寺，始肇于金世宗在位时期。历元至于明初，一直保持着非常"尊崇"的地位。在该寺的住持中，曾经有过诸如中和璋、海云简、可庵朗、莘庵满、西云安、智延、溥洽等很有名望的高僧，维系着临济宗在北中国的"正脉"传承。而在当时的"政治"生活中，挂搭的僧子聪亦刘秉忠、驻锡的释道衍亦姚广孝，盖历史上促使巨大变迁的重要人物。而在"施主"中，除了高丽国王王璋以外，有三位太子曾经名列其中：真金、爱育黎拔力八达、爱猷识理达腊。至于显宦、文宿的到访和留宿，更有诸如董士选、李衎、马祖常、王恽、陈孚、张之翰、欧阳玄、唐文凤、李时勉、陆深、唐顺之、陈献章等闻人。

17.1

　　要论有元一代的佛教丛林，乃为禅门临济宗之传道"奥区"的大都庆寿寺，既有宏大的规模，又有深厚的传承，更有学识伟岸的长老、血统高贵的施主。《养蒙集》卷6《请西云长老住庆寿寺疏》："大庆寿禅寺，密依虎豹九重关；舍卫城比丘，愿听龙象第一义。"[1]《雪楼先生集》卷18《大庆寿寺大藏经碑铭》："寺为裕皇祝厘之所，于京城诸刹为最古。"[2]不少当时的墨客骚人，对兹与"丞相花园"毗邻的院落情有独钟，既经驻足，自然免不了留下不朽的文字。吴莱《渊颖集》卷4《从丞

---

　　〔1〕文渊阁《四库全书》本，页8下。
　　〔2〕《元代珍本文集汇刊》，影印洪武二十八年刊本，国立中央图书馆，页709。

·欧·亚·历·史·文·化·文·库·

相花园入庆寿寺》："我来燕山游侠场，九衢飞沙白日黄。大车高马纷腾骧，宾客追逐如风狂。丞相花园雕玉房，杏枏枌橑相低昂。雪崖冰谷寒不僵，土脉瘅盈芒树长。美人素手行琼觞，清歌艳舞调丝簧。莺金蝶粉醉有香，燕丹遗俗今则常。倚城孤塔屹宝坊，天仙夕降飘鸣铛。青旗绛节狻猊床，凌冬翠栢列两行。下引碧窦跨虹梁，谁欤造者完颜王？衰年上寿面生光，第一斋僧厌谏章。九州岛四海遂不康，寒烟蔓草吁可伤。萧然极目悄平冈，燕南赵北天茫茫，快骑黄鹄归故乡。"[1]《元艺圃集》卷 2 马祖常《庆寿僧舍即事》："白雨映青松，萧飒洒朱阁。稍觉暑气消，微凉度疏箔。客居秋寺古，心迹俱寂寞。夕虫鸣阶砌，孤萤炯丛薄。展转怀故乡，时闻风鸣铎。"[2]

　　庆寿寺之开基，其实不很远"古"。然而，却缘本系完颜氏皇家之构筑，其在芸芸众寺中，自然拥有非比寻常的"尊崇"。释念常《佛祖历代通载》卷 20："壬午（大定二年），金国移都燕京，敕建大庆寿寺成。诏请玄冥禅师颐公开山第一代，敕皇子燕王降香，赐钱二万、沃田二十顷。"[3]《金史》卷 9《章宗纪》、卷 50《食货志》："大定二十九年六月丁酉，幸庆寿寺"；"明昌元年六月壬辰，奉皇太后幸庆寿寺"；"大定五年，上谓宰臣曰：顷以边事未定，财用阙乏，自东、南两京外，命民进纳补官，及卖僧、道、尼、女冠度牒，紫、褐衣师号，寺观名额。今边鄙已宁，其悉罢之。庆寿寺、天长观岁给度牒，每道折钱二十万以赐之"[4]《秋涧先生集》卷 34《庆寿东西二桥，并序》："庆寿精蓝丈室前，松蕤盈庭，景气萧爽。尝引流水，瀄鸣其间。东西梁贯，以通往来。今水堙桥废，止存二石屏，上刻飞渡桥、飞虹桥六字，笔力遒婉，势若飞动，有王礼部无竞（王竞）风格。寺中相传，昔金道陵笔也。"[5]不过，如从更早的文

---

〔1〕《四部丛刊初编》景印至正刊本，页 26 上。
〔2〕文渊阁《四库全书》本，页 5 上、下。又，《松雪斋集》卷 3，《四部丛刊初编》景印元刊本，页 3 下也有此诗。
〔3〕《北京图书馆古籍珍本丛刊》，影印至正刊本，书目文献出版社，页 391 下。
〔4〕中华书局标点本，1975 年版，页 210，页 215，页 1124，页 1125。
〔5〕《元代珍本文集汇刊》，影印洪武刊本，国立中央图书馆，页 477 下。

字,写字者乃先逝的"道陵"之父"裕陵"[1]。《中州集》卷4路铎《庆寿寺晚归》:"九陌黄尘没马头,眼明佛界接仙洲。清溪照影红蕖晚,禅榻生凉碧树秋。少室宗风开木义,裕陵遗墨烂银钩。对谈不觉山衔月,只为松风更少留。"[2]

逮至大蒙古勃兴,中都易为燕京,依旧大兴府。《元混一方舆胜览》卷上:"正隆间,自燕徙汴,国人立其从弟,是为世宗。世宗三传,国朝取中原,会兵于燕京(中都),金宣宗奔汴,明年克燕。初为燕京路总管、大兴府。"[3]庆寿,依然保持着往昔的地位;而"作万僧"、"化万僧",其财力之雄厚,可见一斑。耶律楚材《湛然居士集》卷8《为庆寿寺作万僧疏》、《为庆寿寺化万僧疏》:"窃以栖身物外,已知四大之空;寓迹尘中,且赖十方之供。矧五常尤尊于博施,而六度首重于檀那。不求郡国之英豪,谁养林泉之跛挈?芒鞋藜杖,弗辞千里之勤;粝食蔬羹,好助万僧之化";"隐迹林泉,置死生于度外;随身瓶钵,寄口腹于人间。欲隆三宝之风,强遣万僧之化。何须异味?唯求野菜淡黄齑;不用多般,只求山田脱粟饭"[4]无怪乎僧中观沼,要将兹寺视作其徒欲在教界"了此大事"的首善去处。《佛祖历代通载》卷21录《庆寿海云大士传》亦《印简传》:"先是,中观临终时,师问中观曰:某甲当依何人?了此大事。观嘱曰:贺八十去。师既入燕,至大庆寿寺,乃省前谶。于是,径谒中和老人璋公。中和先一夕梦一异僧策杖径趋方丈,踞师子座。既明,谓知客曰:今日但有{旦}[客]过,当令来见老僧。及晚,师至,引见,中和笑曰:此衲子,乃夜来所梦者。"[5]

入元以后,庆寿寺又成为岁例"游皇城"活动的中心之一。《元史》卷77《祭祀志国俗旧礼》:"至正月十五日,恭请伞盖于御座,奉置宝舆,诸仪卫队仗列于殿前,诸色社直暨诸坛面列于崇天门外,迎引出宫。至

[1]赵秉文《滏水集》卷18《宣宗谥议》,《四部丛刊初编》景印明钞本,页1下,页2上:"伏以大行皇帝(宣宗)圣德日新,沉{九}[几]天纵。始以裕陵(显宗)之{无}[元]子,当膺章庙之正传。不幸属道陵(章宗)弥留之际,奸臣矫命,以卫绍王继,易天之明,乱国之经。"

[2]影印明汲古阁刊本,学苑出版社2000年版,页309。

[3]《宋元地理志丛刊》,郭声波整理本,四川大学出版社2003年版,页22。

[4]中华书局谢方点校本,1986年,页174,页179。

[5]《北京图书馆古籍珍本丛刊》,影印至正刊本,书目文献出版社,页417下。

239

庆寿寺,具素食,食罢起行,从西宫门外垣海子南岸,入厚载红门由东华门过延春门而西。帝及后妃、公主,于玉德殿门外,搭金脊五殿彩楼而观览焉。及诸队仗社直送金伞还宫,复恭置御榻上。帝师僧众作佛事,至十六日罢散。岁以为常,谓之游皇城。"[1]不过,由于大都新城的建筑,相关屋构的方位,遂由往昔的"城北野中"转而变作了如今的"城内南隅"罢了。《至正析津志辑佚》《朝堂公宇》:"至元四年二月己丑,始于燕京东北隅辨方位,设邦建都,以为天下本。"[2]虞集《道园学古录》卷5《游长春宫诗序》:"国朝初作大都于燕京北东,大迁民实之。燕城废,惟浮屠、老子之宫得不毁,亦其侈丽瑰伟,有足以凭依而自久。是故迨今二十余年,京师民物日以阜繁,而岁时游观,尤以故城为盛。"[3]王冕《竹斋集》卷9《庆寿寺》:"宝刹都城内,金朝旷野中。金时在城北野中,今在城内。浮图瞻宝志,书记忆刘聪。画屋烟花绕,青松雨露浓。徘徊增感慨,历落问英雄。"[4]

17.2

　　在庆寿寺的住持中,最为闻名者,要数临济宗的传人海云简。其前、后数度主持该寺,并最后在那里圆寂。《佛祖历代通载》卷21《印简传》:"己亥(元宪宗六年)冬,师再起,复主大庆寿寺。""丁巳夏,说偈毕,师云:汝等少喧,吾欲偃息。侍僧急呼主事人至,师吉祥泊然而逝矣,即后四月初四日也,世寿五十有六。荼毗,获舍利无算,钦承护必烈大王令旨,建塔于大庆寿寺之侧。"[5]《雪楼先生集》卷6《海云简和尚碑铭》亦《印简碑铭》:"丧车行,诸主钵纳合等秉炉前导,火举,有黄金梵相飞出,白鹤群舞于上。烟烬所洎,皆成舍利五色,或大如弹丸。还葬庆寿之西南隅,赐谥佛日圆明大宗师。诸大弟子分舍利葬秦、赵间

〔1〕中华书局标点本,1978年,页1927。

〔2〕北京图书馆善本组标点本,北京古籍出版社1983年,页8。

〔3〕《四部丛刊初编》,景印景泰翻印元刊本,页4下。

〔4〕文渊阁《四库全书》本,页24下。

〔5〕《北京图书馆古籍珍本丛刊》,影印至正刊本,书目文献出版社,页419上,页420上。

者,为塔七。"没后五十八年,改元延祐,春三月丁未,集贤大学士臣颢、昭文馆大学士臣明里董阿,奉诏加谥光天普照佛日圆明海云佑圣国师,修其塔,命翰林学士承旨臣某(程巨夫)为文刻石。"[1] 由于与"裕皇"亦世祖太子真金有"立名"之情谊,遂使其所曾经栖身的"大刹"成了本位"专门"的"祝厘"场所。《佛祖历代通载》卷21:"帝诞生太子,诏海云国师摩顶立名。奏云:世间最尊贵,无越于真金。""帝召东宫云:海云是汝师,居住金田,宜加崇饰。由是鼎新庆寿大刹。"[2]

海云简的衣钵授受所自,正是庆寿寺的前任住持中和璋。前者之所以得到后者的赏识,盖在于其在参禅时的突出表现。《佛祖历代通载》卷21录《印简传》:"师既入燕,至大庆寿寺,乃省前谶。于是,径谒中和老人璋公。中和先一夕梦一异僧策杖径趋方丈,踞师子座。既明,谓知客曰:今日但有客过,当令来见老僧。及晚,师至,引见,中和笑曰:此衲子,乃夜来所梦者。师便问曰:某甲不来而来,作么生相见?寿曰:参须实参,悟须实悟,莫打野榸。师曰:某甲因击火迸散,乃知眉横鼻直。寿曰:吾此处别。师曰:如何表信寿?曰:牙是一口骨,耳是两边皮。师曰:将谓别有。寿曰:错。师喝曰:草贼大败,寿休去。次日,寿举临济两堂首座齐下喝,僧问济:还有宾主也无?济曰:宾主历然,汝作么生会?师曰:打破秦时镜,磨尖上古锥。龙飞霄汉外,何劳更下槌?寿曰:汝只得其机,不得其用。师便掀禅床,寿曰:路途之乐,终未到家。师与一掌,曰:精灵千载野狐魅,看破如今不直钱。寿打一拂子曰:汝只得其用,不得其体。师进前曰:青山耸寒色,月照一溪云。寿曰:汝只得其体,不得其智。师曰:流水自西东,落花无向背。寿曰:汝虽善语,言三昧,要且没交涉。师竖起拳,复拍一拍,当时丈室震动。寿曰:如是,如是。师拂袖便出。"[3]

海云简曾经掌管过整个大蒙古国的佛教事务,其与另一位相同任职者亦"僧统"的驻扎地,都是庆寿寺。《元史》卷3《宪宗纪》、卷6《世

〔1〕《元代珍本文集汇刊》,影印洪武二十八年刊本,国立中央图书馆,页284,页283。
〔2〕《佛祖历代通载》,页452上,页453下。
〔3〕《佛祖历代通载》,页417下,页418上。

祖纪》:"宪宗元年六月,以僧海云掌释教事。""至元三年四月,诏以僧机为总统,居庆寿寺。"〔1〕《雪楼先生集》卷6《印简碑铭》:"壬子夏,授以银章,领天下宗教事,非所乐也,以其徒朗公辈摄之。"〔2〕《道园学古录》卷48《佛国普安大禅师塔铭》亦《至温塔铭》:"时宪宗命海云主释教,诏天下作资戒会,师持旨宣布中外而辅成之。"〔3〕"朗公",即可庵朗。《松雪斋集》卷9《临济正宗之碑,奉敕撰》:"海云性与道合,心与法冥,细无不入,大无不包。""当世祖圣德神功文武皇帝在潜邸,数屈至尊,请问道要,虽其言往复紬绎,而独以慈悲不杀为本。师之大弟子二人,曰:可庵朗、颐庵偁。朗公度荜庵满及太傅刘文贞,偁公度西云大宗师安公。"〔4〕《巴西集》卷上《皇太子赐大庆寿寺田碑》:"仰惟世祖龙德渊潜,豪俊闻风而云附者,靡不虚左以待。若方外之士,则海云师、可庵师皆学契真如,辨穷实谛,世称宿德,奖遇日臻;太保刘文贞公尊事海云师,以研精内典之余,入参硕画,出备颜行,至于息戎衣而混文轨,逾三十载,帝用休嘉,彰其师之道,俾寺有恒产,得广延来者,以畅宗风。"〔5〕

可庵朗的徒弟荜庵满,曾是庆寿寺的长老。《秋涧先生集》卷96《玉堂嘉话》:"庆寿长老满公,曾住泰安天保寨。闻上人说:党竹溪(怀英)未第时,家甚窘,至令其子为人牧猪。"〔6〕危素《危太朴文集》卷4《无量寿庵记》:"庚寅,京师寅宾里,有无量寿庵者,居士屠君所建也。君名文正,更名觉缘,山阳人。事其亲至孝,至元元年,大兵驱至开平,日夕思念其母,南望悲泣。时年廿有七矣,因礼僧性道者为师,绝荤酒、持五戒,诵佛名号,冀与母遇。始自五年正月元日,日诵妙法莲华经,至初八日竟,又始自五月朔,日一食,周月竟,九月朔,亦如之。行住坐卧,叫佛一声,恍然如见其母。恒以清旦诵四圣真诠,临暮礼白莲宝忏,夜

〔1〕中华书局标点本,1976年版,页45,页110。

〔2〕《元代珍本文集汇刊》,影印洪武二十八年刊本,国立中央图书馆,页286。

〔3〕《四部丛刊初编》,景印景泰翻印元刊本,页6上。

〔4〕《四部丛刊初编》,景印元刊本,页19下,页20上。

〔5〕《北京图书馆古籍珍本丛刊》,影印清钞本,书目文献出版社,页746下。

〔6〕《元代珍本文集汇刊》,影印洪武刊本,国立中央图书馆,页512上。

礼佛千拜乃寐。十有一年,还至大都。明年,师事荜庵满禅师于庆寿寺,满号之曰居士。时宋已内附,疆宇混一,私喜可见其母,亟驰书候之,则知北来之明年,母已没矣。"〔1〕而"太保"、"太傅",分别为同一人释子聪亦刘秉忠的生前加授、卒后封赠。《藏春集》卷6王盘《故光禄大夫、太保、赠太傅、仪同三司文贞刘公神道碑铭》亦《刘秉忠神道碑》:"上览奏,欣然嘉纳,即日,命有司备礼册,授公光禄大夫,位太保,参领中书事。""至元十二年春正月,诏赠太傅、仪同三司,下太常议谥,曰文贞。"〔2〕

17.3

赜庵儇的徒弟西云安,"喜作诗,通书学"。曾请到张伯淳、邓文原等为之作文,而与王恽、赵孟頫有过酬唱。《养蒙集》卷6《请西云长老住庆寿寺疏》:"矧虚席之既久,可驻锡者为谁? 西云大和尚安公,曲畅旁通,捷得顿悟。畜参释氏之学,亦涉儒家者流。法雨慈云,随缘应现圆觉海;清风明月,有时游戏翰墨场。均为引蔓布条,何妨舍彼就此? 虽则善男信女,皈敬宗风;毕竟国王大臣,外护佛法。赞祝万年之算,报答两宫之恩。"〔3〕《巴西集》卷上《皇太子赐大庆寿寺田碑》:"今住持西云安公,行业粹冲,器宇弘大,克修前美,而提点某、监寺某等,皆具愿力,相兹法会,故宜洊膺隆渥,以贻永久。文原既奉命纪述,复系以铭。"〔4〕《秋涧先生集》卷34《庆寿东西二桥》:"主僧西云安公,喜作诗,通书学,以无碍妙辩,现当机应身,轩露头角,价重统堂。缅怀遗迹,修让珍惜。属秋涧翁作诗赞叹,传示后来。""花木禅房径窈通,卧波曾睹未霄龙。摩挲一片西山石,依旧宸奎照碧松。"〔5〕《松雪斋集》卷5《次韵西云长老赠周仲和》:"江南春水碧于天,白鸟沧洲兴渺然。刺绣可

〔1〕《元人文集珍本丛刊》,影印宣统《嘉业堂丛书》本,新文丰出版社,页418上。
〔2〕《北京图书馆古籍珍本丛刊》,影印明刊本,书目文献出版社,页230下,页231上。
〔3〕文渊阁《四库全书》本,页8下,页9上。
〔4〕《北京图书馆古籍珍本丛刊》,影印清钞本,书目文献出版社,页747上。
〔5〕《元代珍本文集汇刊》,影印洪武刊本,国立中央图书馆,页477下。

能如倚市？力田终不似逢年。几因莼菜怀张翰？欲把丹砂访稚川。才力如君强健在,不妨沽酒醉花前。"〔1〕

正是在西云安担任住持的时候,庆寿寺获得了皇太子爱育黎拔力八达亦后来仁宗的"赐田"。《巴西集》卷上《皇太子赐大庆寿寺田碑》:"圣上(武宗)嗣登大宝之初,储皇(仁宗)星辉俪极,动法祖宗,亦既毗赞元化,修明百度,阳施春育,恩洽黎元,又谓金仙之道可以启悟群迷,同归正觉,沙门梵刹,礼尚优崇。矧大庆寿寺密迩禁庭,裕皇祝厘之所,顾瞻轮奂,若慕羹墙。寺有赐田,仍谕有司蠲其徭征,俾诸比丘勤修佛事,导迎祯祥,具如先朝明命。越二年,复赐土田,为顷者五十,申饬恳至,光贲丛林。""中统建元之明年,有编氓张氏以固安、新城两县[王马、韩□]村之水陆地来献。由是庆寿昭被上赐厥租,惟不毛之田,岁垦而新之,乃益滋殖衍沃,廪入丰羡。园有树栗,陇有来牟,环布近郊,石煤以薪,水轮以磨,市区子钱之入,皆有赢储,钟鱼振响,檀施如归,祠官秘祝,匪颁傍午,而庆寿寺遂为京师招提之胜。嗣皇提封之内,又择蓟州渔阳之膏腴以益之。自中统距今余四纪,而圣祖文孙垂继后先,所以嘉惠于缁流甚厚。""今住持西云安公,行业粹冲,器宇弘大,克修前美,而提点某、监寺某等,皆具愿力,相兹法会,故宜浵膺隆渥,以贻永久。"〔2〕而原有者,也是同一性质。《元史》卷4《世祖纪》:"中统二年八月,赐庆寿寺、海云寺陆地五百顷。"〔3〕

庆寿寺还曾得到过高丽忠宣王的布施,而程巨夫的碑铭,却作于西云安的住持任内。《雪楼先生集》卷18《大庆寿寺大藏经碑铭》:"东南海滨之国高句丽,古称诗书礼义之邦,奉佛尤谨。皇元之有天下,闻风来附,世祖皇帝结之恩、待之礼,亦最优异。父、子继王,并列贰馆,今王又以聪明忠孝,为皇帝、皇太后所亲幸。大德乙巳(九年),乃施经一藏入大庆寿寺,归美以报于上。""皇庆元年夏六月,谓某为文,以勒于石。""王名璋,好贤乐善,有德有文。逮事世祖,以皇甥为世子,入宿

〔1〕《四部丛刊初编》,景印元刊本,页1下。
〔2〕《北京图书馆古籍珍本丛刊》,影印清钞本,书目文献出版社,页746上、下。
〔3〕中华书局标点本,1976年版,页73。

卫,被赏识。成宗朝,选尚公主。大德末年,从今上平内难,立武宗,有功。""寺住持西云师,名子安,法行高卓,累朝所器重,赐号佛光慈照明极净慧大禅师,官荣禄大夫、大司空,领临济一宗事。"[1]除经外,该寺还藏有"菩萨"的"真身"。《陈刚中集》卷3:"庆寿寺有小殿,榜曰圣容。奉志公、泗州二菩萨,皆真身所塑也。元在江左,金梁王宗弼取置于此。煌煌朱雀阙,金榜瑶宫开。中有二梵士,巍坐芙蕖台。秣陵安乐禁,松顶灵禽胎。紫帽姓何人?适从何国来?胡为悉萃此?雪面净黄埃。惟金名王子,仗钺征南回。兵锋烈于火,所至山岳摧。遂令千载骨,亦复罹其灾。至人身无寄,如水浮枯荄。无往亦无去,澹然不可猜。但有古刀尺,天机妙刳裁。"[2]

此后不久,庆寿寺的长老改由智延嗣继。《雪楼先生集》卷9《旃檀佛像记》:"爰命集贤大学士李衎,与昭文馆大学士、头陀太宗师溥光、大海云寺住持长老某,大庆寿寺住持长老智延,大原教寺住持讲主某,大崇恩福元寺住持讲主德谦,大圣寿万安寺住持都坛主德严,大普庆寺住持讲主某,翻究毗尼经典,讨论瑞像源流。""元贞元年乙未,成宗皇帝亲临奉供,大作佛事,计自优填造像至今奉诏纂述之岁,是为延祐三年丙辰,二千三百有七年。"[3]而字"仲宾"、号"息斋"、擅长画竹的"集贤大学士李衎",也与本寺有着"寓、居"的"因缘"。《道园学古录》卷28:"同开先南楚悦禅师观息斋画竹卷于崇仁普安寺煜公之禅室,盖煜之师一初本公所藏也。因记延祐甲寅,息斋奉诏写嘉熙殿壁,南楚与之同寓庆寿寺,同予时为太常博士。俯仰之间,已为陈迹,乃题其后云:嘉熙殿里春日长,集贤奉诏写苍筤。迩来二十有五载,飘零残墨到江乡。匡庐高人昔同住,身见挥毫凤鸾骧。木枯石澜是何年?修竹森森长春雨。"[4]《水东日记》卷7《张云门书印谱后》录张绅《书朱伯盛印谱后》:"赵文敏(孟頫)有一印,文曰水晶宫道人,在京与李息斋、袁子方同坐,适用此印。袁曰:水晶宫道人,政可对玛瑙寺行者。阖坐绝倒,盖

〔1〕《元代珍本文集汇刊》,影印洪武二十八年刊本,国立中央图书馆,页708—710。
〔2〕文渊阁《四库全书》本,页6上。
〔3〕《元代珍本文集汇刊》,影印洪武二十八年刊本,国立中央图书馆,页378,379,页380。
〔4〕《四部丛刊初编》,景印景泰翻印元刊本,页3下,页4上。

息斋元居庆寿寺也。"[1]

17.4

贝琼《清江集》卷文 19《送衍上人序》："余客云间（松江府），时闻吴中衍斯道者工于诗，而未得交其人也。今年春，来京师，识斯道于王君常宗坐。时方与诸儒编纂《元史》，朝而出、暮而休，亦未暇读其诗也。六月八日，斯道复见余曰：衍留龙河第一禅林五月矣，既倦而归，先生可无一言邪？余因求其所著《独庵集》读之凡千余篇，皆无剽拾腐熟语。其大篇之雄健，如秋涛破山，鼓千军而奔万马，浩乎莫之遏其短；章之清丽，如菡萏初花，净含风露，洒然无尘土气，盖骎骎乎贯休之阃奥，琴聪、蜜殊不能及焉。"[2]数年后，兹《独庵集》的作者，也出现在已易名北平的昔日大都庆寿寺的丈室里。李继本《一山集》卷 9《题独庵外集后》："今年夏，初访独庵禅师于庆寿丈室。时宿雨方霁，清风自松下来，襟袍为之澄朗。师出其文一编示予，其言简淡而高深，读之神思飘逸，而超然欲飞。盖综核古今人之制，刊落其凡近，而轹夫冠绝者，非徒作也。""师辗然而笑曰：世徒知有言之言，著之文辞，而不知无言之言，默契乎道妙。知雕虫篆刻之为文之境出，而不知不得已而有言之文之独得也。""予独念师不鄙谓予，而能以文事引掖予也。因观其独庵外集，题其概而归之师。今年实洪武庚午（二十三年）也，是年六月十有六日题。"[3]

说来十分蹊跷，这位将精力放在"不言之言"创作上的"禅师"，不是别人，正是襄助明成祖夺得帝位的姚广孝、亦僧道衍。《逃虚稿》卷补《相城妙智庵姚氏祠堂记》："胜国至正间，年十四，即从佛，父不夺吾志，遂出家于里之妙智庵，礼宗传为师，训名道衍。十八，薙发为僧，游学湖上，读古今圣贤书，研究道理，作为诗文，刻意返古，时人多忌而诮焉。本朝洪武四年辛亥，诏取高僧，因病免赴京。八年乙卯，又诏通儒

---

〔1〕《元明史料笔记丛刊》，魏中平校点本，中华书局 1980 年，页 78。

〔2〕《四部丛刊初编》，景印明初刊本，页 4 上、下。

〔3〕《北京图书馆古籍珍本丛刊》，影印康熙钞本，书目文献出版社，页 774 上、下，页 775 上。

学僧出仕,赴京师礼部,考试中式,因不愿仕,钦赐僧服还山。十五年壬戌秋八月,孝慈高皇后病,列国亲王各奏取名僧归国,修崇斋会。于是,僧录司左善世宗泐荐道衍等三名。九月二十四日,引至奉天门早朝,太祖高皇帝亲选道衍住持北京庆寿寺,依应上于潜邸。二十有余载,礼遇甚厚。二十五年壬申,诏取赴京,不久,即还北京寓所。三十二年己卯,上举兵平内难,宾于幕下。内难平,既三十五年壬午,上登宝位。十月,宣至京,授僧录司左善世,钦赐白金、彩缎、钞锭若干。未几,上曰:左善世道衍有功于朝,宜令蓄发,加以名爵,礼也。时年已七十,不容固辞。永乐二年甲申三月,上赐名广孝,并冠带、朝服,除资善大夫、太子少师。""广孝虽官于朝,仍清净自居。"[1]而其行迹,与当年寄居于庆寿寺之刘秉忠十分相似。[2]

此后,又有一位权位类似元"僧统"的高僧,因皇帝命令,而于庆寿寺栖息。杨士奇《东里集》卷25《僧录司右善世南洲法师塔铭》亦《溥洽塔铭》:"时有任觉义者,忌师之宠,构词间之,左迁右觉义。疏斥,师不辩,自处裕如。既而上察其心,复右善世。仁宗皇帝临御,以老宿数被召问,礼遇特厚,命居庆寿寺松阴精舍以自佚,而赐赉屡加。"[3]就在南洲洽驻锡的前后,该寺别有名为观灵原、□□远的住持。释宗泐《全室外集》卷9《观灵原住北平庆寿京刹疏》:"昔闻北产,人材之多;今见南方,法道之盛。粤维此举,适际昌时。某淮海明珠,龙渊赤鲤。精神炯炯,清冰置寒露玉壶;文章翩翩,阿阁舞朝阳丹凤。克绍祖庭之旧,钦承帝命之新。折一芦而渡江,不妨游戏;将三箧以束肚,未觉艰难。笑彼呕头之领徒游南,爱夫铁脚之传宗向北。飞虹桥畔,到时杨柳依依;黄金台前,往事烟云漠漠。寸心如水,千里同风。"[4]《东里集》卷续45《僧录左觉义住持庆寿远禅师赞》:"此老发迹慈源,于道夙契;受说圆

〔1〕《四库全书存目丛书》,影印清钞本,齐鲁书社,页164下,页165上。
〔2〕王世贞《弇州山人续稿》卷146《吴中往喆像赞》,台北,文海出版社《明人文集丛刊(第一期)》,影印崇祯刊本,页6709、6710:"姚恭靖公广孝,长洲人","寻以高僧侍燕邸,燕王之欲起兵,其谋皆自公发之。又尝佐王治军事,佐庶子守北平,从王下京师,其策秘不传也","上自为文纪其碑,比于元刘秉忠,官其养子继为尚宝少卿"。
〔3〕文渊阁《四库全书》本,页18下,页19上。
〔4〕文渊阁《四库全书》,页6下,页7上。

庵,于法精诣。主四方之名刹,阐诸佛之玄秘。盖空寂六宗,廓六如之大观;竟究心印,澈七征之奥义。湛乎渊澄,莹乎玉粹。斯以简在神圣之心,再承校阅之制。承上国之丛林,赞弘刚于善世。祝皇祚于万年,溥仁福于一切也。"[1]

《明英宗实录》卷163:"正统十三年二月,修大兴隆寺。寺初名庆寿,在禁城西。""太监王振言其朽敝,上命役军民万人重修,费物料巨万。既成,壮丽甲于京都内外数百寺,改锡今额,树牌楼,号第一丛林。命僧作佛事,上躬临幸焉。"[2]冯从吾《少墟集》卷17《西郭先生传》亦《姚显传》:"景泰五年四月,上疏言:王振修大兴隆寺,车驾不时临幸。佛本异端,信佛得祸,若梁武帝足鉴。"[3]改名后的故庆寿寺,地位更比"胜国"不同。归有光《震川集》卷15《保圣寺安隐堂记》:"成化二十二年,时国家累世熙洽,京师崇寺宇,僧司八街剃度数万人,醮祠日广。左善世璇大章住持大兴隆寺,方被尊宠。"[4]然而,促使长久缅怀和反复追记的,却仍然是前朝的遗迹。《明一统志》卷1:"大兴隆寺,在府西南。旧名庆寿寺,内有飞虹、飞渡二桥石刻六大字,极遒劲,相传金章宗书。又有金学士李晏碑文,寺前有海云、可庵二塔。本朝正统间,重建,改今名,僧录司在焉。"[5]除外,还应包括元顺帝太子的墨宝。王直《抑庵集》卷后36《题宋徽宗墨迹》:"予尝见今庆寿寺有元太子｛阿裕锡哩｝[爱猷识理]达｛喇｝[剌]所书三圣殿榜,笔势与此相似,何鲁君之声,似此君也?怀智,兰坡之后,宝之宜矣。予特爱其字画清嫩遒美,有可喜者,故题而归之。"[6]

17.5

《松雪斋集》卷9《临济正宗之碑,奉敕撰》:"临济生于曹州,游学

---

〔1〕文渊阁《四库全书》本,页23上。
〔2〕台北,中央研究院历史语言所微卷放大影印国立北平图书馆民国钞本,页3156,页3157。
〔3〕文渊阁《四库全书》本,页3上。
〔4〕《中国古典文学丛书》,周本淳校点本,上海古籍出版社1981年版,页400。
〔5〕文渊阁《四库全书》本,页30下。
〔6〕文渊阁《四库全书》本,页3上、下。

江左,事黄檗。黄檗种松,斫地有声,师闻之,豁然大悟,归镇州,筑室滹沱河之上,今临济院是也,因号临济大师。""一传为兴化奖,再传为南院颙,三传为风穴昭,四传为首山念,又五传而为五祖演。演传天目齐,齐传懒牛和,和传竹林宝,宝传竹林安,安传海西堂容庵,容庵传中和璋,璋传海云大宗师简公。"〔1〕胡应麟《少室山房笔丛》卷30《双树幻钞上》:"按天目齐以下,不见《五灯会元》,恐非当时高足,当续考之。"〔2〕其实,这个谱系由五祖演而分派,专在北中国繁衍。其于元及明初,乃临济"正脉"。《全室外集》卷9《观灵原住北平庆寿京刹疏》:"竹林诸师,实嗣东山正脉;庆寿名刹,总领临济一宗。"〔3〕而"海西堂容庵",应该就是住持庆寿、竹林等寺的那位"容公"。《湛然居士集》卷8《请容公和尚住竹林疏》:"庆寿慈悲,拽摆犁而耕种;竹林潇洒,叹槽厂之空闲。已让位而逃,宜见机而作。我容公禅师一条生铁脊,两片点钢唇。参透济下没巴鼻禅,说得格外无滋味话。呵佛骂祖,且存半面人情;揭海掀山,别有一般关捩。试问孤峰顶上:何如十字街头?若是本色瞎驴,好趁大队;既号通方水牯,何必芒绳?"〔4〕

海云简一生,于临济宗可谓"丰功伟绩"。《雪楼先生集》卷6《印简碑铭》:"放浪辽海上,手刺血和金泥书《大乘三聚戒本》十有六部,布之天下,为国祝厘焉。四方赂遗洎累朝赐予金帛、珍宝巨万,惟以之建寺斋僧、振贫乏而已。凡主大会七,度弟子千余名,王才侯受戒律者百数,士民奔走依向者,以千万计。皇太后尤深敬礼,累号燕赵国大禅师、佑圣安国大禅师、光天镇国大士。"〔5〕"手刺血和金泥书",胡祇遹《紫山集》卷18《雄辨大师塔铭》亦《德清塔铭》:"岁庚戌(元定宗后称制二年)春,灵山坛主灿公付师以海云顶血所书金字《大乘菩萨三聚净戒本》、龙文僧迦黎衣,赐号妙严宣明大师。"〔6〕其徒子可庵朗、孙西云安,

〔1〕《四部丛刊初编》,景印元刊本,页19上、下,页20上。
〔2〕文渊阁《四库全书》本,页18上。
〔3〕文渊阁《四库全书》本,页6下。
〔4〕中华书局谢方点校本,1986年版,页177。
〔5〕《元代珍本文集汇刊》,影印洪武二十八年刊本,国立中央图书馆,页284。
〔6〕文渊阁《四库全书》本,页31下、32上。

也都是当时声名赫赫的禅界精英。而前者还是藏春聪亦刘秉忠之师，故而得与其师于卒后立塔为"双"，续存直至后世。《竹斋集》卷9《庆寿寺》："书记去已久，令人动慨慷。刘太保为僧于此，坟在卢沟。但能成事业，不解制纲常。花落重城晚，云沉大野荒。卢沟三尺土，春雨树苍苍。"[1]孙承泽《春明梦余录》卷66《寺庙》："元庆寿寺，即双塔寺，在西长安街。有二塔：一九级，一七级。寺僧海云、可庵葬其下，僧像尚存，皆团龙鱼袋。海云像有门弟子刘秉忠赞。旧有石刻金章宗飞渡桥、飞虹桥六大字。嘉靖十七年毁。"[2]

世所传闻"金章宗"所书"六大字"，当为"金显宗"所书，已见前证。而其"手书"为人珍藏，也确有明例。刘敏中《中庵集》卷5《题杜孝卿所藏金显宗手书卷》："书甚哉孝之大也六大字。孝无终始乃天伦，贵在王家必有尊。六字真书初率尔，岂知遗训付皇孙？"[3]误指的始作俑者，从相关诗文来看，应该就是僧西云"上人"。《秋涧先生集》卷23："赠西云上人前日宾筵，偶遂披睹一言，有机口有不能言者。如云之在天，水之在缾，不复喻其快也。谨裁鄙诗，奉为上人一喙。"卷34《庆寿东西二桥》："系海云高第。吏用公才不易逢，茶烟多扬落花风。登坛悬断群机息，面壁传心万法通。慧眼正来珠媚浦，浮云飞尽月当空。虎溪公案原潇洒，会酌松轩一笑同。""飞渡飞虹总旧名，玉渊无复绕松棚。偶投静境便僧话，指顾瑶镌说道陵。"[4]究其原委，或与子题父画有关。夏文彦《图绘宝鉴》卷4："显宗，章宗父，画獐、鹿、人、马，学李伯时墨竹，自成一家，虽未臻神妙，亦不涉流俗。章宗每题其签。"[5]至于与庆寿寺有瓜葛的"皇太子"，还有的是元文宗的"已薨"骨肉。《元史》卷35《文宗纪》："至顺二年正月，皇太子阿剌忒纳答剌薨。壬辰，命宫相法里及给事者五十八人护灵輀北衬葬于山陵，仍令法里等守之"。"三月，绘皇太子真容，奉安庆寿寺之东盝顶殿，祀之如累朝神御

---

[1]文渊阁《四库全书》本，页24下。

[2]文渊阁《四库全书》本，页8上、下。

[3]文渊阁《四库全书》本，页3上。

[4]《元代珍本文集汇刊》，影印洪武刊本，国立中央图书馆，页368上、477下。

[5]《中国历代画史汇编》，影印清刊本，天津古籍出版社，页61。

殿仪。"[1]

　　庆寿寺既为大都亦北京城的名胜,自然免不了文人雅士的到访。《陈刚中集》卷3:"偕承旨野庄公(董士选)、学士刘东崖、侍讲张西岩(之翰)游庆寿寺,憩僧窗有作:金碧楼台护紫霞,一尘不到小窗纱。老僧倚杖对疏竹,童子抱琴眠落花。"[2]《金台集》卷首欧阳玄《金台集序》:"近年[乃贤]来京师,因裒其作,题曰《金台集》。暇日,袖以视余,谒余题其帙端。""至正壬辰七月初吉,鳌扉老人、新赐致仕欧阳玄,书于京城庆寿禅寺之僧舍。"[3]唐文凤《梧冈集》卷3《九日,游庆寿寺》:"出游九日访招提,步屧秋风信杖藜。闻有紫葳芝产秀,想多黄蕊菊开齐。"[4]李时勉《古廉集》卷6《赠右觉义无言上人住持大慈恩寺序》:"因念往年与吾友杨公宗勖数游庆寿,月庭师每延入方丈,焚香瀹茗,坐语移日。"[5]至于借宿,时时有之。陆深《俨山集》卷5《庆寿寺西廊斋居,赠沈仁甫》:"山陵届良吉,群寮秉精诚。梵宫庭宇静,愿托尘土形。华镫照木榻,四面凄以清。璧月度云汉,珠斗当女城。"[6]唐顺之《荆川集》卷2《庆寿寺斋宿》:"地超三象外,人觉万缘清。茹素分僧饭,观空入化城。真诠今已悟,宁畏毒龙惊?"[7]陈献章《陈白沙集》卷4《书莲塘书屋册后》:"予卧病庆寿寺,之数人者,无日不在,坐师友蝉联,臭味相似,亦一时之胜会也。"[8]

　　〔1〕中华书局标点本,1976年版,页774、778。
　　〔2〕文渊阁《四库全书》本,页5上。
　　〔3〕文渊阁《四库全书》本,页1下。
　　〔4〕文渊阁《四库全书》本,页30上。
　　〔5〕文渊阁《四库全书》本,页27上。
　　〔6〕文渊阁《四库全书》本,页2下、3上。
　　〔7〕文渊阁《四库全书》本,页1下。
　　〔8〕文渊阁《四库全书》本,页60上、下。

18　平章全才

——元畏兀人阿鲁浑萨理及其后人

从探究祖、父、子、孙四代的宦绩、交游、性格等项,审视有元一代不同文化因子遭遇后的变化,乃是本文刻意追求的效果之一。通览"畏兀"人阿鲁浑萨理家庭成员的种种内涵,很能味出其中令人深思的内容:其祖阿台萨理、其父乞台萨理,皆于"西方"佛教有相当高的造诣。本人,除了也从高僧汲取教养外,由于久居大都,更于"东方"儒家有非常的濡染。而武宗皇帝海山所称的"全才",所指或许就在此种情况。然而,却缘"地利"和"人和",到了元中叶以后,就是在"南"、"北"分界的"京畿"地区,仍然是中国"本位"的意识形态占据上风。无怪乎兹姓氏到了"再世",无论岳住、还是普庵萨理,除了"名"仍保留着的痕迹外,几乎很难见到其他原来的特征。

18.1

要论有元信奉佛教的"畏兀"家族,闻名者无如籍贯在"北庭"[1]的阿鲁浑萨理一支。《元史》卷130《阿鲁浑萨理传》:"阿鲁浑萨理,畏兀人。祖阿台萨理,太祖定西域还,时从至燕。会畏吾国王亦都护请于朝,尽归其民,诏许之,遂复西还。精佛氏学。生乞台萨理,袭先业,通经、律、论。业既成,师名之曰万全。至元十二年,入为释教都总统,拜

---

〔1〕兹"北庭",唐都护府故城,治今新疆吉木萨尔县西北。当北、南宋,其地属"高昌回鹘",入元,两者概念经常互相浑淆。如刘诜《桂隐集》卷4《三节六桂堂颂》,文渊阁《四库全书》本,页4上:"北庭偰氏,世出高昌。皇元龙兴,以义来内附。"

正议大夫、同知总制院事,加资德大夫、统制使。年七十,卒。子三人,长曰畏吾儿萨理,累官资德大夫、中书右丞、行泉府太卿;季曰乌瓦赤萨理;阿鲁浑萨理,其中子也,以父字为全氏。"〔1〕《松雪斋集》卷7:"大元敕赐故荣禄大夫、中书平章政事,守司徒、集贤院使,领太史院事,赠推忠佐理翊亮功臣、太师、开府仪同三司、上柱国,追封赵国公,谥文定全公神道碑铭。"即《阿鲁浑萨理神道碑铭》有载:"公讳阿鲁浑萨理,回鹘北庭人,今所谓畏吾儿也,以父字为全氏。曾祖讳乞赤也奴亦纳里,妣可吕竭失怗林。祖讳阿台萨理,赠保德功臣、银青荣禄大夫、司徒、柱国,追封赵国公,谥端愿。妣张氏,追封赵国夫人。父讳乞台萨理,早受浮屠法于智全末利可吾坡地沙,圆通辩悟,当时咸推让之,累赠纯诚守正功臣、太保、仪同三司、上柱国,追封赵国公,谥通敏。妣李氏,累封赵国夫人。"〔2〕

　　根据"封赠"制中的文字,阿台萨理、乞台萨理二代皆曾从事"佛学"的宏大。《松雪斋集》卷10《资善大夫、隆禧院使爻著封赠三代制,曾祖父》《祖父》:"具官曾祖父阿台萨理:学贯幽明,德崇端慎。西域之板图既入,四方之贤俊咸归。尔以辨慧之才,适际休明之运。及我定宗之世,遂为皇子之师。流庆本支,既大兴于象教;推忠社稷,乃继秉于钧衡。眷尔曾孙,益昭先训。是用锡以保德之号,表以柱国之勋。仍定谥以疏封,庶褒生以劝后。""具官祖父乞台萨理:法之龙象,国之凤麟。禀勇猛精进之资,负刚明果锐之气。树宗风而益振,酌法海以弥深。福泽之流,卒归后嗣;柱石之佐,遂为良臣。虽已宠于褒章,犹未惬于朕志。是用表勋著号,赐履易名。庸建尔于上公,式慰尔于下地。"〔3〕《雪楼先生集》卷21《许州大洪济寺益和尚塔铭》:"大比丘众全公辈,谓:今尘刹俱空,法无所住,灯昏夜永,孰测迷津?乃共即山中,请复设席。和尚感受其言,出居许州大洪济寺。""和尚戒律精严,终身坏衣疏食,燃四指以炼心,讲唯识四十余年,凡三十余周。河洛之间,设席以待者,

〔1〕中华书局标点本,1976年版,页3174,页3175。
〔2〕《四部丛刊初编》,景印元刊本,页18下,页19上。
〔3〕《四部丛刊初编》,景印元刊本,页1下,页2上。

唯恐不足以致,樵儿牧叟,类皆信向之。大德中,诏住持大洪济寺。"[1]
自"大德"前溯"四十余年",当中统前、后;由此,"大比丘众全公"或许
就是"万全"亦乞台萨理。

阿鲁浑萨理官运颇为亨通,仕至"守司徒、中书省平章政事"。《松
雪斋集》卷7《阿鲁浑萨理神道碑铭》:"明年(至元二十一年)夏,擢朝
列大夫、左侍仪奉御。秋,置集贤馆,命公领集贤,公请以司徒撒里蛮领
之,乃以公为中顺大夫、集贤馆学士兼太史院事。明年夏,迁嘉议大夫。
明年春,升集贤大学士、中奉大夫。明年春,进崇德大夫、尚书右丞,并
兼太史院事。冬,拜荣禄大夫、平章政事兼集贤大学士、太史院使。廿
八年,乞解机务,以为集贤大学士。三十年,加领太史院事。自初授官
至是,凡八迁,并兼左侍仪奉御。明年,世祖登遐,裕圣皇后命公帅翰
林、集贤、太常礼官,备礼册立成宗即皇帝位。明年春,以翊戴功加守司
徒。大德三年,复拜平章政事。十二年春,成宗晏驾,哀恸成疾。秋八
月十有七日,薨于大都发祥里第,年六十三。"[2]惟"大德"仅十一年,
"十二"当作"十一年"。其兄畏吾儿萨理、弟乌瓦赤萨理,前者"资德大
夫、中书右丞、行泉府太卿",后者则当是"高僧"。同书卷10《资善大
夫、隆禧院使爻著封赠三代制,曾祖母》:"具位:有德有言,令仪令色。
既来嫔于君子,遂钟秀于诸孙。或振响于觉林,学推慈济;或著勋于钧
轴,世笃忠贞。盖从列爵之荣,以显宜家之美。"[3]

《松雪斋集》卷7《阿鲁浑萨理神道碑铭》:"公(阿鲁浑萨理)娶郜
氏,封赵国太夫人。子男三:曰岳住,资善大夫、隆禧院使,力学为政,有
父风;曰久著,翰林侍读学士、中奉大夫、知制诰同修国史,卒官;曰买
住,早世。女一,适荣禄大夫、徽政院副使也速。孙男三,曰:普达,答里
麻,安僧。女二。"[4]岳住,亦作"爻著"、"岳柱",后擢集贤大学士,出
莅江西、河南江北等处行中书省平章政事。《元史》卷130《岳柱传》:
"十八,从丞相答失蛮备宿卫,出入禁中,如老成人。至大元年,授集贤

〔1〕《元代珍本文集汇刊》,影印洪武刊本,国立中央图书馆,页821。
〔2〕《四部丛刊初编》,景印元刊本,页13下,页14上。
〔3〕《四部丛刊初编》,景印元刊本,页1下。
〔4〕《四部丛刊初编》,景印元刊本,页15下。

学士,阶正议大夫,即以荐贤举能为事。皇庆元年,升中奉大夫、湖广道宣慰使,日接见儒生,询求民瘼。延祐三年,进资善大夫、隆禧院使。七年,授太史院使。""泰定元年,改太常礼仪院使。四年,授礼部尚书,领会同馆事。俄授江西等处行中书省参知政事。天历元年,进荣禄大夫、集贤大学士。至顺二年,除江西等处行中书省平章政事。""三年,迁河南江北等处行中书省平章政事,旋以军事至扬州,得疾。明年十二月,端坐而卒,年五十三。岳柱天资孝友,母弟久住早卒,丧之尽哀。""子四人:长普达,同金行宣政院事;次安僧;为久住后,章佩监丞;次仁寿,中宪大夫、长秋寺卿。"[1]

18.2

阿鲁浑萨理早年缘寻父随母来到中原,寻向时尚为"国师"的八思马求学。《松雪斋集》卷7《阿鲁浑萨理神道碑铭》:"初,通敏公从父自燕还北庭,生公兄弟三人。已而被召,留妻子北庭。公兄弟稍长,奉母束求其父,岁余,至云中(西京路),得通敏公。居三年,公从国师八思马学浮屠法,不数月,尽通其书,旁达诸国及汉语。世祖知其才,俾习汉文书,顷之,遂通诸经、史、百家,若阴阳、历数、图纬、方技之说,靡不精诣。会国师西还,携与俱。岁余,乞归,省、师送之,曰:以汝之学,非为我佛弟子者,我敢受汝拜耶?勉事圣君。相泣而别,比至阙,师已上书荐之。裕宗得召入宿卫,日以笔札侍左右。"[2]八思马亦"班弥怛"拔思发,升号为"帝师"在至元七年前;而其"西还",乃在中统间。《佛祖历代通载》卷21 王磐《发思巴行状》:"皇天之下、一人之上,开教宣文、辅治大圣、至德普觉、真智佑国、如意大宝法王、西天佛子、大元帝师班弥怛拔思发帝师,乃土波国人也。""世祖皇帝登极,建元中统,尊为国师,授以玉印,任中原法主,统天下教门。辞帝西归,未期月,召还。庚午,师年三十二岁,时至元七年。诏制大元国字,师独运摹,昼夜成,称

[1]中华书局标点本,1976年版,页3178,页3179。
[2]《四部丛刊初编》,景印元刊本,页12下,页13上。

旨,即颁行朝省、郡县遵用,迄为一代典章,升号帝师、大宝法王,更赐王印,统领诸国释教。"[1]

阿鲁浑萨理的"学问"倾向,盖由"蕃"、"佛"转而入"汉"、"儒"。《松雪斋集》卷7《阿鲁浑萨理神道碑铭》:"元贞、大德间,得赐坐视诸侯王者才五六人,公必与焉。上尝谓近臣曰:若全平章者,可谓全才矣,于今殆无其比。""初为世祖所知,而劝以治天下,必用儒术,江南诸老臣及山林薮泽有道艺之士,皆宜招纳,以备选录。于是,置集贤院,下求贤之诏,遣使天下。天下闻风而起,至者悉命公(阿鲁浑萨理)馆之,礼意周洽,皆喜过望。其有不称旨者,亦请厚赍而遣之,以劝来者。而集贤长贰,极一时名流,尽公所荐用。又请置国子监学官,增博士弟子员,优其廪。"[2]实际上,其经营"集贤院"其间,曾经款接过"各色"人材,无论"道"、"释",还是"儒"。张伯淳《养蒙集》卷4《杭州殊胜寺圆明通应禅师碑》亦《正因碑》:"以至元二十三年秋赴阙,下奉清问甚欵,退就集贤院,赐赍更蕃。越五年,告老还山,辞情切至,宣授[正因]圆明通应禅师,肆颁大护持宠命,以荣其归。"[3]宋濂《宋文宪集》卷48《胡长孺传》:"至[胡]长孺,其学益大振,九经、诸史,下逮百氏、名、墨、纵横,旁行敷落,律令章程,无不包罗,而揆序之。""会宋亡,退隐山林中。至元中,诏下求贤,有司强起之。至京师,集贤院荐为翰林修撰。"[4]

至元末,"敛臣"之一桑哥亦相哥掌政,事后追究,乃为其"同事"的阿鲁浑萨理似乎也有"问题"。《松雪斋集》卷7《阿鲁浑萨理神道碑铭》:"及尚书省立,相哥用事,诏公贰政,公固辞,上怒,不许。相哥日横,引用群小,以为腹心,公弥缝其间,小者损益,大者力谏,初犹信用,久渐乖违。又立征理司,征责财利,天下图圄皆满,愁怨之声载路。会地震北京,公极言地震职此之由,上诏罢之,尽以与民。诏下之日,京师民相庆,市酒为空。相哥益怒,数奏公沮格,及相哥败,公一无所污,然

[1]《北京图书馆古籍珍本丛刊》,影印至正刊本,书目文献出版社,页424下,页425上。
[2]《四部丛刊初编》,景印元刊本,页15上,页14上。
[3]文渊阁《四库全书》本,页15下,页16上。
[4]《四部备要》重印清校本,上海中华书局,页549上。

犹坐累籍没。相哥临刑，吏以公为诘，相哥曰：我惟不听彼言，以至于此。"[1]不过，由其奏罢"征理司"属实。欧阳玄《圭斋集》卷9《翰林学士承旨、荣禄大夫、知制诰兼修国史，赠江浙等处行中书省平章政事、魏国赵文敏公(孟頫)神道碑[铭]》亦《赵孟頫神道碑铭》："圻甸地震，北京尤甚，死伤数十万，上忧之。自滦京还，先遣平章阿剌浑撒里驰至都，召集贤、翰林两院老臣问故，密旨勿令丞相桑哥知之。""公(赵孟頫)顾诸老无敢诋时政者，素善阿剌浑撒里，密谓之曰：今理算苛虐，民不堪命，事变且起，地震之由，实在于此。宜请于上，援贞观故事大赦天下，蠲除逋负，则和气可回，灾异可弭。阿剌浑撒里入奏如公言，上大说，从之。"[2]

阿鲁浑萨理之"秉性"，《松雪斋集》卷7《阿鲁浑萨理神道碑铭》称："公(阿鲁浑萨理)历事两朝，余二十年，通夕未尝安寝，或一夕至再三召，日居禁中，经纶天下之务，虽妻子，未尝闻其所言。每一政出、一令下，莫能知其自公也。有谮公者，公不辩，而上亦不疑，及公罢政，有刘监丞者，言公在太史多言灾祥事，预国休戚，大不敬。上大怒，以为诽谤大臣，当抵罪。公顿首曰：臣不佞，赖陛下含容，天地之恩也。若欲寘刘罪，臣恐无复为陛下言者。上怒不已，公力争之，乃得释。公所为，类如此。公平生雅好推毂，士由公进者，凡数十百人，位至公卿大夫者，不可胜纪，而未尝有德色。前后所赐金、玉束带、裘服、弓矢、宝器，常辞让不敢当。"[3]而其最突出者，可能就是"雅好推毂"，包括为"贤者"排忧解难。同书卷8《有元故征士王公墓志铭》，亦《王泰来墓志铭》："岁中，叶公[李]拜尚书左丞，将授公(王泰来)以官。时与叶公议语，一不惬，竞拂袖起曰：无辱我。于是，力乞归，得告。翰林、集贤诸老与时之焜焜于朝者，咸赋诗饯之。还居钱唐，自号月友处士。二十九年春，上命今丞相高公(兴)征{瓜畦}[爪哇]，遣使召公为辅行。命下，平章政事阿鲁浑萨里公为请，以老病免。"[4]

〔1〕《四部丛刊初编》，景印元刊本，页14上、下。
〔2〕《四部丛刊初编》，景印成化刊本，页13上、下。
〔3〕《四部丛刊初编》，景印元刊本，页15上、下。
〔4〕《四部丛刊初编》，景印元刊本，页17上、下。

18.3

虞集《道园类稿》卷20《送江西行省全平章诗序》："江右有水旱之灾,民力竭矣。天子慨然辍公于亲密之地,以往填之吾民。其庶几乎豫章之流汤汤,庐阜之云苍苍,公超然有意于其间乎？君子来朝,其旗旆旆,鸾声哕哕,请得与都人士共候焉。"[1]这位在天灾人祸之际"往填"江西等处行中书省的"全平章",不是别人,正是曾经遣使敦请过乡儒"何先生中"的岳住。《知非堂稿》卷7揭傒斯《太虚先生墓碣铭》亦《何中墓碣铭》："至顺二年夏,诏以集贤大学士全公岳柱[除]平章江西行省事。秋,具书币遣使|帅|抚州太守,即隐所聘孙先生辙、何先生中。孙先生不起,何先生既至,以为龙兴郡学、东湖、宗濂二书院宾师。明年春,与其子渡江游西山,主丁氏。夏六月二十有三日,以疾卒。""先生幼聪敏颖拔,以古学自任,天下载籍,靡不贯穿,藏书万卷,皆手自校雠。广平程公巨夫、清河元公明善,负天下知人之鉴,皆厚遇之。至大初,二公及柳城姚公燧、东平王公构皆在朝,遂北入京师,以文章自通。会诸权臣用事,内外翕翕,居两月,天大雪,竟不别而去。归,与诸门弟子讲《易》《书》《诗》《春秋》。大江之西,同郡吴先生澄号天下儒宗,又为中表兄,每推让,不敢置弟子列。"[2]

"孙先生辙"亦"孙征君彻",也是江西地方很有名望的士人。李祁《鄱阳先生集》卷23《孙征君哀辞》："征君讳彻,字履常,姓孙氏。先世由金陵徙临川,河东张翥尝录郡文学,与征君甚相好也"。"初,保章正齐公道亨宣抚江西,造其庐,既廉访使庵都剌公行部至郡,会元日公庭设宴,召之共食,位在太守上。未几,东阳柳公(贯)督提举江西等处儒学,知其贫,亦命郡学廪以上宾,征君为文,谢焉。又未几,全公平章江西行省,请与相见,不往,遂风郡县采择其文,以遗逸荐于朝,不报。翰林学士吴公澄、奎章学士虞公集,虽皆其乡人,然皆称道,敬礼特异。今

---

〔1〕《元人文集珍本丛刊》,影印明初翻印至正刊本,新文丰出版社,页523上。
〔2〕《北京图书馆古籍珍本丛刊》,影印清钞本,书目文献出版社,页508上。

艺文监丞清江揭公傒斯,最其布衣交。"[1]而一代"儒宗"的吴澄,与其有诗歌、书信来往。吴澄《吴文正集》卷45《寿全平章》、卷8《回全平章书》:"春秋一万八千指,道德二卷五千言。祝公寿数亦如此,孔老遗芳永永存。""某自闻阁下保厘大江之西,深为两道士民幸。惟是老病之躯,笔砚荒废,不敢容易。奉兴居状,以渎崇严,忽辱先施,存问备悉,且致香供,于深山之野人,似此厚意,非所宜蒙。感谢,感谢。又,承付下彦祥廉使之书,尤见盛心。第耋耄之年,言不足采,何以发逸民之潜德,称人子之孝思乎?炎暑中,低垂昏倦,报字殊愧简率。未期参觐,敢冀为明时厚加保爱。"[2]

　　岳住的"举贤",也表现在河南行省平章的任上。陈旅《安雅堂集》卷5《送盛克明贰泰州税使序》:"河南省平章全公,好崇奖贤士,谓不可使[盛]克明事刀笔筐箧,荐为庐州之景贤书院山长。山长岁满,当教授一郡,吏部以阙少,借注泰州税课副使。"[3]其类似行为最为"得意"者,应该是于翰林侍讲学士揭傒斯的"推挽"。黄溍《金华先生集》卷26《翰林侍讲学士、中奉大夫、知制诰同修国史、同知经筵事,追封豫章郡公,谥文安揭公神道碑[铭]》亦《揭傒斯神道碑铭》:"方是时,东南文章巨工,若邓文肃公文原、袁文清公桷、蜀郡虞公集,咸萃于辇下。公(揭傒斯)与临江范梈、浦城杨载继至,以文墨议论与之{栢}[相]颉颃,而公名最为暴著。受知中书李韩公孟、集贤王文定公约、翰林赵文敏公孟頫、元文敏公明善,而全平章岳柱,礼遇尤至,相为推挽,不遗余力。延祐元年,由布衣入翰林为国史院编修官。"[4]二人的友谊,显然非同一般。《揭文安集》卷3《奉送全平章赴江西》:"遥想闻公志,浑如望岁然。九重天上别,百丈雾中牵。日月明金节,山河入画船。四方初息马,五月正鸣蝉。丰乐田多黍,生香添有莲。岱宗标鲁地,庐岳压湖天。水怪收崩浪,山灵扫瘴烟。欢呼麟凤出,踊跃吏民先。"[5]

[1]《北京图书馆古籍珍本丛刊》,影印永乐刊本,书目文献出版社,页639下。
[2]《元人文集珍本丛刊》,影印成化刊本,新文丰出版社,页65下,页183下。
[3]文渊阁《四库全书》本,页17上。
[4]《四部丛刊初编》,景印元刊本,页18上。
[5]《四部丛刊初编》,景印明钞本,页10下,页11上。

·欧·亚·历·史·文·化·文·库·

岳住的"政绩",一言以蔽之,非常"得体"。《揭文安集》卷9《送张都事序》:"初命英宗龙飞进士第一人泰不华兼善、丞相掾张景先希哲为之(奎章殿签)。希哲寻去为礼部主事,又以丞相掾张中立惟正继之。居一年,兼善拜南台监察御史,惟正以迁江西行省都事。""今惟正之佐江西也,以平章全公之简重廉正,惟正之精实谨敏,相与存大体、略细故,先人而后己,使君子得以行其道,小人无以骋其奸,民之有瘳也,必矣。惟正敬之、勉之,其毋忘天子亲擢之意。"〔1〕《元史》卷130《岳柱传》:"时有诬告富民负永宁王官帑钱八百余锭者,中书遣使诸路征之,使至江西,岳柱曰:事涉诬罔,不可奉命。僚佐重违宰臣意,岳柱曰:民惟邦本,伤本敛怨,亦非宰相福也。令使者以此意复命。时燕帖木儿为丞相,闻其言感悟,命刑部诘治得诬罔状,罪诬告者若干人。宰相以奏,帝嘉之,特赐币帛及上尊酒。桂阳州民张思进等,啸聚二千余众,州、县不能治,广东宣慰司请发兵捕之。岳柱曰:有司不能抚绥边民,乃欲侥幸兴兵以为民害耶?不可。宰执皆失色,宪司亦以兴兵不便为言。岳柱终持不可,遣千户王英往问状。英直抵贼巢,谕以祸福,贼曰:致我为非者,两巡检司耳,我等何敢有异心哉?谕其众,皆使复业,一方以宁。"〔2〕

18.4

唐文凤《梧冈集》卷7《题郑斗庵墨迹后》:"歙(徽州)西长林之郑,为衣冠望族,世有文人。郑君彦斌,号斗庵,为教授希贤公之子,雩都县尹之从子,御史彦昭公之从弟。幼服礼义之训,侍父兄间,耳濡目染,固有异于庸常者。前朝至正中,登参政全公子仁之门,以儒雅推敬,使之亲炙于左右,给文墨之役,一时省府僚佐,尊而严惮之。诗词翰墨,人争宝蓄。遭壬辰兵变,隐居故乡,慕子真之高致。无何,驸马都尉王公子敬镇徽,礼罗为馆宾、执师道。"〔3〕"参政全公子仁",正是全普庵撒里、

〔1〕《四部丛刊初编》,景印明钞本,页2下,页3上。
〔2〕中华书局标点本,1976年版,页3178,页3179。
〔3〕文渊阁《四库全书》本,页13下,页14上。

亦全普庵萨里;从其姓"全"名含"萨理"来看,应该也是岳柱的"侄"或"从侄"一辈。《元史》卷195《忠义传》:"全普庵撒里,字子仁,高昌人。初为中书省检校,时太师汪家奴擅权用事,台谏无敢言者,普庵撒里独于众中历数其过,谔谔无惧色。拜监察御史,即首劾汪家奴十罪,乃见黜。然而气节益自振,不以摧衄遂阻,历诋权贵,朝臣莫不畏栗。出为广东廉访使;寻除兵部尚书,未几,授赣州路达鲁花赤。至郡,发摘奸恶,一郡肃然。至正十一年,颍州盗起,即修筑城垒,旬月之间,守御之具毕备。于是,发公帑,募勇士,得兵三千人日练习之,皆可用。属邑有为贼所陷者,往往遣兵复之,境内悉安。十六年,以功拜江西行省参政,分省于赣。"[1]

普庵萨里之保守赣州路,似乎颇具"治迹"。一是惩处奸贪,周霆震《石初集》卷3《郁孤骢马行》:"粤自壬辰寇兴,不睹风宪之巡历,五年矣。御史监察阿{尔斯}[儿思]兰南来列城,想望风采,既而贪侈日甚,廉、马二监察按临广东,留郁孤,以待参政全子仁,佐之发其奸,籍舟载黄金千。凡黩货之物,具载日录,委官押赴洪都,以俟命下。""郁孤台前江水深,绣衣驰传千黄金。翻然按剑起同列,如见咫尺天威临。郡中新参全太守,捕起龙蛇恒赤手。从容杯酒示先机,谈笑拾之如拉朽。五年群盗縻东南,百城黩货春梦酣。堂堂宪府卿相列,讵意僚属藏奸贪?送官槛连锁昼寂,夹道传呼记来日。君恩可负天可欺,投畀北荒豺不食。浊河一滴玷济流,共器那得仝薰莸。当官而行义所激,此举庶减台端羞。小儒初心思许国,万事无成头已白。笑天愿赐秋风高,吹送霜威遍南北。"[2]二是激励忠义,王礼《麟原集》卷前7《雩都沈县尹祠堂记》:"兵部全公之牧赣也,以忠义固人心,以公正为民望,故墉壑独完,思欲风厉有官君子,以报国素矣。夏四月,雩都县尹沈侯野仙死于兴国防戍之地,仲子绍节死焉,家僮二人死焉。公闻其骂贼,壮而哀之,遣吏吊其家,率属候其丧,为文祭之,立庙祠之,举官其冢子绍忠以世之。于

---

〔1〕中华书局标点本,1976年版,页4413。

〔2〕文渊阁《四库全书》本,页3下,页4上。

是,赣人以为荣,奋而从之也轻。"[1]

在陈友谅的重兵压迫下,江西中南部重镇吉安、赣州路相继发生兵变而陷落。郭钰《静思集》卷2《悲庐陵,并序》:"戊戌(至正十八年)正月朔,庚子、戊午,参政兵乱,逐镇抚吴林。三月,梁太守卒,安成兵自去冬侵掠北境,且暮至。四月,至桐江。五月初四,退。初十戊申,分宜义士袁云飞导沅兵至桐江。己酉,义士刘照与战于吉水之滩头。庚戌,明某以都事之众降。辛亥,傅于城,录事张元祥与摄监郡雅某降,全参政奔赣,裨将降,参谋、乡贡进士吉水萧彝翁死之。"[2]《元史》卷195《忠义传》:"[至正]十八年,江西下流诸郡,皆为陈友谅所据,乃与总管哈海赤戮力同守。友谅遣其将幸文才率兵围赣,使人胁之降。普庵撒里斩其使,日擐甲登城拒之。力战凡四月,兵少食尽,义兵万户马合某沙欲举城降贼,普庵撒里不从,遂自刭。"[3]周巽《性情集》卷3《哀故参政全公子仁》:"南临郁孤台,白日忽已没。桓桓高昌公,回车奋余烈。平生鹰扬姿,矢以须溅血。生既负主恩,愿为厉报国。拔剑杀二人,公回仗死节。魂招不可来,剑冷台前月。"[4]《元诗选二集》卷18伯颜子中《七哀诗》:"我友我友,全公、海公。爱我爱我兮,人谁与同?惟公高节兮,寰宇其空。百战一死兮,伟哉英雄。呜呼我公兮,斯酒斯酌。我魂我魂兮,惟公是托。"[5]

然而,也有截然不同的"舆论"。陈谟《海桑集》卷9《书章贡城陷本末》:"全普庵萨里者,名晋,先{噶}[哈]海{齐}[赤]守赣,尤号酷虐。赣谢氏,其故也,怀宿憾,首没入之。谢自成丁以上,非远徙则狱死,且连逮其亲戚没入者十七八家。至正十五年秋,由赣守升江西参政,特奉旨取袁州。十六年秋,始次泰和,诬执萧绳武义士等十八人杀之,没入者又十余家。会有旨左迁九江都元帅,愤不赴。十七年夏,始次吉安,先勒大贾徐、李,各献银万两,徐父子相断杖限死,征愈急,次及

---

[1]文渊阁《四库全书》本,页1下,页2上。
[2]文渊阁《四库全书》本,页7上、下。
[3]中华书局标点本,1976年版,页4413。
[4]文渊阁《四库全书》本,页11下。
[5]文渊阁《四库全书》本,页4上、下。

编户。时江西平章{和尼齐}[火尼赤]镇瑞州,便宜行事,以所降九江都元帅宣命符印,遣使者即吉安授晋。晋戒逻舟拒诸境外,使者畏威而走,及再至三至,终不受。十八年五月,伪兵至,晋仓卒弃其师,单舸装其妇女、宝货还走赣。{噶}[哈]海{齐}[赤]拒不纳,逮伪兵压城,始纳之。是日,先为帐下{玛哈}[马合]穆{特}沙、{图鲁卜岱}[秃伦歹]等所杀。"[1] 解缙《解文毅集》卷12《萧君师文墓表》亦《萧天佑墓表》:"考之《元史》,又独著全子仁传,而梁克中无之,岂知子仁极不足道,骄滥不事,事无智略,其死为人所逼,非得已者?谬得美名,不如梁克中,更不如萧氏兄弟也。而隐显若此,可胜叹哉!"[2]

18.5

通览"畏兀"人阿鲁浑萨理家庭成员"文化"的变迁,很能味出其中令人深思的内容。其祖阿台萨理、其父乞台萨理,皆于"西方"佛教有相当高的造诣。这位本人,除了也从高僧汲取教养外,由于久居大都,更于"东方"儒家有非常的濡染。而武宗皇帝海山所称的"全才",所指或许就是此种情况。而至元、大德间的集贤院,不时出现"西方"与"东方"、甚至"北方"与"南方"各种文化因子遭遇和共存的范例。袁桷《清容居士集》卷34《有元开府仪同三司、上卿、辅成赞化保运玄教大宗师张公家传》亦《张留孙家传》:"至元十八年七月,皇曾孙生,是为武宗,上命择嘉名以进。是岁,分翰林、集贤院为两,道教专掌集贤,始自公议。二十二年,仁宗生,复召命名。今二帝庙讳虽用国语,皆以公名义释之。"[3] 然而,却缘"地利"和"人和",到了元中叶以后,就是在"南"、"北"分界的"京畿"地区,仍然是中国"本位"的意识形态占据上风。无怪乎兹姓氏到了"再世",无论岳住、还是普庵萨里,除了"名"仍保留痕迹外,几乎很难见到其他原来的文化特征。而前者的旅宦江西,正自集贤院授选。《揭文安集》卷3《奉送全平章赴江西》:"圣主恩南

〔1〕文渊阁《四库全书》本,页26下,页27上。

〔2〕文渊阁《四库全书》本,页16上。

〔3〕《四部丛刊初编》,景印元刊本,页16下,页17上。

土,明公起集贤。直期凋瘵后,共致太平年。金虎分符重,文龙赐服鲜。权纲兼将相,标格近神仙。"[1]

时人对阿鲁浑萨理的人品、学识尊崇备至,也对其夫人赞美有加。赵孟頫《松雪斋集》卷10《资善大夫、隆禧院使父著封赠三代制,父母在堂》:"故荣禄大夫中书平章政事、守司徒、集贤院使,领太史事阿刺浑萨理:缜密而温纯,明敏而谨慎。早亲帷幄,朝夕输献纳之忠;出共车舆,春秋备巡游之从。汲引天下之士,进不隐贤;弥纶禁中之机,退无泄语。总羲和于历象,位承弼于钧衡。管辂学贯天人,恒密陈于警戒;子房智定储贰,亦预计于基图。能自保其功名,人不见其喜愠。当时有全才之目,举朝皆厚德之推。""具位:婉娩令仪,柔嘉维则。事舅姑以孝,蔼然妇德之纯;教子孙以贤,允矣母道之粹。况尔先臣之内助,盍开大国之华封?"[2]关于"历象",其确也曾有参与。《元文类》卷17杨桓《太史院铭》:"至元二十一年,以左侍仪、奉御臣阿刺浑萨理迁集贤学士,寻迁大学士,并兼太史院事,遂以二十三年春,同进《历经属》,共二十一卷。"[3]其子岳住,也是一个"博学"之人。《元史》卷130《岳柱传》:"尤嗜经、史,自天文、医药之书,无不究极,度量弘扩,有欺之者,恬不为意。或问之,则曰:彼自欺也,我何与焉?母郘氏,亦常称之曰:吾子,古人也。"[4]所谓"古人",乃中国的"古人"也。而这位母亲,正是"典型"的"东方"妇女。

且不论褒贬,从一些"侧面"来看普庵萨里,仿佛更像是倜傥的文士。《说郛》卷78下黄雪蓑《青楼集》:"时有全普庵{拨}[撒]里,字子仁,由礼部尚书,值天下多故,选用除赣州监郡。平昔守官清廉,文章政事,扬历台省,但未免耽于花酒。每日公余,即与士夫酺歌赋诗,帽上常喜簪花,否则或果或叶,亦簪一枝。"[5]胡行简《樗隐集》卷4《求志亭诗序》:"予以使事出西昌,参政全公肃客快阁之上,顾瞻江山,情景具集。

---

〔1〕《四部丛刊初编》,景印明钞本,页10上。

〔2〕赵孟頫《松雪斋集》,页2下、3上。

〔3〕《四部丛刊初编》景印至正刊本,页14上、下。

〔4〕中华书局标点本,1976年版,页3179。

〔5〕《说郛三种》《说郛一百二十弓》,上海古籍出版社,页3638上。

距城六七里，林木掩映，闾阎参差，或指示之曰：此珠林市也。"〔1〕本人也能作诗，而他人乐意呈示。《麟原集》卷前 4《远烟空翠亭诗后序》："右远烟空翠亭诗若干首，参政全公与其宾从咏监郡一轩公投老之胜也。一轩公昔监章贡，得坝上为游观之地。及参政公牧兹郡，游而乐之，纳爽气于山间，揽秀色于江上，朝岚夕霏，引素缭青，不可殚状，遂字其亭曰远烟空翠，诚一郡之胜概也。"〔2〕刘嵩《槎翁集》卷 2《和全参政别王照磨至刚》："由来国中士，当作天下杰。轩轩扫霾雾，炳炳揭日月。侧闻王师至，冠盖相填接。"〔3〕王沂《王征士集》卷 8《黄堂东夜词，呈全子仁大参》："帘底移琴锦幄张，梅花枝上月如霜。羽书忽报诸州捷，敲折珊瑚一寸长。""茜色纱笼绛蜡残，绮窗斜月转雕阑。当筵赋得阳春曲，唤取银筝按拍弹。"〔4〕

除外，这位缺少"将才"的普庵萨里，尚有足与唐、宋士子"媲美"的风月"韵事"。《说郛》卷 78 下《青楼集》："刘婆惜，乐人李四之妻也。江右与杨春秀同时，颇通文墨，滑稽歌舞，迥出其流，时贵多重之。""刘谓阁者曰：妾欲之广海，誓不复还。久闻尚书清誉，获一见而逝，死无憾也。全哀其志而与进焉，时宾朋满座，全帽上簪青梅一枝，行酒，全口占清江引曲云：青青子儿枝上结，令宾朋续之，众未有对者，刘敛衽进前曰：能容妾一辞乎？全曰：可。刘应声曰：青青子儿枝上结，引惹人攀折其中。全子仁就里滋味，别只为你酸，留意儿难弃舍。全大称赏，由是顾宠无间，纳为侧室。后兵兴，全死节，刘克守妇道，善终于家。"〔5〕暨，《云阳先生集》卷 8《故进士、将仕郎、永丰县丞吴君墓志铭》亦《吴师尹墓志铭》："明年（至正七年），会试京师，登王宗哲榜进士第，授永丰丞"。"适甲午（十四年）郡大歉，府檄君（吴师尹）如赣告籴。赣守全公喜君来，为君输二千石以归，民赖以活。"〔6〕毅然以粮食接济邻郡，莫

〔1〕文渊阁《四库全书》本，页 10 上。
〔2〕文渊阁《四库全书》本，页 6 下，页 7 上。
〔3〕文渊阁《四库全书》本，页 46 上。
〔4〕江苏古籍出版社影印《宛委别藏》本，页 77。
〔5〕《说郛三种》《说郛一百二十弓》，上海古籍出版社，页 3638 上、下。
〔6〕《说郛三种》《说郛一百二十弓》，上海古籍出版社，页 262 上。

不是因为来请者乃"进士"？！至于别本《佛祖历代通载》卷 21 所录《奇塔特萨里（乞台萨理）神道碑》[1]，稍加核对，就知道那就是前引《阿鲁浑萨理神道碑铭》，由于胡乱的删削，遂使其"主人"由"子"错成"父"罢了。

---

[1]文渊阁《四库全书》本，页 51 下，页 52 上、下，页 53 上、下。

19　板城徙裔

——有元班勒纥人察罕传证补

　　关于班勒纥人察罕的传记,可以予以补证的内容不在少数:其一,其父伯德那,东迁后,缘辞任河东民赋总管,得娶蒙古人重合剌养女李氏为妻。其二,察罕仕履:早年追随湖广行省奥鲁赤为幕府官,又任武昌路治中、河南行省郎中,迁詹事院判、太子府正等。至大四年,升参知政事,明年,改平章政事。其三,察罕"引年"在延祐元年,卒在八年后的至治二年,享年超过74。其个性,乃是对中州文化的熟悉;而其译著,有《帝范》《历代帝王纪年纂要》等。其四,其交游,除来往十数年的程钜夫外,尚有蒲道原、袁桷、安南国人黎崱等。其所居地,先在平阳路解州,后在德安府孝感县。所称白云山,即是其退闲的栖身之处。披览相关文字,似乎见到了有元一代"西域人华化"的又一典型范例。

19.1

　　《元史》卷137《察罕传》:"察罕,西域板勒纥城人。父伯德那,岁庚辰,国兵下西域,举族来归。事亲王旭烈,授河东民赋副总管,因居河中猗氏县,后徙解州,赠荣禄大夫、宣徽使、柱国、芮国公。"[1]关于"伯德那"的生平,犹存内容更为丰富的文字。《雪楼先生集》卷18《大元河东郡公伯德公神道碑铭》亦《伯德那神道碑铭》:"河东公,讳伯德那,西域班勒纥人,世为大家,本俗以族显,无姓字,历三世,辄不知名。国初,岁在庚辰(太祖十五年),大兵西征,班勒纥平,于是,公生十有三年

〔1〕中华书局标点本,1976年版,页3309。

·欧·亚·历·史·文·化·文·库·

矣。少失怙恃,好奇节,聚族而谋曰:天方授圣元神武,无敌于天下,我国亦臣伏不敢后,盍往从之? 乃悉族来归。时诸王旭烈引重兵镇朔方,公美髯长大,勇冠军,王奇之。戊戌(太宗十年),南征,围安丰,军校伯要台者薄城,城上挺长钩及之,悬以上,左右错愕。公时在后队,望见,奋出大呼,助伯要台引却,人钩俱坠,禽戮阵前,一军皆惊,胜气百倍,城陷,策功赏独厚,王由是知公,拔置帐下,名以拔都。初,河东、陕右民赋之隶王者,以重合剌总管之,附治解州,乃以公为副,因家焉。""至元庚午(七年),告老,而归居里中。""一日,至迎祥观,正襟瞑坐,众以公假寐,久之,撼摇,已逝矣,时至元庚辰(十七年)夏四月七日也,享年七十三。"[1]

"板勒纥城"亦"班勒纥城",又作"班里城"、"班城",今阿富汗巴尔赫省会马扎里沙里夫(Mazari Sharif)市西巴尔赫(Balkh)。李志常《长春真人西游记》卷下:"八月中秋抵河上,其势若黄河流西北,乘舟以济,宿其南岸。西有山寨,名团八剌。溯河东南行三十里,乃无水,即夜行过班里城,甚大。"[2]耶律楚材《西游录》卷上:"蒲华(卜哈儿)之西有大河,名曰阿谋,稍劣黄河,西入于大海。是河之西有五里犍(玉龙杰赤)城,梭里檀之母后所居者也,富庶又甚于蒲华。又西濒大河,有斑城者,颇富庶,又西有挬城者亦壮丽,城中多漆器,皆长安题识。"[3]该城为蒙古军占领,当在"庚辰"的下一年"辛巳"。《圣武亲征录》:"辛巳,上与四太子进攻{十}[卜]哈儿、薛迷思干等城,皆克之。大太子又攻克养吉干、八儿{贞}[真]等城。夏,上驻军于西域速{望}[里]坛避暑之地,命忽{相}[都]忽那颜为前锋。秋,分遣大太子、二太子、三太子率左军攻玉龙杰赤城,以军集奏闻,上有旨曰:军既集,可听三太子节制也。于是,上进兵过铁门关。命四太子攻也里、{左}[泥]沙兀儿等城。上亲克迭儿密城,又破班勒纥城,围守塔里[寒]寨。冬,四太子又克马鲁察叶可、马卢、昔剌思等城,复进兵。"[4]

---

〔1〕《元代珍本文集汇刊》,影印洪武刊本,国立中央图书馆,页684,页685,页686。

〔2〕《丛书集成初编》本,页20,页21。

〔3〕《中外交通史籍丛刊》向达校注本,中华书局1981年版,页3。

〔4〕《说郛三种》《说郛一百卷》,上海古籍出版社1988年版,页849下。

事实上,成吉思汗在"班勒纥"亦"巴里黑"居民投降后,仍然进行了很少人幸免的屠戮。拉施特《史集》第1卷第2分册《成吉思汗纪》:"他从忒耳迷渡口渡过了质浑河,向呼罗珊最重要的城市巴里黑进军。这时正是哲别、速别台渡过[质浑]河追击算端之时。成吉思汗屯兵巴里黑城下,当地领导人物来到他那里请降,献上各种食品、礼物。接着蒙古人以点数[人口]为借口,将巴里黑居民全部驱到野外,照例分配给士兵全部杀死;[然后]他们破坏了城前斜坡和城墙,放火烧掉房屋和街区,将[巴里黑城]完全毁掉了。"[1]志费尼《世界征服者史》第1部《成吉思汗在忒耳迷渡河以及巴里黑的陷落》:"成吉思汗渡过河,进向巴里黑,城中的首领前来纳款,献种种图苏湖和礼物。""但是,札兰丁仍在那些地区制造骚乱,驰马于叛逆的战场,因此蒙古人不相信巴里黑人的投降表示,在呼罗珊的情况下尤其如此。""故此,成吉思汗下令,把巴里黑人统统赶到旷野,按惯例分为百人、千人一群,不分大小、多寡、男女,尽行诛戮,没有留下干湿的一丝形迹。""成吉思汗从白沙瓦回师,抵巴里黑,他发现很多藏身于角落、洞穴、[在蒙古人走后]再出来的难民。他下令把他们全杀掉。"[2]从兹情况来看,伯德那是在那以前一年"悉族来归",从而得以保全的。

伯德那妻李氏,系蒙古将领重合剌养女。《雪楼先生集》卷20《河东郡公伯德公夫人李氏墓碑铭》亦《李氏墓碑铭》、卷18《伯德那神道碑铭》:"初,长安君(君宝)娶蔡氏,生三女,夫人居其仲。始九岁,随父官洛阳。天兵南伐,城陷家破,军帅重合剌一见夫人,惊曰:此女{手}[丰]度异常,他日必贵。问其姓,曰李氏,而帅之妻,西夏主之后也,亦李氏,乃鞠如己子,而恩意加焉。重合剌者,诸王旭烈之爱将也。时河东公(伯德那)以班勒纥归命,数从王攻战,有功,与重合剌同官于解[州],后以不肯代重合剌为总管,重合剌贤之,以夫人归焉,因家于解。""元光壬午(元年)十有二月四日生,至元戊子(二十五年)正月十有九日卒。"暨,"癸丑,贡职,王(旭烈)嘉公(伯德那)识大体且辩捷,

[1]《汉译世界学术名著丛书》,余大钧、周建奇中译本,商务印书馆1983年版,页301。
[2]志费尼《世界证服者史》,何高济中译本,内蒙古人民出版社1980年版,页152、153。

可代重合剌总管,公叩头曰:臣得给事左右,荐由重合剌。王纵怜之,义不可,谨辞。王嗟异,从之,赐名马、重锦、弓矢以旌之。""夫人京兆李氏,父登进士第,金末,迁河南。夫人方九岁,归戎帅重合剌为养女,静秀丰整,帅以同寅归公焉。后公八年,卒。"[1]"旭烈"亦"旭列",即拖雷子"旭烈兀"。许有壬《至正集》卷53《哈只哈心碑》:"既班师,隶王旭列邸,从战必捷,屡入奏称旨。岁丁巳(宪宗七年),割彰德路为王分地。"[2]

19.2

"班勒纥"人察罕的早年仕途,多与札剌尔儿人奥鲁赤有着密切的关系。《元史》卷137《察罕传》:"察罕魁伟颖悟,博览强记,通诸国字书,为行军府奥鲁千户。奥鲁赤参政湖广,辟为蒙古都万户府知事。奥鲁赤进平章,复辟为理问,政事悉委裁决,且令诸子受学焉。至元二十四年,从镇南王征安南,师次泸江,安南世子遣其叔父诣军门,自陈无罪,王命察罕数其罪而责之,使者辞屈,世子举众逃去。二十八年,授枢密院经历;未几,从奥鲁赤移治江西。宁都民言:某乡石上云气五色,有物焉,视之玉玺也。不以兵取,恐为居人所有。众惑之,察罕曰:妄也,是必构害仇家者。核问之,果然。前、后从奥鲁赤出入湖广、江西两省,凡二十一年,多著勋绩。"[3]《雪楼先生集》卷18《伯德那神道碑铭》:"至元十四年,忠宣公奥鲁赤开省湖广,闻察罕通经义、练军务,辟置幕府。察罕以亲老辞,公(伯德那)曰:吾素教汝读书知礼义者,将以有为也。食其禄、办其事,是亦为孝,不当以我为念,诸弟足养也。于是,察罕始出仕。"[4]也就是说:由于其初任为"奥鲁千户",故而不曾离开住在"解州"的父亲;逮到接受"蒙古都万户府知事"的聘请,始离开已在"中州"的"乡里"。自至元十四年下数二十一年,乃大德二年。

〔1〕《元代珍本文集汇刊》,影印洪武刊本,国立中央图书馆,页761、760、685、686。
〔2〕《元人文集珍本丛刊》,影印宣统刊本,新文丰出版社,页251上。
〔3〕中华书局标点本,1976年版,页3309,页3310。
〔4〕《元代珍本文集汇刊》,影印洪武刊本,国立中央图书馆,页685,页686。

奥鲁赤的仕履,《至正集》卷47《有元札剌尔氏三世功臣碑铭,并序》:"受知世皇,既袭世官,又总四万户。""宣慰湖北、山南二道,拜参政、左右丞、平章政事,行省江浙,湖广、江西二行枢密院。湖北新民危疑,逃匿山泽,约束劳来,俄皆复业。军士俘获生口,多逃归,有司括男女千余人,欲隶之官。谓同僚曰:新民幸依其父母,隶之官,是重被兵也,籍而复宋版之旧。平剧盗周龙、张虎,湖南始宁佐。征交址,贼惧避匿,乃梗我归路,转战全师而出。驿召面筹者三,慰劳温至,锡赉优渥。复平章政事,行省江西,薨。"[1]其系时,《元史》卷131《奥鲁赤传》:"升骠骑卫上将军、中书左丞,行宣慰使。十八年,诏移行省于鄂、宣慰使于潭。""复召入见,拜行省右丞,改荆湖等处行枢密副使。二十三年春,拜湖广等处行中书省平章政事。""改江西行省平章政事。二十六年,以疾求退,不允,俄授同知湖广等处行枢密院事。成宗即位,进光禄大夫、上柱国、江西等处行中书省平章政事。大德元年三月,卒。"[2]又,黎崱《安南志略》卷4《征讨运饷》:"至元丁亥(二十四年),上命平章奥鲁赤等将江淮、江西、湖广、云南四省蒙古、汉军、广西峒兵、海南黎兵,海道运粮万户张文虎等十万师,受镇南王节制。冬九月,师兴自鄂。"[3]

《雪楼先生集》卷12《重建乖崖祠记》:"乖崖张公(守),有遗爱于崇阳,邑人祠之至今。呜呼!可感也已。按公之终更而去也,民思之,生祠公于所建美美亭,春秋祭祀不绝。绍圣中,移置净刹院。绍兴,复于美美。隆兴二年,邑令陶梾以北峰亭亦公遗迹,乃徙焉,而命梵安浮屠主祠事。郡志云尔。今郡别驾白云翁(察罕),介其父老言曰:美美旧有公祠,前令新亭而祠废。大德庚子(四年),邑长改建社壝于亭,前因复立之,伐石俣祠。夫一念之不忘,则穷天地、亘万世而犹存,初不系辞之有无也。居而惟恐其久去,而犹忌其复来,彼亦人也,何以得此于人哉?有民社者,可以鉴矣。"[4]"郡别驾",即"武昌路治中"。《元史》

〔1〕《元人文集珍本丛刊》,影印宣统刊本,新文丰出版社,页230上、下。

〔2〕中华书局标点本,1976年版,页3191,页3192。

〔3〕《中外交通史籍丛刊》,武尚清点校本,中华书局1995年版,页90。

〔4〕《元代珍本文集汇刊》,影印洪武刊本,国立中央图书馆,页464,页465。

卷137《察罕传》："大德四年，御史台奏佥湖南宪司事，中书省奏为武昌路治中。丞相哈剌和孙曰：察罕廉洁，固宜居风宪。然武昌大郡，非斯人不可治。竟除武昌。广西妖贼高仙道以左道惑众，平民违误者以数千计，既败，湖广行省命察罕典宪司杂治之，鞫得其情，议诛首恶数人，余悉纵遣，且焚其籍。众难之，察罕曰：吾独当其责，诸君无累也。以治最闻，擢河南省郎中。"[1]在此前，其又曾罢职暂居。《雪楼先生集》卷20《李氏墓碑铭》："弃官读书白云山；俄起为武昌治中、河南行省郎中。"[2]

《元史》卷137《察罕传》："成宗崩，仁宗自藩邸入诛群臣之为异谋者，迎武宗于边。河南平章囊加台荐察罕，即驿召至上都，赐厩马二匹、钞一千贯、银五十两，曰：卿少留，行用卿矣。""武宗即位，立仁宗为皇太子，授察罕詹事院判，进佥詹事院事，赐银百两、锦二匹。遣先还大都立院事。仁宗至，谓曰：上以故安西王地赐我，置都总管府，卿其领之，慎拣僚属，勿以詹事位高不屑此也，进卿秩资德大夫。察罕叩头谢曰：都府之职，敢不恭命？进秩非所敢当。固辞，改正奉大夫，授以银印。至大元年，阅户口江南诸省，还，进太子府正，加昭文馆大学士，迁家令。""东宫故有左右卫兵，命囊加台、察罕总右卫，且令审择官属。仁宗即位，拜中书参知政事，但总持纲维，不屑细务，识者谓得大臣体"。"皇庆元年，进荣禄大夫、平章政事、商议中书省事。乞归解州，立碑先茔，许之。暮年，居德安白云山别墅，以白云自号。尝入见，帝望见曰：白云先生来也。其被宠遇如此。"[3]其授詹事院判、拜中书参政确切之年，《雪楼先生集》卷18《伯德那神道碑铭》："大德丁未（十一年），妙拣东宫官僚，召除佥詹事院；未几，进昭文馆大学士、太子府正。至大辛亥（四年）春，今天子（仁宗）即位，擢置中书。"[4]

---

〔1〕中华书局标点本，1976年版，页3310。

〔2〕《元代珍本文集汇刊》，影印洪武刊本，国立中央图书馆，页761。

〔3〕中华书局标点本，1976年版，页3310，页3311。

〔4〕《元代珍本文集汇刊》，国立中央图书馆，影印洪武刊本，页686。

19.3

察罕之卒，在"引年"或"致仕"后"八年"，也就是延祐元年后"八年"的至治二年。《雪楼先生集》卷15《送白云平章序》："白云公（察罕）以四朝耆望、潜邸旧臣，｛皇庆初｝［至大末］，预参大政。明年，迁平章政事。延祐改元春三月，引年致政，平章李秦公（孟）以言上曰：知足哉！是翁。特加光禄大夫，赐归田里。朝之人，祇闻德言，欢舞咏歌，颠瞑昭苏，震炫黯黮，相顾而叹。天子能待臣以礼，白云公能事君以义，秦公能成人之美如此。方公罢戎幕，屏居白云山时，买田筑室，鸣琴诵书，几与世遗矣，庸讵知一旦桓圭赤舄，坐乎庙堂之上，黜陟百官，盛极若此者哉？"[1]《元史》卷137《察罕传》："既致仕，优游八年，以寿终。"[2]暨，《雪楼先生集》卷30《天仙子，寿白云平章》："玉漏迟迟高阁报，枝上梅花春又透。红云宫阙白云山，人尽道，如君少，江北江南行处好。□ 试听阳春歌楚调，调鼎勋名都做了。人生七十古来稀，仁且寿，谁能到？有酒满斟南极老。"[3]祝寿者程巨夫卒于延祐五年，上词作于那以前。危素《危太朴集》卷续2《程巨夫神道碑铭》："延祐五年七月丙子，翰林学士承旨、光禄大夫、知制诰兼修国史程公，薨于建昌里第。"[4]因此，"白云平章"亦察罕的寿数自当超过74岁。

要论班勒纥人察罕的"个性"，却是对中州文化的熟悉。而其著述中，尤多蒙、汉语的互译。《雪楼先生集》卷15《送白云平章序》："自予识公武昌，几十五载，外和而内直，好学而乐善，曾无毫发易其素。其去常人，固万万矣。至于感老氏知足之言，服孔子在得之戒，从二疏当年之乐，飘然反其初服，于公特其职分，犹足以风励天下，为万世美谈。"[5]《元史》卷137《察罕传》："武宗崩，仁宗哀恸不已。察罕再拜启

〔1〕《元代珍本文集汇刊》，国立中央图书馆，影印洪武刊本，页586，页587。

〔2〕中华书局标点本，1976年版，页3312。

〔3〕《元代珍本文集汇刊》，国立中央图书馆，影印洪武刊本，页1174。

〔4〕《元人文集珍本丛刊》，影印宣统《嘉业堂丛书》本，新文丰出版社，页508下。

〔5〕《元代珍本文集汇刊》，国立中央图书馆，影印洪武刊本，页597。

曰:庶民修短,尚云有数,圣人天命,夫岂偶然?天下重器悬于殿下,纵自苦,如宗庙太后何!仁宗辍泣曰:曩者大丧,必命浮屠。何益?吾欲发府库以赈鳏寡孤独,若何?曰:发政施仁,文王所以为圣,殿下行之,幸甚。""帝尝问:张良何如人?对曰:佐高帝兴汉,功成身退,贤者也。又问狄仁杰,对曰:当唐室中衰,能卒保社稷,亦贤相也。因诵范仲淹所撰碑词甚熟,帝叹息良久,曰:察罕博学如此邪?""尝以病请告,暨还朝,帝御万岁山圆殿,与平章李孟入谢。帝曰:白云病愈邪?顿首对曰:老臣衰病,无补圣明,荷陛下哀矜,放归田里,幸甚,不觉沉疴去体尔。命赐茵以坐,顾李孟曰:知止不辱,今见其人。朕始以答剌罕、不怜吉台、曩加台等言用之,诚多裨益。有言察罕不善者,其人即非善人也。"[1]

《元史》卷137《察罕传》:"尝译《贞观政要》以献,帝大悦,诏缮写,遍赐左右。且诏译《帝范》,又命译《脱必赤颜》名曰《圣武开天纪》,及《纪年纂要》《太宗平金始末》等书,俱付史馆。"[2]《帝范》《贞观政要》《新唐书》卷59、卷58《艺文志》:"太宗《序志》一卷,又《帝范》四卷。""吴兢《太宗勋史》一卷,又《贞观政要》十卷。"[3]《纪年纂要》,即《历代帝王纪年纂要》。《雪楼先生集》卷15《历代帝王纪年纂要序》:"史莫信于书、春秋,莫博于史记。后之稽古者,舍此何以哉?然孔子断自唐、虞,政以世近而可信也。司马迁乃上述黄帝以来,又远详其世次,先儒固尝疑之矣。至于诸家编纪,沿讹袭舛,此皆好博之过。后惟康节经世书,以历纪之,始明白可信。然好奇惑异者,犹不能据依,著述纷然,莫之统壹。近平章白云翁(察罕)以政事余暇,悉取诸家纪载而集正之,一以康节为准,名曰《历代帝王纪年纂要》,亦上及羲、农者,因备博览而已。呜呼!白云知所去取哉!白云信道,笃学博观,约取于天下之务,莫不尽然,不独是书也。是书既经乙览,复征予序。夫康节所以可信者,以其信孔子也;白云所以可信者,以其信康节也;然则可信者,莫

---

[1]中华书局标点本,1976年版,页3310,页3311。

[2]中华书局标点本,1976年版,页3311。

[3]中华书局标点本,1975年版,页1512,页1467,页1468。

若孔子。信孔子者，莫若康节（邵伯温）；信白云者，端在此编矣。"[1]

　　是书在"胜国"后的明朝，颇受赞扬。黄仲昭《未轩集》卷4《书重刊历代帝王纪年纂要后》："胜国时，平章白云翁尝取十八史，纪其传绪、历年。断自帝尧甲辰即位之岁为始，盖以邵子（伯温）《皇极经世书》为据也。溯帝尧而上，以至于伏羲氏，则仍旧史，著其大略，以备览观，名曰《历代帝王纪年纂要》。今年春，予以事至延平，获会沙邑博何君朝宗。偶论及诸史浩繁，不便于初学诵读，君因出是书见示。予函读终篇，盖非独纪年而已，且并著其制器、利物之始，礼乐、文字之源，与夫三统之建、五德之王，传位之或禅、或继，得国之或顺或逆，大概略备。盖取约于博，寓繁于简，上下四千余载，皇帝王霸之迹，可不俟终日，而领其要矣。学者熟读是书，然后进而读金仁山（履祥）《通鉴前编》、晦庵（朱熹）《通鉴纲目》，又进而纵观十九史，则由简以入繁、守约以该博。虽程子复生，亦岂得以玩物丧志而讥之哉？"[2]《雍正甘肃通志》卷48 黄谏《帝王纪年纂要序》："暑夏朝回，日长无事，因阅旧书，得先子寿栢翁所藏历代纂要，乃元平章白云翁察罕所编，盖取《皇极经世书》为准。一开卷而古今成败、国家兴衰、运祚长短，皆了然可见。真若茫茫万里沙漠烟海中，而获举目于日月星辰，以得指归也。"[3]

19.4

　　当察罕返回"故山"之际，有袁桷、蒲道源等写诗送别。《清容居士集》卷12《白云平章致仕》："晓看明镜欲休休，万里功名陋虎头。绛阙直辞黄甜贵，白云终伴赤松游。侍臣传醴真殊遇，退傅挥金得自由。盛代东封催告礼，更须元老侍垂旒"[4]《闲居丛稿》卷6《送白云平章致仕归白云山》："道明国体学宗儒，接武夔龙赞庙谟。日昃退休黄阁早，雨余归去白云孤。千金趣卖为供具，八咏流传入画图。命氏进阶隆宠

---

〔1〕《元代珍本文集汇刊》，国立中央图书馆，影印洪武刊本，页577。

〔2〕文渊阁《四库全书》本，页14上、下，页15上。

〔3〕文渊阁《四库全书》本，页5下，页6上。

〔4〕《四部丛刊初编》，景印元刊本，页2下。

数,常人出处似公无。"〔1〕关系最为密切者,应数南宋故家之后、来往时间长达 15 年以上的程文海。《雪楼先生集》卷 29《寿白云山人》、卷 30《送白云平章归故山》:"白云山人起西域,阳春为心玉为德。初从南土佐元戎,万里声名已辉赫。顷得雄藩展骥足,武昌城里初相识。黄鹤秋风庾亮楼,大江落日曹公壁。此时最好安太守,旦暮过从豁胸臆。君为郎署向河南,我欲江西老一庵。再承天诏还京阙,君已中书坐赞参。万国山河归美化,千年治乱入高谈。紫薇红药天光转,翠竹苍松客梦酣。圣明天子今轩昊,敬老尊贤古来少。皇恩忽先一阳回,大政仍资共探讨。天教初度临长至,我识仁人多寿考。安得移家与卜邻?岁晚风流成二老。""赐姓出朝班,今朝始是闲。恩隆光禄贵,名配白云山。进退君臣际,声名宇宙间。岩花千万树,日夜待公还。"〔2〕

在送别察罕的人中,尚有乃"安南国"人黎崱的"佥事黎君"和不甚清楚名字的"竹斋大参"安某。《芳谷集》卷上《白云察罕平章赐白氏序》:"既详矣,佥事黎君介景君来言曰:子(徐明善)名能文辞者,此独无言,不可。予辞不获,命而绎。""乃今圣天子赐公(察罕)白氏,岂非以玉比德,而使其子孙世世不可涅缁也哉?予闻公处通显如韦布,一旦致为臣而归,凌云抱月,遗埃壒之溷浊,举凡天下之污,无足以浼公者。""黎君要予言,夫言不足以裨世教,虽工无益,故云尔。"〔3〕《元风雅》卷前 5 安竹斋《送白云平章》:"舟人停棹酒停斟,试听筵前送客吟。离恨早知如此苦,交情不合恁为深。白云境界三更梦,红叶园林两地心。从此草茅亭上客,抱琴何处遇知音?"〔4〕前者,虞集《道园遗稿》卷 3《题黄智仲诗卷,继燮(理溥化)御史、黎佥事诗后》:"弹铗何妨鬓渐疏?侯鲭遍食武昌鱼。故人江汉浮云尽,归鹤城楼落木初。御史青春怀旧意,郎官白首寄来书。解囊为说经行处,历历晴川画不如。"〔5〕后者,马臻《霞外集》卷 6《泊然畅学士将之太平守,出示竹斋安大参见寄

〔1〕《中华再造善本》,影印至正刊本,北京图书馆出版社,页 13 下,页 14 上。

〔2〕《元代珍本文集汇刊》,国立中央图书馆,影印洪武刊本,页 1105,页 1106,页 1132。

〔3〕文渊阁《四库全书》本,页 53 上、下,页 54 上。

〔4〕文渊阁《四库全书》本,页 1 上。

〔5〕《北京图书馆古籍珍本丛刊》,影印至正刊本,书目文献出版社,页 46 上。

诗,属余和韵》:"山樊岁晚缔梅兄,恬澹相看足古情。湖上旧游经几载?吟边心事记三生。清标野鹤昂昂立,高论长河亹亹倾。正是太平风景好,双旌五马试春行。"[1]

察罕告老所还之乡,既有其父伯德那已徙、治今永济市(赵伊)西蒲州镇之"河中府"、治今运城市西解州镇之"解州"(皆隶"晋宁路"),那里有父亲的墓地,仍有弟兄居住;也有其本人拟迁、治今湖北孝感市之"孝感县"(隶"德安府"),那里有母亲的墓地,更有子孙生息。《元史》卷137《察罕传》:"察罕天性孝友,田宅之在河中者,悉分与诸昆弟。昆弟贫来归者,复分与田宅、奴婢,纵奴为民甚众,故人多称长者。"[2]《雪楼先生集》卷15《温国司马文正公墓碑老杏图诗序》、卷18《伯德那神道碑铭》、卷20《李氏墓碑铭》:"司马文正公(光)以纯诚古学位宰辅,虽童儿妇女,知其为端人。""金皇统间,夏邑(夏县)王令及墓僧建祠,修复老杏,迄今二百余年矣而无恙。白云翁家(察罕)与之邻,益用封植,绘而为图。""先君(伯德那)慕圣朝德化,万里来归,沐煦养生息之仁,家于解,抱孙长息于解,没而埋骨于解(惠政乡曲范村之原)。天子不以臣不肖,有列于朝,褒崇之恩,上逮祖、考,惠至渥也。惟是先君冢上之表未树,大惧失坠,无以显休命、发幽潜,愿先生(程文海)哀而赐之铭。""某年某月某日,[李氏]葬墓在德安孝感之白云山。平章(察罕)任湖广理问日,买田宅于兹,因葬焉。"[3]而白云山,中有"八景"。

《雪楼先生集》卷30《白云隐岫》《绿野芳春》《古塔标峰》《憨泉灌圃》《楚山秋霁》《石人晚照》《棠店霜晴》《菟村夜雪》:"霭霭天际云,还自青山起。昨夜为雨归,今日青山里";"平原蔼初绿,时鸟变芳声。还同世外客,闲看齐民耕";"浮图上空翠,遥望是层峰。落日照峰顶,化为千丈龙";"流泉清且甘,谁遣姓为憨?挦挦抱瓮者,泉头仍结庵";"坐对连峰晓,悠悠楚国秋。山中深几许?时约白云游";"何人化为

〔1〕《汲古阁元人集及历代诗家》影印本,北京,全国图书馆文献缩微复制中心,页484,页485。

〔2〕中华书局标点本,1976年版,页3312。

〔3〕《元代珍本文集汇刊》,国立中央图书馆,影印洪武刊本,页579,页683,页684,页760。

石？朝朝还暮暮。只见乱山晴，不知石人处"；"霜凋棠梨树，烂烂如春花。日照树间屋，晃然成绛霞"；"楚国但荒榛，子文无故宅。年年村中猎，雪上于菟迹"[1]。《闲居丛稿》卷7《古塔摽峰》《憨泉灌园》《棠店霜晴》《石门晚照》《白云隐岫》《菟村夜雪》《绿堑芳春》《堑山秋霁》："亭亭古浮图，谁识山藏寺？远目见孤尖，路阻无由至"；"泉有灌溉功，憨名固不可。主人智若愚，辱汝暂同我"；"蔽芾逆旅侧，夫谁思召公？可怜秋向杪，初日映殷红"；"斜晖挂林梢，金翠射危岭。倚杖独吟哦，爱此桑榆景"；"溶溶拖匹练，霭霭没层巅。无心舒复卷，苍翠只依然"；"膏雨染郊原，满目皆生意。裴公有新堂，能与乐天醉"；"梦泽今宜麦，六花平地尺。有忆令尹贤，不见新蹄迹"；"冈峦界南服，迤逦屏嶂列。金气极高明，岚光正奇绝"[2]。

19.5

披览班勒纥人察罕的传记，似乎见到了有元一代"西域人华化"的又一典型范例。伯德那由编入军伍而东来，异地异俗，甚至不识文字。《雪楼先生集》卷18《伯德那神道碑铭》："恂恂然，至于济人利物之事，则不敢让。乡人争讼，不愿诣官而诣公，公谕以理，咸心服而去。公（伯德那）不解中国书，言必中义，动必中法，天性也。切切以教子为务，尝戒之曰：我不幸，少年百罹不得学。尔等安居暇食，宜勉读圣人书，行中国礼。他日面墙，悔之无及。"[3]可是，到了下一代，就出现了能够担当诸如《帝范》这样书籍的翻译和制作诸如《历代帝王纪年纂要》这样的经、史大作的人。这种变化之剧烈、之深刻，不言而喻；其产生的动能，当然就是与迁移地社会的成功融合，而姻亲的缔结，盖其融合的重要纽带之一。伯德那与汉人李氏及她的养父蒙古人重合剌、养母西夏人李氏；而类似的联系，也在下一代中重复再现。吴澄《吴文正集》卷35《故奉义大夫、安定州达鲁花赤秃忽赤墓表》亦《秃忽赤墓

---

〔1〕《元代珍本文集汇刊》，影印洪武刊本，国立中央图书馆，页1132，页1133。
〔2〕《中华再造善本丛书》，影印至正刊本，北京图书馆出版社。
〔3〕《元代珍本文集汇刊》，影印洪武刊本，国立中央图书馆，页685。

表》:"侯(秃忽赤)蒙古人,寓居滑之白马县。""夫人刘氏,河西匡族,封元城县君,淑懿柔顺,内助多所匡益。男二:长哈剌那海,由内台监察御史、兵部员外郎、金淮东江北道肃政廉访司事为江西等处行中书省左右司之贰,娶昭文馆大学士、荣禄大夫白云平章(察罕)之女。"[1]

班勒纥人伯德那支之在东方扎根的标志之一,还在于人口的迅速增殖。《雪楼先生集》卷20《李氏墓碑铭》:"其子八人:长平章(察罕)也,博涉经史,才德过人,早为忠宣公奥鲁赤所知,拔置幕下,累迁为湖广行省理问,改行枢密院经历","入金詹事院事,进昭文馆大学士、太子府正,拜参知政事,寻以平章政事议中书事。廉慎广厚,所至称贤;次博罗,早世;次博罗察儿,敦武校尉、百夫长;次博兰台,湖广行省宣使,卒;次博,除太仓令,卒;次只儿瓦台,武略将军、宝庆路达鲁花赤;次朵罗台,性至孝,乐志琴册,高尚不仕,朝廷为旌其门;次乃蛮台,敦武校尉、邵阳县达鲁花赤。子、孙、曾、玄七十余人,皆足世其家。"[2]属于察罕之脉,《元史》卷137《察罕传》:"子外家奴,太中大夫、武冈路总管;李家奴,早卒;忽都笃,承直郎、高邮府判官。孙九人,仕者二人:阔阔不花,哈撒。"[3]除外,尚有一处疑问:如以"白云平章"享年七十四论,其当生于定宗二年,而其母李氏嫁其父在宪宗三年,要迟6年;抑或不是本人生母?再以其父、母年龄计算,两者相差16岁,而当他们"合卺"时,男48,女32。前者葬解州,后者葬孝感县,而兹正是察罕的"新家";难道他曾仿蒙古人风俗"妻其后母"?!

关于察罕的"逸闻",多发生在其宦游大都、上都期间,有的令人失笑。虞集《道园类稿》卷49《周母李孺人墓志铭》亦《李清墓志铭》:"番阳周暾与其弟明之游京师也,其族父集贤司直应极实致之,得为国子生。时制书始命有司,将以科举取士,而贵游不治进士业,独暾兄弟出箧中所习程文数十篇示人,皆惊喜取读,或[就]问学焉。未几,远方献异兽曰麒麟,暾作赋千百言上之。中书省丞相大悦,以属参知政事察

〔1〕《元人文集珍本丛刊》,影印成化刊本,新文丰出版社,页580上,页581上。
〔2〕《元代珍本文集汇刊》,影印洪武刊本,国立中央图书馆,页761,页762。
〔3〕中华书局标点本,1976年版,页3312。

罕,使命以官。是以陈策进书献歌颂常数十人,无所遇,独暾见知时宰,人人羡道暾矣。"[1]叶子奇《草木子》卷4上《谈薮篇》:"白云平章(察罕)求仙于燕京西山顶,一日,适出,滕玉霄访之,不值,因戏题于壁。曰:西风短褐吹黄埃,何不从我游蓬莱?振衣长啸下山去,后夜月明骑鹤来。竟不留名。白云疑吕仙过之,朝野辐凑,宠赍山积。后知其玉霄题。白云公戒以勿泄,厚赂之。"[2]至于其"白"姓之得,乃由皇帝所"赐"。徐明善《芳谷集》卷上《白云察罕平章赐白氏序》:"赐姓命氏,其来自古。平章白云公,才猷超卓,圣天子眷礼优隆,因公告老,赐白为氏。自今至于永世,自一身至万子孙,昭受宠锡,河山带砺,苗裔永存,丕休哉!此人臣非常之遇也,中外名公卿大夫士,诗而序之。"[3]

《续文献通考》卷161:"邵远平[《元史类编》]曰:察罕,西域博勒和城人,生于猗氏县。皇庆元年,平章政事。乞归,居德安白云山别墅,以白云翁自号。尝著《帝王纪年[纂要]》一书,程巨夫为之序。""臣等谨案:察罕成此书在皇庆元年,至明景泰中,翰林侍讲学士黄谏复为补辑。"[4]可是,《雍正甘肃通志》卷48《帝王纪年纂要序》:"呜呼!自《[尚]书》《春秋》诸史以来,简籍浩繁,虽易纪传为编年,其间数千年之事,欲自首至尾观之,信有若司马公所谓读未半卷,即已倦睡也。然史学不可不知,奈以赋禀所拘,有朝读暮忘者。是编则撷群籍之要,撮万事之统,损繁就简,约编年而为之。盖免搜索之劳,使人不怖其烦,因年以求运祚修短,则古今国家成败兴衰,具见于此。遂为订正,自延祐戊午(五年)至洪武戊申(元年),凡若干年,以便考阅。宗友用和见而喜之,请锓诸梓以传。既不容拒,并序诸篇首,以畀之。予闻先辈谓观史有要,然则是编,其亦观史之要乎?能熟观此,以知其大要,则如日月星辰之在人目睫,故云海沙漠之渺无涯际,亦自得之矣,又奚以怖?"[5]

---

〔1〕《元人文集珍本丛刊》,影印明初翻印至正刊本,新文丰出版社,页437上、下。

〔2〕《元明史料笔记丛刊》句逗本,中华书局1983年版,页77。

〔3〕文渊阁《四库全书》本,页52下,页53上。

〔4〕浙江古籍出版社影印《十通》本,2000年版,页4146上。

〔5〕文渊阁《四库全书》本,页6上、下。

"补辑"始自"延祐戊午",则自延祐四年以前内容皆具;据行文,书作于归居"白云山别墅"后,如前所及,兹举在"延祐元年",而非"皇庆元年"。

20　栾野晒芽
——元代芍药芽的饮食及相关文化

有元一代的饮料,既独特而又名闻当世者,有与"名茶"并称的"琼芽",亦产于"栾阳"亦"漆阳"之野的"芍药"芽。说来,这种还是特色蔬菜的食用,最早可追溯到"前朝"的完颜氏初年。逮到进入孛儿只吉氏的"当代"统治,在若干从医人员如宣德邢氏等的一再推动下,进而成为十分流行的时尚。与"琼芽"的嗜好情况符合,蒙古皇帝及在朝官员居住的大、上二都,皆是"芍药"种类、数量同样很多的所在。特别是后者,几乎就是本路"标志性"的地方花卉,犹如"白翎雀"作为本路"象征性"的地方禽鸟。既有传统,也有发明,这种原来尤盛于扬州、以块根入药的植物,在相关诗、赋的烘托中,演化为中世纪中国内容丰富的文化蕴含。

20.1

有元一代的饮料,既独特而又名闻当世者,有与"金沙紫笋,龙安骑火,乳窟仙掌,蒙顶麦颗"等"名茶"并称的"琼芽"。陈旅《安雅堂集》卷1《琼芽赋,并序》:"繄神皋之深迤兮,余尝策马而孤征。朱光熇阴雨复旸兮,琼芽怒抽浸满乎郊坰。彼妇子之踵踵兮,持顷筐以取盈。盖淹之以为菹兮,复芼之以为羹。交野茹以杂进兮,至涊辱于腐腥。既不得吐层花以当春兮,又不为雅剂以上下乎参苓。懿邢生之嗜奇兮,颛与世而相违。户腰艾其总总兮,则纫兰而佩之。闵灵苗之纯嬵兮,曾不得邕其所施。乃登广原、涉芳瀁,披翳卉、撷珍栽,盛以文竹之筥,屑以绿石之砺,瀹之以槛泉,燥之以夫遂,广延绀霜逊其色,丹丘宝露愧其液,诸柘巴且甘斯埒也,留夷轩于芬斯夺也。乃若澝溜既收,凉吹初作,鸾旗罢猎,张宴广漠,舞鱼龙于钧天,厌牛羊于珠泽,亟命进乎琼芽,俾得联于玉食。当是时也,金沙紫笋,龙安骑火,乳窟仙掌,蒙顶麦颗,皆于邑以无色,甘退列于下佐。夫何一幽人兮,揽孤芳以徘徊?抚年岁之既晏兮,恐繁霜其崔嵬。念宠荣之所在兮,竞膏车以先驰。或以近而易与兮,或以远而不见。推或握瑜以来毁兮,或群荐而非瓌。以媚世者之诚可耻兮,则宁抱吾素而委蛇。"[1]

"琼芽"一词,当元前后,常被用来隐喻花卉的苞、蕾。郑清之《安晚堂集》卷8:"菊坡迭遗梅什,忽惠兰芽,此变风也,敢借前韵,效楚词一章,以谢来辱。霜雰雰兮风乍力,草变衰兮蚤罢织。思秋兰兮委萧艾,望椒丘兮聊止息。怅佳人兮既远,纷吾美兮谁识?忽有人兮好修,遗予佩兮春色。苗琼芽兮九畹,带杜蘅兮被石。凛层冰兮峨峨,杳光风兮骤得。卜兰居兮南坡,拂余龟兮食墨。"[2]赵孟坚《彝斋文编》卷2《沁园春,赏春》:"归时月挂檐牙,见花影重重侵宝阶。铜壶催箭,兽环横斜,浓斟玉醑。芳漱琼芽,步绕曲廊,倦回芳帐,梦遍江南山水涯。谁知我?有墙头桂影,窗上梅花。"[3]也有人,用来指代初摘的茶叶。李曾伯《可斋稿》卷续后1《乙卯,谢宣赐香茶表》:"六月于征,顾忧未释;九天念远,好赐特颁。芳润皆珍,炎歊顿洗。伏念臣骎寻老态,牢落粗官。世味惊心,徒有刘琨之愤闷;边氛眯目,曾无应物之凝清。讵意隆恩?爰叨嘉赉。宝穗辍御炉之馥,琼芽来仙苑之奇。于粲实食,以华分阃。"[4]唐之淳《唐愚士集》卷3:"怀乡中马蔡三友生,十一月十日,沛县作:分首春灯后,怀人腊雪边。河山经沛邑,行李滞楼船。茗煮琼芽嫩,醅浮绿蚁圆。此期知不远,归及燕莺天。"[5]

这儿的"琼芽",盖产于"栾阳"亦"滦阳"之野"芍药"芽的"专称"。《安雅堂集》卷1《琼芽赋,并序》云:"栾阳之野,多芍药,人掇其芽,以

〔1〕文渊阁《四库全书》本,页2上、下,页3上。

〔2〕《宋集珍本丛刊》,影印清钞本,线装书局,页565下。

〔3〕文渊阁《四库全书》本,页14上。

〔4〕《宋集珍本丛刊》,影印清钞本,线装书局,页529上。

〔5〕文渊阁《四库全书》本,页3下。

为蔬茹。雄武邢遵道始治之，以代茗饮，清脾甘芳，能辅气导血，非茗饮所能及也。至治中，有旨命如法以进，天子饮而嘉之，于是乎有琼芽之名。夫芍药之为物，以花艳取重于流俗，至用为药饵，为烹脯之滋，皆不足以尽芍药之妙。自著《本草》以来，至今世，始得因遵道以所蕴者见知天子，何其遇之晚也？余惟物之不遇于世者多矣，固有一无所遇而竟已者，而不欲以他伎自衒，至晚始一遇者，亦可悲也。余(陈旅)年四十又一，始为国子助教。天历二年夏，扈从至上京，因过邢生。饮琼芽，而生征余赋。"[1]几乎生活在同时代的黄溍，也有内容相同的"韵文"：距离江南遥远的"滦阳"原野，虽无茶叶出产，却有如珠似金般的"芍药"芽，可供充作饮料。《金华集》卷6《滦阳邢君隐于药市，制芍药芽，代茗饮，号曰琼芽，先朝尝以进御云》："君家药笼有新储，苦口时供茗饮须。一味醍醐充佐使，从今合唤酪为奴"；"芳苗簇簇遍山阿，珠蕾金芽未足多。千载茶经有遗恨，吴侬元不过滦河"；"春风北苑斗时新，万里函封效贡珍。羡尔托根天尺五，不劳飞骑走红尘"。[2]

邢遵道所出身的家庭，其父辈，有的是既精通于"药囊"又着力于"诗卷"的医士兼骚人。袁桷《清容居士集》卷16《书邢遵道二父家传》："蜚声秀采动时贤，书帙如山酒似泉。已恨人间双璧化，共夸身后一夔传。药囊有底阴功满，诗卷相辉盛事全。会见门楣成晚秀，瀛洲委佩接群仙。"[3]从行文中"身后一夔传"之语来看，其乃是伯、仲二兄弟的"单传"。而接受过"琼芽"茶或"芍药"茶馈赠的王沂，同样提到了《邢氏家传》之作。《伊滨集》卷11《芍药茶》《题邢氏家传》："瀛洲忆昔较群材，一饮云腴睡眼开。陆羽似闻茶具在，谪仙空载酒船回。""滦水琼芽取次春，仙翁落杵玉为尘。一杯解得相如渴，点笔凌云赋大人。""扬州四月春如海，彩笔曾题第一花。夜直承明清似水，铜瓶催火试新芽。余往年试上京乡贡士于集贤署，邢君遵道惠茶，号滦水琼芽。今俯仰七年，而遵道捐馆久矣。其子克世其业，携茶过寓舍，为赋小诗。山

〔1〕文渊阁《四库全书》本，页1上、下。
〔2〕《四部丛刊初编》景印元刊本，页12下。
〔3〕《四部丛刊初编》景印元刊本，页11下。

阳闻笛之感,同一慨然也。""驾鹤群仙不可追,卷中重读旧题诗。去天尺五邢家宅,春雨年年长玉芝。"[1]其籍贯之"雄武",应该是辽"归化州"、亦元上都路所属"宣德府"[2]。这样,才符合"去天尺五"的说法。《辽史》卷41《地理志》:"归化州,雄武军,上,刺史。""西北至西京四百五十里,统县一:文德县。"[3]

20.2

"芍药"芽的饮食,决非如前引所云,系元英宗在位际人邢遵道的"发明";事实上,早在元世祖君临或以前,士大夫就已知道了这种植物的品尝。耶律铸《双溪醉隐集》卷4《芍药煮》:"披猖二十四风花,淑美丰融殿百华。畀付碧蓬颒粉蕊,熏裁温馥叠鲜葩。无言似笑诗魔恼,比韵侔娇女艳加。壮岁逐春心欲谢,酥煎靡丽远泥沙。"[4]陈孚《陈刚中集》卷3《夜宿滦河觜儿》:"貂裘尘土黑如鸦,海角孤臣扈翠华。万里亲庭应鹤发,一生客路又龙沙。囊中粟卷苁蓉叶,盘里蔬堆芍药芽。渐见马前添喜气,五云天近玉皇家。"[5]大概还有人尝试着以各种香花泡茶啜吸,"芍药"的芽或花不过是其中之一罢了。刘因《静修集》卷5《饮山亭杂花卉,芍药》:"宜致美人赠,服之良有功。分形虽异种,气类暗相通。"[6]不久,该种饮食兼用的珍品,还以"奉献"的方式传到了深宫内苑。邵亨贞《野处集》卷3《汪从善行状》:"公(汪从善)生而秀颖,不与凡子类。十余岁时,见其父出入宫阙,一日,请得观上居处,徽国弗许。十三岁,始命公奉芍药芽及香药一器入见便殿,世祖皇帝使免冠而相之,点首许可,以手抚公额,顾徽国曰:卿有子矣,使学文术,后当远

---

〔1〕文渊阁《四库全书》本,页1上、下。

〔2〕《明清类天文分野之书》卷23《尾箕燕分》,上海古籍出版社《续修四库全书》影印明刊本,页321上、下:"辽改名归化。金天眷二年,改宣德州,隶大同府。元中统元年,改为宣德府,属上都[路]。"

〔3〕中华书局标点本,1974年版,页510,页511。

〔4〕文渊阁《四库全书》本,页7上。

〔5〕文渊阁《四库全书》本,页21下。

〔6〕《四部丛刊初编》景印至顺刊本,页3上。

大。徽国顿首谢,故公舍家学而业儒,世祖命也,授尚书于三山益斋周先生某之门。"[1]

"芍药"芽的收藏,在有元二都亦大都、上都二路的管辖地区内极为普遍。《清容居士集》卷15《次韵继学途中竹枝词》:"山后天寒不识花,家家高晒芍药芽。南客初来未谙俗,下马入门犹索茶。"[2]马祖常《石田先生集》卷5《和王左司竹枝词》:"红蓝染裙似榴花,盘蔬钉饾芍药芽。大官汤羊厌肥腻,玉瓯初进江南茶。"[3]《元诗选二集》卷15黄清老《与索编修士岩访马学士伯庸(祖常)于蓬莱馆,因观藤花》:"昔访蓬莱馆,春烹芍药牙。重来寻竹径,久坐落藤花。君欲鸣瑶瑟,予将拾紫霞。鹤吟知雨近,留宿白云家。"[4]在宴席上见到,当然是极为平常的事。贡师泰《玩斋集》卷2《雪后,会饮瑞应宫》:"初裁六出学春娇,渐迭重花妒霜烈。阴风忽起势欲搅,冷日全遮冻才彻。千门落絮乱栖鸦,万树梨花噤啼鹈。穿帘入幕自纤妍,积户堆窗更澄澈。时从壁隙印尖斜,还向庭隅补亏缺。篆文一一寄鹅群,缟带双双绕车辙。重湖翻卷浪崔嵬,旷野平堆山巋嵼。高屋风吹尽日寒,中堂月照通宵洁。珊瑚色变琪树开,琅玕光射琼芽苗。薄如铺簟厚如茵,圜者为环断者玦。亭台蝶化乱翩翻,岩洞狮成争噬啮。党家金帐谩麑豪,王子扁舟正奇绝。始疑瑶池会王母,羽盖云轺拥旌节。又疑广寒会群姝,遍舞霓裳乐将阕。幕中武君真可人,载酒满船邀我别。"[5]

说来,"芍药"芽的饮食,最早尚可追溯到孛儿只吉氏"前朝"的完颜氏初年。宇文懋昭《大金国志》卷1《太祖纪》:"是年(收国元年),生红芍药花,北方以为瑞。女直多白芍药花,皆野生,绝无红者。好事之家,采其芽为菜,以面煎之。凡待宾斋素则用之。其味脆美,可以久留。金人珍甚,不肯妄设,遇大宾至,缕切数丝寘楪中,以为异品。"[6]洪皓

---

〔1〕文渊阁《四库全书》本,页2下。

〔2〕《四部丛刊初编》,景印元刊本,页18下。

〔3〕《北京图书馆古籍珍本丛刊》,影印后至元刊本,书目文献出版社,页201下。

〔4〕文渊阁《四库全书》本,页13上。

〔5〕文渊阁《四库全书》本,页6上、下。

〔6〕中华书局崔文印校证本,1986年版,页13。

《松漠纪闻》卷2：“女真多白芍药花,皆野生,绝无红者。好事之家,采其芽为菜,以面煎之,凡待宾斋素则用。其味脆美,可以久留。”[1]关于“白芍药”,金人自有吟咏。王寂《拙轩集》卷23《逸堂白芍药》：“春城白药占春余,妙品端宜入画图。萼粉雨余沾蝶翅,蕊香风暖上蜂须。寿阳宫女妆梅额,姑射仙人莹雪肤。不见眉山苏阁老,更谁能赋玉盘盂?”[2]“玉盘盂”,乃其“别号”。苏轼《东坡集》卷7《玉盘盂,并序》：“东武旧俗,每岁四月大会于南禅、资福两寺,以芍药供佛,而今岁最盛,凡七千余朵,皆重跗累萼,繁丽丰硕。中有白花正圆,如覆盂,其下十余叶稍大,承之如盘,姿格绝异,独出于七千朵之上。云得之于城北苏氏园中,周宰相莒公之别业也。而其名俚甚,乃为易之。”“杂花狼藉占春余,芍药开时扫地无。两寺妆成宝缨络,一枝争看玉盘盂。”[3]

　　“芍药”,乃中国中古时期所熟悉的药物之一。不过,其用于药物部分,乃是块根。唐慎微《证类本草》卷8：“芍药,味苦酸,平微寒,有小毒。主邪气腹痛,除血痹、破坚积寒热,疝瘕止痛,利小便,益气,通顺血脉,缓中散恶血,逐贼血,去水气,利膀胱、大小肠,消痈肿、时行寒热、中恶、腹痛、腰痛。一名白木,一名余容,一名犁食,一名解仓,一名铤。生中岳川谷及丘陵。二月、八月,采根暴干。”[4]无独有偶,在元人之前的金人,于兹种药物的性能论述尤多。刘完素《素问玄机原病式》：“故夏热用麻黄、桂枝汤类热药发表,须加寒药。不然,则热甚发黄或斑出矣。故发表诸方,佐以黄芩、石膏、知母、柴胡、地黄、芍药、栀子、茵陈、葱白、豆豉之类寒药,消息用之。”[5]张从正《儒门事亲》卷2：“羌活,其苦辛而微温者乎?升麻,其苦甘且平者乎?芍药,其酸而微寒者乎?浮萍,其辛酸而寒者乎?凡此四十味,皆发散之属也,惟不善择者,当寒而反热,当热而反寒,此病之所以变也。”[6]成无己《伤寒论注释》卷2：“芍

〔1〕文渊阁《四库全书》本,页5上。
〔2〕文渊阁《四库全书》本,页15下。
〔3〕文渊阁《四库全书》本,页17下,页18上。
〔4〕文渊阁《四库全书》本,页41下。
〔5〕文渊阁《四库全书》本,页51下,页52上。
〔6〕文渊阁《四库全书》本,页20上、下。

药甘草汤方:白芍药四两,苦酸,微寒;甘草四两,炙甘,平。芍药白补而赤泻,白收而赤散也,酸以收之,甘以缓之,酸、甘相合,用补阴血。"[1] 其嫩芽之功效,或者与块根略同。

20.3

淮东地方的扬州路,盖南宋"芍药"最为著名的产地之一。洪刍《老圃集》卷下《或遗扬州芍药者,用元韵》:"似与风光殿后尘,亭亭红艳远看人。既能障下嫣然笑,移取雷塘十里春。""可堪春恨似悲秋,把酒驱愁转益愁。飞尽杨花怜逐客,始知春色到汀洲。"[2]郝经《陵川集》卷13《芍药》:"王承宣送扬州芍药数本。夜来风雨洗残春,芍药还开春又新。入座忽惊持酒客,举杯先酹送花人。烟轻雪腻丰容质,露重霞香阿娜身。铁石肝肠总销铄,都将软语说风神。"[3]入元以后,从时人有着"比兴"意味的文字来看,似乎已经"衰落"。刘诜《桂隐集》卷诗2《芍药歌,和罗起初》:"我昔骑鹤游扬州,笑玩奇花大如斗。高楼耸出霞锦窠,西施夜醉吴宫酒。高楼、西施,皆言花也。珊瑚万片割晓酥,十日名香犹在手。仙家女队千红妆,碧油帘幙围四廊。风暄日醉春似梦,梦中嫁与姚家黄。小园今日忽再见,瘦减不如当日面。夜深明月照阑干,弱影伶俜似飞燕。名花流落亦可怜,志士慷慨悲流年。欲呼四相不可共,独醉鹅黄压春瓮。"[4]张之翰《西岩集》卷8《承中斋学士见和鄙语,仍送芍药数枝,故复用韵奉答》:"离离花影正翻阶,分送春光到小斋。宰相四人元有数,翰林七字岂无才?流红滴翠惊衰鬓,摘艳熏香慰客怀。却忆扬州旧游处,曲栏幽径已苍苔。"[5]

与"琼芽"的嗜食情况符合,蒙古皇帝及在朝官员居住的二都,皆是有"芍药"种植很多的地方。府号"大兴"的大都,吴澄《吴文正集》

〔1〕文渊阁《四库全书》本,页27下。
〔2〕文渊阁《四库全书》本,页20上。
〔3〕书目文献出版社《北京图书馆古籍珍本丛刊》影印正德刊本,页590下。
〔4〕文渊阁《四库全书》本,页2上、下。
〔5〕文渊阁《四库全书》本,页10下。

卷 47《次韵杨司业芍药》："寒冱深冬宿异根，发荣今日谢春恩。浅潮半醉流霞晕，清印初昏淡月痕。花下蜂狂成胜集，草间狼藉倒芳樽。紫芝兴味亦如此，谁信京华有绮园？"[1]柳贯《柳待制集》卷 5《初夏，忆京城邻舍》："石家院里蒲萄馆，荆媪池边芍药厅。倦剧拥书终日坐，醉来支枕片时醒。主人并直飞龙卫，邻客谁开放鹤亭？万里沧江云一去，欲将孤影寄伶俜。"[2]宋褧《燕石集》卷 5《六月二十八日，城南道院即事》："三径草纤纤，苔痕过雨粘。风光殊不恶，凉意复相兼。芍药斜侵城，蒲桃乱入檐。可怜成小憩，不得遂幽潜。"[3]《清容居士集》卷 13《次韵马伯庸应奉绝句》、卷 11《客中端午，简善之》、卷 15《次韵李伯宗学士途中述怀》："燕山芍药大如斗，千朵万朵凝春烟。健羡南京马供奉，醉着宫袍不上船"；"海城红忆石榴新，海子空看芍药春。节物侣怜游宦客，风埃终愧醒吟人。已无蒲酒浇清恨，那用兰汤浣素尘？健羡南方邓供奉，团栾围坐笑歌频"；"紫禁天低夏日迟，深红芍药胜春时。共仰云孙李学士，乐府新填更进诗"。[4]

　　府号"开平"的上都，《清容居士集》卷 15《上京杂咏》、卷 16："开平昔贤有诗：片云三尺雪，一日四时天；曲尽其景，遂用其语为诗。上国饶为客，天凉眼倍青。白鱼沙际网，黄鼠草间翎。芍药围红斗，麻姑缀玉钉。渐知尘骨换，振佩接青冥。""亭亭芍药枝，朱明胜春时。金莲与墨菊，兄弟相等推。阳艳深摧藏，后秀真奇姿。盛时匪自弃，顾与松栢期。有客同尔心，临风结长思。"[5]由于气候的关系，是花的绽放，要到阴历的五六月。《石田先生集》卷 3《寄姚参政上都》、卷 4《五月芍药》："南熏清暑上京居，六月凉亭正好鱼。雨岭火明山芍药，风田金动草芙蕖。甘泉晓仗临前殿，京兆秋尘待属车。侍从文臣行不送，旧寮偃塞意何如？""红芍花开端午时，江南游客苦相疑。上京不是春光晚，自是天家

〔1〕新文丰出版社《元人文集珍本丛刊》影印成化刊本，页 84 上。。
〔2〕《四部丛刊初编》景印元刊本，页 15 下。
〔3〕书目文献出版社《北京图书馆古籍珍本丛刊》影印清钞本，页 150 下。
〔4〕《四部丛刊初编》，景印元刊本，页 13 下，页 2 下，页 20 上。
〔5〕《四部丛刊初编》，景印元刊本，页 10 下，页 5 下。

日景迟。"[1]《玩斋集》卷4《送成谊叔应奉分院上京,并呈谢敬德学士》:"太平天子重时巡,首诏词林擢侍臣。书载驼车随剑佩,射从熊馆代丝纶。片云忽送摩姑雨,五月方开芍药春。想得班扬才最赡,龙山立马赋诗频。"[2]许有壬《至正集》卷18《六月朔,留守官进芍药》:"六龙到处是阳和,上苑名花得最多。罗帕笼香来藴宬,玉瓶添水付仙娥。开迟只是留春者,养小其如玩物何! 昧死一言臣有献,中陵今日富菁莪。"[3]

"芍药"的分布地,几乎遍及江南、漠北。卢琦《圭峰集》卷上《赠片云上人》:"曾忆相逢站台下,清谈犹自带烟霞。避喧却爱山中寺,访旧还寻海上槎。石鼎烹茶分野水,纸窗剪烛看檐花。定知归去松萝路,犹向云间采药芽。"[4]东平路、杭州路,方回《桐江续集》卷1《赠送李世荣显之》、卷28《三月二十九日,饮杭州路耿同知花园》:"君居予昔至,古郓泰山隈。钓地卢泉美,帆天巨野开。霸思齐相竞,道感鲁儒培。历世传微学,随时产异才。稍穷南土胜,端为北堂来。金错倾求砚,斑衣戏捧杯。三春芍药国,六代凤凰台。搜览心应惬,题评句必瑰。暑风初绿稻,霖雨正黄梅。江路宜珍护,鹏程积渐催。""巢燕春泥久已融,虞弦节近鼓薰风。枝枝烂熟樱桃紫,朵朵争妍芍药红。冠豸霜威贤御史,雕虫得隽老诗翁。十分蚕麦今年稔,我辈何妨酒一中?"[5]和林路,《双溪醉隐集》卷5《长春芍药,同座客赋,以元微之芍药诗开张七宝里为韵,分得张字》:"标举孤芳蕴异香,定知经历几炎凉? 异香,芍药名也。自来不受春拘束,显是司花少主张。和林芍药,夏至前后始盛。"[6]饶州路,《元诗选二集》卷15黄清老《题鄱阳方氏心远亭》:"柴门垂柳晓啼鸦,露径苔封芍药芽。分得鄱阳云一半,自携春雨种黄花。"[7]

---

〔1〕《北京图书古籍珍本丛刊》,影印后至元刊本,书目文献出版社,页177下,页188上。

〔2〕文渊阁《四库全书》本,页19下。

〔3〕《元人文集珍本丛刊》,影印宣统刊本,新文丰出版社,页110上。

〔4〕《北京图书馆古籍珍本丛刊》,影印万历刊本,书目文献出版社,页130上。

〔5〕文渊阁《四库全书》本,页4上、下,页3上、下。

〔6〕文渊阁《四库全书》本,页38下。

〔7〕文渊阁《四库全书》本,页20上。

与前朝相似,元人也喜将"芍药"花与"佳人"、"靓女"联系起来。《桂隐集》卷诗3《淮南芍药》:"西施三十埋五湖,魂飘南国香骨枯。隋皇群姬一朝死,迷楼妖气夜如水。江南草木千载归,广陵芍药天下奇。晴风罗幕春色午,轻尘微雨姑苏池。东家绣鞯西红丝,黄冠女儿学涂脂。屏风夜色丹砂泣,王孙偷醉青蔬湿。豹胎猩唇宴王母,满城冬冬椎大鼓。"[1]王义山《稼村类稿》卷30《芍药花诗》:"倚竹佳人翠袖长,阿姨天上舞霓裳。娇红凝脸西施醉,青玉栏干说迭香。晚春早夏扬州路,浓妆初试鹅红炉。何如御伞掖垣中?日日传宣金掌露。"[2]周伯琦《近光集》卷2《咏西内芍药》:"芳心有待却含羞,独殿群芳弄媚柔。不是红云连阆苑,定应绛雪积昆丘。赭袍重拥翠云裘,尚有春风数日留。天女移来天上种,从今更不数扬州。"[3]更有的文字,面对艳丽,却满是伤感。释善住《谷响集》卷3《芍药》:"金鸦海曙光寒,绿尊红苞露未干。溱洧有人堪折赠,广陵无使到长安。"[4]张观光《屏岩小稿》《春阴芍药》:"点滴檐声湿径云,翻阶红药带啼痕。可怜花片都零落,雨露虽多不是恩。"[5]王旭《兰轩集》卷9《浪淘沙·赋芍药》:"题品断肠,中心事谁同?千年溱洧自流东,折得芳华人不见,幽恨无穷。"[6]

依照元人的"模拟",每将"芍药"与"牡丹"结成"相互"的关系。或为"相",或为"近侍"。《桐江续集》卷19《芍药花》:"眼中不复见姚黄,从古扬州亚洛阳。何止中郎虎贲似?政堪花相相花王。"[7]《双溪醉隐集》卷1《天香台赋》:"春睡犹浓,东风扶起。锦被绚烂,绣带葳蕤。萦结同心,延缔连理。辟芍药为近侍,直海棠为庆会。仙人醉露以

〔1〕文渊阁《四库全书》本,页3上。
〔2〕文渊阁《四库全书》本,页16下。
〔3〕文渊阁《四库全书》本,页14上。
〔4〕文渊阁《四库全书》本,页45下。
〔5〕文渊阁《四库全书》本,页60上。
〔6〕文渊阁《四库全书》本,页38下。
〔7〕文渊阁《四库全书》本,页10下。

頹玉,玉女吟风而摇佩。"〔1〕或为"后",或为"公主",《桂隐集》卷诗1《芍药》:"夏早众绿翳,阶蓠始独开。窈窕专后德,深房出徘徊。翠葆拥帝辇,手擎紫霞杯。夜永宫月醑,余香散蓬莱。"〔2〕洪希文《续轩渠集》卷7《芍药》:"当阶娇拂席,傍砌醉凭栏。若定乘龙婿,应须尚牡丹。凡娶公主,皆曰尚公主。王姬下嫁,曰尚。"〔3〕也有与之并列,形同"弟兄"或"姊妹"者,《桐江续集》卷6《惜芍药,再赋》:"元方除却牡丹兄,俗紫凡红敢竞名。天女散花虽不染,道人养马岂无情?一芽才动看承久,千蕊俱空断送轻。三万卷书总零落,匹如风雨未须惊。"〔4〕陆文圭《墙东类稿》卷8《菊轩记》:"近二十年,海上、吴中延及江左,种种瑰异,迭见层出。干高踰八九尺,花大径三四寸,五色浅深,金粉绚烂,殆与西洛牡丹、广陵芍药相伯仲。"〔5〕

尽管稍有"时过境迁"的情况,名构"平山堂"所在的扬州路,仍然是有元士人千般缅怀、万般追念的"芍药"胜地。《桐江续集》卷6《芍药十丛近千蕊,客饮散,一夕而空》:"虽微风物似扬州,茧栗初红已遍休。插戴端宜谁粉面?夺攘无奈众苍头。未知相谑真何谓?不许当阶略少留。玉爵彩云谙往事,可因尤物作闲愁。"〔6〕《石田先生集》卷3《赋王叔能宅芍药》:"莺粉分葰艳有光,天工巧制殿春阳。霞缯襞积云千迭,宝盎脂凝蜜半香。并蒂当阶盘绶带,金苞向日剖珠囊。诗人莫咏扬州紫,便与花王可颉颃。"〔7〕《柳待制集》卷6《寄广陵陈新甫侍仪》:"跋马望君君未来,谁共钱塘雪色醅?言从外臣受宝诀,不与朝士通银台。千重云海蓬莱出,十里扬州芍药开。何尝六合无泥滓?鹏翻垂天亦壮哉!"〔8〕《清容居士集》卷13《仲章以余赋琼花露,因成阳台之句,次韵》:"我爱琼花赋酒诗,雪香憔悴可怜时。平山芍药开如斗,拟拣肥

〔1〕文渊阁《四库全书》本,页4上、下。
〔2〕文渊阁《四库全书》本,页21上。
〔3〕文渊阁《四库全书》本,页2上。
〔4〕文渊阁《四库全书》本,页17下。
〔5〕文渊阁《四库全书》本,页12下。
〔6〕文渊阁《四库全书》本,页17下。
〔7〕《北京图书馆古籍珍本丛刊》,影印后至元刊本,书目文献出版社,页165上。
〔8〕《四部丛刊初编》,景印元刊本,页13下。

红作赠枝。"[1]蒲道源《闲居丛稿》卷7《乞芍药》："闻道扬州绝品花,牵风带雨破天葩。铜瓶净涤求清供,不插青裙两髻丫。"[2]《安雅堂集》卷1《用吴彦晖韵,送扬州张教授还汴梁》："匆匆归去缘何事?要看扬州芍药花。定有金盘承绛露,送他梁苑故人家。"[3]

非常有趣,犹如"白翎雀"亦"蒙古百灵"为上都路的"象征性"禽鸟,"滦阳芍药"也几乎成了上都路的"标志性"花卉。《伊滨集》卷5《白翎雀》："乌桓城边春草薄,草际飞鸣白翎雀。年年马上听好音,疑是毡车响弦索。南风吹云沙碛凉,飞尘不到紫游缰。芙蓉金照晴川迥,芍药红翻滦水香。滦江已过犹回首,华堂美人将进酒。酒酣忽作马上听,红莲袖插曹刚手。"[4]虞集《道园类稿》卷4《白翎雀歌》："乌桓城下白翎雀,雌雄相呼以为乐。平沙无树托营巢,八月雪深黄草薄。君不见旧时飞燕在昭阳,沉沉宫殿锁鸳鸯。芙蓉露冷秋宵永,芍药风暄春昼长。"[5]萨都剌《雁门集》卷6《白翎雀》："凄凄幽雀双白翎,飞飞只傍乌桓城。平沙无树巢弗营,雌雄为乐相和鸣。君不见旧日轻盈舞紫燕,鸳鸯锁老昭阳殿。风暄芍药春可怜,露冷芙蓉秋莫怨。"[6]该处也是合罕"阙廷"的所在,而兹种花卉的"讯息",也就由深密的宫苑中传出。《近光集》卷1《宫词》："巫山隐约宝屏斜,朝着重绵昼着纱。徙倚牙床新睡足,一瓶芍药当荷花。"[7]王逢《梧溪集》卷2《宫中行乐词》："芍药为离草,鸳鸯是匹禽。君无神女梦,妾有楚王心。日短黄金屋,宵长绿绮琴。相将戒霜露,拜月绣帘阴。"[8]

20.5

在中国的草本花卉中,以白、红、粉红色展示娇艳的芍药,无疑拥有

---

〔1〕《四部丛刊初编》,景印元刊本,页9下。

〔2〕文渊阁《四库全书》本,页5下。

〔3〕文渊阁《四库全书》本,页13下。

〔4〕文渊阁《四库全书》本,页12上。

〔5〕《元人文集珍本丛刊》,影印明初翻印至正刊本,新文丰出版社,页314上。

〔6〕《中国古典文学丛书》,殷孟伦、朱广祁点校本,上海古籍出版社1982年版,页159。

〔7〕文渊阁《四库全书》本,页3上。

〔8〕《北京图书馆古籍珍本丛刊》,影印景泰刊本,书目文献出版社,页460下。

相当的声誉。除了用作观赏外,其根一向当作药用,而其芽一度当作"菜肴"、充作"啜料",以及祭祀所用。即其芽之食用而言,乃有元一代十分流行,而以上都路及相近地域为最。杨允孚《滦京杂咏》:"东风亦肯到天涯,燕子飞来相国家。若较内园红芍药,洛阳输却牡丹花。内园芍药弥望,亭亭直上数尺许,花大如斗。扬州芍药称第一,终不及上京也。""时雨初肥芍药苗,脆甘味压酒肠消。扬州帘卷东风里,曾惜名花第一娇。草地芍药,初生软美,居人多采食之。"〔1〕《道园类稿》卷 37《贺胜庙碑铭》:"帝作神都,言言其郛。时巡岁来,神灵具扶。旗纛车马,鱼鱼雅雅。顾怀昔从,公其来下兮。升鼎于庖,俎有献羔。芍药茝之,亦有菊椒。钟鼓既作,桐酒在酌。式歌且舞,公其胥乐兮。"〔2〕春末、夏中,乃至秋始,皆有花朵。而所开绽的颜色,无论白、红。虞集《道园遗稿》卷 4《题杂画,白芍药》:"金鼎和芳柔,滦京已麦秋。当阶千本玉,看不到扬州。"〔3〕《至正集》卷 12《奏事红禧殿,赋殿前芍药》:"滦京朱夏半,红药盛开初。天欲留春律,花应待乘舆。一台香雾湿,千朵锦云舒。立转雕阑影,愚臣有谏书。"〔4〕

有元饮、食"芍药"芽的记录,尚不止以上所见。如果仔细阅读相关文字,还会有更多的发现。《道园遗稿》卷 1《谢吴宗师送芍药、名酒》:"故人得好花,持赠乃兼并。金盘日中出,品目标禁省。一尊重数铢,大与牡丹并。酿香寔尊贵,深婉更和静。居然荷慰藉,相对空昼永。起求神农经,录在海涯境。夭夭羡厥草,曾不耀朱景。上京素高寒,夏至冰在井。沙草不满寸,苞叶成枯梗。同生非异土,荣悴何不等?此岂夫容丹?逶巡太阳鼎。灼灼天女嫔,巍巍步摇整。盈盈绡卷肤,况彼南国迥。移置谅不可,孤赏且深领。虽与名酒俱,绝饮畏停冷。颇闻好事者,采撷置充茗。刀圭果三咽,五脏化俄顷。文章丽出日,仪凤同焕炳。言夸众应疑,所贵仙者肯。"〔5〕吴当《学言稿》卷 2:"天历初元,京师之

〔1〕中华书局《知不斋丛书》本,页 502 下,页 503 上。

〔2〕《元人文集珍本丛刊》,影印明初翻印至正集本,新文丰出版社,页 188 上。

〔3〕《北京图书馆古籍珍本丛刊》,影印至正刊本,书目文献出版社,页 56 下。

〔4〕《元人文集珍本丛刊》,影印宣统刊本,新文丰出版社,页 79 下。

〔5〕《北京图书馆古籍珍本丛刊》,影印至正刊本,书目文献出版社,页 12 上。

变,大兴军旅,中外皇皇。遄闻顺附,诛放奸臣,朝廷清明,海宇宁一。皇帝神圣,郊天告庙,躬行典礼,酬功报力,恩泽周溥,大宥涤濯,仁施滂沛。百官称庆,宾筵秩秩,进贤去邪,皆由睿断。太平之运,适符于今。草野愚臣,谨摭所闻,著为歌咏,以称述盛德。愧辞语芜谫,不足备太史之采,传示久远云尔:芳镬调芍药,珍鼎荐淳毋。优戏停丝竹,殊音备越胡。柳塘朝潋滟,花坞夕模糊。酬酢频倾倒,绸缪极燕娱。"[1]

有元人工栽培的"芍药",品种十分丰富。《双溪醉隐集》卷5《戏题与牡丹同名芍药》《题与牡丹同名芍药》《取维扬红玉楼子、千层阁芍药种,迟而未至》《芍药》:"生倚英姿胜玉英,一生生占牡丹名。悬知也是陈惊座,谁许分庭拟抗衡? 胜玉、一生香,皆芍药名也。""英名窃比拟花王,倾慕花王事业香。奴颖万花题品处,不教花相敢承当。《花谱》有御衣黄牡丹,亦有御衣黄芍药;有遇仙红牡丹,亦有遇仙红芍药。似此同名,四十余品。""红玉楼当在玉京,千层阁合在层城。延留应欲腾光价,待合琼花作伴行。孔常父《芍药谱》云:红玉楼子初开时浅红,经数日乃黄,或谓之绛州紫苗楼子。千层阁,叶大小间出千余层,其苗青,或谓之青苗黄楼子。""杨家一捻红娇润,与醉西施较等差。倘使红妆无藉在,宝冠须也是闲花。杨家一捻红、醉西施、红妆、宝冠,皆芍药名也。醉粉、凝笑,亦是芍药二名。"[2] 暨,程巨夫《雪楼集》卷30《题赵子昂画罗司徒家双头牡丹、并蒂芍药》:"并蒂连枝花乱开,冲和元自主人培。集贤学士春风笔,更写天香入卷来。"[3] 刘敏中《中庵集》卷24:"沁园春,韩云卿右司邀赏牡丹,且云:芍药有双头者。以病不果赴,呈诸公:梦里笙歌,无名亭上,满眼春风四面窗。人如玉,看牡丹第一,芍药成双。"[4]

莱斯利-布雷姆尼斯(L. Bremness)在《药用植物》(Herbs)中有记载:"芍药(Paeonia lactiforn 亦 Chinese peony):块状根肥厚,具复叶,叶缘呈波状;夏天开白色、粉红色或红色花,有香味,雄蕊金黄色。用途:

〔1〕文渊阁《四库全书》本,页15下。
〔2〕文渊阁《四库全书》本,页38下、页39上、下。
〔3〕《元代珍本文集汇刊》,影印洪武刊本,国立中央图书馆,页1145。
〔4〕《北京图书馆古籍珍本丛刊》,影印清钞本,书目文献出版社,页509下、页510上。

根为免疫系统启动剂,能降血压,减少疼痛,缓解痉挛,减轻炎症,促进血液流向子宫。中国人认为红色的芍药根—赤芍,是血液清凉剂及止痛药,而白色的芍药根—白芍,是血液的营养剂,能滋补肝脏,治疗肝病、血尿、贫血、美容肌肤。"[1]然而,不知是翻译的原因还是作者的写作本身就含糊,"赤、白芍"亦"红色的芍药根"、"白色的芍药根"的词义仍嫌不很清晰。方以智《物理小识》卷9《草木类》:"种芍,春沃土种之,过三年,则大取单叶花者。赤、白,旧以花分;或以火酒浸根,一宿而辨之。今按山中种芍者,采根曝干即赤芍,刮其根皮而蒸干为白芍。"[2]陆深《俨山集》卷95《与表弟顾世安书》:"承示病源,正仆数年前旧犯,须早图之。若所谓积热,恐无之,盖是肥甘酿成垢腻,滞在脾间,下虚上壅为痰,脾土受痰,遂作沮洳,湿蒸而热耳,非壮热也。医家用苦凉之药,最有近效,浸成后患,尤宜详审,积滞感时,气必作痢,宜用白、[赤]芍药泽、泻等剂分理之,不可骤服止药,今后须食淡。省思为要诀,此二件乃脾家内外扶持之妙药也。"[3]

---

[1]《自然珍藏图鉴丛书》中译本,中国友谊出版公司2003年版,页198。
[2]文渊阁《四库全书》本,页33上。
[3]文渊阁《四库全书》本,页5下,页6上。

21 尼承法席

——元瑞州路北乾明寺二记解读

元士人赵孟𫖯、任士林,分别作有瑞州路北乾明寺之记文。本文围绕记文中所出现的"洪山灵峰尊者"、"行御史台中丞张闾"、"胆公师父"、"太后、妃子"进行诠释,从而"落实"了一件颇为清晰的"往事":经过师、徒数代的努力,将前朝的"僧祠"转作很有规模的尼寺。却缘负责地方佛教事务官员的困扰,不得不先、后前往建康、大都寻求帮助。通过热衷于恢宏佛教的行台中丞张闾、"金刚上师"胆八的绍介,有幸得到了成宗之母太后阔阔真以及武宗之母、时为"顺宗"妃子答己的垂怜,最终成了无所钳制的位下道场。至于其在先受到负责官员困扰的原因,有可能与乃为"禅宗"传承的"洪山"曾经是南宋军民抗击蒙古军队重要据点有关?!

21.1

赵孟𫖯《松雪斋集》卷 7 见载《瑞州路北乾明寺记》,前半部叙述有元瑞州路妙高山北乾明寺修建历史:在宋时,"祀洪山灵峰尊者于其颠,郡人祷焉";入元后,"延乾明寺尼妙智俾主祠事。智以苦行净业,檀施聿来,因辟祠为寺,而自别为北乾明焉。"其全文云:"瑞州城东北,有山,曰妙高。登兹山者,山川之高深,树木之阴森,莲花之敷芬,禽鸟之翔吟,凡一郡之胜,萃于人目,盖俗氛所不能至,而佛境之所融摄也。在昔宋时,祀洪山灵峰尊者于其颠,郡人祷焉,雨旸弗愆,而物无疵疠。于是,延乾明寺尼妙智俾主祠事。智以苦行净业,檀施聿来,因辟祠为寺,而自别为北乾明焉。仍乾明之名,示不忘本,而加北者,以方所言

·欧·亚·历·史·文·化·文·库·

也。既乃度元胜、永远、了敬、绍勤为徒，敬也、勤也，得智之道，相与刻苦励行，拓故宏新，而敬之徒法玉、贵亨，益思所以卒智之始图，乃构堂以安清钵，筑室以严净居，法堂西敞，灵祠南启，佛天、菩萨、罗汉之像，经、律、论、教之藏，各为大屋以覆之。栋宇之隆，雕塑之巧，绘画之工，黄金、丹砂，璀璨芬郁之饰，种种庄严，咸诣其极。最后作堂于万竹中，以为宴坐之处，紫节相斑，森然林立如植幢，盖风生而璆琳鸣，雨集而鸾鹤舞，见者惊喜，至者忘归。其所成就如此，而录教事者，方且以事挠之，若不可朝夕居。"[1]

后半部则追记为摆脱地方僧官的困扰、寺尼北上求援，以及兹碑之作的详细过程，而前一内容，尤其令人"刮目相看"："行御史台中丞张间公、宣政院参议答剌加公，引以见大护国仁王寺瞻八大师，以其事上闻，有旨护持，禁毋扰其寺，且赐了敬号圆觉大师。已而皇太后、妃子皆怜之，赐衣与食，又降懿旨，以其寺充位下焚修道场。"其全文云："元贞二年，了敬乃携其徒玉与亨之建康，求直其枉。遂绝长江、渡大河，北走京师，行御史台中丞张间公、宣政院参议答剌加公，引以见大护国仁王寺瞻八大师，以其事上闻，有旨护持，禁毋扰其寺，且赐了敬号圆觉大师。已而皇太后、妃子皆怜之，赐衣与食，又降懿旨，以其寺充位下焚修道场，度弟子出入宫掖，得乘水驿往来，大恩优渥，可谓至矣。山灵川祇，亦大欢喜。适中丞公行宣政院于杭，敬与其徒自江右来谒公，公示孟頫以事状，命为文记其始末，乃叙其事以为记。了敬宜以遭逢自庆，益自砥砺，究竟六度，上报国恩，其徒亦宜淑慎持戒，精进不退，以成敬之志，则庶几无负国家崇重之意。未几，中丞公拜中书左丞，将行，以一大藏经与之，使迎至乾明，有以见中丞公之能施，而二三比丘尼，其道有足以动王公大人者，皆可书也。自智之建寺，其法，盖甲乙相传云。"[2]

与前录记文几乎同题目、同内容者，尚有任士林《松乡集》卷1《瑞州路妙高峰北乾明尼寺记》："瑞州城东北隅，有山曰妙高。故宋时，郡人祠洪山灵峰尊者于其上，岁雨旸、民疾沴，有祷辄应。南乾明寺尼妙

---

[1]《四部丛刊初编》，景印元刊本，页7下，页8上。
[2]《四部丛刊初编》，景印元刊本，页8上、下，页9上。

智,实主祠事。苦行净业,施者信往。因辟其宇为佛宫,以北乾明自别,度元胜、永达、了敬、绍懿为徒。敬之徒,是为法玉、贵亨,乃相与言曰:事倡而不遂,志成而不废,岂学道者谋乎?于是,筑堂以集清钵,筑室以严斋居。西为法堂,南为灵峰祠,中奉佛天罗汉,旁转法轮八觚。又别开一堂,补陀知识,昔示现像,且作堂万竹之间,天风时来,山雨涓碧,心空识明,道与境合。妙智尝坐堂上,集其徒语曰:吾昔以神祠奉虔,今以佛宇宁施,非志之成、事之遂乎?未几,录教事者以故挠之,若不朝夕。元贞二年,法玉、贵亨乃渡河北往,御史中丞张公间、宣政院参议达尔嘉依公实怜之,以见胆公师父,奏奉玺书护持,且赐妙智圆觉大师。寻觐太后、妃子,敬奉懿旨,隶入位下,仍度其徒,出入宫闼。于是,妙智始以遭逢自庆,益自砥砺,以报上恩,曰:是不可不记。时中丞公行宣院事,以妙智状来,俾为文。既而朝廷擢公左辖,复施《大藏经》五千四百八十一卷以遗,妙智俾其徒持诵之,且浼以记文为言。"[1]

赵孟頫较任士林生于后、卒于后,而两者颇互相欣赏。前者,《松雪斋集》卷末杨载《大元故翰林学士承旨、荣禄大夫、知制诰兼修国史赵公行状》亦《赵孟頫行状》:"至治辛酉春,遣使传旨,俾书孝经,寻移文乞致仕,未报。壬戌春,遣使存问,赐上尊酒、衣二称。其年六月辛巳,薨千里第之正寝。是日,犹观书作字,谈笑如常时。至暮,翛然而逝,年六十有九。"[2]欧阳玄《圭斋集》卷9《元翰林学士承旨、荣禄大夫、知制诰兼修国史,赠江浙等处行中书省平章政事、魏国赵文敏公神道碑》亦《赵孟頫神道碑铭》:"至{元}[治]元年,上章乞致仕,不报。二年春,遣使存问;夏六月辛巳,薨于私第。"[3]后者,《松雪斋集》卷8《任叔寔墓志铭》亦《任士林墓志铭》:"余(赵孟頫)始闻叔寔,梦寐思见之。数年,叔寔(任士林)自四明来杭,余始识叔寔,颜貌朴野,与余言甚契,自是相与为友。""虽授徒以为食,而文日大以肆,近远求文以刻碑碣者,殆无日虚。盖叔寔之于文沉厚正大,以一理为主,不作廋语

〔1〕文渊阁《四库全书》本,页20上、下,页21上。
〔2〕《四部丛刊初编》,景印元刊本,页11上。
〔3〕《四部丛刊初编》,景印成化刊本,页11下。

棘人喉舌,而含蓄顿挫,使人读之,而有余味。余敬之、爱之,岂意其遽止于斯也?""至元初,中书左丞郝公以事至杭,闻君文名,举之行省,仅得湖州安定书院山长。""君生于癸丑八月戊申,卒于至大己酉七月己亥,年五十有七。"[1]

21.2

瑞州路妙高山北乾明寺之初,乃为"洪山灵峰尊者"之祠。"洪山灵峰尊者",应该就是传说中的有唐高僧"灵济慈忍大师"。黄溍《金华先生集》卷12《武昌大洪山崇宁万寿寺记》:"大师讳善信,以唐广德二年四月六日下生于洪州南昌王氏,受度于本州岛开元寺北丘清照,而契心印于马祖道一禅师。""有老父告之曰:汝缘在南方,众不汝容,盍行矣乎? 逢随即止,遇洪即住。""以宝历二年秋抵随州,睹一山岿然,问于逆旅主人曰:此为何山? 答曰:大洪山。大师惕然思老父语,则延缘而入。""大师探幽履险,得山之北岩,泊然宴坐,运诚默祷。及期,雷雨大作,雨既沾足而止。[张]武陵访求大师于岩中,大师时犹在定,蛛丝幂面,附耳而号,捱体而告,久之方觉,武陵遂施以其山为建精舍。大和九年五月二十九日,大师密语于龙神曰:吾前许以身代牲,辍汝血食,今舍身饷汝,可享吾肉,即引刀断左右足,白液滂流,俨然入灭。双足留镇山门,肉色久而不变,四众哀慕,称之曰佛足。有司以闻于朝,赐号慈忍大师,所居精舍,赐名幽济禅院。后以祷祈屡有奇验,累加大师号曰灵济慈忍。其佐神十有二,封爵自王,而公而侯,等差不同,皆天下知名之神,威灵烜赫,被于四方,此随之洪山也。"[2]

不过,根据更早的说法:"大洪山"本名"大湖山","尊者"又号"慈悲卢",而其香火地"灵峰寺"本名"奇峰寺"。赵彦卫《云麓漫抄》卷12:"随州大洪山,本名大湖,介于随、郢之间。其山高峻,上有三峰,中有积水,实为龙渊。云昔有二龙斗,穿崖而出,水遂涸,落石尚存山下,

---

〔1〕《四部丛刊初编》,景印元刊本,页19上、下。
〔2〕《四部丛刊初编》,景印元刊本,页10下,页11上、下。

今曰落湖。""唐有僧自五台来,遇异人云:遇湖即止。僧至,问地名,遂止。适逢大旱,乡人皆屠牛祈雨,僧为祈檜,成丰岁,遂入山,断足祭龙以谢。乡人张素敬之,父、子俱入山,与之俱逝。节帅以闻,僧赐号灵济菩萨,二张封将军。"[1]祝穆《方舆胜览》卷32:"大洪山,在[随]州西南隅。乃慈悲卢尊者道场。旧为奇峰寺,今为保寿院。山崛起一方,巉然云间,四面斗险。其绝顶峰峦崖石中有大湖,常见云气在下。"[2]欧阳修《欧阳文忠集》卷27《尚书都官员外郎欧阳公墓志铭》亦《欧阳晔墓志铭》:"初为随州推官,治狱之难决者三十六。大洪山奇峰寺聚僧数百人,转运使疑其积物多,而僧为奸利,命公往籍之。僧以白金千两馈公,公(欧阳晔)笑曰:吾安用此? 然汝能听我言乎? 今岁大凶,汝一有人字一有官为出入四字,有积谷六七万石,能尽以输官而赈民,则吾不籍汝。僧喜曰:诺。饥民赖以全活。"[3]

　　"将军"之谓,也由来已久,出自称号"惠照"或"慧照"的"禅师"。洪迈《夷坚志》卷丁七《三将军》:"浮梁西乡岗为原有新安寺,僧惠照者,辞其师海印,往江、湘间行脚。至随州大洪山,留数岁。干道六年,还乡,持石刻数本,遗院主允机。其一纸,乃三将军画像。机志于求利,于是,呼木工雕三神形模,一切与碑相类。旋辟一堂供事,且将施丹青藻绘,为化缘之资,未能办其费。近村民刘九之妻,病足挛已久,几不能移步。夜梦一伟人来,自顶至踵纯白,谓之曰:知汝有患,若能致力于我,当相为治之。妻寤,以告厥夫,疑为妖异,即同诣寺,欲邀僧诵经以伸禳。却因过新堂,见三像,指其一曰:此正入梦者,通身皆肖,得非有庄严之意乎? 立取钱十千付寺,以助设色,而不言所见。不旬日,妻忽舍杖起行;又旬余,妥贴如无疾者。复造神前,焚香瞻拜。僧问其故,始以语之。其事喧传,闻者竞有所施。允机精于医,能切三年脉,知人死生。此事经营,皆机得酬谢衣钵所致,今亡矣。"[4]张守《毗陵集》卷10《雪峰慧照禅师语录序》:"慧照预禅师,提如来密印,坐大洪山孤峰顶

　　[1]《唐宋史料笔记丛刊》,傅根清点校本,中华书局1996年版,页220。
　　[2]《中国古代地理总志丛刊》,施和金点校本,中华书局2003年版,页582。
　　[3]《四部丛刊初编》,景印元刊本,页5下。
　　[4]中华书局何卓点校本,1981年版,页1021,页1022。

上,转大法轮,文字性离,言语道断,超佛越祖,心如太虚,至于随缘应机,接引调伏。如太医王,对病与药,金毛哮吼,百兽皆瘖。"[1]

"大洪山"寺之始为禅,也有文字可稽。《五灯会元》卷14《投子青禅师法嗣》:"丞相韩公缜请开法于西京少林,未几,大洪革律为禅,诏师(报恩禅师)居之。上堂五五二十五,案山雷主山雨,明眼衲僧,莫教错举。"[2]而其香火分派,除在治今随州市的"随州"者外,尚有在治今武汉市武昌的"鄂州"和在治今许昌市的"许州"者。《金华先生集》卷12《武昌大洪山崇宁万寿寺记》:"京湖制置使孟公珙,随人也,与都统张公顺谋迁其众适于乐郊,乃度地于兹山,请云庵兴自随州捧佛足及累朝所被告敕,徙寺额侨置焉,仍奏请赐今名曰崇宁万寿,俾兴为之开山,此则鄂之洪山也。""世祖皇帝在潜邸,帅师南伐,驻跸鄂之元兴寺,遥见兹山之顶有神人立于云端,询知为大师化迹所寓,深加敬异。暨班师,寔因函佛足,扈从至京师,特命安置于秘宇而严奉之。上既正位宸极,有旨遣使,偕寔护送还山。道出许州,佛足重莫能举,使者归奏,诏即其地建寺,此又许之洪山也。"[3]而瑞州以女尼主持,很可能与向"尊者"求子也亟灵验有关。袁燮《絜斋集》卷16《叔父承议郎、通判常德府行状》亦《袁章行状》:"考讳坰,以公升朝,累赠朝奉郎。妣安人林氏,仓部守,随朝奉祈子于大洪山之神,梦与二子。是岁,生某之先君。明年,从仓部官京师,而公(袁章)生焉。"[4]

21.3

"张闾"的官衔,当是"行御史台中丞"。《至正金陵新志》卷6下《官守志·题名》:"行御史台中丞":"张闾,中奉,至元三十一年上。字兰奚,中奉,大德五年上。"[5]非常有意思的是:这位"行台"大吏,不

---

[1] 文渊阁《四库全书》本,页8下。

[2] 文渊阁《四库全书》本,页43下。

[3] 《四部丛刊初编》,景印元刊本,页10下,页11上。

[4] 文渊阁《四库全书》本,页12下,页13上。

[5] 《中国方志丛书》,影印原刊本,台北,成文出版社,页1820上。

久,即成了"行宣政院"的大吏。其热衷于寺院的修建或僧人作品的出版,甚至在稍晚升任"中书省"大吏以后,依然如此。邓文原《巴西集》卷上《重建崇宁万寿接待禅寺记》:"圣元崇信佛乘,设官分理,乃立行宣政院于杭[州路]。今中书平章政事张闾公,寔领院事。锄奸剔蠹,秕政具修。凡招提之颓敝不葺者,悉更其旧。因询诸宿德:孰能继久上人之志者?则皆曰:兼受师,名正传,早登法会,植清净因,宜被兹选。公礼致弥敦,而师固辞弗获,命乃即席,时大德九年八月也。"[1]程巨夫《雪楼先生集》卷13《虎林山大明庆寺重建佛殿记》、卷15《李雪庵诗序》:"乃鬻私田之在越者,率先走白行宣政院使张闾公,公亦发帑倡之。于是,效材荐货者,复四面而至。岁丙午(大德十年),正殿成,基隆于初,构加于时,俯仰陟降,改观动色。""平章政事张闾公、右丞曹公、参政李公,得本(头陀溥光所作诗集)于十二代宗师焦空庵,将刻诸梓,而俾予序之。延祐二年夏六月既望,广平程某序。"[2]

"张闾"亦"张驴"任职的具体时间,大德十年闰正月,中书左丞;至大四年四月,江浙行省平章;皇庆元年五月,中书省平章;延祐二年三月,江浙行省平章。《元史》卷21《成宗纪》、卷24、卷25《仁宗纪》:"大德十年闰正月,以前中书平章政事铁哥、江浙行省平章阇里、河南行省平章阿散,并为中书平章政事;行宣政院使张闾、四川行省左丞杜思敬,并为中书左丞;参议中书省事刘源为参知政事";"至大四年四月,以太子少保张驴为江浙平章,戒之曰:以汝先朝旧人,故命汝往。民为邦本,无民,何以为国?汝其上体朕心,下爱斯民";"皇庆元年五月,五月丙申朔,以中书平章政事合散为中书左丞相,江浙行省平章张驴为中书平章政事";"延祐二年三月,以中书平章张驴为江浙行省平章政事"。[3]此后,其被劾罢官。虞集《道园学古录》卷16《御史中丞杨襄愍公神道碑》亦《杨朵儿只神道碑铭》:"中书平章政事张闾以妻病,谒告归江南,据河渡地,夺民力。公以失大臣体劾之,张闾罢。"[4]不过,也有追记的

〔1〕《北京图书馆古籍珍本丛刊》,影印清钞本,书目文献出版社,页762下。
〔2〕《元代珍本文集汇刊》,影印洪武刊本,国立中央图书馆,页510,页595。
〔3〕中华书局标点本,1978年版,页468,页541,页552,页568。
〔4〕《四部丛刊初编》,景印景泰翻元刊本,页4下。

文字,说其被劾盖为"诬陷"所致。王逢《梧溪集》卷 4《题黄大痴山水》:"[黄]公望,字子久,杭人。尝掾中台察院,会张闾平章被诬,累之,得不死,遂入道云。"[1]

"大护国仁王寺瞻八大师"之"瞻"字,当为"胆公师父"之"胆"字之误。释念常《历代佛祖通载》卷 22《胆巴传》:"大德七年,胆巴金刚上师殁。师名功嘉葛剌思,此云普喜名闻,又名胆巴,此云微妙。西番突甘斯旦麻人。""甲午(至元三十一年)四月,成宗皇帝践祚,遣使召师。师至,庆贺毕,奏曰:昔成吉思皇帝有国之日,疆土未广,尚不征僧、道税粮。今日四海混同,万邦入贡,岂因微利而弃成规?倘蠲其赋,则身安志专,庶可勤修报国。上曰:师与丞相完泽商议,奏曰:此谋出于中书省官,自非圣裁,他议何益?上良久曰:明日月旦,就大安阁释迦舍利像前修设好事,师宜早至。翌日,师登内阁,次帝师坐,令必阇赤朗宣敕旨,顾问师曰:今已免和上税粮,心欢喜否?师起谢曰:天下僧人,咸沾圣泽。元贞乙未(元年)四月,奉诏住大护国仁王寺,敕太府具驾前仪仗,百官护送。寺乃昭睿顺圣皇后所建,其严好,若天宫、内苑,移下人间。""敕大都留守率承应伎乐迎舍利,归葬仁王寺之庆安塔焉。世寿七十有四,僧腊六十二。"[2]姚燧《牧庵集》卷 9《储宫赐龙兴寺永业田记》:"元贞始元端月八日午时,储皇(仁宗)犹未出阁,金刚上师丹巴(胆八)开长生讲,修番、汉二疏,领讲主明公、住公、僧判迭凡巴,求主寺等之功德。"[3]

这位上师,素以传授密宗法乘著名。《雪楼先生集》卷 20《邠州大开元寺喜和尚塔铭》亦《法喜塔铭》:"师名法喜,王姓,邠之新平人。父选,母宁。七岁,随亲入佛庐,即乐而忘返。稍长,愿从浮屠学,当州洪福寺讲主性公法行高峻,遂从受戒具。十八,游大梁,事孝严温公。温公门徒千数,师出其右,居五岁,竟代温主讲席。已而去之五台山,入关,道益著,所至升座讲说,人见有异气熊熊绕身,归者日众。又慨然叹

〔1〕《北京图书馆古籍珍本丛刊》,影印景泰刊本,书目文献出版社,页 502 上。
〔2〕《北京图书馆古籍珍本丛刊》,影印至正刊本,书目文献出版社,页 457 上,页 458 下,页 459 下。
〔3〕《四部丛刊初编》,景印《武英殿聚珍》本,页 18 下。

曰:佛{决}[法]非显不传,非秘不尊。诣京师,谒大金刚上师胆八,一见,授以秘乘。成宗即位,赐号圆融洪辨大师,主当州洪福寺。"[1]《金华先生集》卷41《上天竺湛堂法师塔铭》亦《姓澄塔铭》:"师讳姓澄,因其字以为号,曰湛堂。家本越之会稽,故又以越溪为别号。""天台国清寺,实智者大师行道之所,或据而有之,且易教为禅,师不远数千里走京师,具建置之颠末,白于宣政院,卒复其旧。以秘密教不传于东土,因禀戒法于胆巴上师,既入其室,而受觉海圆明之号。又从哈尊上师(赵曰丝)传修习法门,而究其宗旨。元贞乙未,入觐于上京,赐食禁中,复以国清为言,宣政院为奏请降玺书加护,命弘公主之。辨正宗绪,扶植教基,使来者永有依庇,师之力也。"[2]

21.4

胆八亦胆巴所住"大护国仁王寺",正是有元的皇家大丛林。《元史》卷7、卷8、卷10《世祖纪》、卷20《成宗纪》:"至元七年十二月,建大护国仁王寺于高良河";"十一年三月,建大护国仁王寺成";"十六年八月,置大护国仁王寺总管府";"大德五年正月,奉安昭睿顺圣皇后御容于护国仁王寺"[3]《雪楼先生集》卷9《大护国仁王寺恒产之碑》、卷29《白鹤歌,并序》:"初,至元七年秋,昭睿顺圣皇后于都城西高良河之滨,大建佛寺,而祝釐焉。肇基发迹,天人之应,神物之感,云臻雾集,昭烂赫奕,三年而成。时裕宗在东宫,襄善赞美,所以奉慈闱、尊梵王、弘法海之盛心,无所不用其极。以佛法不徒行,必依于人,人不可以无食,中宫乃斥妆奁、营产业以丰殖之。已而效地献利者,随方而至,物众事繁,建总管府,统于内,置提举司、提领所,分治于外。""已而为昭睿顺圣皇后所知,擢为大护国仁王寺总管。寺之役方兴,高深大小之宜,君(李明之)实度之;梓匠工役之勤,君实董之;簿书之期会、钱谷之出纳,一无私焉。迄致重门复殿,金碧交辉,巍巍煌煌,为京师诸宝坊冠冕。"

---

〔1〕《元代珍本文集汇刊》,影印洪武刊本,国立中央图书馆,页779。

〔2〕《四部丛刊初编》,景印元刊本,页6下,页7上。

〔3〕中华书局标点本,1976年版,页132,页154,页215,页433。

·欧·亚·历·史·文·化·文·库·

"皇庆二年夏,余被旨撰碑文,至寺,与雪庵宗师(溥光)偕来,徜徉观览,绿阴郁然。师指庭中乔松巨柏曰:此李君(明之)手植也。"〔1〕

"昭睿顺圣皇后",盖元世祖的皇后、真金太子的母亲。虞集《道园类稿》卷40《贾忠隐公神道碑铭》亦《贾秃坚里不花神道碑铭》:"[贾秃坚里不花]王大父以甲申之岁,自大兴谒太祖皇帝于龙漠,太祖方有志于天下,从问全燕之形势、阨塞、户口、兵实、攻取之计,论辨明敏,俾在宿卫治饔事,赐名昔刺,命其氏族视蒙古人。从睿宗皇帝于和林,迎昭睿顺圣皇后于雍吉刺之地。"〔2〕《元史》卷114《后妃传》、卷115《裕宗传》:"世祖昭睿顺圣皇后,名察必,弘吉刺氏。济宁忠武王按陈女也。生裕宗。中统初,立为皇后。至元十年三月,授册宝,上尊号贞懿昭圣顺天睿文光应皇后。""后性明敏,达于事机。国家初政,左右匡正,当时与有力焉。十八年二月,崩。三十一年,成宗即位。五月,追谥昭睿顺圣皇后。""裕宗文惠明孝皇帝,讳真金,世祖嫡子也。母昭睿顺圣皇后,弘吉烈氏。""至元十八年二月,昭睿顺圣皇后崩,太子自猎所奔赴,勺饮不入口者终日,设庐帐居之。"〔3〕既然察必崩于至元十八年,那么,所称元贞二年后"皇太后、妃子皆怜之,赐衣与食,又降懿旨,以其寺充位下焚修道场,度弟子出入宫掖"之"皇太后",当然不可能是这位"仁王寺"的创建者本人;更何况成宗为世祖之孙,世祖皇后该作"太皇太后"才是。

《松雪斋集》卷外《大普庆寺碑铭·奉敕撰》:"至元廿二年,裕宗陟方;未几,顺宗昭圣衍孝皇帝亦遽宾天。三十一年,世祖登遐。当是时,徽仁裕圣皇后不动声色,召成庙于抚军万里之外,授是神器,易天下岌岌者为泰山之安。""四年,裕圣上仙,皇上(仁宗)追思罔极。"〔4〕《元史》卷116《后妃传》:"裕宗徽圣皇后,[名]伯蓝也怯赤,一名阔阔真,弘吉刺氏,生顺宗、成宗。""世祖崩,成宗至上都,诸王毕会。先是,御史中丞崔彧得玉玺于木华黎国王曾孙世德家,其文曰:受命于天,既受

〔1〕《元代珍本文集汇刊》,影印洪武刊本,国立中央图书馆,页368,页1115。

〔2〕《元人文集珍本丛刊》,影印明初翻印至正刊本,新文丰出版社,页234下,页235上。

〔3〕中华书局标点本,1976年版,页2871,页2972。

〔4〕《四部丛刊初编》,景印元刊本,页11下,页12上。

永昌。上之于后;至是,后手授成宗。即皇帝位,尊后为皇太后。""命设官属,置徽政院。""大德四年二月,崩,祔葬先陵,谥曰裕圣皇后,升祔裕宗庙。至大三年十月,又追尊谥曰徽仁裕圣皇后。"[1]而"徽政院"所属,即有关于"仁王寺"的官府。陶宗仪《南村辍耕录》卷21《公宇》:"徽政院:宫正司,掌谒司,掌医署,掌膳署,内宰司,备用库,藏珍库,掌仪署,文成库,供须库,仪从库,卫候司,右都威卫使司,左都威卫使司,延庆司,随路诸色人匠都总管府,玛瑙玉局,大都等路诸色民匠提举司,织染杂造人匠总管府,绫锦局,织染局,文绮局,诸路怯怜口民匠都总管府,大护国仁王寺财用规运都总管府。"[2]

《雪楼先生集》卷9《大护国仁王寺恒产之碑》:"至大元年,皇太后翼扶明圣,慨然思述祖宗之德,念昭睿顺圣经始之仁,罢[大护国仁王寺昭应规运]总管府,建会福院,以平章政事、宣政院使安普、忽马儿、不花为会福院使,综核名实,遣官分道约部使者,集郡县吏,申画疆场,树识封畛。历四载,始仍旧贯,视常岁之入,相倍蓰焉。"[3]《永乐大典》卷19420引《经世大典》:"皇庆二年十一月,江浙省咨:会福院为玉山普安寺、大护国仁王寺阙少供具,本院官安普就杭州给价,令两浙都运朵儿只置买。奏启圣旨、皇太后懿旨,令江浙行省应付站船递运。会福院径咨本省,及朵儿只呈,索递运船三十只。本省照拟:为会福院不经都省,径直行移,于例未应。若候移文咨会,缘奉上命成造物件、应副船只事意,会福院差官守候起运。除下杭州路会计物数应副外,其事干系站赤通例,又有续起船数。移咨照详回示。都省照得:皇庆二年九月三日奏准圣旨:但是干碍省都公事,毋得径直移文各处。今普安等寺供具什物,既奉上命成造,起运赴都,别难议拟。所据会福院不经省部,径咨行省应付站船一节,若便取问,却系奏准已前事理。下兵部就行会福院照会施行。"[4]所称"皇太后",又当是武宗、仁宗的母亲答己。

---

[1]中华书局标点本,1976年版,页2898,页2899。
[2]《元明史料笔记丛刊》句逗本,中华书局,页259。
[3]《元代珍本文集汇刊》,影印洪武刊本,国立中央图书馆,页368,页369。
[4]中华书局影印原刊本,1969年版,页7230上。

21.5

毫无疑问:无论是赵孟頫所作《瑞州路北乾明寺记》,还是任士林所作的《瑞州路妙高峰北乾明尼寺记》,对于元代佛教的研究来说,都有非同寻常的意义。正是由于两者的互相参照,才为后人提供了一件脉络颇为清晰的"往事":经过师徒数代的努力,将前朝的"僧祠"转作很有规模的尼寺,却缘负责地方佛教事务官员的困扰,不得不先后前往建康、大都寻求帮助。通过热衷于恢宏佛教的行台中丞张间、"金刚上师"胆八的绍介,有幸得到了皇太后阔阔真以及某妃子的垂怜,最终成了无所钳制的位下道场。这后者,应该就是那位后来的"皇太后"、亦真金儿子答剌麻八剌的媳妇答己。《元史》卷116《后妃传》:"顺宗昭献元圣皇后,名答{巳}[己],弘吉剌氏,按陈孙浑都帖木儿之女。裕宗居燕邸及潮河,顺宗俱在侍,稍长,世祖赐女侍郭氏,后乃纳后为妃,生武宗及仁宗。大德九年,成宗不豫,卜鲁罕皇后秉政,遣仁宗母子出居怀州。十年十二月,后至怀州。十一年正月,成宗崩。时武宗总兵北边,{左}[右]丞相答剌罕哈剌哈孙阴遣使报仁宗,与后奔还京师。后与仁宗入内哭,复出居旧邸,朝夕入奠。即遣使迎武宗还,以五月即位。""武宗既立,即日尊太后为皇太后。"[1]正是她的作用,一度抬高了"大护国仁王寺"相关衙门的地位。

"金刚上师"驻锡的"大护国仁王寺",与原为南宋故土的"江南"地区,"本来"就有着非比寻常的瓜葛,那就是"财赋"关系。而数量之伙,令人惊讶。《雪楼先生集》卷9《大护国仁王寺恒产之碑》:"凡径隶本院,若大都等处者,得水地二万八千六百六十三顷五十一亩有奇,陆地三万四千四百一十四顷二十三亩有奇,山林、河泊、湖渡、陂塘、柴苇、鱼竹等场二十九,玉石、银、铁、铜、盐、硝碱、白土、煤炭之地十有五,栗为株万九千六十一,酒馆一。隶河间、襄阳、江淮等处提举司、提领所者,得水地万三千六百五十一顷,陆地二万九千八百五顷六十八亩有

---

[1]中华书局标点本,1976年版,页2900,页2901。

奇,江淮酒馆百有四十,湖泊、津渡六十有一,税务、闸坝各一。内外人户总三万七千五十九,实赋役者万七千九百八十八。殿宇为间百七十五,棂星门十,房舍为间二千六十五,牛具六百二十八,江淮牛之隶官者百三十有三。"[1]除外,较之和尚,"女人"之修行存身更属不易,这或许就是她们得到诸如张间、胆八等"男人"援手的原因。《松乡集》卷1《瑞州路妙高峰北乾明尼寺记》:"夫尼之为道,苟非志夺而容寂,积久而守坚,其何能淑慎其身,以成光远之业,而大人君子,又乐为振之如是耶?此予言之不得辞也,书以为记。"[2]

既为寺院,却受到负责官员的困扰,应该自有其中的原因。说来,当北、南宋末年,由于地形的促成,北乾明寺香火所由移植之源的随州"洪山",曾经是地方军民抵抗女真与蒙古的重要据点。《毗陵集》卷10《雪峰慧照禅师语录序》:"建炎以来,襄、汉莽为盗区,赤地千里,大洪屹然其间,豺虎环视垂涎,而不敢犯。道俗依师,获免者殆数千万人,夫岂偶然也哉?"[3]《云麓漫抄》卷12:"建炎、绍兴初,随陷于贼,而山中能自保,有带甲僧千数。事定,皆命以官。汪彦章集有补大洪山监寺、承信郎告,自后多说神恠,以桀黠者四出,号端公。诳取施利,每及万缗,死则塑作将军,立于殿寺,循山而上,壁立在云霄中,地窄,依岩为层楼,云雾所蒸,屋易坏,且无水蓄,四檐屋溜于池以饮。"[4]魏了翁《鹤山集》卷29《奏措置京湖诸郡》:"自去年鞑屡攻围,知[随]州张龟寿、通判赵汝然及大洪山守把张顺与寄居刘显德,极力鏖战,卒全一城。今兹孤垒,正当贼冲,凛凛不能自保。或谓官民兵在城内者约二十万,而散在四郊者,不计其数。切虑不早应援,随或不守,将来愈费经理。遂差承信郎李邦彦押京会二十万普例支犒外,更发银一万两、京会十万贯等第特犒。"[5]"以故挠之,若不朝夕"之"故",会不会是此呢?

"大洪山"佛教门派盖"禅",尚有更多的证明。程俱《北山集》卷

〔1〕《元代珍本文集汇刊》,影印洪武刊本,国立中央图书馆,页369。
〔2〕文渊阁《四库全书》本,页21上、下。
〔3〕文渊阁《四库全书》本,页8下。
〔4〕《唐宋史料笔记丛刊》,傅根清点校本,中华书局1996年版,页220。
〔5〕《宋集珍本丛刊》,影印嘉靖刊本,线装书局,页54上。

32《宋故焦山长老普证大师塔铭》："师名法成,秀州嘉兴县人,姓潘氏。""最后至随州大洪山,时芙蓉道楷禅师道誉闻天下,师亲炙累月,根尘迥脱,大用现前,如朗月空,了无证取。于是,命师唱导西堂衲子,接迹楷公。他日,叹曰:会禅者多,悟道者少。吾宗不坠,是子亲得矣。会芙蓉师住持净因,师从以来,助扬佛化,如大洪时。"[1]罗愿《罗鄂州集》卷6《宗白头嗣宗传》:"宗白头者,名嗣宗,歙县陈氏。受业水西寺,试经得度。年二十,游方参径山睿,深见器重,去即龙门,还道林,劝江、浙、庐、皖、荆、楚、湘、汉之间。凡庵居屏处、禅林所称者,辄造而问之。闻洞下有觉首座在大洪山,宗寿长七龄,僧先一夏,服训累年,殆忘寝寐。觉尝问:皓月当空时如何?宗云:正是恁么时节。反复酬答,忽有省。后从觉于泗州普照,觉去,遂代之,时建炎初也。开堂云喝井庵畔,以真似伪,断足岩前,乃精乃粹,遂为觉拈一瓣,以酬法乳。诸方乃知洞下一宗,复有人矣。"[2]陆游《渭南集》卷22《大洪禅师赞》:"发长无心剃,衣破无心补。大洪山上有贼,大洪山下有虎。非但白刃杀尽儿孙,更能一口吞却佛祖。"[3]

---

〔1〕《宋集珍本丛刊》影印清钞本,线装书局,页582下,页583上。

〔2〕《宋集珍本丛刊》影印清钞本,线装书局,页752上、下。

〔3〕《宋集珍本丛刊》影印清钞本,线装书局,页205上、下。

22 汾关遗胤

——元大司徒陈萍的家世与事迹

本文以刘赓《陈氏世德碑铭》、黄溍《陈萍神道碑铭》、苏伯衡《陈达墓表》以及王祎《江爰行述》等所载，勾勒出有元"大司徒"陈萍的家世及其颇有"传奇"余味的一生：身为南宋"相臣"宜中之侄、"烈士"自中之子，身陷俘囚，却由出家为僧，遭际"帝师"；又缘给事侍从，得近"裕宗"；再因建立战功，自宣慰使升至兼任宣政、延庆、会福三院使的正一品官员。令人不免惊讶，却由曾经"剃度"的确凿文字，可以断定这位"法号"作"辇真加剌思"、也曾娶妻生子的"南人"，竟然也是"西番"教界中人。至于擅长书法的其子达，也曾如"伯祖"一样，于旧朝绝祚前弹劾过蠹害纲纪的奸佞，而于新朝开创后"却药不御而卒"。

22.1

《万历兰溪县志》卷6："元大司徒陈公故府，初居桃坞，后徙赤溪"，"大司徒陈萍墓，在甘棠乡青山"。暨，"侍讲学士陈达墓，在甘棠乡闻村"[1]。见在婺州路兰溪州之"大司徒陈萍"墓园，成于其"薨"后"二十六年"的至正十一年；迁葬者，正是其"嗣子"达。黄溍《金华先生集》卷27《银青荣禄大夫、大司徒陈公神道碑［铭］》亦《陈萍神道碑铭》："泰定二年六月十八日，银青荣禄大夫、大司徒陈公（萍）薨于京师阜财坊寓舍，权厝于城西之某所。公嗣子达，甫三岁，留婺之兰溪故居。后二十有六年，是为至正十一年，达始克返柩，卜某月某日，襄大事于兰

---

[1]《中国方志丛书》，影印康熙补刊本，新文丰出版社，页544，页549。

欧·亚·历·史·文·化·文·库·

溪某乡某山之原,爰以状授潜,俾勒铭神道之碑。按状:公讳萍,姓陈氏。"[1]"侍讲学士陈达"墓园,则成于其"卒"后"七年"的洪武十五年。苏伯衡《苏平仲文集》卷13《故元翰林侍讲学士陈公墓表》亦《陈达墓表》:"王师克温,公(陈达)自沉渊,军士出之,引佩刀自裁,军士夺之,乃断发示无用,犹安置濠州。后遇赦,任便居住,乃还兰溪,病风痹且三年矣,闻有荐之于朝者,遂却药不御而卒。公生以元之至治壬戌(二年)七月一日,卒以洪武乙卯(八年)十月六日,葬兰溪县甘棠乡门村原,以壬戌十月二十日。"[2]

陈萍,乃南宋德祐朝右丞相兼枢密使宜中之侄、大都督府行军司马自中之子。《金华先生集》卷27《陈萍神道碑铭》:"公曾祖讳景彦,晦德弗耀。祖讳春,倜傥好施,喜周人之急,刻意教子,期于有成。考司马府君,讳自中,娶于兰溪杨氏,因以家焉。宋季,与伯兄右丞相兼枢密使宜中俱以进士起家。德祐元年,丞相当国,我朝伐宋之师逼临安,邀丞相出降,竟不出,而奉益王、广王南迁。及至海上,知天命已去,乃浮海之占城、之暹而没。府君以大都督府行军司马提兵拒守分水(汾水)关,与大军相持十余日,食尽援绝,军帅欲降之,不从,朝服南向,再拜而死。"[3]《苏平仲文集》卷13《陈达墓表》:"公姓陈氏,讳达,字符达,温之永嘉人。家娶之兰溪,自司马始。高祖彦,宋累赠少傅,元赠中奉大夫、秘书卿、护军,追封永嘉郡侯,谥安{忠}[惠]。曾祖永春,宋累赠少师,元赠集贤学士、资德大夫、上护军,追封永嘉郡侯,谥恭禧。祖自中,即司马,元赠银青光禄大夫、大司徒、上柱国,追封温国公,谥康顺。考讳萍,元银青光禄大夫、大司徒、宣政院使,兼延庆院使,领吐蕃宣慰使。高祖妣王氏,曾祖妣杨氏,并封永嘉郡夫人。祖妣杨氏,封温国太夫人。"[4]

关于陈萍曾祖父景彦、祖父春、伯父宜中、父自中,尚有别种记载。《乾隆温州府志》卷28刘麟《永嘉陈氏世德碑》亦《陈氏世德碑铭》:

〔1〕《四部丛刊初编》,景印元刊本,页16上。
〔2〕《四部丛刊初编》,景印正统刊本,页18下。
〔3〕《四部丛刊初编》,景印元刊本,页16上、下。
〔4〕《四部丛刊初编》,景印正统刊本,页17下。

"距永嘉县不十里,有泉曰虎跑,陈氏坟刹所在,故世为温州人。安惠公讳景彦,幼颖悟,知读书,一目数行俱下,名重缙绅间,问遗殆无虚日,里社沉浮,未尝一入城府,居隐以终。恭僖公讳春,资质直,殊不乐进取,有乃父风,人或劝之仕,则应曰:卿自用卿法,吾将行吾志耳,遗子孙以安,不亦可乎?卒,葬先茔之侧。康顺公讳自中,宋丞相宜中之母弟,博学高才,动为有用之学,顷刻数百言,下笔皆有理致。由郡司马擢太常寺丞,会王师渡江而罢。宋宝祐岁丙辰,宜中住太学,率同舍生上书言丁大全,削籍安置。大全败,即召还,面赐廷对。宜中素有公辅之望,咸淳末,以知枢密院拜左丞相。其上世以宜中贵,官号、封爵,极其褒崇。宋亡,拥二王泛海,达广州,知力不能支,捥柂由占城之暹逻国,竟死于难。世皇闻其名,遣使旁求,不获乃已。康顺公亦以丙子岁薨,实至元十三年也。"[1] 王祎《王忠文集》卷22《江夫人行述》亦《江爱行述》:"初,国兵南伐,通政府君之父自中,为宋大都督府行军司马,提兵拒守汾水关,执节以死。伯父宜中,为宋右丞相兼枢密使,悼宗社之沦覆,弃官浮海去不返。"[2]

陈萍弟、兄三人,排行第二。《金华先生集》卷27《陈萍神道碑铭》:"五子,存者三人,皆育于外家杨氏,公(萍)其仲也。世祖皇帝以丞相(陈宜中)不降而去,遣使追之不及,命物色其子弟在江南者,外氏遂以公兄、弟归于京师。"[3] 自中的别二子:陈芹,陈葭。《王忠文集》卷22《江爱行述》:"通政府君(陈芹)与其兄葭、弟萍俱幼,育于外家婆之兰溪杨氏,世祖皇帝既取宋,命物色丞相子弟之留江南者,杨氏乃以通政府君兄、弟归于京师。葭先卒,萍浸长,赐名辇真吃剌思,事成宗为荣禄大夫、宣政使。武宗尤眷遇之,特拜银青光禄大夫大、司徒,仍以宣政使兼延庆使,佩三珠虎符,领土蕃宣慰使。"[4] 葭当是萍之弟,这样,萍才有可能"其仲也"。《乾隆温州府志》卷28《陈氏世德碑铭》:"太夫人举家被俘,仓猝失所在,宣政公(陈萍)甫十岁,同其弟薰孙至京师,

〔1〕《中国方志丛书》,影印民国补原刊本,新文丰出版有限公司,页2431,页2432
〔2〕《北京图书馆古籍珍本丛刊》,影印嘉靖刊本,书目文献出版社,页395下,页396上。
〔3〕《四部丛刊初编》,景印元刊本,页16下。
〔4〕《四部丛刊初编》,景印元刊本,页396上。

近侍以闻。及入见,世皇爱其骨相异于常童,有诏给事裕皇,且命抚养之。风云之会,实权舆于此。"[1]以下行文,又以"芹"作"芹孙";因此,"蔧孙"当即"蕝"。从"太夫人举家被俘,仓猝失所在"的语意判断:陈氏兄弟都是作为"俘虏"的身份北上的,然而又由"隶仆"转而成了"侍卫";而他们的母亲,则由分属不同的主人而"失所在"。

22.2

陈萍在元世祖在位时,先犹未"及用"。《金华先生集》卷 27《陈萍神道碑铭》:"公(陈萍)天资颖敏,髫龀之年,仪观语言,已如成人。世祖见其骨相庞厚,异于常儿,大奇之。公亦念陈氏故宰相家,不可不自树立,刻意于学,无所不通,以兼善梵学,被旨赐名辇真加剌思,俾事裕宗皇帝于东宫。于是,世祖皇帝方长驾远驭,网罗英豪,公因得与居与游,而睎日月之光华,睹风雷之迅奋,聪明益以开发,至于骑射,亦精其能。上深器其材,而未及用。"[2]"兼善梵学,被旨赐名辇真加剌思",意味着已经剃度为藏传佛教之僧。《乾隆温州府志》卷 28 刘赓《陈氏世德碑铭》:"居无何,帝师吃剌思八翰节儿为之剃度,法号辇真吃剌思,以秘密教经、律、论授之,洞若夙习,通解诸番译语,在帝师左右,一院之事,悉以主之,曷止出纳经费而已。"[3]而其兄芹、姊婵,也皆皈衣佛教。《金华先生集》卷 27《陈萍神道碑铭》:"[陈]婵孝思尤笃,自与母相失,断发誓不嫁,然指为香,十指仅存其四。"[4]《乾隆温州府志》卷 28《陈氏世德碑铭》:"芹孙(陈芹)法名谨敦翰节儿,实住持之。封赠制下,亦既焚黄矣。尚念藐尔诸孤无所肖似,母氏生还,兄、姊远至,猥登三事,不失吾家故物,率从大庆得之。匪刻之金石,则曷以侈宠光昭前人,以俟百世之下?"[5]

---

〔1〕《中国方志丛书》,影印民国补原刊本,新文丰出版社有限公司,页 2432。

〔2〕《四部丛刊初编》,景印元刊本,页 16 下、页 17 上。

〔3〕《中国方志丛书》,影印民国补原刊本,新文丰出版社有限公司,页 2432。

〔4〕《四部丛刊初编》,景印元刊本,页 18 下。

〔5〕《中国方志丛书》,影印民国补原刊本,新文丰出版社有限公司,页 2433。

陈萍寻得母亲杨氏，当在"至元十三年"的"二十年"、亦元成宗元贞二年以后。《乾隆温州府志》卷28《陈氏世德碑铭》："宣政公（陈萍）有至性，虽皈依佛乘，然默访庭闱，无所不用其极。二十年之久，孺慕益切，或传在顺州，辄以金币、名马遣之，迎侍而归。"[1]《金华先生集》卷27《陈萍神道碑铭》："初，临安既下，干戈之际，公（陈萍）与太夫人相失，莫知其所在，寻访不获，为之不御酒肉者二十年，孺慕之思，久而弥切。或传在顺州某氏之家，公奉金币及名马以请，而弗能得，闻于朝，为降旨赐泉币万缗、白金十镒，皇太后及诸王、大臣织文锦绮之属，又不下万匹，公举以遗之，遂迎侍以归。一时文人，咸为赋诗，颂美其事，朝野荣之。"[2]顺州，其实只在有元首都大都路的近处[3]；而"迎侍以归"却费如此周折。此后，又得"三代"封赠。《乾隆温州府志》卷28《陈氏世德碑铭》："延祐改元之明年冬十一月，皇帝御嘉禧殿，制赠银青荣禄大夫、大司徒、宣政使、延庆使輦真吃剌思曾大父中奉大夫、秘书监、护军，谥安惠，大父集贤大学士、荣禄大夫、上护军，谥恭僖，并追封永嘉郡公，曾祖妣王氏、祖妣杨氏并追封永嘉郡夫人，考银青荣禄大夫、大司徒、上柱国追封温国公，谥康顺，母杨氏封温国太夫人，从宣政之请也。"[4]

却缘"太夫人"杨氏思乡心切，遂由南来的陈萍之兄芹亦僧谨敦斡节儿、姊嬋亦尼净戒护送回兰溪，并建寺院以事祈祝。《金华先生集》卷27《陈萍神道碑铭》："太夫人日思乡里，公之兄芹、女兄嬋适至自南方。""至是，与芹奉安舆还兰溪，服勤孝养，克尽子道。太夫人康宁寿考，享年七十有三而终，延祐五年三月也。"[5]《乾隆温州府志》卷28《陈氏世德碑铭》："太夫人日思乡里，会其兄芹孙、女兄尼净戒至自暹国宜中虋所，就侍太夫人还兰溪，太夫人父母家也"；"至仁厚泽，思同覆帱，殚力竭诚，图报万一。乃因母夫人故业，卜于兰溪州创起佛寺，极

---

〔1〕《中国方志丛书》，影印民国补原刊本，新文丰出版社有限公司，页2432。

〔2〕《四部丛刊初编》，景印元刊本，页18上、下。

〔3〕《元文类》卷29元明善《顺州仪门记》，《四部丛刊初编》景印至正刊本，页4下："温榆水之阳，有古城焉，曰顺，以州隶大都路。地沃而民淳；自国家罢兵，百年涵濡抚育，生殖日敏，蔚为饶郡。"

〔4〕《中国方志丛书》，影印民国补原刊本，新文丰出版社有限公司，页2431。

〔5〕《四部丛刊初编》，景印元刊本，页18下。

土木之丽,上为国家祈天永命、僧众祝严之所,仍置帝师像于别殿。复以大德、至大诏书同赐杭、温、衢、婺、兰溪没入田宅资货,悉施本寺为常住"。[1] 不久,陈芹染病身亡,而其妻江氏因而出家为尼。《王忠文集》卷22《江爱行述》:"夫人姓江氏,讳爱,世居于燕,谱牒坠轶,序系莫详。年十有七,归温之永嘉陈氏";"初,通政府君(陈芹)与司徒(萍)同侍上左右,俱被恩宠,犹未及仕,奉诏至兰溪,追复故业,而不幸遽以疾卒";"平居留意于梵典,日诵金刚诸经,既嫠居,以靡他自誓,因断发为比丘尼,事闻,宫掖赐名净行,俾祝厘内祠,岁给衣粮及侍从者五人"。[2]

陈芹、嫜兄、妹之"至自暹国宜中薨所",表明他们曾经前往海外探访已故的伯父。而宜中于宋末的足迹,自今东莞市西南之"秀山"西行,经今吴川市西南之"特呈山",前往"占城",后又往"暹国"。郑真《荥阳外史集》卷37《读臣僚请免不允批答诏》:"至于吴坚、谢堂,则奉使祈请,屈膝大廷矣;陈宜中,则展转无成,弃身蛮貊矣;留梦炎,则奔走京师,干求仕进矣。若夫守封疆之臣,夏贵以淮西降,黄万石以江西降,高达献江陵,赵孟传献明、越,弃君叛国,若敝屣然,节义安在哉?"[3]陈桱《通鉴续编》卷24:"景炎二年十一月,刘深攻浅湾,张世杰战不利,奉帝走秀山。陈宜中欲奉帝走占城,乃先往谕意,度事不可为,遂不还,后死于暹罗。"[4]杜臻《粤闽巡视纪略》卷2:"特呈山,在邑(吴川)南六十里。其北有茂晖场,山形秀耸海中,因名。城南河畔,有极浦亭,宋李凌云隐处。宋亡后,丞相陈宜中走占城,过此,赋诗云:颠风急雨过吴川,极浦亭前望远天。有路可通环峤外,无山堪并首阳巅。岭云起际潮初长,海月高时人未眠。异日北归须记取,平芜尽处一峰圆。"[5]《正德姑苏(苏州府)志》卷42:"陈宜中,字与权,永嘉人。少贫,入太学,有文

〔1〕《中国方志丛书》,影印民国补原刊本,新文丰出版社有限公司,页2432,页2433。
〔2〕《北京图书馆古籍珍本丛刊》,影印嘉靖刊本,书目文献出版社,页395下,页396上、下。
〔3〕文渊阁《四库全书》本,页4下。
〔4〕文渊阁《四库全书》本,页53下。
〔5〕文渊阁《四库全书》本,页3下,页4上。

誉。景定四年,为浙西提刑。德祐,拜相入海,卒于暹。"[1]

22.3

陈萍亦"辇真吃剌思"的"宦绩",主要在于"土蕃"的"平乱"。《金华先生集》卷27《陈萍神道碑铭》:"成宗皇帝以公(陈萍)先朝旧臣,尤加眷遇,日侍左右,与闻谋议。自国家统一函夏,惟土蕃最为西方强国,诸戎咸畏惮之。昔唐人与之通婚结好,而日寻干戈,未始休息。今虽臣附已久,而窃发不时,朝廷视为重地,建宣政院以统治焉。会边人告警,上欲命将出师,而难其人。询于在廷,无以易公,特拜荣禄大夫、宣政使,佩三珠虎符,领土蕃宣慰使以讨之。陛辞之日,赐以银印、金剑,使得便宜从事。公受知累朝,每思以奇伟非常之功自见,慷慨激烈,勇往直前,士气百倍,戈矛所指,氛祲肃清,歼其渠魁数十人,尽定多含思、桑思加、康撒儿之地。凯还,召对,赐上樽、袭衣,奖谕甚至。武宗皇帝临御之始,以公习于西事,命持诏抚宁边陲。初入乱境,有数千骑整众而来,公猝与之遇,亟命从骑解鞍列坐,环以重车如城郭,左右指挥,外示闲暇。敌疑有伏,惧莫敢前,有以所戴白帽揭于竿首者,公引弓一发中之,遂惊骇遁去。由是,诸部服公威名,闻公至,皆胆落不敢言叛矣。入朝,以功拜大司徒,进阶银青荣禄大夫,以宣政使兼会福院使、延庆司使,土蕃宣慰使如故,仍推恩于三代。"[2]

陈萍在莅"宣政使"前,似曾任"陇西、四川总摄"、"诸路释教都总统"、"土番等处宣慰使都元帅"。《元史》卷16、卷17《世祖纪》:"至元二十八年二月癸酉,以陇西、四川总摄辇真术纳思为诸路释教都总统";"二十九年二月庚寅,宣政院臣言:授诸路释教都总统辇真术纳思为太中大夫、土番等处宣慰使都元帅"[3]。"多含思、桑思加、康撒儿",前者即"朵甘思(Mdo khams)"、"吐蕃等路宣慰司"、"黑头人区";中者即"撒思吉",亦"乌思藏(Dbus Gtsang)"、"乌思藏纳里速古鲁孙

〔1〕《天一阁藏明代方志选刊续编》,影印原刊本,上海书店,页683。
〔2〕《四部丛刊初编》,景印元刊本,页17上、下。
〔3〕中华书局标点本,1976年版,页344,页360。

宣慰司"、"圣教法区";后者即"河州",亦"脱思马(Mdo smad)"、"吐蕃等处宣慰司"、"良骥马地区"。阿旺贡噶索南《萨迦世系史》《众生怙主法王八思巴》:"据说汗王为第一次灌顶所献的供养是十三万户,每一万户有拉德四千户、米德六千户。汗王为第二次灌顶奉献了以大白法螺为首的[法器]以及吐蕃三区之僧众及属民,据说此时把吐蕃三区算作是一个行省。此即:从上部阿里三围至索拉甲波以上为圣教法区,索拉甲波以下至黄河河曲以上为黑头人区,自黄河河曲以下至汉地白塔以上为良骥马地区";"蒙古薛禅汗统治下共有十一个行省,吐蕃三区虽不足一个行省,因为是上师之驻地及教法弘扬之区,故算作一个行省奉献"。[1]

陈萍前、后奉伺过两位"帝师",那就是为之"剃度"的"吃剌思八斡节儿"、亦"乞剌斯八斡节儿"和"相嘉思八舍利"亦"相儿加思巴"。《乾隆温州府志》卷28《陈氏世德碑铭》:"至大、延祐间,凡五降玺书,大司徒(陈萍)银章、三珠虎符,领土蕃宣慰使事,加银青荣禄大夫、宣政、延庆、会福三院使。两奉纶音,护送帝师吃剌思八斡节儿、相嘉思八舍利,建塔撒思吉城,大作佛事而还。司徒公逮事五朝、隆福、兴圣两皇太后,二帝师。"[2]他们的名号,皆得见于《元史》卷202《释老传》:"亦怜真嗣为帝师,凡六岁,至元十九年,卒。答儿麻八剌{乞列}[剌吉塔]嗣,二十三年,卒。亦摄思连真嗣,三十一年,卒。乞剌斯八斡节儿(Grags pa vod zer)嗣,成宗特造宝玉五方佛冠赐之,元贞元年,又更赐双龙盘纽白玉印,文曰大元帝师统领诸国僧尼、中兴释教之印,大德七年,卒。明年,以辇真监藏嗣,又明年,卒。{都}[相]家班嗣,皇庆二年,卒。相儿加思[巴](Sangs rgyas dpal)嗣,延祐元年,卒。二年,以公哥罗古罗思监藏班藏卜嗣,至治三年,卒。旺出儿监藏嗣,泰定二年,卒。公哥列思八冲纳思监藏卜嗣,赐玉印,降玺书谕天下,其年,卒。天历二年,以辇真吃剌失思嗣。"[3]

---

〔1〕陈庆英、高禾福、周润年中译注本,西藏人民出版社2002年版,页103。
〔2〕《中国方志丛书》,影印民国补原刊本,新文丰出版社有限公司,页2432,页2433。
〔3〕中华书局标点本,1976年版,页4518,页4519。

陈萍卒于泰定二年；早此，其于武宗朝一度"遭谮"，而于仁宗、英宗朝屡有"补救"。《金华先生集》卷27《陈萍神道碑铭》："公（陈萍）入则侍燕闲，出则陪扈从，妙选时髦，开府设属，门生故吏，多致通显，宠锡荣耀，震于一时。或以公骤贵而忌之，谮于上曰：亡国宰相之子孙，不宜置之禁近。上若曰：其父⎰势⎱〔誓〕节而死，为彼忠臣。其子岂不能忠于我乎？夫官爵以待豪杰之士，非尔所知也。仁宗皇帝以重熙累洽之余，右文兴治，元儒大老，森列乎台阁。公翱翔其间，推贤让能，多所荐引，因事论说，明谅不阿，莫不叹服焉。英宗皇帝奋干刚以御群下，大臣动遭谴责，公每从容讽谏，天颜为霁威严，所全护甚众。""公闻讣（太夫人杨氏）南奔，朝廷赙泉币万缗，给驿马四十匹，遣近臣谕旨于行省宰执及部使者护其葬，别敕词臣，为制碑铭。未几，上三遣使，赐七宝束带一、金织文段十、泉币五千缗，起公于家。公还朝，久之，俄感未疾，宣医诊视，相望于道，屡乞归，皆不允。疾增剧，始得请，出为行宣政院使，未行，而遽不起，享年五十有七。讣闻，朝论深痛惜焉。"[1]而其受封"司徒"，当在仁宗登临之初。《元史》卷24《仁宗纪》："至大四年闰七月戊申，命亦怜真乞剌思为司徒。"[2]

22.4

陈萍之子达，也是个"闻人"。《苏平仲文集》卷13《陈达墓表》："妣江氏，封温国夫人。而公（陈达），沈氏出也，三岁而孤，伯母陈留郡夫人江氏鞠育之长大。年十五，征入宿卫。二十，学书于平章康里公巙巙、待制杜公本，学诗于张贞居天雨（雨）、马教授伯诚。三十，书名与康里公上下。钦安殿成，在廷善笔札者，咸书牓上进，独用公所进者。至正壬辰（十二年），擢端本堂司经，寻转正字，又迁文学。立朝慕汲黯之为人，事无大小，言必剀切，皇太子礼貌之，不徒以其善书也。劾秃鲁帖木儿，寔丁酉冬，赖太子苦谏，得不杀，遂辞所居官。明年，遵海南归

---

〔1〕《四部丛刊初编》，景印元刊本，页17下，页18上、下。
〔2〕中华书局标点本，1976年版，页545。

永嘉,即墓下以居。从进士陈高授《尚书》《周易》,语及时事,辄流涕于邑。既而帝见乱甚,始思公,顾其兄大都留守爱穆奇问:公安在?对曰:病卧故里。即日,以征事郎、同金太常礼仪院事召,不拜,又召拜集贤直学士、亚中大夫兼太子赞善,最后,召以翰林侍讲学士、资德大夫、知制诰同修国史、同知经筵事,后两召皆有御衣、上尊之赐,而公终已不赴。其言曰:吾尝见病者,不早使医师治之,及在膏肓,始召医从事,虽扁鹊,亦走而已。今国事如此,岂臣子之所忍见?然贤如先丞相处辅弼之地,犹不能存宋于垂亡,况吾之材,职以论思,独能存元于垂亡乎?"[1]

在逗留大都的时日里,除杜本、张雨外,陈达还与同样著名的士人袁桷、黄溍都有来往。《清容居士集》卷12《睡觉东西,书灯犹明,喜勉元达,兼示瑾子》《省中议事回,元达有诗,次韵》:"两家闻见参台阁,诸老论思耸庙堂。莫畏大名辞继绍,愿超凡子脱轻扬。文章正始师先汉,格律黄初谢晚唐。师友渊源端有绪,老夫推枕起论量。""乌帽黄尘久帝城,紫薇深处得陪行。拟将直笔酬延阁,欲抱遗经进迩英。老去病多传桂酒,秋来情重忆莼羹。萧萧易水声悲壮,不尽襟期白发生。"[2]黄溍《黄文献集》卷2《送陈元达代祠补怛洛迦山》:"天下名山小白花,鲸波帖帖度仙槎。函香秘宇祈灵贶,出节宸廷振使华。殿榜旧夸韦诞笔,锦衣重过买臣家。相门乔木殊无恙,万古清风碧海涯。"[3]至于"马教授伯诚",则湖州路人马彦恂。宋褧《燕石集》卷7《马彦恂伯诚,以缮写经世大典成书,授左卫教授,须次暂还吴兴》:"几年京国养疏慵?诗似朝霞气似虹。天上书藏群玉府,日边人访水晶宫。唐朝富丽词臣盛,汉代隆平赋客工。政好清明事铅椠,重来摘藻颂无穷。"[4]陈旅《安雅堂集》卷2《送左卫教授马伯诚还湖州》:"羽林亦有通经士,论说皆从汉殿儒。喜为马融施绛帐,谁从王式赋骊驹?舟移江上星沈树,路入吴中雨满湖。我亦南还当邂逅,苕溪酒熟脍长鲈。"[5]

---

〔1〕《四部丛刊初编》,景印元刊本,页17下,页18上、下。

〔2〕《四部丛刊初编》,景印元刊本,页17下,页18上。

〔3〕文渊阁《四库全书》本,页50上。

〔4〕《北京图书馆古籍珍本丛刊》,影印清钞本,书目文献出版社,页164上。

〔5〕文渊阁《四库全书》本,页27下,页28上。

乃为康里巎巎学生的陈达,见有"工于书"之称道。《金华先生集》卷27《陈萍神道碑铭》:"娶某氏,封某夫人。子男一人,即达,工于书,今上皇帝尝命题钦安殿榜及浑天仪蹕度集、历代郊祀礼,甚被嘉奖。尝奉旨礼祠宝陀,竣事而归,锡赉尤渥,人谓陈氏有子矣。"[1]宋濂《宋文宪集》卷18《耘庵铭》:"陈翰林元达,以飞白书其(陈谦)憩止之室,曰耘庵。夫耘之为义,耨治芜秽之谓也。种而能耘,黍苗芃芃然兴矣。"[2]他的儿子"仲闻",也颇着力于兹"家传"。《苏平仲文集》卷9《临清轩记》:"仲闻(聪),故元翰林侍讲学士陈公元达(达)之仲子也。侍讲,至正间为宫僚,以善书,极为储君(爱猷识里达腊)所敬礼。储君闻其退朝日,必临真书千字草书,倍之以为常,多其能勤也,作临池二大字旌之。侍讲乃为临池轩,以侈宠赐,礼部员外郎程以文(程文)实记之。则侍讲之书,独步当时,岂偶然者?仲闻幼传家学,迩来字画蕫蕫,逼侍讲矣。侨于平阳凤山之下,治轩以游息,取名贤墨迹石刻,朝夕心慕,而手追焉,因扁曰临清轩。间来告曰:吾之书,固不敢望先人;若先人之专志,则尝见之矣。先人犹勤,而况于吾小子乎!今吾临流而学之不辍,使水之清者变而为墨,则吾书,庶可不失先人法度,此名轩之意也,愿先生(苏伯衡)为我记之。"[3]

陈萍兄芹,有子、女各一。《王忠文集》卷22《江爱行述》:"至正八年十一月,疾作。明年五月,疾革,遂以其月某日终于京师安富坊之寓舍,寿六十有三。子男一人,即爱穆柯(爱穆奇)。女一人,曰娟,亦为比丘尼,居禁院。司徒之子,曰达,幼孤,夫人(江爱)鞠之如己子,至是,同爱穆柯奉柩南还而已。又明年二月日,祔葬于兰溪某乡某原之兆。先是,夫人属疾,宫中问劳甚厚;及至葬,上命赐赙楮币为缗者五千,中宫所赐半之。""夫人所生子,曰爱穆柯,早以门功入备宿卫,受知于今[天子],由奉直大夫、大都留守司判官升朝列大夫、副留守,乃援著令,命府君(陈芹)以今阶官、勋爵(同金通政院事、颍川郡伯),而夫

[1]《四部丛刊初编》,景印元刊本,页18下,页19上。
[2]《四部备要》,校刊民国校刊本,上海中华书局,页234下。
[3]《四部丛刊初编》,景印正统刊本,页11上、下。

人从封颍川郡太君。夫人幼秀慧,能通《孝经》《论语》《孟子》诸书大义。事府君极恭谨,府君既没,治丧无违礼。抚其孤,既慈且严,每谓:陈氏故相门,不可使废学。至鬻簪珥为资,延师以教之。治家有法,亲疏无间言。"[1]陈达后人,则有子五、女三、孙二。《苏平仲文集》卷13《陈达墓表》:"娶江氏,封永嘉郡夫人。子男五:曰智,曰聪,曰常,曰定,曰丑。女三:一适永嘉鲍行,一适黄岩鲍丑,一许嫁兰溪杨球。孙男二:震,彰。今翰林吴君沉尝铭公(陈达)墓矣,而聪谓:[苏]伯衡不可无一言白公之志。"[2]

22.5

纵观前籍温州路永嘉县、后贯婺州路兰溪州的官宦之子陈萍的一生,充满着难以想象的传奇,充满着难以遏制的惊异。父亲既为前朝"烈士",儿子当然不免身陷"俘囚"。却由出家为僧,遭际"帝师";又缘给事侍从,得近"裕宗";再因建立战功,自宣慰司使升至宣政、延庆、会福三院使、司徒。而其赖以日后"飞黄腾达"的关键,乃是"习学佛法"。而这,恰好就是笃信佛教的孛儿只吉氏皇帝,曾经积极鼓励南宋幼君、太后、宫人的行为。《佛祖历代通载》卷22:"宋主以王位来归,学佛修行,帝大悦,命削发为僧宝焉";"宋主毳衣圆顶,帝命往西土,讨究大乘明,即佛理"。"宋太后削发为尼,诵经修道,帝深加敬仰,四事供养";"帝宣宋室二宫人至,皆祝发为尼。帝云:三宝中人也。命归山,学佛修行,供送衣粮"[3] 汪元量《湖山类稿》卷3《全太后为尼》:"南国旧王母,西方新世尊。头颅归妙相,富贵悟空门。传法优婆域,诵经孤独园。夜阑清磬罢,趺坐雪花繁。"[4]对照陈氏,二子、一女、一媳、一孙女皆为僧、尼,不能不认为是蒙古合罕将兹"政策"推行到"故国"重臣家族及其影响的结果。当然,对于曾经贵贱贫富瞬息变化的人来说,

〔1〕《北京图书馆古籍珍本丛刊》,影印嘉靖刊本,书目文献出版社,页396上、下。
〔2〕《四部丛刊初编》,景印正统刊本,页18下。
〔3〕《北京图书馆古籍珍本丛刊》,影印至正刊本,书目文献出版社,页454上。
〔4〕中华书局孔凡礼辑校本,1984年,页110。

抛却“尘世”、遁避“空门”是非常容易的。

无论刘赓、黄溍、苏伯衡、王袆诸作皆在不同程度颂扬了陈自中兄宜中的“忠直”，特别是第三者，还将宋、元之亡分别归咎于朝廷不顾这位“伯祖”及其“侄孙”达对奸佞的弹劾。《苏平仲文集》卷13《陈达墓表》：“公(达)于时官文学，愤激于衷，忧形于色，率御史善材抗疏弹击，不少顾忌，万一帝心感悟焉。使帝因公之言，立诛奸臣，以谢天下，反昔所为，图弭灾变，犹可以登中兴之功，救须臾之运，奈何奸臣(秃鲁帖木儿)甫宭而遽用，顾谴公非宜言而欲杀之，由是众正解体，盗贼横行，兵交阙下，拥众观望者相随，属宇县割裂，生民涂炭。大明问罪之师至通州，帝遂弃宗庙遁，而社稷墟矣。”“故公伯祖宋相宜中，景定初，以攻丁大全而编管建昌军，公以劾而几见杀。丞相之言不用后二十余年，而宋社以屋；公之言不用后十余年，而元社以屋。书曰：与乱同事，罔不亡，信矣。”[1]然而，鉴于后者晚年依附权势、举措徊徨、逃生占城、窘死暹国，士子们予以更多的乃是讽刺和责备[2]，甚至视为赵氏绝祚的征兆。叶子奇《草木子》卷4下《杂俎篇》：“俳优戏文，始于王魁，永嘉人作之。识者曰：若见永嘉人作相，宋当亡。及宋将亡，乃永嘉陈宜中作相。其后元朝，南戲尚盛行，及当乱，北院本特盛，南戲遂绝。”[3]

除外，还有关于自中祖景彦、宜中妻姊的“逸闻”；其中，也透露出相似的“微意”。周密《癸辛杂识》卷别上《陈宜中父》：“陈宜中之先为吏，每以利物为心，日计所及，以钱投火缶中，一钱为一事，久而不可胜计，人多德之。尝负官钱在圄，属其孙往贷于葛宣义。葛居外沙，资累巨万，宿梦黑龙绕其厅柱，觉而异之，夙兴未拼，径至彷徨，若有所伺，家人呼之不顾。果有小儿来，年可十许岁，问为谁？曰：陈某孙。又问来

---

〔1〕《四部丛刊初编》，景印正统刊本，页17上、下。

〔2〕也有不同的声音，王士祯《居易录》卷1，文渊阁《四库全书》本，页15下，页16上：“元金履祥吉父《仁山集》2卷，董遵所编《仁山道学》，不工诗而《广箕子操》一篇特工，云：炎方之将，大地之洋波汤汤。翠华重省方，独立回天天无光。此志未就，死矣死南荒。不作田横，横来者王。不作幼安，归死其乡。欲作孔明，无地空翱翔。惟余箕子仁贤之意，留沧茫。穹壤无穷，此恨长。千世万世，闻者徒悲伤。吴师道跋云：宋末，为相者曾聘先生馆中，先生以奇策干之，不果用而去。先生感激旧知，后为赋此，辞旨悲慨，音节高古，真奇作也。此操，似为陈宜中而作。”

〔3〕《元明史料笔记丛刊》句逗本，中华书局1983年版，页83。

故？以实对。又问所需几何？曰:百千,如数付之。陈既出,诣葛谢,葛曰:汝肯以此见与否？陈曰:寒贱下吏,势分辽绝,非所敢闻。葛勉使就学,许以捐助,未几,以长女许之。既而陈游上庠,上书攻丁大全,南迁数年,贾相牢笼,置之伦魁。陈在南日,葛以往江心寺设水陆供,尽室以往,独长女居守。葛巨富,是夕,寇夜至,遂席卷以去,长女亦被获以往。至是寻盟,乃以幼女归之。陈后以文昌出守七闽,遇巧节,诸吏各有所献,陈妻忽识一椟,似其家物,审视果也,因语陈。陈乃召吏扣所从来,云海巡所遗也。亟发兵围其寨,尽脟诸校,实于理,悉得其情,正葛寇也。事已吻合,各以次伏诛,无漏网者。葛女已有二子,初犹隐不言,其妹为言委曲,执手相哭,乃毙其二雏焉。"〔1〕可是,据前引,兹陈氏"之先"盖"晦德弗耀"。

最后,在相关的研究方面,特别应提到张云先生的著作《元代吐蕃地方行政体制研究》,其在第 2 章《元代管理吐蕃地方的中央机构》第 3 节《宣政院》、第 4 章《元代的吐蕃等处宣慰司》第 1 节《有关吐蕃等处宣慰司的几个问题》中分别提到了"陈苹(当作萍)"、"辇真术纳思",但没有将二者联系起来:"成宗即位不久,吐蕃地区发生叛乱,被任以荣禄大夫、宣政院使,领吐蕃宣慰使,前往平叛。叛平,拜大司徒,仍为宣政院使、会福院使、延庆使等职。历武宗、仁宗、英宗三朝而未改。泰定帝二年,疾剧乞归,始得出为江南行宣政院使,未行而卒。""其(辇真术纳思)由僧主而出任宣慰使,此前一年二月,他以陇西四川总摄升任诸路释教都总统,一年后即任宣慰使,去职年不详。"〔2〕可能作者没有见过其曾"剃度"的确凿记载,故而不能设想这位"法号"作"Rin chen grags"(藏语意为"大宝闻名")、"Irin chen grags"、"辇真加剌思"、"辇真吃剌思"、"亦怜真乞剌思"也曾娶妻生子的"南人"竟然也是"西番"教界中人。而其在至元末之"太中大夫"、大德中之"荣禄大夫"和延祐

---

〔1〕《唐宋史料笔记丛刊》,吴企明点校本,中华书局 1988 年版,页 243,页 244。
〔2〕《中国社会科学博士论文库》,中国社会科学院出版社 1998 年版,页 102,页 194,页 195。

初之"银青荣禄大夫",据《元史》卷91《百官志》,恰好在"文散官四十二阶"中形成了一个接连上升的"系列":"从三品"、"从一品"、"正一品"。[1]

———————————

〔1〕中华书局标点本,1976 年版,页 2319,页 2320。

·欧·亚·历·史·文·化·文·库·

23 释源经筵
——《重修大白马寺赐田功德碑》考释

凭借葛逻禄人乃贤所录的阎复所作碑文,使本文得以再现了有元洛阳亦河南府路"白马寺"再度兴盛历史的有趣片段。透过这个片段,似乎能感受到孛儿只吉氏皇帝统治期间曾经发生过的文化"融合"气息,那就是"汉传"佛教与"藏传"佛教间的相互影响。如果认可元人所认定的"白马驮经"盖为"中国"释经、释寺出现伊始,因之命名的寺院应该是东方宗门的代表;但是,无论是促使其又一次辉煌的"重建",还是对其教派倾向有着相当影响的历任主持,实际上都与身份为"西蕃"僧人的"帝师"、"上师"有着极为密切的关系。这再次反映了一个现象:对于宗教来说,"人际"关系往往是传播的关键。也许还值得注意:历任主持行育、文才、宝严、法洪,皆是颇受缁众欢迎的"讲主"和学问高僧。

23.1

《河朔访古记》卷下载:"白马寺,洛阳城西雍门外白马寺,即汉之鸿胪寺也。永平十四年,摩腾三藏法师以白马驮经至此,因建寺,以白马名焉。鸿胪寺,汉为掌外藩客官,署三藏以西域僧,故得馆于此。自古惟官府有寺,佛庙得名,盖踵鸿胪之名,始于白马也。寺有斗圣堂二所,世传三藏与褚善信雠校经义之所。又有三藏赞碑一通,撰文书篆,皆宋真宗御制也。又有翰林学士苏易简所撰碑一通,备载寺之兴废始末甚详。至钦宗靖康时,毁于金人兵火。逮国朝至元七年,世祖皇帝从帝师八思巴之请,大为兴建,门庑堂殿,楼合台观,郁然天人之居矣。"[1]其作者,正是"国朝"之"色目人"乃贤。刘仁本《羽庭集》卷5《河朔访古记序》:"今翰林国史院编修官｛果啰罗｝[葛逻禄]氏｛纳新｝[乃贤]易之,自其先世徙居鄞、越,则既为南方之学者矣,而其远游壮志,常落落于怀,将以驰骋也。乃至正五年,挈行李,出浙度淮,遡大河而济,历齐、鲁、陈、蔡、晋、魏、燕、赵之墟,吊古山川城郭、丘陵宫室、王霸人物、衣冠文献、陈迹故事,暨近代金宋战争疆场更变者,或得于图经、地志,或闻诸故老旧家,流风遗俗,一皆考订,夜还旅邸,笔之于书。又以其感触兴怀,慷慨激烈成诗歌者继之,总而名曰《河朔访古记》!"[2]

犹可贵者,关于有元洛阳"白马寺"之存在,该书于上引文之下,尚有"当代"的"确凿"资料,那就是所摘录的《重修大白马寺、赐田功德碑》之文字。《河朔访古记》卷下:"庭中一巨碑,龟趺螭首,高四丈余,碑首刻曰'大元重修释源大白马寺赐田功德之碑',荣禄大夫、翰林丞旨阎复奉敕撰。"而全文可分为两部分:前一部分完全是追叙"历史",云:"圣上大德改元之四年冬十月,释源大白马寺告成,诏以护国仁王寺水陆田在怀孟六县者千六百顷,充此恒产,永为皇家子孙祈福之地。仍命翰林词臣书其事于石。臣复谨按清慧真觉大师文才所具事迹:汉永平中,摩腾、竺法兰以白马驮经,至于西域,初假馆于鸿胪,后即东都雍门外建白马寺,为译经之所。嗣后沙门踵至,若康僧会之于吴,佛图澄之于晋,鸠摩罗什求那跋摩之于宋,元奘无畏之于唐,千载而下,经纶日繁,教风日竞。北至幽都,南踰瘴海,东极扶桑,西还月窟,莲宫梵宇,弥亘大千,实权舆于此。绵历劫火,寺之兴废,所可考者,宋翰林学士苏易简文石在焉。国初,有僧白英山主,以医术居洛,罄药囊之赀,谋为起废,或讶其规模太广,工用莫继,则曰:兹寺,中华佛教根柢,他日,必有大事因缘,予第为张本尔。"[3]

〔1〕文渊阁《四库全书》本,页2上、下。相关人名,曾为四库阁臣"依例"篡改;不过,其旁注有"原作",今仍谨据回改。
〔2〕文渊阁《四库全书》本,页9下,页10上。
〔3〕文渊阁《四库全书》本,页2下,页3上、下。

后一部分则完全表述"现实",介绍洛阳"白马寺"重建的整个过程和竣工后的规模以及田地的添置等,《河朔访古记》卷下云:"至元七年,帝师、大宝法王八思巴集郡国教释诸僧,登坛演法,从容询于众曰:佛法至中国,始于何时?首居何刹?扶宗弘教大师、龙川讲主行育时在众中,乃引永平之事以对,且以营建为请。会白马寺僧行政言与行育叶,帝师嘉纳,闻于世祖圣德神功文武皇帝,特敕行育综领修寺之役。经度之始,无所取财,遍访檀施于诸方,浃更岁龠,而未睹成效。帝师闻之,申命大师纽巴董其事。纽巴请假护国仁王寺田租,以供土木之费,诏允其请。裕宗文惠明孝皇帝时在东宫,亦出帛、币为助。于是,工役始大,作为殿九楹、法堂五楹,前三其门,傍翼阁、云房,精舍、斋庖、库厩,以次完具,位置尊严,绘塑精妙,盖与都城万安、兴教、仁王三大刹比绩焉。始终阅二纪之久,缘甫集而行育卒,诏赠司空、鸿胪卿,谥护法大师。文才继主席,酬酢众务,率其属敏于事者曰净汴等,以毕寺之余功。落成之际,仁王寺欲复所假田租,文才即遣僧奭言于纽巴曰:转经颂禧,寺所以来众僧也,有寺无田,众安仰?纽巴令宣政院官答失蛮等奏请,遂有赐田之命,且敕有司,世世勿夺云。"[1]

至于"翰林学士苏易简所撰碑一通",今仍能见到原作。不过,由于所用"体裁"为对偶文字,故而语焉不详,非如所说"备载寺之兴废始末甚详"。《雍正河南通志》卷50《重修白马寺记》:"命中使以驰驿,谒仁祠而致诚。忧勤上通,灵应如响。岂独商羊鼓舞?但闻阛里之言;力士沾濡,惟纪开元之代。乃命鼎新纬构,寅奉庄严。采文石于他山,下璀材于邃谷。离娄骋督绳之妙,冯夷掌置臬之司。辟莲宫而洞开,列绀殿而对峙。图八十种之尊相,安二大师之法筵。灵骨宛如,可验来仪于竺国;金姿穆若,犹疑梦现于汉庭。天风高而宝铎锵洋,晴霞散而雕栱辉赫。周之以缭垣浮柱,饰之以法鼓胜幡。远含甸服之风光,无殊日域;旁映洛阳之城阙,更类天宫。时则郏鄏游客,镮辕遗俗。或黄发台背之老,或玄髫稚齿之童。途谣巷歌,相与而谓曰:吾皇帝之稽古,务本也。为苍生而祈福,致金仙之降灵。遂使权舆圣教之津,将壅而复决;

---

[1]文渊阁《四库全书》本,页3下,页4上、下。

经始福田之所，已圮而更兴。未睹时巡，弥坚望幸。伫听建圭立极，踰姬公洛食之符；检玉升中，越孝武山呼之瑞。臣生逢、尧禹，职符严、徐。自追阆苑之胜游，粗得楞伽之真趣。爰承诏旨，命纪岁时。虽謦没荒芜，欲继金声而莫及；然勒铭琬琰，期将火德以弥新。”[1]

23.2

洛阳“白马寺”，于北宋重修后仍蔚为名刹。《雍正河南通志》卷50《重修白马寺记》：“东周旧壤，西洛名都，景气澄清，风物奇秀。长源渺渺，玄龟负书之川；平隰依依，白马驮经之地。考其由为中国招提之始，语其要居西京繁会之间。历累朝而久郁真符，偶昌运而洊陈灵贶。不有兴葺，宁昭德音？法天崇道皇帝：端拱北辰，垂裳南面。步摄提而重张岁纪，把钩陈而再纽干纲。实异俗于藁街，纳生民于寿域。尚或探玄象，外访道环端。恭己虚怀，法妫汭无为之化；凝神静想，忆灵山授纪之言。省鸿名，崇十号之空王；毕皇居，峻三休之妙观。坐致华胥之境，平登赡养之方。慈云远覆于冰天，法浪遐滋于桂水。东踰涨海，扬帆颁贝叶之书；西洎流沙，刻石记金刚之座。勤行之能事着矣，阴隲之元功大矣。一日，谓近臣曰：朕尝探赜造化，穷研载籍。视彼河海，犹分其先后；譬诸水木，尚本其根源。观夫象教斯来，真诚下济；诚由彼摩腾、竺法兰二法师者。扬庵园之末绪，越葱岭之修程。百千亿佛，始演其性宗；四十二章，初宣其密义。则何必伯阳道德，止留关令之家？倚相典坟，传自伏生之口而已哉？瞻彼维洛，灵踪尚存，未旌胜缘，良谓阙典。时属单阏值岁，勾芒驭辰。龙星虽耀于雩坛，兔魄罕离于毕宿。询于黔首，未兴云汉之谣；轸彼皇情，已甚桑林之祷。”[2]

北宋末、南宋初的战争，彻底摧毁了昔日的大丛林。李心传《建炎以来系年要录》卷14：“建炎二年三月，宗维留完颜宗弼屯河间府，左监军完颜希尹、右都监耶律{伊都}[余睹]屯河南白马寺，以待[韩]世

〔1〕文渊阁《四库全书》本，页21下，页22上。

〔2〕文渊阁《四库全书》本，页20下，页21上、下。

{宗}[忠]之至,且与[翟]进相持。"[1]宇文懋昭《大金国志》卷5:"建炎元年冬,粘罕再攻西京,官吏弃城南走,统兵官翟进率军上山保险;至是春,粘罕尽焚其庐舍,刷居民北去,故进始得其城。然兀室、余睹之众尚屯河南白马寺、白马坡、河清、长泉等处。虽去西京不远,而金国视为弃物,不复顾之。进于四月十二日出兵,夜攻其营,以金间探预知,反为所袭。进败出城,据文家寨,复为金乘势追击。又败世忠于永安后涧。时当盛夏北骑非利之时,又以连败宋师,{可}[少]得休息,且知粘罕北归,故复弃西京,相率而回云中,但留万户茶曷马戍河阳。"[2]郑刚中《北山集》卷13《西征道里记·并序》:"绍兴己未(九年)六月九日,石桥店、白马寺,宿西京。京号三川者,即黄河、洛河、伊水也。伊阙又名阙塞山,又谓龙门,大内对伊阙,望王屋不百里,宫墙之内,草深不见遗基。旧分水南、水北,居水南者什七八,今止水北有三千户,水南墟矣(回程日,知州翟襄谓子城外近添五百余家)。白马寺,汉明帝所建,今惟瓦砾。"[3]

元人普遍相信中国最早所建佛寺,即"释源"、洛阳"白马寺"。郝经《续后汉书》卷83下《道术录佛》:"及明帝梦见金人长大,顶有光明,以问群臣。傅毅对曰:西方有神,其名曰佛。帝于是遣使天竺,问其法,乃与沙门摄摩腾、竺法兰还雒阳,得佛经四十二章。又释迦象,令画工图清凉台及显节陵上。其经,缄藏兰台石室。初以白马负经而至,因立白马寺于雒城、雍、关西。中国始有佛像及经,与其信奉拜跪、祠祭之法。"[4]任士林《松乡集》卷10《定光寺立经藏吉语》:"大雄氏以言垂世,宝藏兴焉。公输子以巧服人,金轮远矣,自白马寺流传浸广,而大牛车委载弘多,如日之布,如汉之垂,不离文字,如天之旋、如地之运,立透机关,手好手中,大作庄严,人非人等,皆生欢喜。"[5]勿遑论南宋"遗民",如出一辙。何梦桂《潜斋集》卷8《洞神宫记》:"自汉文帝受河上

---

〔1〕《宋史资料萃编(第二辑)》,影印光绪广雅书局刊本,文海出版社,页618。

〔2〕中华书局崔文印校证本,1986年版,页79。

〔3〕文渊阁《四库全书》本,页14上、下。

〔4〕文渊阁《四库全书》本,页38上、下。

〔5〕文渊阁《四库全书》本,页14上。

道德经,而老氏出;自明帝迎竺法兰于西域,而佛氏入中国。道之宫起于元封,而盛于李唐;释之刹起于永平,而大盛于宋、齐、梁、陈。以至历代兴仆因革,虽不能不异,然其徒与民,悉统诸有司,一其号令,而均其政刑,上下未始相戾。"[1]方回《桐江续集》卷21《题柯德阳扫尘斋》:"迩年斯道衰,无奈异端炽。函谷青牛关,洛京白马寺。敷落帝八言,为国膏肓祟。"[2]

同样,元人于随"白马驮经"东来的摄摩腾、竺法兰也推敬有加。吴莱《渊颖先生集》卷8《释迦方域志后序》:"及东汉,又称:天竺摩腾、竺法兰之徒,始持白氎之像及所译四十二章到洛,楚王英乃首盛齐戒之祀。"[3]杨维桢《东维子集》卷10《三境图论序》:"抑余闻中土三宝有象,四十二有章,实身迦景摩腾、竺法兰始。今三境有章,又自师始也。贪佛者欲不争传竞习,而得乎?"[4]释大欣《蒲室集》卷14《摩腾、竺法兰赞,并序》:"至东汉明帝,始以梦感,因傅毅之对,遣{祭}[蔡]愔等使西域,求其道。而摩腾、竺法兰亦先自天竺来,由此,经像大被东土,固佛之悬记,必时至而机熟。然非腾、兰与此土人有大缘,契畴克尔耶?有以二大士像示予者,谨再拜而为之赞。日之方升,照有先后。或隐或曀,非日之咎。伊昔吾宗,自西徂东。屡出屡沮,时之未通。在汉永平,格于帝心。遣使求之,维遵与愔。粤若二士,作如来使。有马翰如,负经以至。如彼旱暵,时雨乃作。沃我焦壤,是刘是获。人道之贵,在于明性。百家异说,孰不自圣?匪小而偏,匪荡而塞。不有大教,道几乎熄。去我二士,复逾千载。龙藏之文,浩若河海。匪津匪涯,谁与航之?岂无纲目,孰能张之?孰图二士?颧颊方眸。欲挽其袂,逝从之游。"[5]

23.3

行文中涉及的人物,除"白马寺僧"之"行政"、"奭"、"净汴"外,其

〔1〕文渊阁《四库全书》本,页13下,页14上。

〔2〕文渊阁《四库全书》本,页20下。

〔3〕《四部丛刊初编》,景印至正刊本,页1下。

〔4〕《四部丛刊初编》,景印清钞本,页5下。

〔5〕文渊阁《四库全书》本,页16下,页17上、下。

余都是有元一代的"闻人"。"帝师、大宝法王八思巴",无疑就是第一位予以"帝师名分"的土番僧人"拔思发"、"巴吉思八"。《佛祖历代通载》卷21王磐《大元帝师发思巴行状》亦《发思巴行状》:"皇天之下、一人之上,开教宣文、辅治大圣、至德普觉、真智佑国、如意大宝法王、西天佛子、大元帝师班弥怛拔思发帝师,乃土波国人也。""庚申,师年二十二岁,世祖皇帝登极,建元中统,尊为国师,授以玉印,任中原法主,统天下教门。辞帝西归,未期月,召还。庚午,师年三十二岁,时至元七年。诏制大元国字。师独运摹,昼夜成,称旨,即颁行朝省、郡县遵用,迄为一代典章,升号帝师、大宝法王,更赐王印,统领诸国释教。""庚辰,师年四十二岁,时至元十七年十一月二十二日,示寂,上闻,不胜震悼,追怀旧德,连建大窣堵波于京师,宝藏真身、舍利,轮奂金碧无俦。"[1]《元典章》卷24《户部租税僧道税》"和尚休纳税粮":"大德七年正月十七日,钦奉圣旨:在先诸路里,有的众和尚每之上都交管领者。么道。薛禅皇帝巴吉思八师父根底与了帝师名分,圣旨玉印委付了来,如今巴吉思八师父替头里管着众和尚者。么道。"[2]

"大师统巴",也就是"上师胆巴"。姚燧《牧庵集》卷9《储宫赐龙兴寺永业田记》:"年元贞始元端月八日午时,储皇犹未出阁,金冈上师{丹}[胆]巴开长生讲,修番、汉二疏,领讲主明公、住公,僧判迭凡巴,求主寺等之功德。"[3]《佛祖历代通载》卷22《胆巴传》:"师名功嘉葛剌思,此云普喜名闻,又名胆巴,此云微妙。西番突甘斯旦麻人。""巴入中国,诏居五台寿宁。壬申(至元九年),留京师,王公咸禀妙戒。""癸卯(大德七年)夏,师示疾,上遣御医候视。师笑曰:色身有限,药岂能留?五月十八日,师问左右:今正何时? 对曰:日当午矣。师即敛容端坐,面西而逝。上闻,悲悼不胜,赐沉檀众香,就上都庆安寺结塔荼毗,王及四众,莫不哀恻。是月二十九日,敕丞相答失蛮开视焚塔,见师顶骨不坏,舍利不计其数,轮珠坐毡如故。回奏,加叹,敕大都留守率承应

---

〔1〕《北京图书馆古籍珍本丛刊》,影印至正刊本,书目文献出版社,页424下,页425上。
〔2〕台北,故宫博物院影印元刊本,1972年版,页982。
〔3〕《四部丛刊初编》,影印《武英殿聚珍》本,页18下。

伎乐迎舍利,归葬仁王寺之庆安塔焉。世寿七十有四,僧腊六十二。"[1]所称"丞相答失蛮",也就是"宣政院官答失蛮"。《牧庵集》卷13《高昌忠惠王神道碑铭》亦《答失蛮神道碑铭》:"考银青荣禄大夫、平章军国重事、宣政使、翰林学士承旨、领泉府司事{達实密}[答失蛮],推忠益国辅治功臣、开府仪同三司、太师、上柱国、高昌忠惠王。"[2]

最初主持"白马寺"修建未果而卒的"扶宗弘教大师、龙川讲主行育",乃"弘教通理大师"善柔的"嗣法弟子"。《雪楼先生集》卷21《奉圣州法云寺柔和尚塔铭》亦《善柔塔铭》:"故师之生也,七岁,事永安寺广行大师,能默诵金刚、楞严诸经。二十,悟华严奥旨。二十八,受法广严寺传戒大师,乃去滋味、绝华好,日课《金光明经》一部,礼佛百拜,深惟静念,孤征独诣,道益闳以肆。宪宗闻其名,号曰弘教通理大师,命主清凉大会于[五]台山。""自是日与所度弟子定慧、□和、□纯、□顺、□遇等七人,嗣法弟子扶宗弘教大师行育等二十余人,讲演秘乘,敷析本统,昭揭天下,俾有知觉,皆造佛地。""师讳善柔,董姓,德兴之永兴人。父讳毓,母房氏,皆好善。师历住持奉圣州水西、法云二寺,以至元六年正月三日化于法云之北堂,寿七十有二,僧腊三十有八。"[3]这位"龙川讲主"亦"龙门县抗讲主",也是至元十八年释、道大辩论的参与者之一。释祥迈《元至元辨伪录》卷4:"对道士持论师德一十七名:燕京圆福寺长老从超,奉福寺长老德亨,药师院长老从伦,法宝寺长老圆胤,资圣寺统摄至温,大名府长老明津,蓟州甘泉山长老本琏,上方寺长老道云,滦州开觉寺长老祥迈,北京传教寺讲主了询,大名府法华寺讲主庆规,龙门县抗讲主行育,大都延寿寺讲主道寿,仰山寺律主相叡,资福寺讲主善朗,绛州唯识讲主祖珪,蜀川讲主元一。"[4]

继任主持"白马寺"修建并成的"护法大师文才"或"真觉国师松堂",更是一位"学问僧"。《佛祖历代通载》卷23《文才传》:"师讳文

〔1〕《北京图书馆古籍珍本丛刊》,影印至正刊本,书目文献出版社,页457上、下,页459上、下。

〔2〕《四部丛刊初编》,影印《武英殿聚珍》本,页7上、下。

〔3〕《元代珍本文集汇刊》,影印洪武刊本,国立中央图书馆,页799,页800,页801。

〔4〕《北京图书馆古籍珍本丛刊》,影印元刊本,书目文献出版社,页526上、下。

才,字仲华,杨氏。其先弘农人,高、曾以来,世官陇坻。父静义,金季,为清水主簿,遂家焉。少孤,事母孝,于书无所不读,性理之学,尤其邃也。故约而为守,蔚而成文,辞气雅健,如古作者。为人沈厚,若素不读书者,至与士君子谈,接其辞、辩其事、详其理,尽出入经、史,滔滔然若河汉之决,莫窥其涘。其讲授经论,得旨言外,不屑于名数。""所著《悬谈详略》5 卷、《肇论略疏》3 卷、《惠灯集》2 卷,皆内据佛经,外援儒老,托譬取类,其辞质而不华,简而诣微,取其达而已。隐居成纪,筑室树松,将以终老,然以行修乎迩、德加乎远,虽自韬晦,其道愈彰。人尊其德不敢名,以松堂称之。佛教之兴,始于洛阳白马寺,故称释源。其宗主殁,诏以师继之。"[1]《至正集》卷 47《敕赐故光禄大夫、大司徒释源宗主洪公碑铭》亦《法洪碑铭》:"时真觉国师松堂公(文才)居大白马寺,公(法洪)往依之。松堂,沙门上辈,负海内之望,与语,大见器异,留侍左右,为之发扬宗旨,周密微妙,遂能穷极法源,卒嗣其业。承记传衣之日,灵鹤翔其庭,松堂喜曰:是必能大吾教矣。"[2]

23.4

洛阳"白马寺"主持"真觉国师"文才,卒于大德中。其前,曾应荐"兼任"五台山"大万圣佑国寺"主持。《佛祖历代通载》卷 22《文才传》:"世祖尝以五台绝境,欲为佛寺而未果也,成宗以继志之孝,作而成之,赐名大万圣佑国寺。以为名山大寺,非海内之望,不能尸之,诏求其人于帝师迦罗斯巴。会师自洛阳来见,帝师喜曰:佑国寺得其人矣。诏师以释源宗主兼居佑国。师见帝师以辞,曰:某以何德?猥蒙恩宠。其居白马,已为过分,安能复居佑圣?愿选有德者为之,幸怜其诚,以闻于上。帝师不可,曰:此上命也。上于此事,用心至焉,非女,其谁与居?此吾教所系,女其勉之。居岁余,大德六年,将如洛阳,道真定,馆于某寺,疾作,九月一日殁,年六十有二。"[3]"帝师迦罗斯巴",当即"帝师

〔1〕《北京图书馆古籍珍本丛刊》,影印至正刊本,书目文献出版社,页 456 下,页 457 上。

〔2〕《元代珍本文集汇刊》,影印宣统刊本,国立中央图书馆,页 229 上。

〔3〕《北京图书馆古籍珍本丛刊》,影印至正刊本,书目文献出版社,页 457 上。

乞剌斯八斡节儿（Grags pa vod zer）"之略。《元史》卷202《释老传》：
"亦摄思连真嗣，三十一年，卒。乞剌斯八斡儿节嗣，成宗特造宝玉五
方佛冠赐之，元贞元年，又更赐双龙盘纽白玉印，文曰大元帝师统领诸
国僧尼、中兴释教之印，大德七年，卒。"[1]其后，本寺的主持，由其弟
子、后迁五台山"大玉山普安寺"[2]主持的宝严、同样拥有"释源宗主"
的法洪以及后者的弟子德政依次承袭。

《佛祖历代通载》卷22《宝严传》："公康氏，成纪人，讳宝严，字士
威，号幻堂。父某，以罹丧乱，弃俗为僧。昆弟六人，公其季也。少以迈
往之气，不乐处俗，与其弟金薙染，从佛求出世之道"。"后嗣真觉国
师，传贤首宗教。以师承既高，见解益明，其方寸之地，湛如止水，莹若
明镜，物我相形，辄影见于中。虽以天资之高，而德器之美，抑亦师友玉
琢兰薰而致。及真觉（文才）以诏居大白马寺，公与金从至洛汭。及居
大万圣佑国寺，又从至［五］台山。真觉殁，诏以公继其位。后公以太
后诏居大普安寺，诏以金继公居佑国寺。公于至治二年七月日殁，年五
十有一。诏复以金居普安寺。金以公之丧，葬东封谷之口，建塔以修祀
事焉。"[3]许有壬《至正集》卷47《法洪碑铭》："大德中，总统司请为释
源白马寺长讲，号大德法主。武宗皇帝在潜邸，闻其名，特命住持秦州
大圣寿寺。至大改元，复命即秦州开演长讲，敕有司月给衣粮焉。仁宗
皇帝临御之明年（皇庆元年），宣政臣奏旨，起公（法洪）住持白马寺；未
几，赐号释源宗主。""公度弟子十余人，得其道者，曰：允中，为昭孝法
主，与公同日殁。嗣法者以百数，曰德政，主白马；曰道传，曰慧润，主永
福、寿安，则又所谓杰然者也。"[4]

"释源宗主"法洪，在元中、后期，也缘"文章"而著名。《至正集》
卷47《法洪碑铭》："驿召至京师，沙啰迦八哈失首见推重，请主西山龙

---

〔1〕中华书局标点本，1976年版，页4518—4519。

〔2〕《元史》卷87《百官志》，中华书局标点本，1976年版，页2208："天历元年，以大玉山普安
寺、大智全寺两规运提领所并为一，置 提点一员，又改为营缮司。""天历元年，初置万圣佑国营缮
提点所。三年，改为营缮都司。"

〔3〕《北京图书馆古籍珍本丛刊》，影印至正刊本，书目文献出版社，页468下，页469上。

〔4〕《元代珍本文集汇刊》，影印宣统刊本，国立中央图书馆，页229上、下。

泉寺;寻奉旨翻译｛之｝［诸］菩萨｛行｝［经］,撰《大元帝师八思八文庙碑》,文成,奏御,嘉赉甚厚,遂诏公住持新建大永福寺。莅事之日,三宫赐白金,中宫复制红衣以衣之。英宗皇帝时居东宫,已虚伫信向,数尝引见,既即位,即授公荣禄大夫、司徒。已而进阶光禄,加大司徒,刻银为印,食一品禄,承制总选名僧,校雠三藏书,领江淮官讲,凡三十所。于是,贵幸莫比矣。”“至正四年春三月六日,卒,寿七十三,为僧凡六十有一年。大臣以闻,天子悯悼,敕有司致赙,备仪卫祖送如礼。既阇维,门人三分其骨,瘗寿安、白马及陕西之兴教寺,而建塔焉。”[1]所称《大元帝师八思八文庙碑》,即《帝师殿碑》。《佛祖历代通载》卷22:“辛酉,英宗格坚皇帝改年至治。诏各路立帝师殿,追谥曰:皇天之下、一人之上,开教宣文、辅治大圣、至德普觉、真智佑国、如意大宝法王、西天佛子,大元帝师班弥怛拔思发。”“是年,敕建《帝师殿碑》,光禄大夫、大司徒、大永福寺住持释源宗主法洪奉敕撰,翰林学士赵孟頫书,参议中书省事臣元明善篆额。”[2]

《雪楼先生集》卷21《许州大洪济寺益和尚塔铭》:“大德中,诏住持大洪济寺。汴之王公贵人,皆崇以师友之礼,四方欲了佛义者,皆以和尚为归,亦孰知和尚所了者,不徒在此也? 尝预临坛,一阅藏典,一饭僧余五十万,度腊五十有五,赐号佛性圆明普照大师。以延祐二年四月十日示寂,岁七十有三。州别驾以下千余人送之,塔于城南八里寺,笃于接引,自海量以下得法者一百二十人有奇,亲授记度者余二十人,名具碑阴。父成,姓刘氏,郑州人也。某寺沙门法洪,纂其事来请余识。”[3]这个“纂其事”的“沙门法洪”,应该就是后来那个“释源宗主”的“法洪”。除外,其还是见于《道园类稿》卷36《大都路大承天护圣寺碑铭,应制》的4个“作者”之一:“［至顺］三年,寺大成。于是,召五台山万圣寺释师惠印,特赐荣禄大夫、司徒,主教于寺。有敕命臣［马］祖常、臣［虞］集、臣法洪、臣惠印,制文以刻诸碑。臣等既同奉诏,乃相与

〔1〕《元代珍本文集汇刊》,影印宣统刊本,国立中央图书馆,页229上、下。

〔2〕《北京图书古籍珍本丛刊》,影印至正刊本,书目文献出版社,页466上、下。

〔3〕《元代珍本文集汇刊》,影印洪武刊本,国立中央图书馆,页821,页822。

言曰:惟昔有国家者,秘祝不私其身,而思锡诸民,史臣书之,后世诵之。今圣皇之心,一出仁孝,琐琐之秘祝,讵可拟伦哉?且其为役,可谓大矣。财出内帑,而不伤于外府;役以佣钱,而不劳于兵农;官有专任,而不烦于有司。钦惟圣上怡神穆清,对时育物,量准天地,而一日万几,睿知明达,而虑周天下。"[1]

23.5

　　凭借葛逻禄人乃贤所录的阎复所作碑文,使本文得以再现了有元洛阳亦河南府路"白马寺"再度兴盛历史的有趣片段。透过这个片段,似乎能感受到孛儿只吉氏皇帝统治期间曾经发生过的文化"融合"气息,那就是"汉传"佛教与"藏传"佛教间的互相影响。如果认可元人所认定的"白马驮经"盖为"中国"释经、释寺出现伊始,因之命名的寺院应该是东方宗门的代表、亦"释源";但是,无论是促使其又一次辉煌的"重建",还是对其教派倾向有着相当影响的历任主持,实际上都与身份为"西蕃"僧人的"帝师"、"上师"有着极为密切的关系。"扶宗弘教大师"行育之师"弘教通理大师"善柔,既"悟华严奥旨",又与其徒"讲演秘乘,敷析本统"。"释源宗主"法洪受命撰写《帝师殿碑》,必然对八思巴所传宗派有着非常的了解;而其师"真觉国师"亦"释源宗主"文才本门所传,亦为"贤首"亦"华严"。这是否意味着历任兹"白马寺"主持都同时修治"汉传"的"华严"、"藏传"的"显"、"密"呢?再从籍贯来看,文才"清水"人,宝严"成纪"人,皆隶"秦州"[2];法洪,则主持过那里的"圣寿寺"。而治今甘肃天水市的"秦州",也是当时著名佛经翻译大师、八思巴弟子的沙罗巴观照、亦"佛智大师"的"乡里"。

　　无论是"白马寺"缘得其分拨"财赋"始能再度"恢弘"的胆巴,还是可能与"白马寺"历任主持有过"传授"瓜葛的沙罗巴,陈得芝先生在《元代内地藏僧事辑》一文中,都有过深层次的阐发。特别是后者,涉

────────────

〔1〕《元人文集珍本丛刊》,影印明初翻印至正刊本,新文丰出版社,页167上、下。
〔2〕《元史》卷60《地理志》,中华书局标点本,1976年版,页1430:"秦州。旧领六县;元至元七年,并鸡川、陇城入秦安,冶坊入清水,领县三:成纪,清水,秦安。"

及了与本文可以说是"不谋而合"的内容："他在担任江浙、福建释教总统后,即遁迹垄坻,筑室种树,盖将终焉(《佛祖历代通载》卷22《沙罗巴传》)。其卜居之地不是当时为诸色人所喜爱,他又任职过的江南地区,而是秦州,显然有告归故土之意。后来他奉召来京任职,又尝请告还家。""传载他又先、后从著栗赤(rDorje,此言金刚)上师和高僧剌温卜学习,遂精通吐蕃文字音说。著栗上师,疑指号金刚上师的胆巴。"[1]对于宗教来说,"人际"关系往往是传播的关键。而提到行育、法洪的程文海,恰巧也是沙罗巴的知契。《雪楼先生集》卷29《送司徒沙罗巴法师归秦州》："秦州法师沙罗巴,前身恐是鸠摩罗。读书诵经踰五车,洞视孔释为一家。帝闻其人征自遐,辩勇精进世莫加。视人言言若空花,我自翼善刊淫侉。雄文大章烂如霞,又如黄河发昆阿。世方浩浩观流波,五护尊经郁嘉齿可。受诏翻译无留瑕,辞深义奥极研摩。功力已被恒河沙,经成翩然妙莲华。大官宠锡真浮苴,舍我竟去不可遮。青天荡荡日月赊,何时能来煮春茶?"[2]

也许还值得注意:乃为洛阳"白马寺"主持的行育、文才、宝严、法洪,皆是颇受缁众欢迎的"讲主"和学问高僧。《佛祖历代通载》卷22《宝严传》："每逢名德启讲,必往听而问焉。尝谓学而不思,思而不学,君子所忧,虽通其说,而不通其宗,是学而不思也,岂称达者哉?况文字之学,守株象迹,惑于多岐,焉能涉同归之海、造圆顿之奥乎?听其说,固辩矣;观其所得,则未也。于是,既问而学之,以博其趣,而益致其思焉。是其所以造诣,盖得之系表,故其讲说,深有宗通理味。"[3]《至正集》卷47《法洪碑铭》："公姓刘氏,陇西巩昌成州人。生有异禀,九岁,入乡校,日受书累千言,辄成诵不忘。年十二,窥释氏内外典有契,遂辞亲,礼州之兴化寺武公总摄,而祝发焉。又八年,从金仙律师受具戒,乃发足游方,谒少林法主,参决心要,即廓然自得。"[4]又是一个"无独有偶",当寺"经筵"的开创,却也有一位"嵩山少林寺"和尚"光宗正法禅

〔1〕载《蒙元史研究丛稿》,人民出版社 2005 年版,页 246—247。

〔2〕《元代珍本文集汇刊》,影印洪武刊本,国立中央图书馆,页 1119,页 1120。

〔3〕《北京图书馆古籍珍本丛刊》,影印至正刊本,书目文献出版社,页 468 下。

〔4〕《元人文集珍本丛刊》,影印宣统刊本,新文丰出版社,页 229 上。

师"的功绩。《雪楼先生集》卷8《嵩山少林寺裕和尚碑》:"嵩阳诸刹,金碧一新,洛阳白马,经筵不辍,皆师力也。而师瞑目,燕坐张寂,而默若无与焉。至元八年春,诏天下释子大集于京师,师之学徒,居三之一。呜呼!盛哉。"[1]

　　洛阳"白马寺"在完颜氏君临的百余年间"一蹶不振",应该是令人奇怪但不怀疑的事实。金末人王寂《拙轩集》卷3《白马寺》:"竺法初从西土来,黄冠犄角力相排。当时道教灰飞尽,贝叶真经安在哉?"[2]根据行文的"涵义",古寺更无当年的"贝叶真经",自然只余"灰飞尽"的废墟。所幸有元以后,类似的兵燹,并不像先前那样彻底摧毁那令人缅怀遐想的建筑。《雪楼先生集》卷30《送荣上人归洛阳白马寺》:"荣公游上国,又向洛阳归。白马开新寺,缁尘濯旧衣。吟诗江月冷,振锡野云飞。此去千余里,无令消息稀。"[3]《元史》卷137《阿礼海牙传》:"[天历元年,]阿礼海牙乃置酒高会于省堂以贺,发书告属郡,报诸江南三省,而募士得兰住者,赍书谕之。西人犹搒掠兰住,讯以其实,而朝廷亦遣都护月鲁帖木儿从十余人奉诏放散西军之在虎牢者。西人杀其从者之半,械都护以送诸荆王所。荆王时在河南之白马寺,以是西人虽未解散,各已骇悟。"[4]可供游览的情况,一直维持到明末、清初。谢榛《四溟集》卷10:"晚至白马寺,登毗卢阁,望洛阳安国禅院:雪晴山阁冷侵衣,西望平林暮鸟归。鹫岭云霞空里色,洛城金界共余晖。"[5]王士祯《精华录》卷10《白马寺》:"伽蓝半化洛阳尘,汉代鸿胪迹尚新。太息他年穷楚狱,仁祠空解祀金人。"[6]

〔1〕《元代珍本文集汇刊》,影印洪武刊本,国立中央图书馆,页342—343。
〔2〕文渊阁《四库全书》本,页15上。
〔3〕《元代珍本文集汇刊》,影印洪武刊本,国立中央图书馆,页1133。
〔4〕中华书局标点本,1976年版,页3317。
〔5〕文渊阁《四库全书》本,页30上。
〔6〕文渊阁《四库全书》本,页37上。

24 鲁公扬历
——雍古人赵世延的仕履与宦迹

　　有元一代仕履之久、宦迹之众,非"雍古"族人"鲁国公"、"凉国公"赵世延莫属。究其在世年代,生于中统二年,卒于后至元二年。究其仕履阅历,则任云南提刑司判官,监察御史,湖北道廉访司佥事,中台、中书省左司都事,山东廉访副使,南台侍御史,安西、绍兴路总管,四川廉访副使,西台侍御史,江浙参政,中台侍御史,中书参政,御史中丞,云南右丞,大都留守,四川平章,集贤大学士,南台中丞,中书右丞,中书平章等。其曾于桑哥立尚书省理财、燕铁木儿策动政变迎立武宗亲子等,都有"明智"的表现,而于铁木迭儿弄权报复之际,遭到了非常的迫害。纵观其一生,时常与孛儿只吉一朝的"文治"相关:建书院、葺祠堂,预经筵、修大典。除了"政绩"以外,可称者盖包涵诗、文、书、史、礼等的"学识"。就是以赵世延的"宦迹"而言,也常与复兴"儒学"有着瓜葛。这种"习惯",几乎在其年轻时就已形成。然而,令人惊讶的是,当其以前的父、祖二代,犹都是以"宣武"为事的军将;这似乎又是有元非"汉人"迅速"华化"的典型实例。至于今存当时的巨著《经世大典》各部分的"分序",当然是其与虞集俩人的"集体"创作,即互有改易,最后成稿。

24.1

　　要论有元一代仕履之久、宦迹之众,非"雍古"族人赵世延亦"迁轩"莫属。《元史》卷180《赵世延传》:"赵世延,字子敬。""至正二年,赠世延执法佐运翊亮功臣、太保、金紫光禄大夫、上柱国,追封鲁国公,谥文忠。世延历事凡九朝,剔历省、台五十余年,负经济之资,而将之以忠义,守之以清介,饰之以文学。凡军国利病,生民休戚,知无不言,而于儒者名教,尤拳拳焉。为文章,波澜浩瀚,一根于理。尝较定律令,汇次风宪宏纲,行于世。"[1]其为时人推敬,不在话下。程端礼《畏斋集》卷4《寿平章中丞迁轩赵公序》:"今年,平章中丞迁轩公以真儒之学,居百揆之位,弼亮六朝,为国元老,司宪南台。人见其身备五福,而未艾也,不知其自天生哲,任造命之责者,至重也。自昔有其人无其位,有其位非其人,有其人有其位非其时。今以公之学,居公之位,以辅圣明极盛之时,殆不偶然也。"[2]虞集《道园遗稿》卷3《鲁国赵公世延哀词》:"西北声名世节旄,簪绅特起擅时髦。百年忧患神明相,世务频烦志虑劳。春雨归舟江水定,秋风遗剑雪山高。东瞻松栢分茅重,盛德终闻有显褒。""早岁江东接令仪,中朝晚得近论思。永怀王母传经训,直保孤忠结主知。经济尚多遗策在,勤劳空复大名垂。每翻翰墨神交远,惆怅西川鼓角悲。"[3]

其祖父为按竺迩无疑;再前一代,黥公或达工,或云为"曾祖父",或云为"外曾祖父"。《元史》卷121《按竺迩传》、卷180《赵世延传》:"按竺迩,雍古氏。其先,居云中塞上。父黥公为金群牧使,岁辛未,驱所牧马来归,太祖命仍其官。按竺迩幼鞠于外祖术要甲家,讹言为赵家,因姓赵氏。年十四,隶皇子察合台部。尝从猎,射获数麃,有二虎突出,射之皆死,由是以善射名,皇子深器爱之。""其先,雍古族人,居云中北边。曾祖黥公,为金群牧使,太祖得其所牧马,黑旦公死之。祖按竺迩,幼孤,鞠于外大父术要甲,讹为赵家,因氏为赵。骁勇善骑射,从太祖征伐,有功,为蒙古、汉军征行大元帅,镇蜀,因家成都。"[4]《永乐大典》卷10889元明善《元故行大元帅、赠推忠佐运功臣、太保、仪同三司、上柱国,追封秦国公,谥武宣雍古公神道碑铭》亦《按竺尔神道碑》:

〔1〕中华书局标点本,1976年版,页4166。

〔2〕文渊阁《四库全书》本,页30上、下。

〔3〕《北京图书馆古籍珍本丛刊》,影印至正刊本,书目文献出版社,页37下,页53下。

〔4〕中华书局标点本,1976年版,页2982,页4163。

"秦国公讳按竺尔,雍古族人。蚤孤,金群牧使、姓术要甲、名达工者,为公外大父,养公其家。术要甲讹为赵家,因为赵家,而公子、孙亦或氏赵。岁辛未,牧马尽人于我太祖皇帝,达工死于官。公时年十四,入隶皇子察合带部。"[1]而其"死事"之所"忠"也不同:据行文,一为蒙古,一为金。

按竺迩有子十人,赵世延父黑梓亦黑仔、国宝,排行第三。《永乐大典》卷10889《按竺尔神道碑》:"子男十人:曰阔里,嗣元帅;曰南家台,早世;曰黑仔,即梁国公,佩金符,嗣元帅;曰阿巴直;曰铁木儿,佩金虎符,昭勇大将军、管军万户。曰质儿瓦台;曰主浑真,佩金符、承信校尉、管军千户;曰伯延察;曰野速台儿;曰孛浪台。"[2]其曾接替其兄阔里亦彻理,出任"征行元帅",旋兼文州万户府达鲁花赤。《元史》卷121《按竺迩传》、卷180《赵世延传》:"子十人,彻理、国宝最知名。""初,按竺迩之告老,制命彻理袭征行元帅。彻理以病不视事,国宝乃谓诸弟曰:昔我先人耀兵西陲,大功既集,关陇虽宁,而西戎未靖,此吾辈立功之秋也。乃遣谢鼎与弟国能持金帛说降吐蕃,酋长勘陀孟迦从国宝入觐。国宝奏曰:文州山川险厄,控庸、蜀,拒吐蕃,宜城文州,屯兵镇之。从之,授国宝三品印,为蒙古、汉军元帅,兼文州吐蕃万户府达鲁花赤,与勘陀孟迦皆赐金符。时扶州诸羌未附,国宝宣上威德;于是,呵哩禅波哩揭诸酋长皆归歕,从国宝入觐。国宝图山川形势以献,诏授呵哩禅波哩揭为万户,赐金虎符,诸酋长为千户,皆赐金符,赐国宝金币。""父黑梓,以门功袭父元帅职,兼文州吐蕃万户[府]达鲁花赤。"[3]

谥号分别作"武宣"、"忠定"的"按竺迩"、"黑仔",武功赫赫,特别是在"秦"、"蜀"及毗邻区域的经略上,既勋且劳,不胜枚举。程巨夫《雪楼先生集》卷5《赵氏先庙碑》:"武宣智略沈雄,弓马绝世,未冠,材器已显,攻城略地,所向无前。扈太祖平河、湟,从太宗下岐、凤,臧强俊

---

〔1〕中华书局影印明刊本,1969 年版,页 4507 上。

〔2〕中华书局影印明刊本,1969 年版,页 4508 上。

〔3〕中华书局标点本,1976 年版,页 2985,页 2986

取,平凉、庆、原、邠、泾,如风陨箨。金源固守关河几二十载,一旦武宣假道捣虚,如天坠而地涌,良、平之智不及施,贲育之勇无所用,心溃胆裂,莫之能支。睿宗深所嘉赏,金源由之遂墟。已而奉律西征,陇右遄定,进兵蜀道,首夺阶、文,守汉阳、制三边、纳吐蕃、收后效,成都、夔门之战,江油、张掖之师,皆其功之较然者。多谋尚义,厚下恤民,所至救殄戮、赎俘囚、辑降附,则所惠盖广矣。""忠定虽出将家,自幼学问,雍容闲雅,言貌甚都,盖武宣虽积苦兵间,而敬礼儒生,恒戒军中无毁文籍,是宜有佳子弟之报。慷慨倜傥,能得人之欢心,勇于当敌,爱恤士卒,有古名将之风焉。重庆、删丹之战,皆居军锋,或降或歼,无不如志,火都受首,策之弥精,思立奇功,以承先志,乃招属户、修废州,虎视西南,别授元戎之寄。于是,徼外羌渠,畏威歇塞,列于王会,初不自以为功,降羌爵命,反出其上,殷勤逊谢,益简帝心。"[1]

24.2

　　赵世延之生活年代,包括整个"前至元"而延入"后至元"之初期。《元史》卷180《赵世延传》:"至元改元,仍除奎章阁大学士、翰林学士承旨、中书平章政事、鲁国公。明年五月,至成都。十一月,卒,享年七十有七。"又,"世延天资秀发,喜读书,究心儒者体用之学。弱冠,世祖召见,俾入枢密院、御史台肄习官政。至元二十一年,授承事郎、云南诸路提刑按察司判官,时年二十有四。乌蒙蛮酋叛,世延会省臣以军讨之,蛮兵大溃,即请降。"[2]无论自后至元二年上溯77年,还是自至元二十一年上溯23年,皆中统二年,兹为生年。当其三岁时,其祖父去世,而当其七岁时,其父去世。《永乐大典》卷10889《按竺尔神道碑》:"中统癸亥(四年)春三月二十有三日,以疾薨于西汉阳私第。某年某月某甲,葬鸾停山,春秋六十有九。"[3]《元史》卷121《按竺迩传》:"国

　　〔1〕《元代珍本文集汇刊》,影印洪武刊本,国立中央图书馆,页250,页251。
　　〔2〕中华书局标点本,1976年版,页4166,页4163。
　　〔3〕中华书局影印明刊本,1969年版,页4508上。

宝治文州有善政,至元四年,卒。"[1] 其祖母白氏,乃是位"贤内助"。《雪楼先生集》卷4《故祖母白氏,追封秦国夫人制》:"出于令族,配我良臣。起从诸王,历事五帝。南征北伐,当建业之难;内抚外攘,受总戎之寄。赏则均于士伍,功必让于偏裨。惟尔谨身节用,以正乎家;劳心焦思,以淑于后。施于孙子,允称执法之中;在我国家,宜赠从夫之爵。以正位号,以极哀荣。"[2]

《元史》卷180《赵世延传》:"[至元]二十六年,擢监察御史,与同列五人劾丞相桑哥不法。中丞赵国辅,桑哥党也,抑不以闻,更以告桑哥。于是,五人者悉为所挤,而世延幸免。"[3] 赵世延之免于罪戾,尚得益于同僚赵思恭的指点。傅若金《傅与砺集》卷文10:"故朝列大夫、金燕南河北道肃政廉访司事,赠中议大夫、上骑都尉、礼部侍郎,追封天水郡伯赵公行状。"即《赵思恭行状》有载:"时相桑哥擅政恣暴,恒沮抑台宪,所论劾少迕意,辄构害之,在廷之臣不敢吐一辞。公独守其职不变,相益忌之,因奏六曹户、工事繁伙,岁阅其牍,御史府宜防吏废程,请诏御史分其属即两部治之,志欲病御史,且伺其过,公与赵世延治工部。"[4] 虞集《道园类稿》卷42《天水郡伯赵公神道碑铭》亦《赵思恭神道碑》:"当是时,公与赵鲁公世延俱为御史,当阅工部卷。赵公与公议曰:吏奸旁午,观望首鼠。尽索之,将不胜诛,而易于激怒,以伤大体。稍有疏漏,彼因得以为我罪,宜何出乎?公曰:尽索之而激怒,固祸出不测,而以疏漏纵容,见及祸亦不测。不如详覆之,宁受严密之祸,犹不失御史体也。公性本宽易,于此乃检劾授校,无细不察,经时而后毕。桑哥果使人覆视之,思虑之到,略无可议者。赵公后历台、省之重,思公之才不尽用,作辞以哀之。"[5]

《元史》卷180《赵世延传》:"[至元]二十九年,转奉议大夫,出佥江南湖北道肃政廉访司事。敦儒学、立义仓、撤淫祠,修澧阳县坏堤,严

[1] 中华书局标点本,1976年版,页2986。
[2] 《元代珍本文集汇刊》,影印洪武刊本,国立中央图书馆,页226。
[3] 中华书局标点本,1976年版,页4163。
[4] 《北京图书馆古籍珍本丛刊》,影印洪武刊本,书目文献出版社,页729下。
[5] 《元人文集珍本丛刊》,影印明初翻印至正刊本,新文丰出版社,页271上。

常、澧掠卖良民之禁,部内晏然。""大德元年,复除前官。三年,移中台都事,俄改中书左司都事。台臣奏,仍为都事中台。六年,由山东肃政廉访副使改江南行台治书侍御史。十年,除安西路总管。安西,故京兆省台所治,号称会府,前政壅滞者三千牍。世延既至,不三月,剖决殆尽。陕民饥,省、台议请于朝赈之,世延曰:救荒如救火,愿先发廪以赈,朝廷设不允,世延当倾家财若身以偿。省、台从之,所活者众。至大元年,除绍兴路总管,改四川肃政廉访使。蒙古军士科差繁重,而军士就戍往来者多害人,且军官或抑良为奴,世延皆除其弊,而正其罪。又修都江堰,民尤便之。"[1]除外,还有构筑"紫云岩"的举措。张养浩《归田类稿》卷5《敕赐成都紫岩书院记》:"绵竹,广汉属邑。北违邑二十里,为岷山之麓,隆然复起者,为紫云岩,宋南轩先生张宣公拭故居也,余皆芜废,惟读书堂遗址在焉。""后公为宪使四川,复申其议,所属遂捐俸以先,且曰:里贤所居,存今仅此,不有以昭其遗烈,公论谓何? 于是,若吏、若士民,欣助说从,合力以相厥役。"[2]

《元史》卷180《赵世延传》:"[至大]四年,升中奉大夫、陕西行台侍御史。"[3]经过再三的筹谋,赵世延终于完成了旨在纪念许衡的"鲁斋书院"的肇创。《雪楼先生集》卷13《鲁斋书院记》、卷1《立鲁斋书院谕》:"后以西台侍御史复来,因请以先生从祀夫子,且申前议。乃有王氏欲斥居宅为之,得前太子家令薛处敬赞其决,士民承风劝趋,前御史张崇、推官李益、匠府同知韩佑相与董成之。前为夫子燕居之殿,以颜子、曾子、子思、孟子侍坐,后为讲堂,左、右列格物、致知、诚意、正心四斋,以张子厚先生昔讲道于横渠,乃为室东偏,合张、许二先生而祀之。库寝庖厩毕备,屋凡若干楹。""西台侍御史赵世延,请依他郡先贤过化之地,为立书院。前怯怜口总管王某献地宅以成之,延请前国子司业某同主领教生徒。乞降旨拨田养士,将王某量加旌劝。准奏,可赐额曰鲁斋书院。"[4]许有壬《至正集》卷43《鲁斋书院记》:"至大庚戌,集贤大

---

〔1〕中华书局标点本,1976年版,页4163,页4164。
〔2〕文渊阁《四库全书》本,页3上、下。
〔3〕中华书局标点本,1976年版,页4164。
〔4〕《元代珍本文集汇刊》,影印洪武刊本,国立中央图书馆,页522,页133,页134。

学士姚公燧作祠堂记，犹以未升从祀天靳筑室为言。皇庆癸丑（二年），始从西台侍御史赵世延请，暨宋九儒升从祀，建书院京兆，记则翰林学士承旨程公巨夫笔也。元统乙亥，皇上敕翰林学士欧阳玄为神道碑，与夫制诰、赞诔、记铭，推明道统之所在者至矣。"[1]

24.3

《元史》卷180《赵世延传》："皇庆二年，拜江浙行省参知政事，寻召还，拜侍御史。延祐元年，省臣奏：比奉诏汉人参政用儒者，赵世延其人也。帝曰：世延诚可用，然雍古氏非汉人，其署宜居右。遂拜中书参知政事，居中书二十月，迁御史中丞。有旨省臣自平章以下，率送之官。其礼前所无有，由是为权臣所忌，乃用皇太后旨，出世延为云南行省右丞。陛辞，帝特命仍还御史台为中丞。三年，世延劾奏权臣太师、右丞相帖木迭儿罪恶十有三，诏夺其官职；寻升翰林学士承旨，兼御史中丞，世延固辞，乃解中丞。"[2]赵世延"江浙参政"、"御史台侍御史"的任期皆很短，而未来及到职的"云南右丞"，即所谓"右辖，分治云南"。《永乐大典》卷10889《按竺尔神道碑》："皇庆二年，制诏丞相：西台侍御史世延可江浙行省参政。御史大夫奏曰：侍御史阙，请用世延。上曰：江浙重诸省，无以易之。大夫固请，乃允。""亡何，命世延参知政事。"[3]《雪楼先生集》卷5《赵氏先庙碑》、卷13《鲁斋书院记》："又明年（延祐二年），参政拜中丞，自中丞迁右辖，分治云南。天子顾中丞非君不可，复拜中丞"；"侯名世延，字子敬，今为资善大夫、御史中丞"；"延祐二年十有一月朔记"[4]

《元史》卷180《赵世延传》："〔延祐〕五年，进光禄大夫、昭文馆学士，守大都留守；乞补外，拜四川行省平章政事。世延议即重庆路立屯田，物色江津、巴县闲田七百八十三顷，摘军千二百人垦之，岁得粟万一

---

〔1〕《元人文集珍本丛刊》，影印宣统刊本，新文丰出版社，页213下。

〔2〕中华书局标点本，1976年版，页4164，页4165。

〔3〕中华书局影印明刊本，1969年版，页4507上。

〔4〕《元代珍本文集汇刊》，影印洪武刊本，国立中央图书馆，页249，页523，页524。

千七百石。"[1]暨,《归田类稿》卷5《奉元路鲁斋书院三先生祠堂记》:
"皇上践阼之五年,诏辍荣禄大夫、大都留守臣赵世延为平章政事、行
中书省四川。公既上,走书礼部尚书张某曰:某向承匮西台,尝请建鲁
斋许文正公书院,翰林学士承旨程巨夫记其成。重惟宋横渠先生张公
及我潜斋杨元复先生,皆奉元家,而鲁斋虽非其乡,以尝主善安西路学,
遂于书院中合祠三先生于一室,庶使前辈典刑,日远日著,又以奉元故
为皇太后分地,启赐经籍如干卷,学田七十亩,子其为我具文诸石。"[2]
不过,既然其任"四川行省平章"在延祐五年,"皇上践阼"就应该已有
七年之久。正是在兹年,赵世延昔日经营未竟的"紫岩书院"告成。同
书卷5《敕赐成都紫岩书院记》:"乃命邑尹任某,首创先圣燕居堂及先
生之祠,功甫集,公改官西台。会四川儒学提举彭参嗣至,而公拜御史
中丞,县县焉若负未庚,亟走书行省及为宪司者,俾竟其事,而提举彭参
乃身任之。经始于延祐丙辰秋,溃成于戊午(五年)之春。"[3]

《元史》卷180《赵世延传》:"明年,仁宗崩,帖木迭儿复居相位,锐
意报复,属其党何志道诱世延从弟胥益儿哈呼诬告世延罪,逮世延置
对,至夔路,遇赦。世延以疾抵荆门,留就医。帖木迭儿遣使督追至京
师,俾其党煅炼使成狱。会有旨,事经赦原,勿复问。帖木迭儿更以它
事白帝,系之刑曹,逼令自裁,世延不为动,居囚再岁。胥益儿哈呼自以
所诉涉诬欺,亡去。中书左丞相拜住屡言世延亡辜,得旨出狱,就舍以
养疾。"[4]赵世延遭道虐待,缘起于当年的弹劾。《至正集》卷76《辩平
章赵世延》:"窃见光禄大夫、前四川行省平章赵世延,先任御史中丞,
倡率监察御史奏劾奸臣帖木迭儿不法一十余事,及中丞朵儿赤等按问
帖木迭儿下总领蔡云,因冯开平身死公事,过付张五十三,许与帖木迭
儿中统钞一千定。本人受要说事钱二百定,招证明白,征赃到官。其帖
木迭儿幸得脱免,追印罢职,因此怀蓄忿怒。""又以温迪罕尝赞其事,
坐以减死之罪,为平章赵世延远任蜀省,令人诱说伊房弟胥益儿哈呼将

[1]中华书局标点本,1976年版,页4165。
[2]文渊阁《四库全书》全,页1上、下。
[3]文渊阁《四库全书》本,页3下。
[4]中华书局标点本,1976年版,页4165。

·欧·亚·历·史·文·化·文·库·

赦前干名犯义虚妄事情，排陷陈告。差人勾唤赴都对问，行至中途，遇赦释免。又行差官催促到部，令伊门下心腹人尚书达尔玛实哩，非法锻炼，勒要招伏，锁发前去三不剌，复还大都。凌虐枉禁，前后三年，意逼自裁。"[1]

赵世延之幸免于难，大概由大都留守柏铁木儿转请丞相拜住，敦促英宗曲加维护。黄溍《金华先生集》卷43《太傅文安忠宪王家传》亦《柏铁木尔家传》："故平章政事赵公世延为中执法，时尝与劲右丞相铁木迭儿，会英宗在谅暗中，复出据相位，遂起大狱以事报复。赵公以王力救而免，王未尝与人言，及王薨，赵公致奠甚哀，人始知之。"[2]《元史》卷205《铁木迭儿传》："赵世延时为四川行省平章政事，铁木迭儿怒其昔尝论己，方入相时，即从东宫启英宗，遣人逮捕之。世延未至，铁木迭儿使讽世延，啖以美官，令告引同时异己者，世延不肯从；至是，坐以违诏不敬，令法司穷治，请寘极刑。英宗曰：彼罪在赦前，所宜释免。铁木迭儿对曰：昔世延与省、台诸人谋害老臣，请究其姓名。英宗曰：事皆在赦前矣，又焉用问？后数日，又奏：世延当处死罪。又不允，有司承望风旨，锻炼欲使自裁，世延终无所屈，赖英宗素闻其忠良，得免于死。"[3]当然，本人的忍辱以及告者的潜逃，也是事情最终出现转机的原因。《至正集》卷76《辩平章赵世延》："本官刚明自负，不为匹夫自经沟渎之事；其元告人自知诬妄，不敢面对，因此在逃，根勾不获。为本官患病，奏奉圣旨，保管在外。"[4]

24.4

《元史》卷180《赵世延传》："未几，帖木迭儿死，事乃释，世延出居于金陵。泰定元年，召还朝，除集贤大学士。明年，出为江南行台御史中丞。四年，入朝，复为御史中丞，又迁中书右丞。""明年，仍加翰林学

〔1〕《元人文集珍本丛刊》，影印宣统刊本，新文丰出版社，页342上。

〔2〕《四部丛刊初编》景印元刊本，页14上、下。

〔3〕中华书局标点本，1976年版，页4580，页4581。

〔4〕《元人文集珍本丛刊》，影印宣统刊本，新文丰出版社，页342上。

士承旨、光禄大夫。经筵开,兼知经筵事,选拣劝讲者,皆一时名流。又加同知枢密院事。"[1]其在"经筵",也有时人提到。《道园类稿》卷33《书赵学士经筵奏议后》:"泰定元年春,皇帝始御经筵,皆以国语译所说书,两进读,左丞相独领之。凡再进讲,而驾幸上都,次北口,以讲臣多高年,召王结及集执经从行。至察罕行宫,又以讲事亟召中书平章张公珪。遂皆给传,与李家奴、燕赤等俱行。是秋,将还,皆拜金纹对衣之赐,独遣人就赐赵公简于浙省,加白金焉,赏言功也。四年之间,以宰执与者,张公珪之后,则中书右丞许公师敬与今赵公世延也;御史台则中丞撒忒迷失;而任润译讲读之事者,翰林则承旨埜仙帖木儿、忽鲁而迷失,学士吴澄伯清、阿鲁威叔重、曹元用子贞、撒撒干伯瞻、燕赤信臣、马祖常伯庸及集,待制彭寅亮允道、吴律伯仪,应奉许维则孝思也;集贤则大学士赵简敬甫,学士王结仪伯、邓文原善之也;李家奴德源、买闾仲璋皆礼部尚书;吴忽都不花彦弘中书参议,张起岩梦臣中书右司郎中也。"[2]

《元史》卷180《赵世延传》:"泰定帝崩,燕铁木儿与宗王大臣议:武宗二子周王、怀王,于法当立,周王远在朔漠,而怀王久居民间,备尝艰险,民必归之,天位不可久虚,不如先迎怀王,以从民望。八月,即定策,迎之于江陵。怀王即位,是为文宗。当是时,世延赞画之功为多。文宗即位,世延仍以御史中丞兼翰林学士承旨,以疾乞归田里,诏不允。天历二年正月,复除江南行台御史中丞,行次济州。三月,改集贤大学士。六月,又加奎章阁大学士。八月,拜中书平章政事。冬,世延至京,固辞不允,诏以世延年高多疾,许乘小车入内。"[3]年迈的赵世延,积极参与了天历年间的政变;因此,其与策动者、后封"太师、太平王"的燕铁木儿,关系也非同一般。同书卷138《燕铁木儿传》:"于是,封府库,拘百司印,遣兵守诸要害。推前湖广行省左丞相别不花为中书左丞相,詹事塔失海涯为平章,前湖广行省右丞速速为中书左丞,前陕西行省参

〔1〕中华书局标点本,1976年版,页4165,页4166。
〔2〕《元人文集珍本丛刊》,影印明初翻印至正刊本,新文丰出版社,页128下,页129上。
〔3〕中华书局标点本,1976年版,页4166。

政王不怜吉台为枢密副使,萧忙古觯仍为通政使,与中书右丞赵世延、枢密同金燕铁木儿、通政院使寒食分典庶务。""一日,宴赵世延家,男女列坐,名鸳鸯会,见座隅一妇色甚丽,问曰:此为谁? 意欲与俱归。左右曰:此太师家人也。"[1]

《元史》卷180《赵世延传》:"至顺元年,诏世延与虞集等纂修《皇朝经世大典》,世延屡奏:臣衰老,乞解中书政务,专意纂修。帝曰:老臣如卿者无几,求退之言,后勿复陈。四月,仍加翰林学士承旨,封鲁国公。秋,以疾移文中书,致其事。明日,即行,养疾于金陵之茅山。诏征还朝,不能行。二年,改封凉国公。"[2]赵世延既为《经世大典》修撰的只要责任者之一,全书的"序"当然正是其亲笔。《元文类》卷40赵世延等《经世大典序录》:"乃天历二年冬,有旨命奎章阁学士院与翰林国史院参酌《唐、宋会要》之体,会稡国朝故实之文,作为成书,赐名《皇朝经世大典》。明年二月,以国史自有著述,命阁学士专率其属而为之,太师、丞相、答剌罕、太平王臣燕帖木儿总监其事,翰林学士承旨、大司徒臣阿璘帖木儿,奎章阁大学士臣忽都鲁笃尔弥实,奎章阁大学士、中书右丞臣撒迪,奎章阁大学士、太禧宗禋使臣阿荣,奎章阁承制学士、金枢密院事臣朵来并以耆旧近臣,习于国典,任提调焉。中书左丞臣张友谅、御史中丞臣赵世安等,以省、台之重,表率百司,简牍具来,供给无匮。至于执笔纂修,则命奎章阁大学士、中书平章政事臣赵世延,而贰以臣虞集,与学士院、艺文监官属分局修撰。"[3]

赵世延的子女中,知名者有四。《元史》卷180《赵世延传》、卷195《野峻台传》:"五子,达者三人:野峻台,黄州路总管;次月鲁,江浙行省理问官;伯忽,夔州路总管,天历初,囊加台据蜀叛,死于难,特赠推忠秉义效节功臣、资善大夫、中书右丞、上护军,追封蜀郡公,谥忠愍。""野峻台,由四川行省左右司郎中、西行台监察御史、河西廉访副使转黄州路总管。湖广既陷,朝廷察其材,升四川行省参政,命与平章咬住讨贼。

---

[1]中华书局标点本,1976年版,页3327,页3333。

[2]中华书局标点本,1976年版,页4188

[3]《四部丛刊初编》,景印至正刊本,页1上、下,页2上。

咬住军五千,乃分锐卒八百,使野峻台为前驱。贼方据巴东县,攻拔之。是时,归、峡等州皆为贼所守,野峻台破贼江上,斩溺无算,已而归、峡平。又进拔枝江、松滋两县,乘胜趋江陵,贼出阵清水门,鏖战至夕,贼退入城,乃据其门,竢咬住军至。黎明,贼出战,三时顷,咬住军止百步外,不救,贼飞枪刺之,遂死。事闻,赠荣禄大夫、陕西行省平章政事、柱国,追封凉国公,谥忠壮。"[1]陈旅《安雅堂集》卷11《故鲁郡夫人赵氏墓志铭》亦《赵鸾墓志铭》:"中书参知政事安阳许公有壬之夫人赵氏,讳鸾,字善应。""奎章阁大学士、翰林学士承旨、银青荣禄大夫、知制诰兼修国史、中书平章政事,封鲁国公,讳世延之女。母刘氏,封益国鲁国夫人。"[2]

24.5

毫无疑问,赵世延本人就曾是有元重要诗文作者。可惜其手笔大都亡佚,仅存者寥寥无几。《元文类》卷33《南唐书序》:"天历改元,余待罪中执法。监察御史王主敬谓余曰:公向在南台,盖尝命郡士戚光纂辑《金陵志》,始访得南唐书,其于文献遗阙,大有所考证,裨助良多,且为之音释焉。因属博士程熟等就加校订锓板,与诸史并行之。越明年,余得告还金陵,书适就,光来请序。按《南唐本纪》:李升系出宪宗四世,间关困厄,才有江淮之地,仅余三十年,卒不复振,而宋灭之。虽为国褊小,观其文物,当时诸国,莫与之并。其贤才硕辅,固不逮蜀汉武侯,而张延翰、刘仁瞻、潘佑、韩熙载、孙忌、徐锴之徒,文武才业,忠节声华,炳耀一时,有不可掩。""窃谓唐末契丹雄盛,虎视中原,晋、汉之君,以臣子事之惟谨。顾乃独拳拳于江淮小国,聘使不绝,尝献橐驼并羊、马千计,高丽亦岁贡方物,意者久服唐之恩信,尊唐余风,以唐为犹未亡也邪?宋承五季周,统目为僭伪,故其国亡而史录散佚不彰。然则马元康、胡恢等迭有所述,今复罕见。至山阳陆游,著成此书,最号有法,传

〔1〕中华书局标点本,1976年版,页4167,页4423。
〔2〕文渊阁《四库全书》本,页17下,页18上。

者亦寡。后世有能秉春秋直笔,究明纲目统绪之旨者,或有所考而辩之。始识其端,以俟君子。余前忝史馆,朝廷命议修宋、辽、金三史而未暇,他日,太史氏复申前议,必将有取于是书焉。"[1]

文中有史,诗后或附跋。《全蜀艺文志》卷23《悟空赞》:"水泄人间本不通,唐僖西幸蜀尘红。无端横被诸军士,勘破如如老悟空。""沙界堂堂总法身,万钧一羽等纤尘。不争铁笠安头上,恼乱众生五百春。""精蓝在昔紫云峰,梅菊开时静应同。蝴蝶翩翩桑梓晓,朅来繁上揖兹风。予儿时,常闻戊午天兵之攻云顶也。先是,宋将姚世安迁汉阳静应石像于此山,岁秋、冬汉繁清凉主僧挈徒悟空定真避乱,与静应同一龛殿。城既下,将士关攫财帛,先伯元帅公独取静应,将归其故里,塔院悟空亦复本寺,迄今五十三年矣,兹按部过繁,主院智深前诣曰:二大士实先师金汤谷复其故者,幸丐一语,以耀山门。小子不敏,感念先伯平昔轻财急义,率类乎此,其泽被后人多矣,夫何敢辞?"[2]《珊瑚网》卷27《题周曾秋塘图卷》:"傍水芙蓉照晚妆,溪禽沙鸟满秋塘。枯荷折苇兼葭外,不着黄花喷晚香。"[3]《御选元诗》卷16《览苏湲湖待月南轩墨迹白云观,即景用韵》:"凛飙集庭树,秋气殊未肃。抉云度崇冈,访古瞰岩谷。午茶琳宇琴,清致超冰玉。愧尔白云人,幽栖非碌碌。"[4]《元文类》卷6《代祀南岳登祝融峰》:"天风吹我蹑云根,一览群山蚁垤纷。瀛海波翻初日上,石坛人语半空闻。炎荒作镇荆吴远,元气流形天地分。何日束书煨芋室?孤峰绝顶看浮云。"[5]

赵世延已佚文字的作品,数量应该不少。王世贞《弇州山人续稿》卷167《御服碑》:"元成宗感异梦,致御服于终南之万寿宫。赵参政世延记之,集贤[赵]孟頫书之。"[6]杨基《眉庵集》卷2《题宋周曾秋塘图并序》:"前有皇姊图书印记,后有集贤学士诸词臣奉皇姊教旨所题,自

---

〔1〕《四部丛刊初编》,景印至正刊本,页16上、下,页17上。

〔2〕文渊阁《四库全书》本,页11上、下、页12上。

〔3〕文渊阁《四库全书》本,页12下。

〔4〕文渊阁《四库全书》本,页20下。

〔5〕《四部丛刊初编》,景印至正刊本,页14上。

〔6〕《明人文集丛刊(第一期)》,影印崇祯刊本,文海出版社,页7659。

大学士赵世延、王约而下,凡十六人。时邓文原、袁伯长俱为直学士,李洞以翰林待制居京师,为监修国史,实至治三年也。"[1]马祖常《石田先生集》卷8《记御史台题名后》:"天历初,有制命御史台具石题名。圣言浑灏,有训有戒,天{听}[聪]洞达,照知物情,而文字简易,盖尧、舜都俞之音也。[夫]天地之大,日月之明,何德以象之?臣赵世延既承诏为文,至顺三年{某}[九]月日,台臣等谨敷宣德意,列载如上。"[2]《至正集》卷71《题杨廷镇所藏首科策题》:"读卷臣[赵]世延等识于后,莫不哀岁月之飘忽,君臣之奄弃,世事之多变也。哀则哀矣,无愧也。"[3]《珊瑚木难》卷3许有壬《玄教大宗师吴公画像赞序》:"后八年,予在山中,又以赵凉公(世延)以下诸君子所赞小像,既各为序矣。"[4]郑真《荥阳外史集》卷97《同年录》:"其(蒋山下)外一碑亭,有赵世延、虞伯生所著,皆在载碧珠在栾铣事然求之钟上,则无有,岂岁月既深,为铜花所蚀耶?"[5]

赵世延之书法,也颇可观,以致每有人请作、珍藏。《雪楼先生集》卷5《均州武当山万寿宫碑铭》:"延祐改元春二月,皇太后命师乘驿奉香币,还山致祭。冬十月,集贤大学士臣颢,请加赐宫额曰大天一真庆万寿宫,诏翰林学士承旨臣某撰碑文,集贤学士臣孟頫书丹,中书参知政事臣世延篆额。"[6]柳贯《柳待制集》卷19《跋郑左丞所藏中朝诸老手帖》:"某畴昔承乏班行,尝得瞻望诸公履舄之末光,今幸从公窃观翰墨于典刑沦谢之后。贞元旧臣,独豫斋王公、迂轩赵公与公,如大鼎之三趾,为四方之具瞻。大雅曰:虽无老成人,尚有典刑。请歌以寿公。又曰:维今之人,不尚有旧。请并歌,以为世鉴焉。"[7]《至正集》卷39《瞻绿亭记》:"蕲水东桥,曰绿杨,兰溪掎之,清泉迤之,眉山长公游访地也。山曰凤栖,久庵潘君隐焉,居之隙,悉树以竹子。西溪构亭,其中

[1]《四部丛刊三编》,景印成化刊本,页12下,页13上。
[2]《北京图书馆古籍珍本丛刊》,影印后至元刊本,书目文献出版社,页237下。
[3]《元人文集珍本丛刊》,影印宣统刊本,新文丰出版社,页322下。
[4]文渊阁《四库全书》本,页53下。
[5]文渊阁《四库全书》本,页25下。
[6]《元人文集珍本丛刊》,影印洪武刊本,国立中央图书馆,页266。
[7]《四部丛刊初编》,景印元刊本,页9下。

扁以丛翠。西溪子仁彦宾,请于迁轩凉国公,公大书瞻绿,以易其旧。于是,持以来请曰:仁得公翰墨为荣,元老尊严,不敢复有请,愿剖其义。"[1]《草堂雅集》卷5张雨《灯花联句,并序》:"永嘉李季和(孝光)自金陵持赵凉公书来,屡宿菌阁下。十月三日夜,天始霜,殊寒。雨、灯并作花,遂联句于酒间。"[2]除外,《六艺之一录》卷99:"《东岳庙昭德殿碑》,天历元年,赵世延书。"[3]

24.6

纵观"雍古"人赵世延的一生,时常与孛儿只吉一朝的"文治"相关:建书院、葺祠堂,预经筵、修大典。人以群分,就经常与之"并列"的其他人来说,也大多属于这一"类型"。《元史》卷139《朵儿只传》:"至治二年,授[朵儿只]中奉大夫、集贤学士,时年未及冠。一时同寅,如郭贯、赵世延、邓文原诸老,皆器重之。"[4]欧阳玄《圭斋集》卷9《元故奎章阁侍书学士、翰林侍讲学士、通奉大夫虞雍公神道碑铭》亦《虞集神道碑》:"生平知己,大臣藁城董宣公(文用)、保定张蔡公(珪)、陇西赵鲁公(世延),皆国元老。赵之复相,尝面请召柳城姚公(燧)、涿郡卢公(挚)、广平程公(文海)、吴兴赵公(孟頫),每与公论文,辄以方来文柄属之。"[5]《道园类稿》卷36《河图仙坛功德碑铭,应制》:"若何公荣祖、张公思立、王公毅、高公昉、贾公钧、郝公景文、李公孟、赵公世延、曹公鼎新、敬公俨、王公约、王公士熙、韩公从益,诸执政多所谘访。"[6]除了"政绩"以外,可称者盖包涵诗、文、书、史、礼等的"学识"。而这后者,危素《危太朴集》卷5《尼山大成殿四公配享记》:"逮我朝混一天下且四十年,延祐三年,仁宗皇帝在位,崇学右文,御史中丞赵公世延始

---

〔1〕《元人文集珍本丛刊》,影印宣统刊本,新文丰出版社,页195下,页196上。

〔2〕文渊阁《四库全书》本,页2上。

〔3〕文渊阁《四库全书》本,页18下。

〔4〕中华书局标点本,1976年版,页3353。

〔5〕《四部丛刊初编》,景印成化刊本,页32上。

〔6〕《元人文集珍本丛刊》,影印明初翻印至正刊本,新文丰出版社,页178下。

言：南北祭礼，不宜有异，当升曾、思如典故。制曰：可。"[1]

其实，就赵世延的"宦迹"而言，也常与复兴"儒学"有着瓜葛。这种"习惯"，几乎在其年轻时就已形成。即使是资望、权威不足以成事的时候，也在尽着绵薄而黾勉。《归田类稿》卷5《敕赐成都紫岩书院记》："今光禄大夫、行四川省平章政事赵公世延察判云南宪司，时秩满过蜀，偕同官郝如渊将起其废，以为书院。其读书堂，则沿之为祠，以奉先生之像，而未遑也。"[2]《雪楼先生集》卷13《鲁斋书院记》："先是，云中赵侯（世延）守长安（安西路总管），尝议建书院如他郡先贤故事，不果。"[3]蒲道源《闲居丛稿》卷14《新修二贤祠堂记》："国初，邑人为立一石，表曰汉李将军故居。迁轩赵鲁公世延，亦立一石表，曰：唐谪仙李翰林故里。窃谓广之忠勇、白之文章，皆间生也，合祠以享，何间其世代文武不同耶？"[4]此种堪称"自觉"的"热衷"，还以"嗜好"收藏的形式传给了他的子胤。《道园类稿》卷33《跋朱文公白鹿洞赋草》："今此篇辑录文公全书者，以冠诸首，家传而人诵之，则固有不待皆至乎白鹿者。平章迁轩赵公之幼子，乃购得其稿本。观其草具之谨，改定之精，尤足想见其意度。他日，请使善工摹之，而勒诸石，以补洞中之阙，庶后之览者有所观感，岂私玩云乎哉？"[5]

然而，令人惊讶，当其以前的父、祖二代，犹都是以"宣武"为事的军将。《元史》卷121《按竺迩传》："国宝一名黑梓，少击剑、学书，倜傥好义，有谋略。父为元帅，军务悉以委之，所至多捷。从攻重庆，降宋都统张实，并掠合州以归。中统元年，从攻阿蓝答儿，有功。阿蓝答儿叛将火都据吐蕃之点西岭，国宝摄帅事讨之，众欲速战，国宝曰：此穷寇也，宜少缓，以计破之。遂以精兵袭其后，火都欲西走，国宝据险要之，挑战则敛兵自固，相持两月，潜兵出其不意，擒杀之。捷闻，赐弓矢、金

〔1〕《元人文集珍本丛刊》，影印宣统《嘉业堂丛书》本，新文丰出版社，页430上。
〔2〕文渊阁《四库全书》本，页3上。
〔3〕《元代珍本文集汇刊》，影印洪武刊本，国立中央图书馆，页522。
〔4〕《中华再造善本丛书》，影印至正刊本，北京图书馆出版社，页25上、下。
〔5〕《元人文集珍本丛刊》，影印明初翻印至正刊本，新文丰出版社，页121上。

绮。"[1]就是可知名字、官爵的同辈人中,也几乎很少有"宣文"作为宣业者。《永乐大典》卷10889《按竺尔神道碑》:"孙男若干人:曰讷怀,佩金虎符、吐蕃宣慰使、都元帅;曰世延,即参政;曰步鲁答,佩金虎符、安远大将军、管军万户。曰达察儿,佩金符、忠显校尉、寨兵千户;曰鲁木力结,佩金符、忠显校尉、文州上千户;曰土满答,佩金符、忠显校尉、管军千户;曰真不花,佩金符、忠显校尉、管军千户;曰阿思哥不华,承事郎、邠州达鲁花赤;曰塔不带,进义副尉、草塘副长官。曾孙男若干人:曰霍立台,佩金虎符、宣武将军,嗣元帅;曰蒙哥不华,佩金符、明威将军、云南管军万户。"[2]这似乎又是有元非"汉人"迅速"华化"的典型实例。

最后,还需作一说明:前引署为"赵世延等"所撰的《经世大典序录》,也见于虞集的文集。《道园类稿》卷16《经世大典序录,应制》:"乃天历二年冬,有旨命奎章阁学士院、翰林国史院参酌《唐、宋会要》之体,会萃国朝故实之文,作为成书,赐名《皇朝经世大典》。明年二月,以国史自有著述,命阁学士专率其属而为之。太师、丞相、答剌罕、太平王臣燕帖木儿总监其事,翰林学士承旨、大司徒臣阿璘帖木儿,奎章[阁]大学士臣忽都鲁笃尔弥实,奎章阁大学士、中书右丞臣撒迪,奎章阁大学士、太禧宗禋使臣阿荣,奎章阁承制学士、金枢密院事臣朵来,并以耆旧近臣习于国典任提调焉。中书左丞臣张友谅,御史中丞臣赵世安等以省、台之重,表率百官,简牍具来,供给无匮。至于执笔纂修,则命奎章阁大学士、中书平章政事臣赵世延,而贰以臣虞集,与学士院、艺文监官属分局修撰。"[3]这一现象表明,包括该书各部分的"分序"也都是他们两人"集体"创作,即互有改易,最后成稿。《麟溪集》卷子《旌表郑氏义门碑颂,并序》:"国朝之制:民有同居五世者,辄下令旌表其门,盖所以广治也。[虞]集于天历之末,尝奉诏同奎章阁大学士赵世延纂修《经世大典》,取凡有系礼官者,定为上、中、下三篇,而旌表与焉。"[4]

---

[1]中华书局标点本,1976年版,页2986。

[2]中华书局影印明刊本,1969年版,页4508上。

[3]《元人文集珍本丛刊》,影印明初翻印至正刊本,新文丰出版社,页462下,页463上。

[4]《北京图书馆古籍珍本丛刊》,影印成化刊本,书目文献出版社,页596上。

25　降生龙川
——拓跋元善的家世与淄州李氏

元人常挺所作《平乐府学记》一文，涉及"龙川公"之侄拓跋元善。所称"龙川公"不是别人，乃是西夏苗裔"淄州李氏"的成员世安。其相关的谱系，惟忠由户籍分隶"皇弟"而移居，其子恒、孙世安、世雄、世显，缘曾为官于江西、湖广，多有政绩而名著南方。元善系世显之子，同辈兄弟尚有屺、屿、𪩘、峙、嵘、繁等。迄元中以后，这个家族的成员，在"风俗"上有了"由武向文"的深刻变化；而变化，体现在与刘壎、姚燧、张伯淳、吴澄等文士交往"龙川公"身上尤其明显。无怪乎为其侄的元善，也会孜孜于平乐府学校的修复。而从其"新辟"的墓葬地考虑，其后来的"籍贯"可能已不再是淄州亦般阳路，而是有元的首都大都路。

25.1

《粤西文载》卷26，载有元人常挺所作《平乐府学记》一文，其中云："至正二十有三年，平章荣禄公总制军旅，开署省事。其明年，以昭郡重地，控制梧、贺，选本省理问官拓跋元善摄郡监、义兵万户、劝农、防御事以镇抚之。君以是年六月莅事，前政多废弛，君乃正身帅下，早夜以思，寝食弗遑，发号施令，与民更始，威惠兼施，宽猛得宜。自郡城达于四境，吏民为之改观，朔望视学，见其上漏旁穿，震风凌雨，日益倾圮，喟然叹曰：兴崇学校，守令责也。予敢不夙夜祗惧，恪勤厥职？鼎建祠庙，以奉祀事，郡博士赵显祖、文学掾尹龙协力赞成。乃考核学租之没于某者，得粟一百九十八石，民儒户之义助者一十锭，公与学官各捐己俸,共得数千缗,选匠具徒,购木于昭、贺之境。至正二十有四年冬,建立大成殿,旧殿湫隘,不足以奉几筵,则扩而充之,应门、西庑、讲堂、斋馆,焕然一新。材木之良,工匠之巧,规矩准绳,深广如法。川流山峙,前拱后揖,圣容穆穆,侑坐肃然,祭祀以时,洋洋如在。春、夏诗书之教,朝夕弦诵之声,使民沐浴于膏泽,被服先王之道,元善可谓知为政之本矣。""郡监元善,先世西夏拓跋氏,龙川公侄,前世显官,由京秩出监象州,再升省理问官,正直廉敏,材略过人,当为时名公卿。"[1]

所称"本省理问官"亦"郡监"拓跋元善,业已引起曾经录证该文的杨浣先生的高度重视,无论是该"人员"还是其"姓氏"。他于《平乐府学记考释,兼论元末西夏遗裔也儿吉尼在广西的政绩》一文中说:"拓跋元善:其人史籍不载。《平乐府学记》粗略勾勒了家世和履历,从先世西夏拓跋氏,龙川公侄可知,元善是一位西夏拓跋氏遗裔,族属为唐兀。他的叔叔龙川公,虽然文献中无法考见,能够写入《平乐府学记》中,则显示此人应是有一定名望或身份。《平乐府学记》说元善的祖辈曾经担任过地位显赫的官职,元善本人最初也是一名在京城大都任职的官员,至元十三年后,外调至湖广行省新设的象州做监察官,至正二十四年,元善被派往号称昭郡重地,控制梧、贺的平乐府担任监察御史兼义兵万户、劝农、防御事(使),主要负责监察本郡政务。在此任上,拓跋元善主持重修了平乐府儒学。在社会上,元善享有正直廉敏,才略过人的清誉。""宋、元诸正史中记载拓跋[氏]信息的材料,仅有三条。""《平乐府学记》中出现的拓跋元善,如果确像其作者常挺所述,真是西夏拓跋氏的后裔,那么,至少可以把西夏拓跋氏的存留时间延伸至元末,也就是公元十四世纪后期。"[2]

"监郡",不是"监察官",更不是"监察御史",而是"郡"亦"府、州"之"达鲁花赤"。《元史》卷91《百官志》:"散府,秩正四品。达鲁花赤一员,知府或府尹一员,领劝农、奥鲁与路同。同知一员,判官一员,推官一员,知事一员,提控案牍一员。所在有隶诸路及宣慰司、行省者,有

〔1〕文渊阁《四库全书》本,页31上、下,页32上,页33上。
〔2〕载《北方北方民族大学学报》2009年第5期,页14,页15。

直隶省部者,有统州、县者,有不统县者,其制各有差等。""上州:达鲁花赤、州尹,秩从四品;同知,秩正六品;判官,秩正七品。中州:达鲁花赤、知州,并正五品;同知,从六品;判官,从七品。下州:达鲁花赤、知州,并从五品;同知,正七品;判官,正八品,兼捕盗之事。"[1]姚燧《牧庵集》卷6《圣元宁国路总管府兴造记》:"府则不然,虽牧欲举有为,其联署则监郡焉,同知、治中焉,判与通焉,下乃幕僚属史,上下相司,权分而不专,动必询众,乌可一遗?一或有言,府无公须,山虞泽衡皆有例禁,财无所于取也,民不可擅征而役也。是非丛前,利害相倾。"[2]以二者称同一人者,如张养浩《归田类稿》卷5《重修会波楼记》:"泰定改元,秋雨甚,城少圮,楼亦挈挈入于坏。舟者仰视,缩颈连舞棹过之,怖其见压。于是,司宪诸公以语监郡都侯。""都侯,国人,名某,莅官廉慎,由世为都达{噜噶齐}[鲁花赤]济南,故以官氏云。"[3]

"象州",并非"新设"。《明清类天文分野之书》卷20《翼、轸楚分》:"唐武德四年,以始安郡之阳寿、桂林县重置象州。贞观十年,自武德移象州于武化。开元二十二年,徙州治阳寿。天宝中,改为象郡。干元初,复为象州,治武化。大历十一年,复置阳寿。五代属南汉。宋景祐四年,升为防御州。崇宁四年,省武化入阳寿。景定三年,徙治于来宾县之蓬莱路。元至元十三年,立安抚司。十五年七月,改为象州路总管府。十六年,复还治阳寿。大德五年,以路为州。"[4]该单位曾被更作"总管府路",无须怀疑。吴澄《吴文正集》卷33《有元朝列大夫、抚州路总管府治中致仕李侯墓碑》亦《李璋墓碑》:"至元十八年,左迁潭州沣陵县尉。二十一年,授将仕郎、象州路总管府知事;未任,选为湖广省掾。"[5]也就是说,入元以后,要到大德五年,"象州"方始再度为"州"。实际上,从"象州达鲁花赤"到"平乐府达鲁花赤","拓跋元善"

〔1〕中华书局标点本,1976年版,页2317,页2318。
〔2〕《四部丛刊初编》,景印《武英殿聚珍》本,页2下,页3上。
〔3〕文渊阁《四库全书》本,页6上,页7上。
〔4〕《续修四库全书》,影印明刊本,上海古籍出版社,页270上。
〔5〕《元人文集珍本丛刊》,影印成化刊本,新文丰出版社,页562上、下。

只不过莅临了"本省理问官"一任。而一任,即"一考",以 30 个月为限[1]。也就是说,他之到官广西而为"监郡",应该在至正改元以后。如何以"至元十三年后"作为他"由京秩"而出的时间标志?即使从至正前的后至元六年算起,上距前至元十三年,仍有 63 年之久。

25.2

"拓跋元善"为"龙川公侄";而兹"龙川公",也并非"文献中无法考见"。《吴文正集》卷 42《元故荣禄大夫、江西等处行中书省平章政事李公墓志铭》亦《李世安墓志铭》:"公讳世安,字彦豪,国言名散术觿。宪宗朝癸丑岁九月五日,生于宣德府龙门川,人称李龙川云。"[2]《水云村稿》卷 2《参政陇西公平寇碑》:"公名世安,号龙川,家世河西。徙居燕,为江西等处行中书省参知政事有年矣。勋名著闻,新膺特旨,因任云。"[3]"拓跋"、"李",皆党项贵族和西夏首领嗣袭之姓;其由来,一以所属部名,一因皇帝赐予。《旧五代史》卷 132《李仁福传》:"李仁福,世为夏州牙将,本拓跋氏之族也。唐干符中,有拓跋思恭,为夏州节度使。广明之乱,唐僖宗在蜀,诏以思恭为京城西北收复都统,预破黄巢有功,僖宗赐姓。故仁福亦以李为氏。"[4]迄于宋,即使在赵氏臣民的文字中,二者仍常并存而沿用。刘敞《公是集》卷 43《拟朝廷报契丹书》:"恭问大契丹皇帝,遣某子遗朕书,告将亲伐元昊,朕不敢闻。先帝割灵、夏五州之地封李德明,使奉拓跋之祀,编族宗籍,以宠其姓,尊官贵爵,以养其身,厚赐重禄,以足其意,丹书铁券,以坚其信,德至厚

〔1〕王恽《秋涧先生集》卷 87《请职官依旧三十个月迁转事状》,《四部丛刊初编》景印弘治刊本,页 15 上、下:"切见即日到部听除职官,缘员多阙少,填积停滞人数。以致进退两难,有碍铨调,似失材能乐于从政之望,深有未便者。至如尚书省奏准,令大小职官皆以六十月为一考,盖出一时权宜,本为收拾户计等事,恐考限短促,中间不能尽心勾当而已。近闻随路户口事理,已是检括版籍见数,别无隐落。若止拟六十月成考,岁月既久,则官府人情,不无厌急轻易之弊,又于选调有所窒碍。据一时之制,似宜复旧。合无闻奏,复依旧例三十月为满考,选调或得通行,庶官免致间旷,实于官民两得便当。"

〔2〕《元人文集珍本丛刊》,影印成化刊本,新文丰出版社,页 20 下。

〔3〕文渊阁《四库全书》本,页 3 上。

〔4〕中书局标点本,1976 年版,页 1746。

也，泽至大也。"[1]

"李龙川"亦世安，正是党项拓跋之派、西夏国王之胤。《吴文正集》卷42《李世安墓志铭》："公，西夏贺兰于弥部人也。皇元资善大夫、中书左丞，赠银青荣禄大夫、平章政事，加赠推忠靖远功臣、太保、仪同三司、滕国武愍公恒之子，益都、淄莱军民都达鲁花赤，赠金吾卫上将军、金书枢密院事、滕国忠襄公{维}[惟]忠之孙。初，天兵奄并诸国，守夏边城，城陷死节者，其先世也。忠襄始仕我朝，家于淄川，从唐所赐夏国姓。武愍，遂为佐命混一功臣。"[2] "贺兰"、"于弥"，皆有佐证。柳贯《柳待制集》卷9《李武愍公新庙碑铭》亦《李恒新庙碑》："公姓李氏，讳恒，字德卿。其先，有国河右之贺兰山曰西夏者，公之世也。自其父淄州都达鲁花赤、赠金吾卫上将军、签书枢密院事、滕国忠襄公，始家淄州长白山下，故今为淄州人。"[3]《元史》卷129《李恒传》："李恒，字德卿。其先，姓于弥氏，唐末，赐姓李世，为西夏国主。太祖经略河西，有守兀纳剌城者，夏主之子也，城陷不屈而死。子惟忠，方七岁，求从父死，主将异之，执以献宗王合撒儿，王留养之。及嗣王移相哥立，惟忠从经略中原，有功。淄川王分地，以惟忠为达鲁花赤，佩金符。惟忠生恒，恒生有异质，王妃抚之犹己子。"[4]

李世安排行居长，有弟二人：世雄，世显。[5] 张伯淳《养蒙集》卷4《益都、淄莱等路管军万户李公墓志铭》亦《李世雄墓志铭》："平章武愍李公（恒），生{二}[三]子，君其季也，讳世雄，字彦豪。余与长公湖广行中书省右丞龙川公（世安）缔交久，稔君性行，所谓称其家者。大德辛丑（五年）岁，余再入翰林，始识君，温其如玉人也。经年间，时一晤

---

〔1〕《宋集珍本丛刊》，影印光绪复刊《武英殿聚珍》本，线装书局，页687上。又，《明一统志》卷5，文渊阁《四库全书》本，页30上："龙门川，在云州堡东，合独石、红山二处之水从龙门峡南下，故名；"即今河北赤城县东南白河。

〔2〕《元人文集珍本丛刊》，影印成化刊本，新文丰出版社，页20下。

〔3〕《四部丛刊初编》，景印元刊本，页8上。

〔4〕中华书局标点本，1976年版，页3155，页3156。

〔5〕《元史》卷129《李恒传》，页3160："子散{木}[术]觯，江西行省平章政事；襄加真，益都淄莱万户；逊都台，同知湖南宣慰使司事。孙薛彻干，兵部侍郎；薛彻秃，益都殷阳万户"；对照以下，襄加真，世雄；逊都台，世显；薛彻干，屺；薛彻秃，屿。

语,使人意消。顷闻君扈从上都,道病犹强起前进,少愈,力疾以归京师。至则不可支,五月十七日,终于私第,得年卅一。悲夫! 尝拜宣武将军、益都、淄莱等路管军万户,居亡何,举以让兄之子某。娶崔氏,故平章政事、御史中丞彧之女。子男一:某;女一,某;俱幼。以壬申(至元九年)十一月三日生,殁后十日,葬永安山之原,祔先茔也。"[1]世雄之子名繁,因此,乃为"龙川公侄"的"拓跋元善"亦李元善,必然是世显之子。《吴文正集》卷 42《李世安墓志铭》:"公之弟:世雄、世显。公以本军万户让世雄,授宣武将军,在职十年,还以让公之子屺。屺临终,以让宣武之子繁,繁曰:父让而子夺之,可乎? 不就职,乃与公之嫡长孙保。保以让怀远(屺)之子顺,武愍公之荫让与世显。初任湖南宣慰之贰,继任建康、吉安、瑞州三郡之监,阶昭勇大将军。"[2]

　　盖为元善"伯父"而非"叔父"的李世安,其子、孙辈颇多。《吴文正集》卷 42《李世安墓志铭》:"先是,公参江浙、河南二省时,逮事忠襄公夫人、武愍公夫人,有子有孙,一家五世,文人巨公,作诗颂咏。后忠襄夫人终,公上事武愍夫人,下见曾孙,亦五世。及武愍夫人终,公年踰七十,而公之长子翰林直学士、中议大夫屺归省,已近六十,须鬓皓白,人不辨其为父子,亦复四世,莫不羡公门积善之庆"。"公之配颜氏,先四十八年卒;张氏,先三十年卒;俱追封滕国夫人。子男五:屺,中议也;峿,怀远大将军,袭万户,二十三年而卒;巇,栖霞县达鲁花赤;峙,亦先卒;嵘,奉议大夫、江西行省理问。女一,适典瑞院同金纽里帚。孙男十,孙女四。曾孙男六,曾孙女三。"[3]屺,《柳待制集》卷 12《武德将军刘公墓表》亦《刘用墓表》:"武德将军、益都淄莱万户府管军千户刘公既殁,葬之几年,其孙源袭爵,镇守龙兴,将北归其乡,树碑公墓,著其功伐,表示来世。翰林直学士李君伯瞻,为之请辞于余(柳贯)。"[4]暨,《牧庵集》卷 14《徽州路总管府达{噜噶齐}[鲁花赤]兼管内劝农事虎公神道碑铭》亦《虎益神道碑》:"女三人,长适武愍孙,今湖广行省左揆

〔1〕文渊阁《四库全书》本,页 6 上、下。

〔2〕《元人文集珍本丛刊》,影印成化刊本,新文丰出版社,页 23 上。

〔3〕《元人文集珍本丛刊》,影印成化刊本,新文丰出版社,页 22 下,页 23 上。

〔4〕《四部丛刊初编》,景印元刊本,页 11 下。

世安子利用监某;次适池州总管府判官隋载子某;幼姆。"〔1〕兹"利用监某",不知为谁?

25.3

"龙川公"李世安及其父恒,皆为平宋名将;而于江西、广东之经略,建有殊勋。《牧庵集》卷12《有元故资善大夫、中书左丞、赠银青荣禄大夫、平章政事、谥武愍公李公家庙碑》亦《李恒家庙碑》:"以地远援疏,诏公与宋都统、张茂实、吕师夔辟都元帅府江右,公为左副都元帅。破刘盘军,下隆兴,擒熊飞,建昌、抚、瑞、吉、赣与广、闽诸州皆下。""经略广东,进复梅、循、英德与广之清远,走王道夫,击凌震海上,获船三百艘,禽将吏宋迈以下二百人,又破其余军菱塘。江淮省亦遣都元帅张弘范至自漳,与共围崖山。势计穷蹙,度不能国,资政陆秀夫抱卫王蹈海死,获其金玺。其将吏死焚溺者十万余人,翟国秀、凌震皆降,世杰遁去,风坏舟,死海陵港,南海平。"〔2〕《吴文正集》卷42《李世安墓志铭》:"武愍(李恒)从丞相淮安忠武王平宋,既取襄、樊,下荆、岳,被命往定江西。诸郡邑相继降附,无劳攻战,平反大狱,全活故家百数。征谋治法,公之翊赞居多,江西之民按堵如故。武愍经略广东,授公金符、朝列大夫、广州路达鲁花赤。办军需,与宋师战于海珠寺下,公总千骑,据岸发矢,俘获二百余人,夺取三百余艘,宋师舍舟陆走。明年春,克崖山,武愍同张元帅(弘范)入献捷。"〔3〕

李氏父、子的仕履,非常巧合,皆与江西、湖广行省"有缘"。《吴文正集》卷14《滕国李武愍公家传后序》亦《李恒家传后序》、卷42《李世安墓志铭》:"公(恒)之官,肇端淄莱路安抚司郎中,继授诸军总管,继授副万户,继兼益都、淄莱两路军职,升副都元帅、同知江西道宣慰司事,遥领福建道正使。寻改使江{丑}[西],由宣慰使除行中书省(江西)参知政事,由都元帅除行中书省(湖广)左丞,阶宣武、明{成}

〔1〕《四部丛刊初编》,景印《武英殿聚珍》本,页18上。
〔2〕《四部丛刊初编》,景印《武英殿聚珍》本,页7上,页8上。
〔3〕《元人文集珍本丛刊》,影印成化刊本,新文丰出版社,页20下,页21上。

［威］、宣威将军、定远、昭勇大将军,以镇国上将军换资善大夫。""进阶嘉议大夫、新军万户;寻升同知江西宣慰使。后奉特旨,世袭益都淄莱上万户。""起复正议大夫、金江西等处行中书省事,兼本军万户。二十四年,尚书省立,公(世安)金行省事如初。""升中奉大夫、参知行尚书省政事。二十七年,寇党复聚江西,立行枢密院,差官与公合力。""元贞、大德间,授正奉大夫参江浙、河南二省,秩满,升湖广左丞。""至大初,召入,加荣禄大夫平章政事、商议枢密院使,提调诸卫屯田。""次年(皇庆二年)冬,除江西等处行中书省平章政事。"[1]《牧庵集》卷12《李恒家庙碑》:"六官而三践公(李恒),武已可见,其才之无羞子职者。自其(世安)既相,亦解兵其弟世雄以宣武将军将之。"[2]

　　身为将军的李恒、世安,却于"活人"颇为尽心。刘岳申《申斋集》卷7《滕国武愍李公庙碑》亦《李恒庙碑》:"故太保、滕国武愍公(李恒)之下庐陵(吉州路)也,虽以忠节故邦,文丞相(天祥)乡国,又当忠勇偏师挑战之后,公不疑不怒,按甲入城。城中老弱,不知革命于反掌间,其所活庐陵之人,不知其几。及文丞相檄江乡,士大夫举义兴复,公尽得其所檄名籍而焚之,其所活庐陵江西之人,又不知其几。"[3]《牧庵集》卷12《李恒家庙碑》:"移省荆湖,凡虏民男女奴鬻者,皆罪而正之。常德、辰、澧、沅、靖五州［路］大荒,民至易子以粲,为发廪赈之,所活为口亡虑十万计。"[4]《吴文正集》卷42《李世安墓志铭》:"有黠僧托采药为名,至江西,俾人诬告宋相章鉴匿故主国玺及亲属,密旨命公提兵捕取,公止用百卒,猝至其家,搜索无验,诘问告者,首抉其诬,章相得释。其僧撰造重大事名,胁取富室货宝不一,公摭其事以闻,权相右之,事寝不报。""省、院以所获寇四百余属公莅杀,公与都事周元德及行院官一一判别,仅戮其二而已。""公素闵汉军戍广东瘴乡,十死七八,至是,建议择善地,分六戍镇守,有役然后调遣,无事则安居,戍兵免罹瘴毒,得

---

〔1〕《元人文集珍本丛刊》,影印成化刊本,新文丰出版社,页260下,页261上,页21上、下,页22上。

〔2〕《四部丛刊初编》,景印《武英殿聚珍》本,页9下。

〔3〕文渊阁《四库全书》本,页8上。

〔4〕《四部丛刊初编》,景印《武英殿聚珍》本,页8上、下。

全其生。"[1]

　　李世安曾经二次成功镇压地方起事：至元中平丘元，延祐初平蔡五九。《水云村稿》卷2《参政陇西公平寇碑》亦《李世安平寇碑》："至元二十有五年，畲寇钟明亮起临汀（汀州路），拥众十万，声摇数郡，江、闽、广交病焉。猱健豕突，草萎木枯，血肉填溪谷，子女充巢穴，有旨进讨辄伪降，以欸我师。明年，丘元起广昌[县]，与明亮掎角，弥漫浸淫，遂及我[南]丰[州]。""一日，阴霾划开，天宇澄霁，则参政李公来，号令新、和气回，军声壮、风采肃，乃启城关，乃发仓粟，乃宽刑辟，乃缓商征，政有便民者罔弗举，民始有生意，贼亦望风鸟兽散。于是，责官吏以招来，分师旅以讨捕，悔过宥之，负固诛之，州境毕清。则率诸将捣丘元之巢，歼其渠、离其党，辑绥其流亡，振旅还州。州人香旗欢迎，感极且泣，曰：生我者父母，全我者参政也。自丘元败而明亮孤，不数月，贼悉平。"[2]刘将孙《养吾斋集》卷14《李龙川平盗诗序》亦《李世安平盗诗序》[3]："延祐乙卯（二年）夏、秋之交，有盗起于赣[州路]之宁都[县]，声势摇煽，张甚。龙川平章提兵临捕，省掾李君友仁实掌案牍，未几而盗溃，又未几而盗执，曾不二三月之间，班师奏凯。暨朝命遣将，此已平定，盖混一以来，用师之神速、成功之伟特，未有若斯之盛者也。"[4]

25.4

　　李恒颇能识别贤才，或直接委用，或向上举荐。《吴文正集》卷36《管军千户，赠骁骑尉、牟平县子、武德孙将军墓表》亦《孙玉墓表》："吾

　　[1]《元人文集珍本丛刊》，影印成化刊本，新文丰出版社，页21上，页22上。
　　[2]文渊阁《四库全书》本，页1下，页2上、下。
　　[3]《桂隐集》卷诗二《忆昔行，送李省掾友仁从李龙川平章定寇》，文渊阁《四库全书》本，页38上、下："忆昔韩退之，运筹辨幕擒吴儿。蔡城夹道拜丞相，归来却作平淮碑。忆昔于公异，櫜头露布从东渭。文章功业相久长，一语精神照天地。凶奸小大虽不同，宾主千载同高风。舳舻白钺航玉虹，劲气欲划千崆峒。丘夷穴蹄九兕毙，溪湮壑倒群蛟穷。葑粮糜尽嘉谷在，锄恶树善心元公。城门夜开灯火闹，童哇妇织村无哨。四郊桑麻与天平，弦诵家施礼教。悬知耆老歌盛德，锯斧春风余幼少。章江水满牙旗舞，勾陈横空搥大鼓。杀牛击鲜劳归旅，千斛鹅黄浮瓮醑。相君黄扉君紫府，先生作诗如吉甫。"
　　[4]文渊阁《四库全书》本，页15下。

父之父（孙琪）武略，勇力冠军，我朝规取襄、樊以来，攻城略地，陷阵摧锋，洊著劳绩，夺樊城、夺郢州、夺阳逻堡，渡江而南，定江西诸郡，以至捷崖山，俱隶元帅李武愍公麾下。""予尝游今平章李公（世安）之门，颇闻先武愍公（恒）所用偏裨，多有能名，而孙其一也。"[1]程巨夫《雪楼先生集》卷16《曾履祥墓志铭》亦《曾颖瑞墓志铭》："公硕德重望，诸公贵人竞欲推挽，武愍李公镇江西，拟公知汀州事，左丞管公行中书省，拟公提举福建儒学。公曰：余老矣，无能为也。已固辞，幸诸子卓然可传家事，纤悉一推付之。"[2]《新安文献志》卷92上程伯洺《元赠光禄大夫大、司徒、柱国，追封楚国公、谥孝肃程公行录》亦《程翔卿行录》："至元丙子（十三年），中军元帅吕公师夔将命来盱江，见公而器重焉。大将李公恒表闻于朝，特颁玺书，授公朝列大夫、管军总管，佩符绾绶，兄弟分任兵民，建节一邦，金紫辉映，时人羡之，而公不以为荣也。"[3]《养吾斋集》卷16《松坡赵公祠堂记》："公（赵必覃）以太平户随孟忠斋归附，授宣抚司参议。既李武愍公平南，上公除同知郁林州事，未上而卒，此其故居也。"[4]

与其父相似，李世安也以引推人材为己任。《道园类稿》卷21《送黄敬则赴太平文学序》："时内附未久，淄莱李忠愍公（李恒）方领其军定江右、镇豫章，鹿泉贾公以文臣为使，奉诏分阃，绥抚其士民。""故宋进士之在崇仁者犹十数人，衣冠甚伟，独宗正寺簿思梅黄公为诸公一起，为之宾客，气象论议，多所感发。""岁丙戌（至元二十三年），寺簿公殁，忠愍元子龙川公以世家仍镇其部，历阶省府。贾公（居贞）、刘公（宣）子弟之往来于洪者，皆以其先志，求寺簿（黄思梅）之子浮山君开馆塾而礼貌之。""而李氏之子孙至再世，皆称门生弟子。君之生平，客授之日多于居家矣。龙川以平章留枢筦，尝与翰林、集贤荐君，而仅一拜文学之命，而君不屑也。使其子仕为学官，则敬则也。"[5]《申斋集》

〔1〕《元人文集珍本丛刊》，影印成化刊本，新文丰出版社，页588上、下。
〔2〕《元代珍本文集汇刊》，影印洪武刊本，国立中央图书馆，页623，页624。
〔3〕文渊阁《四库全书》本，页11下，页12上。
〔4〕文渊阁《四库全书》本，页6上、下。
〔5〕《元人文集珍本丛刊》，影印明初翻印至正刊本，新文丰出版社，页542下，页543上。

卷11《奉议大夫、泉州路总管府推官周君墓志铭》亦《周天凤墓志铭》:
"及代,燕公以湖广右丞掾仪之,公捐馆,左丞李公世安留之。会抚州
路平准行用库提领命下,李公以省检校剡上之京师,京师诸公喜得仪
之,交章推举,吏议持已除,必不可改。"[1]揭傒斯《揭文安集》卷11《陟
亭记》:"是尝为郡曹,又为县都曹,宽海艘之役、罢坑冶之害者(阮民
望);是尝受知滕国李武愍公恒及其子平章公世安、楚国程文献公巨
夫、南台薛中丞居敬、孙御史世贤者。"[2]

　　李世安与文士的交往,堪称十分广泛。《水云村稿》卷5《重题雪崖
吟稿序》:"今宰相龙川公来讨贼,君(雪崖),以客从,予(刘埙)岌岌危
惧,闷不自聊,兵前遇君,执手欢甚。君入则陪帅,出则诣吾庐,围棋赋
诗,历历谈世事,又谈世外事。"[3]《牧庵集》卷23《皇元故怀远大将军、
同知广东道宣慰司事王公神道碑铭》亦《王守信神道碑》:"今将以某岁
月日还葬吾乡霸之大城孟郫先茔,得善史者铭其碑。我先人将不恨其
无闻于地上,且怀德地下也。敢以是哀鸣公(姚燧)。大参、龙{州}
[川]李公亦曰:是公以镇抚事先武愍公于帅府,先公至地,亦至焉者其
事然。"[4]《养蒙集》卷2《送方复大序》:"余(张伯淳)友方君复大,纠
正宣城郡(宁国路)学,将之官告行。常所来往,余谓宣城经诸谢题品,
而太白、牧之赋咏相续,山川明秀,无所韬韫矣。宦游所到,想见心目畅
达,足昌其文,可为复大贺。始余识复大于江浙参知政事龙川李公馆
中,知其主固已信其客,既而过从稔,益信其纯雅可敬。"[5]《吴文正
集》卷14《李恒家传后序》:"公之长子荣禄大夫、江西等处行中书省平
章政事世安,长孙翰林直学士、中议大夫屺,[吴]澄所识也。因阅公行
状、神道碑,载公之忠武、勤劳伙矣。"[6]

　　令人感到惊异,文士与李世安或有书信来往,甚至有诗歌的赠遗、

<hr>

〔1〕文渊阁《四库全书》本,页3上、下。
〔2〕《四部丛刊初编》,景印明钞本,页6下,页7上。
〔3〕文渊阁《四库全书》本,页12下,页13上。
〔4〕《四部丛刊初编》,景印《武英殿聚珍》本,页11下,页12上。
〔5〕文渊阁《四库全书》本,页17上。
〔6〕《元人文集珍本丛刊》,影印成化刊本,新文丰出版社,页261上。

酬唱。《水云村稿》卷11《通李左丞书》:"即辰麦秋清润。恭惟左丞相公龙川先生:牙纛所临,神明拥佑,钧候动履多福。某堕身流水村中,安闲守分,何日非云庇所及也?年时里商来汴,尝附拙诗,转眼一春,益勤穹仰。相公德望勋名,朝家倚重,宣威布政,驱驰靡宁。继今以往,必判中书,不然其由鄂而还洪乎?西江士民,引领望之。某累年困顿,不能奋飞。近者鲁山廉使到州,一见欢然,特加爱念,许为出力造就。亲索一宗文字去,后随蒙分付省中入选,正商量间,而此先生移节浙东,事机相左,又成渺茫。幸今相公造化在手,倪念门墙桃李之旧,宛转钧播,拔之泥途,不负大恩,有如皦日。今因程府便谨,奉此上候起居。复有拙诗一章,敢尘电览:江、鄂相近,甚欲一诣省下参拜,少叙渴心,虽行止非人所能,然此念未尝一日忘也。"[1]陈泰《所安遗集》《刘光朝席上,和龙琴皋韵,并简和龙川》:"山中欲归,可归可迟。暮云在襟袖,亦有重来期。刘侯好兄弟,斗酒相怡怡。风流贺监,山阴雪乘船,马上青云姿。忽疑鉴湖日,又似天台时。琴皋仙,我为云,尔为龙。愿得千里万里长相从,人生离合谁得知?山中且归,为君更{换}[唤]丹青师,画出尊前一段奇。"[2]

25.5

从上所证,平乐府达鲁花赤拓跋元善,所出乃国破族迁的"淄川李氏";而其先世,盖西夏王族苗裔。对此,除见前外,同一内容的文字犹有:《牧庵集》卷12《李恒家庙碑》、卷14《虎益神道碑》:"唐季,王西夏,甚强盛。虽宋、金尝加兵,终莫能服,我太祖始平之。其宗有守{某}[兀纳]城者,独战死不下,子惟忠尚少,求从父死,为今分土淄州诸侯王(移相哥)所得,于公为考,后以金符监淄州。有子十三人,公次居四,王妃爱其颖异,尝子之。在先朝故事:凡诸侯王,各以其府一官,入参决尚书事,公代其兄为之。""李氏国凉,为宋、金西北陲患三百年。

---

[1]文渊阁《四库全书》本,页14下,页15上、下。
[2]《涵芬楼秘籍第十集》,影印本,北京图书馆出版社,页608。

太祖徂征，犹俵天戈，以故多取歼夷。乌讷城帅实与｛宋｝［宗］臣战死，惟戏下钤部官｛穆苏和拉｝［虎速合刺］由首出降独全。从帅子惟忠，则赠银青荣禄大夫、平章政事、谥武愍公恒之考，隶分土淄州诸侯王。王多其气貌异伦，精艺骑射，能谕说他国言，为汉言如周象胥氏教，以为其国军民总管。"[1]《吴文正集》卷14《李恒家传后序》："滕国李武愍公，西夏人。大考以贵戚保边城，天朝兵至，城陷死节。考惟忠，甫七龄，将殉父死，兵帅奇其幼慧以献，皇弟（合撒儿）得之甚珍，后作州牧，监治淄州。子十三人，公次居四。结发从戎，熟历行阵，技精气锐，所向莫御。"[2]

　　李恒及其子世安皆官至平章政事，世雄及侄子屿、侄孙保、顺皆嗣万户，世显致仕路达鲁花赤。一门将、相、守兼具，可谓"显官"盈户。特别是前四者，均为江西地方所知悉、所称道。《申斋集》卷7《李恒庙碑》："公之冢子世安，以贤相闻于江西；公之仲子世雄，以贤帅闻于豫章（龙兴路）；公之季子世显，以贤守闻于庐陵（吉安路）；此天报之也。"[3]广西本为宣慰司，属湖广行省。《元史》卷9《世祖纪》："至元十四年三月，湖广行中书省言：议置广南西｛路｝［道］宣抚司于静江［路］。""五月，改广南西道宣抚司为宣慰司。"[4]"龙川公"曾经在那里任责；当其赴元首都大都述职，以致定居在那儿的"安南国王"陈益稷作诗送行。《元风雅》卷前3"交趾王"《送李龙川平章赴阙》："雪满长亭酒满斟，楚山千叠水千寻。梅青半识平生面，桐老相知太古心。雁影南楼孤月冷，马头北阙五云深。二毛越叟情无限，独向南窗袖手吟。"[5]《安南志略》卷2《至元二十三年四月诏》："今因尔国近亲陈益稷、陈秀｛峻｝［嵘］虑宗国覆灭，殃及无辜，屡劝尔来庭，终不见从，自｛投｝［拔］来归。朕悯其忠孝，特封陈益稷为安南国王，陈秀嵘为辅义

〔1〕《四部丛刊初编》，景印《武英殿聚珍》本，页6上、下，页16上。
〔2〕《元人文集珍本丛刊》，影印成化刊本，新文丰出版社，页260上。
〔3〕文渊阁《四库全书》本，页9上。
〔4〕中华书局标点本，1976年版，页189，页190。
〔5〕文渊阁《四库全书》本，页2上。

公,以奉陈祀。"[1]由此来看,常挺之表彰"拓跋元善"而提起其伯父李世安,不是没有"原因"的。

是为西夏遗绪的淄川李氏,元中以后,在"风俗"上有了"由武向文"的深刻变化;这种变化,体现在"龙川公"身上尤其明显。《吴文正集》卷14《李恒家庙碑》、卷42《李世安墓志铭》:"然夫天道好生,而道家忌世将,为其世将多杀也。今公(李恒)之子孙,政事文学,表表显庸,方兴未艾之福,如长江大河,源源而来,衮衮不竭。""武愍生长边陲,饮食祭祀,并遵国俗。暨公(李世安)之长,务学友士,诵习经史,希古圣贤。仪礼一书,儒流鲜读,纵读亦鲜达礼意。公识高质厚,值斩齐期功之服,靡不暗合礼经。居室之西,营家庙,祠武愍公,物未荐新,口不先哜。四时朔望,率家人行礼,虽晚年小疾,未尝使人代。在家燕处,萧然若韦布。其出也,驺从省约。平生澹无所好,惟延名师,训诲子孙,劝人为善,见有善若自己出,闻有过辄为覆护勉。仕宦以忠贞,勉子弟以孝友,贫约者勉其治生,富厚者勉其施与,饥寒之人,衣之食之,所识丧葬,必躬往吊祭,野有莩死,捐赀掩骼一辔。"[2]《水云村稿》卷2《李世安平寇碑》:"公端人也,其仁如春,其清如冰,其诛赏公平如权衡,其在军中,手不释卷,虽羽檄纷驰,犹崇学校、修祭礼,非其本领正、识虑明,曷克若是?"[3]无怪乎为其侄的元善,也会孜孜于学校的修复。

从其"新辟"墓葬地考虑,当李恒一代起,其"籍贯"可能已不再是"淄州"亦治今山东淄博市淄川区的"般阳路",而是治今北京市的"大都路"。《养蒙集》卷3《元故平章政事李武愍公墓田记》亦《李恒墓田记》:"李氏系出西夏,至武愍公,益大其门,迨今名在宇宙,功在国家,威德在江南之士若民。葬京师之西三十里,曰永安山之阳,恤典视诸勋阀独优,时论荣之,较德焯勤,有碑有记,有幽堂之铭,其于传无已。公之子世安,今为江浙等处行中书省参知政事,慨先猷之未竟,冈极之莫酬,即茔域左右,买田以共蒸尝,五顷而赢,且将续继焉。前翰林院学士

<hr>

[1]《中外交通史籍丛刊》,武尚清点校本,中华书局1995年版,页50。

[2]《元人文集珍本丛刊》,影印成化刊本,新文丰出版社,页261上,页22下,页23上。

[3]文渊阁《四库全书》本,页3上、下。

张伯淳,与参政公有都门过从之雅,钱塘解后,一再为伯淳言:世安幸甚,一门被遇圣朝,何修克称? 实维前人功德所及。今娱奉重闱,祖母太夫人年过八帙,康强如壮年,每家庆檀栾,历历道往事,必以世济先美,为诸孤勉,尤切切然以房、杜子孙为深鉴。凡为蒸尝不朽计,亦太夫人意也。其为我纪其事。"[1]《吴文正集》卷42《李世安墓志铭》:"尝至淄州,聚族戒曰:此吾祖初基,今族大蕃衍,以淄川公视之,岂容有亲疏之异? 族人无子孙,或孤弱、客死远方,为归其丧,就祖茔,序昭穆以葬,有义田,供展省之费,族之婚丧,皆取给于斯。"[2]据兹,"淄州"李氏应作"大都李氏"。

---

[1]文渊阁《四库全书》本,页3上、下。
[2]《元人文集珍本丛刊》,影印成化刊本,新文丰出版社,页22下。

371

·欧·亚·历·史·文·化·文·库·

26　左丞守孤

——唐兀人余阙的生平和作品

　　有元一代闻名于史的"唐兀"人,要数官至淮南行省左丞的余阙为最。其籍贯:先世伊州人,西夏西扩,迁居凉州,南宋灭亡,又徙庐州。其生、卒年:大德六年,至正十八年。其仕履:元统元年进士,释褐泗州同知,召入应奉翰林文字,转刑部主事,召修辽、宋、金三史,为翰林修撰。又拜监察御史,移礼部员外郎,出为湖广行省左右司郎中,以集贤院经历召入,迁翰林待制,出佥浙东道廉访司事。至正十年,权淮西宣慰副使,更同知淮西宣慰副都元帅,升淮南行省参知政事,改右丞。其作品存者:计有诗九十六、文六十八之《青城先生集》,及别见《大雅集》《元诗选初集》《元诗体要》《师山遗文》《柳待制集》等书。而经学、书法作品,除少量于入明曾经见在外,大都当时即已亡失。余阙死后,追挽、凭吊的士子络绎不绝,新朝的皇帝还将之列入"春、秋"的祭祀。而从其于经学、文学、书法等方面不同前、后朝代"凡响"的建树来看,有元"文治"对整个漠南社会的影响,应是超乎今人的想象。即使以其喋血"危地"论,也应认作是"实践"儒家"忠、节"思想的耀眼光芒。而其晚年所抗战者,未必是"正义"之师;更何况盖为"雠敌"的人中,尚有非常的尊敬者。

26.1

　　有元一代闻名于史的"唐兀"人,要数官至淮南行省左丞的余阙为最。其籍贯、家世和生、卒年月,相关的记载似乎十分清晰。宋濂《宋文宪集》卷40《余阙传》:"余阙,字廷心,一字天心,唐兀氏,世居武威。父沙剌藏卜,官合肥,遂为合肥人。母尹氏,梦异人,生阙,阙生而发尽白。家贫,年十三,始能就学,嗜欲甚浅,不知有肉味,惟甘六艺,学若饴,嗜之不厌。与河南张恒游,恒,临川吴澄弟子,善谈名理,阙之学,因绝出四方。擢元统癸酉进士第,授同知泗州事。""戊戌正月七日,城陷,阙犹帅众血战,身中三矢。""贼怒,举长枪欲刺阙,阙遂自刭,沉水死,年五十六。其妻耶卜氏闻之,亦率其子得臣、女福章赴水死。"[1]叶子奇《草木子》卷4上《谈艺篇》:"浙东佥宪余阙,字廷心。""后为淮西宣慰,守安庆孤城六年,上下援绝,淮寇益炽,城遂陷。府前有一大池,自刎死于池,妻子亦同死。赠淮南行省右丞,进平章政事,谥文贞公。其先,河西人,伊吾儿氏。"[2]《元统元年进士录》:"余阙,贯庐州路录事司,唐兀人氏。字廷心,行四,年三十一,正月十一日。曾祖□□,祖铣节,父屑耳为,母尹氏。慈侍□,兄阉,少,剌八、供保,弟福。娶耶[卜]氏。乡试河南第二名,会试第二名,授[淮]安路同知泗州事。"[3]

　　"武威",唐"凉州"(治今甘肃武威市)、元"西凉路"、亦后"永昌路"属"西凉州"之异称;"合肥",唐"庐州"(治今安徽合肥市)、元"庐州路"附郭县,也被用来作为本路的别号。《明清类天文分野之书》卷13《井鬼秦分》:"元魏后立武威郡。隋置凉州。唐武德二年,置河西节度。开元二年,置凉州镇、大总管。宋初,为西凉府。后陷于西夏。元立永昌路,改西凉府为州,属焉。"[4]《元史》卷59《地理志》:"明年(至元十四年),于本(庐州)路立总管府,隶淮西道。""领司一、县三、州三,州领八县。录事司。县三:合肥,上。倚郭。梁县,中。舒城,中。"[5]"伊吾儿",或即"伊吾庐",唐"伊州"(治今新疆哈密市)、元"哈密力"、明"哈密卫"。《明一统志》卷89:"哈密卫,本古伊吾庐,地在炖煌郡

　　〔1〕《四部备要》,校刊清刊本,上海中华书局,页471上,页482上。
　　〔2〕《元明史料笔记丛刊》句逗本,中华书局1983年版,页74。
　　〔3〕《庙学典礼》外二种,《元代史料丛刊》标点本,浙江古籍出版社1992年版,页171,页172。
　　〔4〕《续修四库全书》,影印明刊本,上海古籍出版社,页158下。
　　〔5〕中华书局标点本,1976年版,页1411。

北,大碛之外,为西北诸国往来要路。"[1]也就是说:余阙先世,伊州人,西夏西扩,遂迁居凉州,南宋灭亡,又徙庐州。而余,恰好是"伊吾"二音之合。《青阳先生集》卷4《送归彦温赴河西廉使序》:"予家合淝,合淝之戍,一军皆夏人。人面多黎黑,善骑射,有长身至八九尺者。其性大抵质直而上义,平居相与,虽异姓如亲姻。凡有所得,虽箪食豆羹不以自私,必召其朋友。朋友之间,有无相共,有余即以与人,无即以取诸人,亦不少以属意。"[2]

"戊戌"为至正十八年,向上追溯57年,则为"壬寅"、大德六年。由"癸酉"、元统元年上溯32年,也是"壬寅"、大德六年。两者吻合,可无疑问,则余阙生年为大德六年,卒年为至正十八年。其"业师"张恒,确系吴澄"嫡派"学生。吴澄《吴文正集》卷5《张恒字说》:"学者张恒请字,字之曰伯固。易曰:恒,德之固也。固者,坚守而不移,或勤或怠,乍作乍辍,无而为有、虚而为盈者,不至是,必终始惟一,无时厌倦,而后能之。"[3]《宋文宪集》卷44《笔记序》:"昔者宋景文公祁尝著《笔记》一编,以释俗、考古、杂说析为三门,而上虞李术指其瑕疵者十条。近代紫阳方公明亦著《笔记》一百六十余条,而河南张恒时斥其非。二公素称该洽,而其所失有如斯者,此无他,博焉而不及精之故也。"[4]"河南",大概是张恒"先世"搬移后的乡里,兹前也在"河西"地方;其居民,亦"唐兀"人。别本《吴文正集》卷附录揭傒斯《吴澄神道碑铭》:"[大德]五年,又以董公(士选)为中丞,乃授[吴澄]应奉翰林文字、登仕郎、同知制诰国史院编修官。比至,已有代,执手遮留不去,中山王珘、张达、河西张恒辈,皆从受业焉。八年秋,除将仕郎、江西儒学副提举。"[5]

《大雅集》卷6《挽余忠愍公,并序》:"公讳阙,字廷心,青阳人。明

---

〔1〕文渊阁《四库全书》本,页15上、下。
〔2〕《四部丛刊续编》,景印明刊本,页1上。
〔3〕《元人文集珍本丛刊》,影印成化刊本,新文丰出版社,页139下。
〔4〕《四部备要》,校刊清刊本,上海中华书局,页511下。
〔5〕文渊阁《四库全书》本,页52下,页53上。

经,登癸亥榜,同进士第二人。"[1]暨,《新安文献志》卷49《七哀辞,余左丞,并序》:"武威余忠宣公,名阙,字廷心。曩以色目第一人登第,内任翰林、太常,外官州、郡、省宪,文章政事,昭昭在人耳目。退处金斗之青阳读书,一旦被命为左丞守安庆,方危急之秋,即日就道。"[2]余阙为"癸酉"亦至顺四年、元统元年榜蒙古、色目人第一甲第二名,"赐进士及第";云其"癸亥榜同进士"者误。李祁《云阳先生集》卷3《青阳先生文集序》:"元统初元,余与廷心偕试艺京师,是科第一甲实三名,三名皆得进士及第,已而廷心得右榜第二,余忝左榜,亦然。唱名谢恩,余二人同一班列锡宴,则接肘同席而坐,同赐绯服,同授七品官。"[3]至于"青阳",盖山名,亦邸宅名。《青阳先生集》卷首程文《青阳山房记》:"青阳山房,在今庐州东南六十里巢湖之上,因山以为名,武威余公读书之处也。余公之未第也,躬耕山中,以养其亲,即田舍置经史、百家之书,释耒则却坐而读之,以求古圣贤之学。是时,未有青阳山房之名也,及其出而仕也,不忘其初,乃辟其屋之隘陋而加葺焉,储书其中,冀休官需次之暇,以与里中子弟朋友讲学于此,于是,始有青阳山房之名。"[4]

26.2

余阙"释褐"所授,乃泗州(治今江苏泗洪县东南)同知。临行,曾得考官之一国史院编修官王沂的赠文勉励。《伊滨集》卷15《送余阙之官泗州序》:"元统初,郡国髦士咸进于有司,时[王]沂佐考试,得淮南余阙,对策意甚伟之。既而覆于天子之廷,果中甲科,释褐,授同知泗州。比行,之沂别请言。或谓子猷文雅韵,宜列馆阁,乃今愿效一州,孰失之欤?""泗为州,隶县五,临淮其一。昔吾尹是邑,爱其民之质野朴木易治,教使移也,吾亦慨慕桐乡啬夫,虽不能至,然心乡往之。夫以吾之疲弩,而民从之若此,矧夫以子之才耶? 以一临淮民受赐,曷若五邑

---

〔1〕文渊阁《四库全书》本,页17下。
〔2〕文渊阁《四库全书》本,页24上。
〔3〕《北京图书馆古籍珍本丛刊》,影印清钞本,书目文献出版社,页199下,页200上。
〔4〕《四部丛刊续编》,景印明刊本,页6上、下。

之众耶？由是吾岂縻慕汉朱仲卿？亦将子慕矣。虽然，仲由居蒲，子贱治单父，昔人入其境，见成效而后称之。吾岂縻子慕于是乎？观子矣，子以为如何哉？"[1]受赠文者也不负期望，到任后颇有善政。《宋文宪集》卷40《余阙传》："泗濒淮，民豪弗驯，令蚀人土田，官籍之，多以诬去，[余]阙绳尤暴者数十，不敢哗。廖甲与舒乙竞田，廖焚舒庐舍，舒妇偶母、子同死，遂寘灰烬中诬之，阙为白其事。泗无麦，民以乏故，事弗闻，阙上之中书，定为令，凡无麦者减赋。代还，长老争进金为寿，阙谢去。后阙往桐城，道逢故民，皆罗拜马首，相随信宿而别。"[2]

不久，果如人之议论，余阙入京任职，或在"翰苑"，或在"部衙"。《宋文宪集》卷40《余阙传》："俄召入应奉翰林文字，转中书刑部主事，三月之间，疏涤冤滞狱五百。上官忌其才，议浸不合，[余]阙上宰相书言状，又不报，投劾而归。居亡何，复召修辽、宋、金三史。拜监察御史，上疏言守令最近民，欲万国治，责守令，反是政庞，宜用殿最法，力行之便。上从之。"[3]"复召修辽、宋、金三史"，乃在至正三年或之前。《纯白斋类稿》卷18《胡助自传》："会修辽、宋、金三史，议者谓先生（胡助）宜秉笔，而一时后生，奔竞图进，挟势求为之。中书总史事者，往往视人情，选择非才，贻笑当世。同僚有不平者，率先生上言辞职，先生因晓之曰：修旧史，固史官职也，然用否在朝廷。昔之为史者，不有人祸，必有天刑，甚可惧也。且以昌黎公职在史官，而不肯为史，况我辈耶？是宜退避，何庸较？同僚服其言，识者韪之。秩满，授承事郎、太常博士，年几七十，竟告老于朝，致仕以归，实至正二年也。"[4]宋褧《燕石集》卷15《跋孙履斋、周益公二帖》："今年（至正三年）夏四月，宰相以辽、宋、金三史未有成书上闻，圣天子命大臣硕儒总裁其事，择文臣四十人，分局纂修，[宋]褧叨预其一。"[5]

当《宋史》竟成上进之际，余阙已名在"宪署"。欧阳玄《圭斋集》

---

[1]文渊阁《四库全书》本，页17下，页18上、下。

[2]《四部备要》，校刊清刊本，上海中华书局，页471上。

[3]《四部备要》，校刊清刊本，上海中华书局，页471上、下。

[4]文渊阁《四库全书》本，页14下，页15上。

[5]《北京图书馆古籍珍本丛刊》，影印清钞本，书目文献出版社，页237下。

卷13《进宋史表》："平章政事臣纳麟,臣伯颜,翰林学士承旨臣达实帖木尔,左丞臣守简,参议臣岳柱,臣拜口,臣陈思谦,郎中臣｛干｝[幹]栾,臣孔思立等,协恭董治史官。工部侍郎臣幹玉伦徒,秘书卿臣泰不华,太常签院臣杜秉彝,翰林直学士臣宋褧,国子司业臣王思诚,臣汪泽民,集贤待制臣干文｛博｝[传],翰林待制臣张瑾,臣贡师道,宣文阁鉴书博士臣麦文贵,监察御史臣余阙,太常博士臣李齐,翰林修撰臣刘文,太医院都事臣贾鲁,国子助教臣冯福可,太庙署令臣陈祖仁,西台御史臣赵中,翰林应奉臣王仪,臣余贞,秘书著作佐郎臣谭慥,翰林编修臣张翥,国子助教臣吴当,经筵检讨臣危素,编劘分局,汇萃为书。"[1]此前,其衔为"翰林修撰"。苏天爵《滋溪文稿》卷3《国子生试贡题名记》:"至正五年春二月,大比进士。知贡举、翰林学士欧阳玄,同知贡举、礼部尚书王沂,考试官、崇文太监杨宗端、国子司业王思诚、翰林修撰余阙、太常博士李齐,监试御史宝哥、赵时敏。于是,国子积分生试者百二十人,中选者十有八人,将登名于石。""是岁夏五月戊戌,集贤侍讲学士、中奉大夫,兼国子祭酒苏天爵记。"[2]

至正五年稍晚,余阙曾以本官巡察河南、北灾情。《青阳先生集》卷8《书合鲁易之作颍川老翁歌后》:"至正四年,河南、北大饥。明年,又疫,民之死者半。朝廷尝议鬻爵以振之,江淮富民应命者甚众,凡得钞十余万锭,粟称是。会夏小稔,赈事遂已,然民罹此大困,田莱尽荒,蒿藜没人,｛孤｝[狐]兔之迹满道。时予为御史,行河南、北,请以富民所入钱、粟贷民,具牛、种以耕,丰年则收其本,不报。览易之诗,追忆往事,为之恻然。"[3]所称"易之",正是"合鲁"亦"葛逻禄"人乃贤。《金台集》卷1《颍州老翁歌》:"颍州老翁病且羸,萧萧短发秋霜垂。手扶枯筇行复却,操瓢丐食河之湄。我哀其贫为顾问,欲语哽咽吞声悲。自言城东昔大户,腴田十顷桑阴围。阖门老稚三百指,衣食尽足常熙熙。河南季来数亢旱,赤地千里黄尘飞。麦禾槁死粟不熟,长镵挂壁犁

〔1〕《四部丛刊初编》,景印成化刊本,页6上、下,页7上。
〔2〕陈高华、孟繁清点校本,中华书局1997年,页30,页31。
〔3〕《四部丛刊续编》,景印明刊本,页6上。

生衣。黄堂太守足宴寝,鞭扑百姓穷膏脂。聒天丝竹夜酣饮,阳阳不问民啼饥。"〔1〕此后,其又调官中书礼部。《宋文宪集》卷 40《余阙传》:"改中书礼部员外郎,阙议复古礼乐,其言精凿有征,闻者斥为迂阔,弗用。安西郭氏女受聘未行,会夫卒,郭自缢死,有司请旌其门,阙以过于中庸,不可以训,格不下。出为湖广行省左右司郎中。"〔2〕

26.3

《宋文宪集》卷 40《余阙传》:"广西多岐山,负粟输官者,厄于道险,费常倍,阙命以为帛代输。右丞沙班怙权自用,多录其私人,阙每抗辞沮之。会莫徭蛮反,当帅师,又止不行,无敢让之者。阙扬言于庭曰:右丞当往,受天子命为方岳重臣,不思执弓剑讨虏,乃欲自逸耶? 右丞当往。沙班曰:郎中语固是,如刍饷不足何? 阙曰:右丞第往,此不难致也。阙下令趣之,三日,皆集。右丞行,章宣慰伯颜以婆律香赍阙,阙觉重,辟之,香中果胎黄金。章叹曰:余赍达官多矣,洁如冰壶,唯余公一人。复以集贤[院]经历召入,预修本朝《后妃、功臣传》,迁翰林待制。出佥浙东道廉访司事,发奸摘伏,聪察若神,州县闻阙至,贪墨吏多解印绶去。婺定赋无艺,役小大各违度,阙遴官履亩实之,徭赋平。衢士无养,以没入田分隶学官,郡长燕只吉台肆毒残衢民,民重足立,阙鞫治之,狱上,行御史台台臣与其有连,反以事劾阙,阙归青阳山。已而丁尹氏忧,阙日夜悲号,有甘露降于墓,君子以为孝感。"〔3〕苷仕"湖广行省左右司郎中"、"集贤院经历",皆在至正八年三月之前;因为当兹时,余阙已是"翰林待制"。《金台集》卷 1 余阙《题易之颍州老翁歌后》:"至正八年三月,翰林待制武威余阙志。"〔4〕

余阙之"出佥浙东道廉访司事",盖在至正九年。胡助《纯白斋类稿》卷 19《跋余廉访所篆东浙第一家五大字后》:"至正己丑(九年)夏,

---

〔1〕文渊阁《四库全书》本,页 39 下。
〔2〕《四部备要》,校刊清刊本,上海中华书局,页 471 下。
〔3〕《四部备要》,校刊清刊本,上海中华书局,页 471 下。
〔4〕文渊阁《四库全书》本,页 41 下。

余阙公自翰林待制来佥浙东海右道肃政廉访司事。明年庚寅夏六月辛丑，行县至浦江，察知郑大和累世义居，谓海右七郡未能再见，书五篆文以嘉之。"[1]黄溍《黄文献集》卷9下《郑钦墓志铭》："[至正十年,]部使者武威余阙行县，以其孝友，七郡或莫之复，篆东浙第一家以褒之。盖[郑]大和喜学，君(钦)益左右之，得一言必籍记而力行之。冠昏丧祭，壹从朱子家礼，而老子、浮屠悉罢弗祀。子孙从化，驯行恭谨，不知廛市凉薄事，执亲丧哀甚，三年不御酒肉。食货田赋之属，各有所司，无敢私，凡出纳丝毛事，有文可复，挟日则会，不公则监视发之。"[2]《宋文宪集》卷29《题余廷心篆书后》："至正九年，公(余阙)持使者节来镇浙部，[宋]濂偕[戴]叔能往见，公奖厉甚至，且各书斋扁为赠。"[3]王祎《王忠文集》卷9《婺州路均役记》："至正十年，肃政廉访使董公(士选)由浙西移镇浙东，与副使野只捏公、佥事余阙公议，以谓民之病由役之不均，役之不均由田之失实，积弊既久，更张为宜，而余公赞其事尤力。遂申前议，定为约束举行之，择属州、县官有政绩者，分治其事，不足则选诸旁郡县。"[4]

周霆震《石初集》卷2《古今城谣,并序》："至正十年壬申，进士余阙以淮西元帅之节来镇。广设方略，招徕补葺，备战守、丰军储，贼饮恨不得逞。朝廷嘉其功，授淮南参知政事。自是，日与贼遘，受围凡四十有二日，大小二百余战，江西赖以苟安，坐视弗援。"[5]"至正"无"壬申"，而"壬辰"为"至正十二年"。《宋文宪集》卷40《余阙传》："至正壬辰，天下兵动，平章政事晃忽儿不花方统戎淮南，承制起[余]阙权淮西宣慰副使，分治安庆。安庆距城皆盗栅，人争谓不可往，阙毅然请行，从间道入，推赤心待人，罢其苛赋，转粟以哺饿夫，八社民翕然归。阙知民可用，乃帅之破双港砦。砦甚固，小路若发，阙被甲荷戟直前，贼空砦出斗，杀伤相当。至日昃，贼殊死战，斗不胜，退复收散卒，誓曰:死则死

〔1〕文渊阁《四库全书》本，页15下。
〔2〕文渊阁《四库全书》本，页58下，页59上。
〔3〕《四部备要》，校刊清刊本，上海中华书局，页58下，页59上。
〔4〕《北京图书馆古籍珍本丛刊》，影印嘉靖刊本，书目文献出版社，页176上、下。
〔5〕文渊阁《四库全书》本，页1下，页2上。

此尔,何生为?一鼓而进,大破之。诸砦畏威,次第降。阙益缮城浚濠,砺矛戈分,屯耕郊外田,民惧不能者,遣军士护之耕。贼来,辄与战。一日,贼四合,旌旗蔽野,鼓噪之声震天地。阙纵骁骑数十,大喊而出,贼势披靡,遣兵击之,斩首数千级。当是时,淮东、西皆陷,独安庆岿然存。贼来战,又数败,贼衔之,伪作尺牍通城中诸大姓,约期日反,冀阙捕戮之。阙曰:我民安有是命?悉焚去。"[1]

自兹以后,余阙困守孤垒,浴血奋战,直到最终城破。《石初集》卷2《古今城谣,并序》:"[至正]十六年冬,别将胡败没,漏师。明年春,红巾海天鹅数千艘,突入内栅。公(余阙)率众殊死战,夺其船,降数千人,斩首千余级。寇惭愤,引郄。九月,复至出战不利,四面攻围,云梯登城,城上压以木石,死者甚众,伏兵又击杀数百人。贼惧,谋退,谍知城中粮尽,益急攻。十八年正月丙午,城遂陷。"[2]其与安庆路(治今安徽安庆市)共存亡的决心,确实令人回气荡肠,以致感动部下士卒,多有为之徇死者。《宋文宪集》卷40《余阙传》:"功上中书,朝廷俾[余阙]为真升同知淮西宣慰副都元帅,赐以上等,及黄金束带。""转淮南行省参知政事,寻改右丞,赐二品服。阙益自奋,誓以死报国,立旌忠祠,以励将佐,时集祠下,大声谓曰:男儿生则为韦孝宽,死则为张巡、许远,不可为不义屈。意气慷慨甚。丁酉(至正十七年)冬,贼大集诸部围城,战舰蔽江而下,樵饷路绝,兵出,数失利。戊戌正月七日,城陷,阙犹帅众血战,身中三矢。""诸将卒恸曰:余将军不负国,我等可负余将军邪?从而死者千余人。朝廷知其忠,赠阙荣禄大夫、江浙行省平章政事,谥曰忠宣,追封夏国公。"[3]

26.4

余阙所作诗、文,当其卒后不久,已经大部散佚,即其门生郭奎所辑,亦仅"数十篇"、"一帙"而已。《云阳先生文集》卷3《青阳先生文集

---

〔1〕《四部备要》,校刊清刊本,上海中华书局,页471下。
〔2〕文渊阁《四库全书》本,页2上。
〔3〕《四部备要》,校刊清刊本,上海中华书局,页471下,页472上。

序》："颓龄无几,朋旧凋落已尽,呻吟疾痛中,忽得同年余君廷心(阙)诗文一帙,读之,辄泫然流涕而叹曰:呜呼!世安得复有如吾廷心者哉?廷心文章学问、政事名节,虽古之人有不得而兼者,而廷心悉兼之,世当复有斯人哉?""惜其稿煨烬无遗,独赖门人郭奎掇拾于学者记录之余,得数十篇以传,而或者犹以不见全稿为恨。""廷心尝读书青阳山中,及仕而得禄,多聚书以惠来学,学者称为青阳先生,故是集,亦以青阳为名云。"[1]《青阳先生集》卷首程国儒《青阳先生文集序》:"平生所为文,悉为煨烬,中原士大夫所尝传诵者,南北析离,不可复得,得诸其门人郭奎仅数十篇而已。"[2]今之《青城先生集》,计有诗 96 首、文 68 篇,厘为 9 卷,别本或析作 6 卷[3],或分作 8 卷[4]。而别见者有:《大雅集》卷 8 《题小景》,[5]《元诗选初集》卷 49《可惜吟》《饮散,答卢使君》《赋得琵琶峰,送人降香龙虎山》《李白玩月图》,[6]《元诗体要》卷 13《扬州客舍》2 首,[7]《师山遗文》附录《与郑子美先生书》3 首、[8]《柳待制集》卷首《柳待制集序》[9]。

　　散佚而仅知名录之文,见有《为霍丘博古山尊师撰遇仙观记》《旧主潆河化城禅寺碑记》《加封孟子制》《与贡尚书书》《送刘应诰南还序》等。王逢《梧溪集》卷 4《题余廷心参政为霍丘博古山尊师撰遇仙观记》《过广浦林洪,聪上人承示湖广郎中余阙书撰旧主潆河化城禅寺碑记,淮西宪金王士点篆额,为题左方》:"蓼西琳馆辟,淮省大参铭。地泄烟霞气,山潜木石灵。荒茅无尽白,汗简有余青。黄发吴陵叟,癯然鹤姓丁。""舒州余柱国,百战死酬君。天地留元气,山林被庆云。世

　　[1]《北京图书馆古籍珍本丛刊》,影印清钞本,书目文献出版社,页 199 下,页 200 上、下。
　　[2]《四部丛刊续编》,景印明刊本,页 4 下。
　　[3]《青阳集》卷首《提要》,文渊阁《四库全书》本,页 1 上:"《青阳集》四卷,元余阙撰";而其中实有 6 卷。
　　[4]《千顷堂书目》卷 29,文渊阁《四库全书》本,页 49 下:"余阙《青阳集》六卷,附录二卷。"
　　[5]文渊阁《四库全书》本,页 5 上。
　　[6]文渊阁《四库全书》本,页 21 下、上,页 22 上。
　　[7]文渊阁《四库全书》本,页 28 下。
　　[8]文渊阁《四库全书》本,页 22 上、下,页 23 上、下,页 24 上、下,页 25 上。
　　[9]《四部丛刊初编》,景印元刊本,页 8 上、下,页 9 上、下,页 10 上、下,页 11 上、下,页 12 上、下,页 13 上、下,页 14 上、下,页 15 上、下,页 16 上、下,页 17 上。

无哀九辨,吾及颂斯文。金宪俱陈迹,炉香为一焚。"[1]刘绩《霏雪录》卷下:"余忠宣公阙草《加封孟子制》云:观乎七篇之书,拳拳乎致君泽民之心,凛凛乎拔本塞源之论;尤为亲切。"[2]《九灵山房集》卷22《余阚公手帖后题》:"至正丙午秋,[戴]良与临安刘庸道同客四明。一日,从庸道阅箧中旧书,得余阚公(阙)所遗贡尚书(师泰)帖三,读之,盖不知涕泗之横流也。""公与尚书公有同朝之好,时持节闽中,故以此帖寄之。"[3]《宋文宪集》卷14《刘干墓志铭》:"[宋]濂官仪曹时,与曾侍郎鲁为同僚,侍郎,府君(刘干)友也,备言府君嗜义如嗜利,知无不为,或以非理相干,辄深闭固拒弗之从。阚国忠宣公余阙,亦奇其为人,当还自燕南,尝作序赠之。"[4]

完全亡失的作品中,还有余阙关于"经学"的著述。《新安文献志》卷49汪叡《七哀辞,余左丞,并序》:"故待制郑玉,还自金华,俾仲鲁(汪叡)往见之,殊蒙许与,且言:《易》之一经,尝求得古书,考索积思有年,遂得见《易》中一字一句,尽出河图、洛书。自秦、汉以来,人未之见。今幸偶得之,方将注述成书,以贻后世,然未敢轻也。仲鲁再三举一二疑难叩问,但言:子且用工此经,五、七年后相见,当以吾之所得者相告,非有隐也。子必用工日久,而我(余阙)之所见者端确,然后可以面商订尔。不二三年,而兵革动海内,不相闻。壬寅(至正二十二年)春,上同安(安庆府),询知有王无霸者,专为公誊录所注《易》书,因求王生询之,无一字存,亦不能识其一语。"[5]《九灵山房集》卷22《余阚公手帖后题》:"或传公(余阙)死之日,神降于私第之前庭曰:我有《易说》,为贼中某小校所得,当取以授吾故人某使刊之。时公二子已遇害,妻、姜亦投井中死。是书之存否,皆不可知。公在浙东时,有所著《易说》五十卷。[戴]良尝请以卒业,公曰:天假数年,所见当不止此,他日,相示未晚。意谓即此书也。帖中犹欲就闽物色《易》书三五家,

---

[1]《北京图书馆古籍珍本丛刊》,影印景泰刊本,书目文献出版社,页514下,页515上。
[2]文渊阁《四库全书》本,页16下。
[3]《四部丛刊初编》,景印正统刊本,页1上、下。
[4]《四部备要》,校刊清刊本,上海中华书局,页197下。
[5]文渊阁《四库全书》本,页24上、下,页25上。

以为乱思遗老之计,则公于此书,没身而已矣。"〔1〕

余阙所遗墨宝,逮入明,也只少许存在。别本《九灵山房集》卷补下《书天机流动轩卷后》:"〔戴〕良盛年时,识豳国余忠宣公(阙)于浦江官舍。公方持使者节行县,欲执弟子礼,莫可也。后游郡城,遂因论诗,获质所疑于公,公为书此四篆以遗,盖良所居轩匾也。携归山中,乡友宋君景濂(濂)首为赞一通,且贻书东阳陈君君采记之,而金华胡君仲伸(助)、乌伤王君子充(袆)、麟溪郑君仲舒,皆先后为文以寄,即尝命工刻置轩壁矣。"〔2〕《居竹轩集》卷3《安庆大节堂,并序》、卷3《题太湖李尹所收余廷心元帅书二封》:"至正十二年,既陷武昌、江州,诸郡俱各失守。时韩功懋总管守安庆,指御有方,江淮赖为屏蔽,廷心余帅(阙)书大节于堂,以旌武功。战胜非难守胜难,逆图未伐胆先寒。乌知天下无诸葛?始信军中有一韩。当日雷霆归号令,至今烽火报平安。雄文大扁同时出,大节名堂后代看。""两函妙墨古所见,一代高风人未知。用兵不下羊叔子,食粥正如颜太师。今日澄清在我辈,长江保障非公谁?更烦令尹回州日,补入舒人遗爱碑。"〔3〕程敏政《篁墩集》卷39《书所题郑公钓台诗后》:"思昔师山先生郑公,尝爱富登奇石,目之为钓台,余忠宣公(阙)为篆刻崖上。与客求之不获,同舣棹崖下,犯激湍、破蒙翳,遣人剗伐苔蚀,而郑公钓台四字宛然,遂口占七言古诗一篇。"〔4〕

26.5

无论当代的元还是后世的明,对于余阙的经学、文学、书法皆有非常高的评价。《宋文宪集》卷40《余阙传》:"五经悉为之传注,多新意。诗、文、篆、隶,皆精致可传。"〔5〕其文,《云阳先生集》卷3《青阳先生集

〔1〕《四部丛刊初编》,景印正统刊本,页1下。
〔2〕文渊阁《四库全书》本,页1下,页2上。
〔3〕文渊阁《四库全书》本,页43上、下,页44上。
〔4〕文渊阁《四库全书》本,页7下,页8上。
〔5〕《四部备要》,校刊清刊本,上海中华书局,页472上。

·欧·亚·历·史·文·化·文·库·

序》："廷心〔余阙〕诗尚古雅,其文温厚有典则,出入经传疏义,援引百家,旨趣精深,而论议闳达,固可使家传而人诵之,凿凿乎其不可易也。"[1]其书,陶宗仪《书史会要》卷7:"〔余阙,〕风采峭整,负大节,以王佐自任。工篆隶,字体淳古。"[2]《六艺之一录》卷358引李日华《紫桃轩又缀》:"余忠宣〔阙〕小字,似不经意,而丰处有褚遂良,潦倒处有杨景度、林藻,岂漫不留意于墨池者所能符合邪?"[3]特别是诗,犹有不同于时尚的见解。《东山存稿》卷3《郭子章望云集序》:"〔赵〕汸游临川时,尝以此说质于雍郡虞公,且问所以为合作者。公曰:三百篇而后,有汉、魏、六朝,朱子尝有取焉。然其为体不一,大抵世有治乱、人品、风俗不同,极才情则淫伤而无节,尚词藻则绮靡而失真,善学者慎之可也。""往来江湖间,每论诸能诗者,或唯唯、或否否,唯武威余公所赋,乃若一以公言为师,无复他有出入,而高雅浑厚,自非齐、梁间作者可及,岂禁苑游从时,尝论及于斯邪?抑所见之偶同也?"[4]

余阙死后,追挽、凭吊的士子络绎不绝。刘仁本《羽庭集》卷4《跋余忠宣公诗》:"余公高谊薄青云,激烈成吟赠隐君。十载淮西能死节,看诗欲作谏忠文。"[5]吴当《学言稿》卷5《挽余忠宣公》:"诸葛智谋天地阔,杲卿忠义鬼神知。纵然身活到今日,未必人生无死期。一片精忠元不改,男儿到此是男儿。"[6]《大雅集》卷6叶杞《挽余忠愍公,并序》:"万里孤悬班定远,满城忠烈汉臧洪。琼林星汉回文运,皖国云山誓武功。尚忆绣衣行部日,遗民挥涕浙河东。"[7]《居竹轩集》卷2:"三月十五,陪乌本初、同金李希颜祭余廷心大参于断崖,因赋是诗,以约明年更祭云:诸将赴河同日死,万家嚎地几人生?中台星折天应泣,大节堂空鬼亦惊。国难未平公已往,临风西望泪纵横。"[8]邓雅《玉笥集》

---

〔1〕《北京图书馆古籍珍本丛刊》,影印清钞本,书目文献出版社,页200上。

〔2〕文渊阁《四库全书》本,页21上。

〔3〕文渊阁《四库全书》本,页3上。

〔4〕文渊阁《四库全书》本,页16下,页17上。

〔5〕文渊阁《四库全书》本,页32上。

〔6〕文渊阁《四库全书》本,页24上。

〔7〕文渊阁《四库全书》本,页18上。

〔8〕文渊阁《四库全书》本,页42下。

卷9《安庆吊青阳先生余廷心》："青阳先生不可见，群玉山人空复情。一门骨肉死贞节，千古文章留姓名。高风激烈孰能比？李赣守潭当并称。"[1]蓝智《蓝涧集》卷1《过安庆城，怀故元帅余阙廷心》："楼船西北来，杀气吹辕门。烟火万灶列，剑戟如云屯。四邻援既绝，六载功莫论。仰攻壁垒坚，苦战风尘昏。如何麟凤姿，竟殪豺虎群？兵摧地为裂，鼓绝天不闻。烟飞睢阳城，星陨五丈原。至今死忠人，白骨缠草根。身为大国将，名与长江存。"[2]

对"余忠宣公"亦余阙的推崇，还在于新朝皇帝将之列入"春、秋"祭祀。《明文衡》卷80宋濂《黄㽔墓碑》："自古有天下者，未尝不以褒崇忠义为先务。皇上即位之初，蔽自渊衷，即敕有司，建元忠臣行台大夫福寿、余忠宣公阙二庙，以春、秋奉祠事，所以风厉于万方者，圣谟至深远矣。"[3]其后，安庆府守臣每将修庙视作"本职"。李贤《古穰集》卷19《周济行状》："首访余忠宣公祠，已毁矣，公（周济，知府）叹曰：余公昔镇安庆，保孤城于七年之久，仗义死节，有功于名教。今乃无祠，非缺典乎？遂与僚属各捐俸立祠，民之乐从者甚众。"[4]吴与弼《康斋集》卷5《重修余忠宣公墓堂诗，并序》："刘清廉文之参政四川也，经同安（安庆府），付白金于怀宁丞胡诠，助修余忠宣公之墓，并叙礼之堂。诠以讼之丽乎罪者役焉，民不劳而事集云。"[5]倪谦《倪文僖集》卷30《严诚传》："陟安庆通判。郡有余忠宣公庙，岁久剥陊颓败，公（严诚，通判）谒祠下，慨然曰：表忠节以厉民，守令职也。即命工葺之，并镂补其文集，刻板以传。"[6]除外，在其家乡庐州府，也有"奉祠"。王鏊《震泽集》卷22《马汝砺遗爱碑》："公（马汝砺，知府）又立余忠宣公祠、三苏祠，设祭田，俾其后守之。于是，士皆翕然向方，奋于节义。"[7]

余阙曾经拥有较多的学生，入明以后，无论隐居、出仕，都在不同程

〔1〕文渊阁《四库全书》本，页8下。
〔2〕文渊阁《四库全书》本，页9上、下。
〔3〕文渊阁《四库全书》本，页21上、下。
〔4〕文渊阁《四库全书》本，页8下，页9上。
〔5〕文渊阁《四库全书》本，页26上、下。
〔6〕文渊阁《四库全书》本，页2上、下。
〔7〕文渊阁《四库全书》本，页12上。

度光大其"学业"。《东山存稿》卷3《郭子章望云集序》:"与古皖郭公子章(奎)遇于星源;子章,尝游余公之门者也。""于是,乃得子章所赋曰《望云集》者,与一二朋友共吟咏焉。古五言,远宗魏、晋,得其高风远韵,不杂后人一语;近体亦质厚微婉,足以达其志气所存,信乎渊源之有自也。"[1]《王常宗集》卷2《赠李崇德序》:"方是时,余忠宣公(阙)金宪东浙,而余(王彝)以弟子员拜公于其庭。公曰:我在昔亦庐江一弟子员耳,自少即知慕周瑜、陶侃之为人,而至于今也,若等庶采此志哉。"[2]《九灵山房集》卷22《余阃公手帖后题》:"初,公(余阙)金浙东廉访时,[戴]良获进拜双溪之上,而师焉、而问焉。是,知公学问该博,汪洋无涯,其证据今古,出入经史、百子,矗矗若珠比鳞列。为文章,操纸笔立书,未尝起草,然放恣横从,无不如意。至古诗词,尤不妄许可,其视近代诸名公,蔑如也。他如篆、隶、真、行诸字画,亦往往深到,有汉、晋作者之遗风。"[3]陈谟《海桑集》卷7《梅坡记》:"赣[州府]贰守杨侯廷举,由芜湖令七年政成,遂迁是职。传曰:君子学道则爱人。侯从安庆郡将余公廷心(阙)学有用之学,养之者素定,故吏为廉吏,官为能官,宜也。"[4]

26.6

尽管孛儿只吉氏一朝国祚短暂,一统中国以后,延续不足百年,即行退归漠北;然而,其于"文治"对整个漠南社会的影响,却是超乎今人的想象。无论经学、文学、还是包罗书法等的艺术,均有不同前、后朝代"凡响"的建树。而乃为"唐兀"人的余阙,正是这样的杰出代表。《青阳先生集》卷首《青阳先生集序》:"有元右文,声教所被,鸿儒秀士,萃于一时,绘绣错施,韶濩迭奏,著作之盛,俪诸三代。至如服章缝持,翰墨以苴戎事,而能树骏功、守大节,诚无愧于古人,则四海之内,百年之

---

〔1〕文渊阁《四库全书》本,页17上、下。

〔2〕文渊阁《四库全书》本,页7下。

〔3〕《四部丛刊初编》,景印正统刊本,页1上。

〔4〕文渊阁《四库全书》本,页14下,页15上。

间,青阳余先生一人而已。至正之乱,天下骚然,名都大邑,所在为墟。文武之臣,鲜克勤事,而先生以孤军守皖城,持必死之志,处就危之地,炭乎江上,与天为谋,使国势既衰而复振,民心已离而复合者,盖五六年。城陷,先生与其夫人若子俱死于难。"[1]即使以其喋血"危地"论,也应认作是"实践"儒家"忠、节"思想的耀眼光芒。有元以"经义"考科,而"死节"人中不乏"探花"、"状元"。管讷《蚓窍集》卷6《过皖城,吊余忠宣公》:"元戎百战守孤城,千里蚍蜉绝援兵。保障有方文且武,简编无愧死犹生。神来遗庙乘云气,鬼哭空江杂雨声。尚忆季侯并达帅,一时忠义属科名。达兼善状元为浙东元帅,死于海;李子威状元为江州太守,死于郡。"[2]

部份现代学人,每以余阙为维护有元"封建王朝"的统治,与"农民政权"的"红巾军"激烈鏖战而颇有"斥责"。桂栖鹏《元代进士研究》第3章《元代进士在元末明初的动向》:"这么多的进士为元王朝死节,显示了进士群体对元王朝的高度忠实。对元王朝高度忠实的反面,必然是对农民军的极端仇视。因此,元代进士对农民军的镇压和抵抗也显得十分凶悍。"[3]不过,余阙所抵抗的武装,乃是弑杀天完"皇帝"徐寿辉而自立的陈友谅的部下。攻城略地兼行杀戮焚掠,未必是"正义"之师;而揭竿而起的最终目的,也只是为了取而代之,登上"九五"。更何况盖为其"雠敌"的人中,尚有扶养其子胤、礼葬其夫妇者。《宋文宪集》卷29《题余廷心篆书后》、卷40《题余左丞传后》:"公(余阙)去浙后,江南大乱,荆楚之域,皆为伪汉陈友谅所据。公时以淮南行省右丞分治安庆,前后皆盗区";"又见其门人汪河言:当廷心(余阙)死时,其妾满堂生一子,甫晬,弃水滨。有伪万户杜某呼曰:此必余参政子,是种也良,不可杀。竟捐所钞诸物,怀子以去。今三岁矣,人或戏子曰:汝父何在? 子横两指拂喉曰:如此矣。"[4]《石初集》卷2《古今城谣,并序》:"公(余阙)一门争先赴死,阖郡无一生降,贼党举手加额,称余元帅天

〔1〕《四部丛刊续编》,景印明刊本,页4上、下。
〔2〕《四部丛刊三编》,景印永乐刊本,页20上、下。
〔3〕桂栖鹏《元代进士研究》,兰州大学出版社2001年版,页83。
〔4〕《四部备要》,校刊清刊本,上海中华书局,页351下,页472上。

下一人，购得其尸城下池中，礼葬之。"[1]

余阙的交游，至为宽广；这与其"特达好士"的个性不无关系。《胡仲子集》卷5《送赵子将赴北序》："武威余公廷心，特达好士，虽身处显宦，而所至延访儒者，退然如布衣。居浙东二年，移病乞去。余（胡翰）始以诸生进谒，既而公归淮南，丁太夫人之丧。中原构乱，淮南当其冲，遂起公衰绖中，守镇安庆。""去年，公之客赵子将来，言公无恙，唯须发浸白，貌加瘠耳。听其言论，自分与城存亡决矣。子将从公游最久，在武昌时，尝教其子得臣，比至京师，公为书荐之达官诸故人，自京师至仪真，又属其故人善遇之。其来是也，且曰：浙东有胡翰者，子往见之，于学当有得也。故子将以公之言为信，而不忘余于闾左，安知余之非才哉？"[2]《宋文宪集》卷48《王毅小传》："武威余阙公持节浙水东，廉知之，谓其卓行不让古人，性不溺文辞，叹曰：当今之世，何能文者如牛毛，而植德者若麟角？盍亦知重轻乎？"[3]暨，《居竹轩集》卷2《送余廷心翰林应奉》："枫（芦）叶萧萧江已秋，吴船三日住扬州。靛花深染青绫被，云叶新裁紫绮裘。征（官）驿马嘶风满树，别筵人散月当楼。明年春雁将书去，人在蓬瀛第几洲？"[4]原作又见于《青阳先生文集》卷9，题为《送余廷心赴太学》，有文云："维扬成廷珪，前壬申年（至顺三年）作。"[5]据此，其曾入太学。

有明士人所作余阙唁诗、祭文，数量非小。除见前引外，即洪武年间而言，尚有：郭奎《望云集》卷1《过皖城，吊青阳先生》："忽逢旧耆老，向我宣忠贞。明公宿有誓，慷慨存遗铭。死即为厉鬼，生当珍长鲸。应敌既神武，百战纵以横。精诚贯白日，天子无援兵。岁久矢石竭，捐躯全令名。"[6]刘炳《刘彦昺集》卷9《吊余忠愍公祭文》："疾风草劲，版荡臣忠。紫元之季，横流四冲。秦失其鹿，素灵夜哭。大厦之倾，支匪

---

〔1〕文渊阁《四库全书》本，页2上。

〔2〕文渊阁《四库全书》本，页5上、下。

〔3〕《四部备要》，校刊清刊本，上海中华书局，页550下。

〔4〕文渊阁《四库全书》本，页27上。

〔5〕文渊阁《四库全书》本，页10上。

〔6〕文渊阁《四库全书》本，页3下，页4上。

一木。维公鹰扬,拯其颓纲。义同田横,忠轶睢阳。阖室捐躯,与城俱亡。大星堕地,苌弘之碧。昭若云汉,烈于金石。古舒之滨,断碑嶙峋。隧草黯翠,夜台垒云。仰兹令德,载瞻载式。揽悲兰皋,屑泪松砌。"[1]

童冀《尚絅斋》卷3《过安庆,谒余忠宣公祠》:"余公东来植纲常,民心险固逾金汤。开门四野烟尘黄,青天白日腾虎狼。公执忠义为锋铓,追奔逐北如驱羊。群盗出没犹披猖,蜂屯蚁聚称侯王。孤城屹立当中央,羽檄征兵惊四方。援师不至振复僵,此身真与城俱亡。举室效节沉沧浪,声名日月齐辉光。新朝褒忠劝贞良,作庙秩祀严烝尝。平原睢阳遥相望,云车风马参翱翔。我尝拜公浙水傍,绣衣玉节何煌煌!今公遗像俨在堂,九原不作涕四滂。秋菊春兰荐馨香,岁时奔走来巫阳。江水日夜东流长,遗民千古心弗忘。"[2]

---

〔1〕文渊阁《四库全书》本,页13上、下。

〔2〕文渊阁《四库全书》本,页3上、下。

参考文献

黎崱.安南志略.武尚清,点校.北京:中华书局,1995.

郑清之.安晚堂集.宋集珍本丛刊影印民国刊本.北京:线装书局,2004.

陈旅.安雅堂集.文渊阁四库全书本.

武亿.安阳县金石志.嘉庆刊本.

邓文原.巴西集.北京图书馆古籍珍本丛刊影印清钞本.北京:书目文献出版社,1988.

白居易,孔传.白孔六帖.文渊阁四库全书本.

释齐己.白莲集.四部丛刊初编景印明刊本.

姜夔.白石道人集.四部丛刊初编景印清刊本.

林景熙.白石樵唱.宋集珍本丛刊影印嘉靖刊本.北京:线装书局,2004.

王恭.白云樵唱集.文渊阁四库全书本.

白居易.白氏长庆集.四部丛刊初编景印宋刊本.

释英.白云集.文渊阁四库全书本.

何瑭.柏斋集.文渊阁四库全书本.

米芾.宝晋英光集.宋集珍本丛刊影印清钞本.北京:线装书局,2004.

罗浚.宝庆四明志.宋元方志丛刊影印咸丰宋元四明六志本.北京:中华书局,1990.

葛洪.抱朴子.四部丛刊初编景印明刊本.

徐贲.北郭集.四部丛刊三编景印成化刊本.

綦崇礼.北海集.宋集珍本丛刊影印乾隆钞本.北京:线装书局,

2004.

李百药. 北齐书. 北京：中华书局标点本, 1972.

程俱. 北山集. 宋集珍本丛刊影印清钞本. 北京：线装书局, 2004.

郑刚中. 北山集. 文渊阁四库全书本.

李延寿. 北史. 北京：中华书局标点本, 1983.

汪梦斗. 北游集. 宋集珍本丛刊影印清刊本. 北京：线装书局, 2004.

陆佃. 埤雅. 文渊阁四库全书本.

孙思邈. 备急千金要方. 文渊阁四库全书本.

李时珍. 本草纲目. 文渊阁四库全书本.

陈著. 本堂集. 文渊阁四库全书本.

黄玠. 弁山小隐吟录. 文渊阁四库全书本.

赵与旹. 宾退录. 文渊阁四库全书本.

王衮. 博济方. 文渊阁四库全书本.

陈高. 不系舟渔集. 文渊阁四库全书本.

刘秉忠. 藏春集. 北京图书馆古籍珍本丛刊影印明刊本. 北京：书目文献出版社, 1988.

曹植. 曹子建集. 四部丛刊初编景印明刊本.

叶子奇. 草木子. 北京：中华书局元明史料笔记丛刊句逗本, 1983.

顾阿瑛. 草堂雅集. 文渊阁四库全书本.

王钦若, 杨亿, 等. 册府元龟. 北京：中华书局影印明刊本, 1960.

刘嵩. 槎翁集. 文渊阁四库全书本.

释贯休. 禅月集. 四部丛刊初编景印宋刊本.

曹彦约. 昌谷集. 文渊阁四库全书本.

韩愈. 昌黎集. 四部丛刊初编景印元刊朱熹校本.

蒋一葵. 长安客话. 丛书集成续编影印常州先哲遗书本. 上海：上海书店, 1994.

李志常. 长春真人游记. 丛书集成初编本. 北京：中华书局, 1991.

张鷟. 朝野金载. 赵守俨, 点校. 北京：中华书局, 1979.

陈献章. 陈白沙集. 文渊阁四库全书本.

陈子昂. 陈伯玉集. 四部丛刊初编景印明刊本.

陈孚. 陈刚中集. 文渊阁四库全书本.

陈敬. 陈氏香谱. 文渊阁四库全书本.

杨万里. 诚斋集. 四部丛刊初编景印宋钞本.

杨万里. 诚斋集. 宋集珍本丛刊影印明钞本. 北京: 线装书局, 2004.

刘基. 诚意伯集. 四部丛刊初编景印明刊本.

王士祯. 池北偶谈. 文益人, 点校. 济南: 齐鲁书社, 2007.

道孙(Christopher Dawson). 出使蒙古记(The Mongol Mission). 吕浦中, 译. 周良霄, 校注. 北京: 中国社会科学出版社, 1983.

徐坚, 等. 初学记. 唐代四大类书影印光绪古香斋袖珍十种本, 北京: 清华大学出版社, 2003.

胡行简. 樗隐集. 文渊阁四库全书本.

储光羲. 储光羲集. 文渊阁四库全书本.

孙承泽. 春明梦余录. 文渊阁四库全书本.

程公说. 春秋分记. 文渊阁四库全书本.

赵汸. 春秋师说. 文渊阁四库全书本.

洪咨夔. 春秋说. 文渊阁四库全书本.

胡助. 纯白斋稿. 文渊阁四库全书本.

罗愿. 淳熙新安志. 宋元方志丛刊影印嘉庆刊本. 北京: 中华书局, 1990.

杨简. 慈湖诗传. 文渊阁四库全书本.

朱德润. 存复斋集. 涵芬楼秘集第五集影印旧钞本. 北京: 北京图书馆出版社, 2000.

张以宁. 翠屏集. 文渊阁四库全书本.

佚名. 大金吊伐录. 文渊阁四库全书本.

宇文懋昭. 大金国志. 崔文印, 校证. 北京: 中华书局, 1986.

佚名. 大明清类天文分野之书. 续修四库全书影印明刊本. 上海: 上海古籍出版社, 2002.

高启. 大全集. 四部丛刊初编景印景泰刊本.

释玄奘.大唐西域记.四部丛刊初编景印宋刊本.

赖良.大雅集.文渊阁四库全书本.

杨慎.丹铅余录.文渊阁四库全书本.

虞集.道园类稿.元人文集珍本丛刊影印明初翻印至正刊本.台北：新文丰出版社,1985.

虞集.道园学古录.四部丛刊初编景印景泰翻印元刊本.

汪大渊.岛夷志略.苏继顷,校释.北京：中华书局,1981.

刘侗,于奕正.帝京景物略.孙小力,校注.上海：上海古籍出版社,2001.

王偁.东都事略.宋史资料萃编第一辑影印清刊本.台北：文海出版社,1967.

释妙声.东皋录.文渊阁四库全书本.

王绩.东皋子集.四部丛刊续编景印明刊本.

孟元老.东京梦华录.伊永文,笺注.北京：中华书局,2006.

杨士奇.东里集.文渊阁四库全书本.

苏轼.东坡集.文渊阁四库全书本.

赵汸.东山存稿.文渊阁四库全书本.

杨维桢.东维子集.四部丛刊初编景印清钞本.

张燮.东西洋考.谢方,点校.北京：中华书局,1981.

胡奎.斗南老人集.文渊阁四库全书本.

徐问.读书札记.文渊阁四库全书本.

苏鹗.杜阳杂编.文渊阁四库全书本.

罗愿.尔雅翼.文渊阁四库全书本.

范梈.范德机集.四部丛刊初编景印旧钞本.

周文璞.方泉集.宋集珍本丛刊影印清钞本.北京：线装书局,2004.

祝穆.方舆胜览.施和金,点校.北京：中华书局,2003.

李石.方舟集.宋集珍本丛刊影印清钞本.北京：线装书局,2004.

徐明善.芳谷集.文渊阁四库全书本.

刘绩.霏雪录.文渊阁四库全书本.

释念常. 佛祖历代通载. 北京图书馆古籍珍本丛刊影印至正刊本. 北京:书目文献出版社,1988.

释念常. 佛祖历代通载. 文渊阁四库全书本.

赵秉文. 滏水集. 四部丛刊初编景印明钞本

傅若金. 傅与砺集. 文渊阁四库全书本.

朱胜非. 绀珠集. 文渊阁四库全书本.

曹昭. 格古要论. 文渊阁四库全书本.

侯克中. 艮斋集. 文渊阁四库全书本.

袁华. 耕学斋集. 文渊阁四库全书本.

刘敞. 公是集. 宋集珍本丛刊影印光绪刊本. 北京:线装书局,2004.

楼钥. 攻媿集. 四部丛刊初编景印武英殿聚珍本.

李之仪. 姑溪居士集. 宋集珍本丛刊影印清钞本. 北京:线装书局, 2004

祝尧. 古赋辩体. 文渊阁四库全书本.

祝穆. 古今事文类聚. 文渊阁四库全书本.

熊忠. 古今韵会举要. 文渊阁四库全书本.

陆楫. 古今说海. 文渊阁四库全书本.

李懋. 古廉集. 文渊阁四库全书本.

李贤. 古穰集. 文渊阁四库全书本.

释善住. 谷响集. 文渊阁四库全书本.

尹喜. 关尹子. 文渊阁四库全书本.

徐文靖. 管城硕记. 文渊阁四库全书本.

吕南公. 灌园集. 文渊阁四库全书本.

董逌. 广川画跋. 文渊阁四库全书本.

刘诜. 桂隐集. 文渊阁四库全书本.

佚名. 桂苑丛谈. 文渊阁四库全书本.

谢应芳. 龟巢稿. 文渊阁四库全书本.

杨时. 龟山先生集. 宋集珍本丛刊影印万历刊本. 北京:线装书局, 2004.

刘祁.归潜志.崔文印,点校.北京:中华书局,1983.

张养浩.归田类稿.北京图书馆古籍珍本丛刊影印洪武刊本.北京:书目文献出版社,1988.

卢琦.圭峰先生集.北京图书馆古籍珍本丛刊影印万历刊本.北京:书目文献出版社,1988.

许有壬,等.圭塘小稿.文渊阁四库全书本.

周密.癸辛杂识.吴企明,点校.北京:中华书局,1988.

张端义.贵耳集.文渊阁四库全书本.

祝允明.怀星堂集.文渊阁四库全书本.

叶廷珪.海录碎事.李之亮,点校.北京:中华书局,2002.

陈谟.海桑集.文渊阁四库全书本.

黄衷.海语.文渊阁四库全书本.

释寒山.寒山集.四部丛刊初编景印宋刊本.

班固.汉书.北京:中华书局,1962.

张溥.汉魏六朝百三家集.文渊阁四库全书本.

王应麟.汉制考.文渊阁四库全书本.

柳宗元.河东集.文渊阁四库全书本.

房祺,河汾诸老集,四部丛刊景印元刊本.

乃贤.河朔访古记.文渊阁四库全书本.

魏了翁.鹤山集.宋集珍本丛刊影印嘉靖刊本.北京:线装书局,2004.

彭大雅,徐霆.黑鞑事略.丛书集成初编本.北京:中华书局,1991.

乐韶凤,宋濂,等.洪武正韵.文渊阁四库全书本.

刘克庄.后村集.四部丛刊初编景印清钞本.

刘克庄.后村诗话.文渊阁四库全书本.

范晔.后汉书.北京:中华书局标点本,1973.

陈师道.后山集.文渊阁四库全书本.

胡翰.胡仲子集.文渊阁四库全书本.

汪元量.湖山类稿.孔凡礼,辑校.北京:中华书局,1984.

许洞. 虎钤经. 文渊阁四库全书本.

陈耀文. 花草粹编. 文渊阁四库全书本.

沈梦麟. 花溪集. 元人文集珍本丛刊影印清钞本. 台北:新文丰出版社,1985.

常璩. 华阳国志. 任乃强,校注. 上海:上海古籍出版社,1987.

王珪. 华阳集. 文渊阁四库全书本.

火源洁. 华夷译语. 北京图书馆古籍珍本丛刊影印明钞本. 北京:书目文献出版社,1988.

邓椿. 画继. 中国历代画史汇编影印王氏画苑本. 北京:文津古籍出版社,1997.

刘安,高诱. 淮南鸿烈解. 文渊阁四库全书本.

张弘范. 淮阳集. 文渊阁四库全书本.

王明清. 挥尘录. 唐宋史料笔记丛刊标点本. 北京:中华书局,1964.

丁复. 桧亭集. 文渊阁四库全书本.

崔铣. 洹词. 文渊阁四库全书本.

黄溍. 黄文献集. 文渊阁四库全书本.

程敏政. 篁墩集. 文渊阁四库全书本.

庄绰. 鸡肋编. 萧鲁阳,点校. 北京:中华书局,1983.

徐铉. 稽神录. 文渊阁四库全书本.

林景熙. 霁山集. 宋集珍本丛刊影印嘉靖刊本. 北京:线装书局,2004.

崔铣. 嘉靖彰德府志. 天一阁藏明代方志选刊影印原刊本. 上海:上海古籍书店,1982.

苏洵. 嘉佑集. 文渊阁四库全书本.

王义山. 稼村类稿. 文渊阁四库全书本.

陆游. 剑南稿. 文渊阁四库全书本.

许嵩. 建康实录. 孟昭庚,孙述圻,伍贻业,点校. 上海:上海古籍出版社,1987.

李心传. 建炎以来系年要录. 宋史资料萃编第二辑影印光绪广雅书

局刊本. 台北:文海出版社,1969.

方逢辰. 蛟峰集. 宋集珍本丛刊影印顺治刊本. 北京:线装书局,
2004.

崔令钦. 教坊记. 文渊阁四库全书本.

揭傒斯. 揭文安集. 四部丛刊初编景印明钞本.

黄溍. 金华先生集. 四部丛刊初编景印元刊本.

脱脱,等. 金史. 北京:中华书局标点本,1975.

乃贤. 金台集. 文渊阁四库全书本.

金善. 金文靖集. 明人文集丛刊第一期影印成化刊本. 台北:文海出
版社,1970.

周伯琦. 近光集. 文渊阁四库全书本.

房玄龄,等. 晋书. 北京:中华书局标点本,1974.

唐顺之. 荆川集. 文渊阁四库全书本.

王士祯. 精华录. 文渊阁四库全书本.

马克－卡沃尔廷(Carwardine M.). 鲸与海豚(Whales, Dolphins
and Porpoises). 自然珍藏图鉴丛书中译本. 北京:友谊出版社,2007.

周应合. 景定建康志. 宋元方志丛刊影印嘉庆刊本. 北京:中华书
局,1990.

晁说之. 景迂生集. 文渊阁四库全书本

郭钰. 静思集. 文渊阁四库全书本.

刘因. 静修先生集. 四部丛刊初编景印至顺刊本.

阎复. 静轩集. 元人文集珍本丛刊影印藕香零拾本. 台北:新文丰出
版社,1985.

孔齐. 静斋至正直记. 四库全书存目丛书影印清钞本. 济南:齐鲁书
社,1997.

陈均. 九朝编年备要. 文渊阁四库全书本.

刘昫,等. 旧唐书. 北京:中华书局标点本,1975.

薛居正. 旧五代史. 北京:中华书局标点本,1976.

成廷珪. 居竹轩集. 文渊阁四库全书本.

同恕. 榘庵集. 文渊阁四库全书本.

张雨. 句曲外史集. 文渊阁四库全书本.

李复. 潏水集. 文渊阁四库全书本.

王仁裕. 开元天宝遗事. 曾贻芬,点校. 北京:中华书局,2006.

吴与弼. 康斋集. 文渊阁四库全书本.

袁华. 可传集. 文渊阁四库全书本.

张昱. 可闲老人集. 文渊阁四库全书本.

李曾伯. 可斋杂稿. 宋集珍本丛刊影印清钞本. 北京:线装书局,
2004.

鲜于枢. 困学斋杂录. 知不足斋丛书影印本. 北京:中华书局,1999.

吕诚. 来鹤亭集. 文渊阁四库全书本.

王旭. 兰轩集. 文渊阁四库全书本.

蓝智. 蓝涧集. 文渊阁四库全书本.

薛季宣. 浪语集. 宋集珍本丛刊影印清钞本. 北京:线装书局,2004.

洪刍. 老圃集. 文渊阁四库全书本.

曾慥. 类说. 文渊阁四库全书本.

李贺. 李贺歌诗编. 四部丛刊初编景印金刊本.

李白. 李太白集. 文渊阁四库全书本.

李白. 李太白集. 蜀刻本唐人集丛刊影印宋刊本. 上海:上海古籍出
版社,1994.

杨齐贤,萧士赟. 李太白集分类补注. 文渊阁四库全书本.

李德裕. 李文饶集. 四部丛刊初编景印明刊本.

李华. 李遐叔集. 文渊阁四库全书本.

卫湜. 礼记集说. 文渊阁四库全书本.

叶时. 礼经会元. 文渊阁四库全书本.

黄淮,杨士奇,等. 历代名臣奏议. 文渊阁四库全书本.

陈邦彦. 历代题画诗类. 文渊阁四库全书本.

姚思廉. 梁书. 北京:中华书局标点本,1973.

王翰. 梁园寓稿. 文渊阁四库全书本.

杨侃.两汉博闻.文渊阁四库全书本.

陈思,陈世隆.两宋名贤小集.宋集珍本丛刊影印清钞本.北京:线装书局,2004.

脱脱,等.辽史.北京:中华书局标点本,1974.

林弼.林登州集.北京图书馆古籍珍本丛刊影印康熙刊本.北京:书目文献出版社,1988.

郭翼.林外野言.文渊阁四库全书本.

王礼.麟原集.文渊阁四库全书本.

郑太和.麟溪集.北京图书馆古籍珍本丛刊影印成化刊本.北京:书目文献出版社,1988.

郝经.陵川先生集.北京图书馆古籍珍本丛刊影印正德刊本.北京:书目文献出版社,1988.

刘禹锡.刘梦得集.四部丛刊初编景印宋刊本.

刘炳.刘彦昺集.文渊阁四库全书本.

柳贯.柳待制集.四部丛刊初编影印元刊本.

张敦颐.六朝事迹编类.文渊阁四库全书本.

李日华.六研斋笔记.文渊阁四库全书本.

倪涛.六艺之一录.文渊阁四库全书本.

陈樵.鹿皮子集.文渊阁四库全书本.

苏辙.栾城集.四部丛刊初编景印明刊本.

杨允孚.滦京杂咏.知不斋丛书本.北京:中华书局,1999.

罗愿.罗鄂州小集.宋集珍本丛刊影印万历刊本.北京:线装书局,2004.

罗隐.罗昭谏集.文渊阁四库全书本.

陆玑.毛诗草木鸟兽虫鱼疏.文渊阁四库全书本.

郑玄,陆德明,孔颖达.毛诗注疏.文渊阁四库全书本.

黄休复.茅亭客话.文渊阁四库全书本.

史浩.鄮峰真隐漫录.宋集珍本丛刊影印乾隆刊本.北京:线装书局,2004.

杨基. 眉庵集. 文渊阁四库全书本.

陈棣. 蒙隐集. 宋集珍本丛刊影印清刊本. 北京：线装书局，2004.

孟郊. 孟东野集. 四部丛刊初编景印弘治刊本.

吴自牧. 梦粱录. 文渊阁四库全书本.

沈括. 梦溪笔谈. 胡道静，校注. 北京：中华书局，1957.

沈括. 梦溪笔谈. 北京：中华书局标点本，1963.

谢采伯. 密斋笔记. 文渊阁四库全书本.

王辟之. 渑水燕谈录. 吕友仁，点校. 北京：中华书局，1981.

佚名. 庙学典礼. 元代史料丛刊王颋标点本. 杭州：浙江古籍出版社，1992.

吕毖. 明宫史. 文渊阁四库全书本.

郑处诲. 明皇杂录. 田廷柱，点校. 北京：中华书局，1997.

朱彝尊. 明诗综. 北京：中华书局标点本，2007.

张廷玉，等. 明史. 北京：中华书局标点本，1974.

程敏政. 明文衡. 文渊阁四库全书本.

张辅，杨士奇，等. 明宣宗实录. 台北：中央研究院历史语言研究所，1961.

李贤，等. 明一统志. 文渊阁四库全书本.

孙继宗，陈文，等. 明英宗实录. 台北：中央研究院历史语言研究所，1961.

张邦基. 墨庄漫录. 孔凡礼，点校. 北京：中华书局，2002.

佚名. 穆天子传. 四部丛刊初编景印清刊本.

姚燧. 牧庵集. 四部丛刊初编景印武英殿聚珍本.

钱易. 南部新书. 黄寿成，点校. 北京：中华书局，2002.

陶宗仪. 南村辍耕录. 元明史料笔记丛刊句逗本. 北京：中华书局，1980.

贡性之. 南湖集. 文渊阁四库全书本.

李延寿. 南史. 北京：中华书局标点本，1975.

易绂. 南宋馆阁续录. 文渊阁四库全书本.

吴曾. 能改斋漫录. 上海：上海古籍出版社，1979.

倪谦. 倪文僖集. 文渊阁四库全书本.

王祯. 农书. 中国科学技术典籍通汇影印武英殿聚珍本. 郑州：河南教育出版社,1994.

欧阳修. 欧阳文忠集. 四部丛刊初编景印元刊本.

欧阳修. 欧阳先生文粹. 北京图书馆古籍珍本丛刊影印宋刊本. 北京：书目文献出版社,1988.

洪适. 盘洲集. 宋集珍本丛刊影印光绪刊本. 北京：线装书局,2004.

吴宽. 匏翁家藏集. 四部丛刊初编景印正德刊本.

刘敞. 彭城集. 文渊阁四库全书本.

张守. 毗陵集. 文渊阁四库全书本.

洪咨夔. 平斋集. 宋集珍本丛刊影印同治刊本. 北京：线装书局,2004.

张观光. 屏岩小稿. 文渊阁四库全书本.

彭汝砺. 鄱阳集. 宋集珍本丛刊影印清钞本. 北京：线装书局,2004.

李存. 鄱阳集. 北京图书馆古籍珍本丛刊影印永乐刊本. 北京：书目文献出版社,1988.

朱彝尊. 曝书亭集. 四部丛刊初编景印清刊本.

释大忻. 蒲室集. 文渊阁四库全书本.

周密. 齐东野语. 张茂鹏,点校. 北京：中华书局本,1983.

释文珦. 潜山集. 文渊阁四库全书本.

朱翌. 潜山集. 文渊阁四库全书本.

何梦桂. 潜斋集. 文渊阁四库全书本.

李琬. 乾隆温州府志. 中国方志丛书影印影印民国补原刊本. 台北：新文丰出版有限公司,1970.

陆文圭. 墙东类稿. 文渊阁四库全书本.

叶颙. 樵云独唱. 文渊阁四库全书本.

师旷. 禽经. 文渊阁四库全书本.

郭祥正. 青山集. 宋集珍本丛刊影印宋刊本. 北京：线装书局,2004.

赵文. 青山集. 文渊阁四库全书本.

余阙. 青阳先生集. 四部丛刊续编景印明刊本.

倪瓒. 清閟阁遗稿. 北京图书馆古籍珍本丛刊影印万历刊本. 北京：书

目文献出版社,1988.

周辉.清波杂志.刘永翔,校注.北京:中华书局,1997.

童轩.清风亭稿.文渊阁四库全书本.

清河集.元明善.元人文集珍本丛刊影印藕香零拾本.台北:新文丰出版社,1985.

贝琼.清江集.四部丛刊初编景印明刊本.

孔文仲,孔武仲,孔平仲.清江三孔集.宋集珍本丛刊影印清钞本.北京:线装书局,2004.

袁桷.清容居士集.四部丛刊初编景印元刊本.

陶谷.清异录.文渊阁四库全书本.

佚名.庆元党禁.文渊阁四库全书本.

王恽.秋涧先生集.四部丛刊初编景印弘治翻元刊本.

黄镇成.秋声集.北京图书馆古籍珍本丛刊影印洪武刊本.北京:书目文献出版社,1988.

陈义高.秋岩集.文渊阁四库全书本.

苏轼.仇池笔记.文渊阁四库全书本.

储泳.祛疑说.文渊阁四库全书本.

郭元釪.全金诗增补中州集.文渊阁四库全书本.

释宗泐.全室外集.文渊阁四库全书.

周复俊.全蜀艺文志.文渊阁四库全书本.

曹寅,等.全唐诗.北京:中华书局句逗本,1960.

章如愚.群书考索.影印正德刊本.北京:书目文献出版社,1992.

洪迈.容斋随笔.四部丛刊续编景印弘治刊本.

张从正.儒门事亲.文渊阁四库全书本.

阿旺贡噶索南.萨迦世系史.陈庆英,高禾福,周润年,译.拉萨:西藏人民出版社,2002.

徐梦莘.三朝北盟会编.文渊阁四库全书本.

陈寿.三国志.北京:中华书局标点本,1982.

黄庭坚.山谷集.文渊阁四库全书本.

佚名.山海经.袁珂,校注.文渊阁四库全书本.上海:上海古籍出版社,1980.

杨瑀.山居新话.余大钧,点校.北京:中华书局,2006.

毕沅,等.山右石刻丛编.续修四库全书影印光绪刊本.上海:上海古籍出版社,2002.

汪砢玉.珊瑚网.文渊阁四库全书本.

朱存理.珊瑚木难.文渊阁四库全书本.

戴表元.剡源先生集.四部丛刊初编景印万历刊本.

成无己.伤寒论注释.文渊阁四库全书本.

童冀.尚絅斋稿.文渊阁四库全书本.

胡应麟.少室山房笔丛.文渊阁四库全书本.

冯从吾.少墟集.文渊阁四库全书本.

王质.绍陶录.文渊阁四库全书本.

刘岳申.申斋集.文渊阁四库全书本.

杨慎.升庵集.文渊阁四库全书本.

沈亚之.沈下贤集.文渊阁四库全书本.

郑玉.师山遗文.文渊阁四库全书本.

范处义.诗补传.文渊阁四库全书本.

刘瑾.诗传通释.文渊阁四库全书本.

王应麟.诗地理考.文渊阁四库全书本.

许谦.诗集传名物钞.文渊阁四库全书本.

王质.诗总闻.文渊阁四库全书本.

李廌.师友谈记.文渊阁四库全书本.

崔鸿.十六国春秋.文渊阁四库全书本.

周霆震.石初集.文渊阁四库全书本.

范成大.石湖集.宋集珍本丛刊影印弘治刊本.北京:线装书局,2004.

梁寅.石门集.元人文集珍本丛刊影印光绪刊本.台北:新文丰出版公司,1985.

释德宏.石门文字禅.四部丛刊初编景印明刊本.

张照,梁世祯,等.石渠宝笈.文渊阁四库全书本.

马祖常.石田先生集.北京图书馆古籍珍本丛刊影印后至元刊本.北

京：书目文献出版社，1988.

司马迁. 史记. 北京：中华书局，1975.

拉施特. 史集：第一卷. 余大钧，周建奇，译. 北京：商务印书馆，1983.

孙奕. 示儿编. 文渊阁四库全书本.

卞永誉. 式古堂书画汇考. 文渊阁四库全书本.

志费尼. 世界征服者史. 何高济，译. 呼和浩特：内蒙古人民出版社，1980.

张镃. 仕学规范. 文渊阁四库全书本.

邹铉. 寿亲养老新书. 文渊阁四库全书本.

陶宗仪. 书史会要. 文渊阁四库全书本.

盛如梓. 庶斋老学丛谈. 知不足斋丛书影印本. 北京：中华书局，1999.

陆容. 菽园杂记. 元明史料笔记丛刊佚之点校本. 北京：中华书局 1985.

耶律铸. 双溪醉隐集. 文渊阁四库全书本.

叶盛. 水东日记. 魏中平，点校. 北京：中华书局，1980.

郦道元. 水经注. 四部丛刊初编景印武英殿聚珍本.

叶适. 水心集. 宋集珍本丛刊影印正统刊本. 北京：线装书局，2004.

刘埙. 水云村稿. 文渊阁四库全书本.

陶宗仪. 说郛. 说郛三种一百二十弖本. 上海：上海古籍出版社，1988.

陶宗仪. 说郛. 文渊阁四库全书本.

顾起元. 说略. 文渊阁四库全书本.

纪昀，等. 四库全书总目. 北京：中华书局标点本，1997.

谢榛. 四溟集. 文渊阁四库全书本.

李濬. 松窗杂录. 文渊阁四库全书本.

洪皓. 松漠纪闻. 文渊阁四库全书本.

任士林. 松乡集. 文渊阁四库全书本.

赵孟頫. 松雪斋集. 四部丛刊初编景印元刊本.

曹勋. 松隐集. 宋集珍本丛刊影印嘉业堂丛书本. 北京：线装书局，2004.

晁公遡. 嵩山集. 文渊阁四库全书本.

佚名.宋本广韵.影印原刊本.北京:中国书店,1982.

刘道醇.宋朝名画评.文渊阁四库全书本.

江少虞:宋朝事实类苑.上海:上海古籍出版社,1981.

朱熹.宋名臣言行录.宋史资料萃编第一辑影印同治刊本.台北:文海
出版社,1967.

脱脱,等.宋史.北京:中华书局标点本,1977.

沈约.宋书.北京:中华书局标点本,1974.

宋濂.宋文宪集.四部备要校刊清校刊本.上海中华书局,1936.

苏伯衡.苏平仲文集.四部丛刊初编景印正统刊本.

苏颂.苏魏公集.文渊阁四库全书本.

刘完素.素问玄机原病式.文渊阁四库全书本.

魏征,等.隋书.北京:中华书局标点本,1973.

刘𫗧.隋唐嘉话.程毅中,点校.北京:中华书局,1979.

陈泰.所安遗集.影印涵芬楼秘籍第十集本.北京:北京图书馆出版
社,2000.

李筌.太白阴经.文渊阁四库全书本.

周紫芝.太仓稊米集.宋集珍本丛刊影印清钞本.北京:线装书局,
2004.

李昉,等.太平广记.北京:中华书局句逗本,1981.

乐史.太平寰宇记.光绪金陵书局刊本.

李昉,等.太平御览.四部丛刊初编景印宋刊本.

熊三拔.泰西水法.文渊阁四库全书本.

孔平仲.谈苑.文渊阁四库全书本.

唐大诏令集.影印商务印书馆句逗本.北京:中华书局,2008.

李肇.唐国史补.上海古籍出版社标点本,1957.

王溥.唐会要.丛书集成初编本.北京:中华书局,1991.

王溥.唐会要.文渊阁四库全书本.

王谠.唐语林.上海:上海古籍出版社,1978.

唐之淳.唐愚士集.文渊阁四库全书本.

陶安.陶学士集.北京图书馆古籍珍本丛刊影印弘治刊本.北京:书目

文献出版社,1988.

姚广孝.逃虚稿.四库全书存目丛书影印清钞本.济南:齐鲁书社,1997.

何梦桂.铁牛翁遗稿.文渊阁四库全书本.

蔡绦.铁围山丛谈.冯惠民,沈鹏麟,点校.北京:中华书局,1983.

杨维桢.铁崖古乐府.文渊阁四库全书本.

杜佑.通典.杭州:浙江古籍出版社,2000.

方以智.通雅.文渊阁四库全书本.

郑樵.通志.杭州:浙江古籍出版社,2002.

方回.桐江续集.文渊阁四库全书本.

王明清.投辖录.汪新森,朱菊如,点校.上海:上海古籍出版社,1991.

唐长孺,等.吐鲁番出土文书三.北京:文物出版社刊本,1996.

夏文彦.图绘宝鉴.中国历代画史汇编影印清刊本.天津:天津古籍出版社,1997.

夏文彦.图绘宝鉴.文渊阁四库全书本.

郭若虚.图画见闻志.四部丛刊续编景印宋刊本.

张翥.蜕庵集.四部丛刊初编景印明刊本.

王焘.外台秘要方.文渊阁四库全书本.

贡师泰.玩斋集.文渊阁四库全书本.

梅尧臣.宛陵集.宋集珍本丛刊影印正统刊本.北京:线装书局,2004.

程子鏊.万历兰溪县志.影印康熙补刊本.台北:新文丰出版有限公司.1970.

王彝.王常宗集.文渊阁四库全书本.

王建.王司马集.文渊阁四库全书本.

王沂.王征士集.宛委别藏本.南京:江苏古籍出版社,1988.

王祎.王忠文集.北京图书馆古籍珍本丛刊影印嘉靖刊本.北京:书目文献出版社,1988.

郭奎.望云集.文渊阁四库全书本.

刘鹗.惟实集.文渊阁四库全书本.

危素.危太朴文集.元人文集珍本丛刊影印宣统嘉业堂丛书本.台北:

新文丰出版社,1985.

黄仲昭.未轩集.文渊阁四库全书本.

陆游.渭南集.宋集珍本丛刊影印嘉定刊本.北京:线装书局,2004.

程端礼.畏斋集.文渊阁四库全书本.

微收.魏书.北京:中华书局标点本,1974.

温庭筠.温庭筠集.四部丛刊初编景印宋刊本.

文天祥.文山集.四部丛刊初编景印明刊本.

萧统.文选.句逗缩小影印清刊本.北京:中华书局,1877.

李昉,等.文苑英华.北京:中华书局影印宋刊本,1968.

吴澄.吴文正集.元人文集珍本丛刊影印成化刊本.台北:新文丰出版社,1985.

唐文凤.梧冈集.文渊阁四库全书本.

王逢.梧溪集.北京图书馆古籍珍本丛刊影印景泰刊本.北京:书目文献出版社,1988.

陈镒.午溪集.文渊阁四库全书本.

魏齐贤,叶棻.五百家播芳大全文粹.文渊阁四库全书本

刘道醇.五代名画补遗.文渊阁四库全书本.

释普济.五灯会元.文渊阁四库全书本.

李孝光.五峰集.文渊阁四库全书本.

吴垌.五总志.文渊阁四库全书本.

曾公亮.武经总要前集.文渊阁四库全书本.

杨亿.武夷新集.宋集珍本丛刊影印嘉庆刊本.北京:线装书局,2004.

方以智.物理小识.文渊阁四库全书本.

董良史.西郊笑端集.文渊阁四库全书本.

毛奇龄.西河集.文渊阁四库全书本.

佚名.西晋文纪.文渊阁四库全书本.

郑侠.西塘集.宋集珍本丛刊影印万历刊本.北京:线装书局,2004.

张之翰.西岩集.文渊阁四库全书本.

耶律楚材.西游录.向达,校注.北京:中华书局,1981.

马臻.霞外集.汲古阁元人集及历代诗家影印本.北京:全国图书馆文

献缩微复制中心,2008.

蒲道源.闲居丛稿.中华再造善本丛书影印至正刊本.北京:北京图书馆出版社,2005;文渊阁四库全书本.

周嘉胄.香乘.文渊阁四库全书本.

喻良能.香山集.宋集珍本丛刊影印乾隆钞本.北京:线装书局,2004.

范浚.香溪集.宋集珍本丛刊影印清刊本.北京:线装书局,2004.

王禹偁.小畜集.宋集珍本丛刊影印绍兴刊本.北京:线装书局,2004.

袁燮.絜斋集.文渊阁四库全书本.

谢朓.谢宣城集.四部丛刊初编景印明翻宋刊本.

解缙.解文毅集.文渊阁四库全书本.

蒲寿宬.心泉学稿.文渊阁四库全书本.

郑思肖.心史.四库全书存目丛书影印崇祯刊本.济南:齐鲁书社,1997.

程敏政.新安文献志.文渊阁四库全书本.

贾谊.新书.四部丛刊初编景印正德刊本.

欧阳修,宋祁.新唐书.北京:中华书局标点本,1975.

欧阳修.新五代史.北京:中华书局标点本,1974.

郑真.荥阳外史集.文渊阁四库全书本.

周巽.性情集.文渊阁四库全书本.

蔡清.虚斋集.文渊阁四库全书本.

刘辰翁.须溪集.文渊阁四库全书本.

刘辰翁.须溪四景诗集.宋集珍本丛刊影印清刊本.北京:线装书局,2004.

徐积.徐节孝集.文渊阁四库全书本.

方回.续古今考.文渊阁四库全书本.

郝经.续后汉书.文渊阁四库全书本.

郁逢庆.续书画题跋记.国家图书馆藏古籍艺术类编汇册影印清钞本.北京:北京图书馆出版社,2009.

王圻,等.续文献通考.影印十通本.杭州:浙江古籍出版社,2000.

沈汾.续仙传.文渊阁四库全书本.

洪希文. 续轩渠集. 文渊阁四库全书本.

李焘. 续资治通鉴长编. 北京：中华书局标点本,1979.

佚名. 宣和画谱. 文渊阁四库全书本.

徐兢. 宣和奉使高丽图经. 知不足斋丛书影印本. 北京：中华书局, 1999.

王观国. 学林. 文渊阁四库全书本.

程巨夫. 雪楼先生集. 元代珍本文集汇刊影印洪武二十八年刊本. 台北：国立中央图书馆,1979.

吴当. 学言稿. 文渊阁四库全书本.

程大昌. 演繁露. 文渊阁四库全书本.

王世贞. 弇山堂别集. 魏连科,点校. 北京：中华书局,2006.

王世贞. 弇州山人续稿. 明人文集丛刊第一期影印崇祯刊本. 台北：文海出版社,1970.

王世贞. 弇州四部稿. 文渊阁四库全书本.

陆深. 俨山集. 文渊阁四库全书本.

宋褧. 燕石集. 北京图书馆古籍珍本丛刊影印清钞本. 北京：书目文献出版社,1988.

萨都剌. 雁门集. 中国古典文学丛书标点本. 上海：上海古籍出版社, 1982.

张伯淳. 养蒙集. 文渊阁四库全书本.

刘将孙. 养吾斋集. 文渊阁四库全书本.

莱斯利－布雷姆尼斯（Bremmess L.）. 药用植物（Eyewitness Handbooks－Herbs）. 北京：友谊出版社,2003.

邵亨贞. 野处集. 文渊阁四库全书本.

赵汝鐩. 野谷稿. 文渊阁四库全书本.

李继本. 一山集. 北京图书馆古籍珍本丛刊影印康熙钞本. 北京：书目文献出版社,1988.

王沂. 伊滨集. 文渊阁四库全书本.

张萱. 疑耀. 文渊阁四库全书本.

元好问. 遗山先生集. 四部丛刊初编景印弘治刊本.

赵孟坚. 彝斋文编. 文渊阁四库全书本.

王阮. 义丰集. 北京：线装书局宋集珍本丛刊影印淳佑刊本.

何宇度. 益部谈资. 文渊阁四库全书本.

黄休复. 益州名画录. 文渊阁四库全书本.

洪迈. 夷坚志. 北京：中华书局何卓点校本, 1981.

周致中. 异域志. 陆峻岭, 校注. 北京：中华书局, 1981.

欧阳询. 艺文类聚. 唐代四大类书影印绍兴刊本. 北京：清华大学出版社, 2003.

王直. 抑庵集. 文渊阁四库全书本.

赵璘. 因话录. 上海：上海古籍出版社, 1957.

孙思邈. 银海精微. 文渊阁四库全书本.

尹文. 尹文子. 文渊阁四库全书本.

王士俊, 等. 雍正河南通志. 文渊阁四库全书本.

许容, 等. 雍正甘肃通志. 文渊阁四库全书本.

解缙, 等. 永乐大典. 北京：中华书局影印原刊本, 1969.

胡文学. 甬上耆旧诗. 文渊阁四库全书本.

胡曾. 咏史诗. 四部丛刊三编景印宋刊本.

张世南. 游宦纪闻. 张茂鹏, 点校. 北京：中华书局, 1981.

段成式. 酉阳杂俎. 方南生, 点校. 北京：中华书局, 1981.

胡仔. 渔隐丛话. 文渊阁四库全书本.

程大昌. 禹贡论. 文渊阁四库全书本.

李庭. 寓庵集. 元人文集珍本丛刊影印藕香零拾本. 台北：新文丰出版社, 1985.

于谦. 于忠肃集. 文渊阁四库全书本.

刘仁本. 羽庭集. 文渊阁四库全书本.

庾信. 庾子山集. 四部丛刊初编景印明刊本.

张豫章, 等. 御选元诗. 文渊阁四库全书本.

王应麟. 玉海. 影印光绪浙江书局刊本. 扬州：广陵书社, 2003.

释文莹. 玉壶清话. 郑世刚, 杨立扬, 点校. 北京：中华书局, 1984.

顾野王. 玉篇. 四部丛刊初编景印元刊本.

张宪.玉笥集.文渊阁四库全书本.

邓雅.玉笥集.文渊阁四库全书本.

王恽.玉堂佳话.杨晓春,点校.北京:中华书局,2006.

王明清.玉照新志.汪新森,朱菊如,点校.上海:上海古籍出版社,
1991.

徐应秋.玉芝堂谈荟.文渊阁四库全书本.

黄庭坚.豫章集.四部丛刊初编景印干道刊本.

吴莱.渊颖集.四部丛刊初编景印至正刊本.

佚名.元朝秘史.四部丛刊三编景印元钞本.

韩儒林,等.元朝史.北京:人民出版社,2006.

李立成.元代汉语音系的比较研究.北京:外文出版社,2002.

桂栖鹏.元代进士研究.兰州:兰州大学出版社,2001.

张云.元代吐蕃地方行政体制研究.北京:中国社会科学院出版社,
1998.

佚名.元典章.台北:故宫博物院影印元刊本,1972.

傅习.元风雅.文渊阁四库全书本.

曾巩.元丰类稿.宋集珍本丛刊影印元刊本.北京:线装书局,2004.

李吉甫.元和郡县图志.贺次君,点校.北京:中华书局,1983.

佚名.元混一方舆胜览.宋元地理志丛刊郭声波整理本.成都:四川大
学出版社,2003.

王通.元经.文渊阁四库全书本.

苏天爵.元名臣事略.姚景安,点校.北京:中华书局,1996.

宋公传.元诗体要.文渊阁四库全书本.

顾嗣立.元诗选.北京:中华书局标点本,1994.

宋濂,等.元史.北京:中华书局标点本,1978.

苏天爵.元文类.四部丛刊初编景印元刊本.

李蓘.元艺圃集.文渊阁四库全书本.

胡布,张达,刘绍.元音遗响.文渊阁四库全书本.

曾丰.缘督集.宋集珍本丛刊影印清钞本.北京:线装书局,2004.

韩邦奇.苑洛志乐.文渊阁四库全书本.

411

王镃.月洞吟.文渊阁四库全书本.

郭茂倩.乐府诗集.四部丛刊初编景印明刊本.

陈旸.乐书.文渊阁四库全书本.

柳永.乐章集.文渊阁四库全书本.

杜臻.粤闽巡视纪略.文渊阁四库全书本.

汪森.粤西文载.文渊阁四库全书本.

刘才邵.檆溪居士集.文渊阁四库全书本.

沈辽.云巢编.宋集珍本丛刊影印清钞本.北京:线装书局,2004.

张君房.云笈七籤.四部丛刊初编景印正统道藏本.

贡奎.云林集.北京图书馆古籍珍本丛刊影印弘治刊本.北京:书目文献出版社,1988.

赵彦卫.云麓漫钞.傅根清,点校.北京:中华书局,1998.

冯贽.云仙杂记.文渊阁四库全书本.

周密.云烟过眼录.国家图书馆藏古籍艺术类编影印光绪刊本.北京:北京图书馆出版社,2009.

李祁.云阳集.北京图书馆古籍珍本丛刊影印清钞本.北京:书目文献出版社,1988.

家铉翁.则堂集.宋集珍本丛刊影印道光钞本.北京:线装书局,2004.

曾肇.曾文昭集.宋集珍本丛刊影印康熙刊本.北京:线装书局,2004.

耶律楚材.湛然居士集.谢方,点校.北京:中华书局,1986.

张昱.张光弼集.四部丛刊续编景印明钞本.

张说.张说之集.四部丛刊初编景印嘉靖刊本.

张说.张燕公集.文渊阁四库全书本.

张耒.张右史集.宋集珍本丛刊影印明钞本.北京:线装书局,2004.

张载.张子全书.文渊阁四库全书本.

赵蕃.章泉稿.文渊阁四库全书本.

萧统.昭明太子集.文渊阁四库全书本.

赵抃.赵清献集.宋集珍本丛刊影印嘉靖刊本.北京:线装书局,2004.

赵抃.赵清献集.文渊阁四库全书本.

赵琦美.赵氏铁网珊瑚.文渊阁四库全书本.

张丑.真迹日录.文渊阁四库全书本.

归有光.震川集.周本淳,校点.四部丛刊初编景印清刊本.上海:上海古籍出版社,1993.

王鏊.震泽集.文渊阁四库全书本.

王鏊.正德姑苏志.天一阁藏明代方志选刊续编影印原刊本.上海:上海书店,1990.

郑居中,等.政和五礼新仪.文渊阁四库全书本.

唐慎微.证类本草.四部丛刊初编景印泰和刊本.

唐慎微.证类本草.文渊阁四库全书本.

何中.知非堂稿.北京图书馆古籍珍本丛刊影印清钞本.北京:书目文献出版社,1988.

于钦.至顺齐乘.宋元方志丛刊影印乾隆刊本.北京:中华书局,1990.

释祥迈.至元辨伪录.北京图书馆古籍珍本丛刊影印元刊本.北京:书目文献出版社,1988.

许有壬.至正集.元人文集珍本丛刊影印宣统刊本.台北:新文丰出版社,1985.

张铉.至正金陵新志.中国方志丛书影印原刊本.台北:成文出版社,1970.

熊自得.至正析津志辑佚.北京图书馆善本组标点.北京:北京古籍出版社,1983.

刘敏中.中庵先生集.北京图书馆古籍珍本丛刊影印清钞本.北京:书目文献出版社,1988;文渊阁四库全书本.

王应祥.中国哺乳动物种和亚种分类名录和分布大全.北京:中国林业出版社,2003.

谭其骧,等.中国历史地图集.北京:地图出版社刊本,1982.

熊克.中兴小纪.文渊阁四库全书本.

周德清.中原音韵.文渊阁四库全书本.

李新魁.中原音韵音系研究.郑州:中州书画社,1998.

元好问.中州集.四部丛刊初编景印民国景元刊本.

元好问.中州乐府.四部丛刊初编景印民国景元刊本.

陈诚.竹山集.四库全书存目丛书影印雍正刊本.济南:齐鲁书社,1997.

宋诩.竹屿山房杂部.文渊阁四库全书本.

王冕.竹斋集.文渊阁四库全书本.

吴儆.竹洲集.宋集珍本丛刊影印弘治刊本.北京:线装书局,2004.

赵汝适.诸蕃志.杨武泉,校注.北京:中华书局,1999.

王寂.拙轩集.文渊阁四库全书本.

司马光.资治通鉴.北京:中华书局标点本,1956.

苏天爵.滋溪文稿.陈高华,孟繁清,点校.北京:中华书局,1997.

胡祗遹.紫山先生集.文渊阁四库全书本.

张嵲.紫微集.文渊阁四库全书本.

陈杰.自堂存稿.文渊阁四库全书本.

周书.令狐德棻传.北京:中华书局标点本,1971.

周必大.周文忠集.文渊阁四库全书本.

周必大.周益公集.宋集珍本丛刊影印明钞本.北京:线装书局,2004.

虞俦.尊白堂集.宋集珍本丛刊影印乾隆钞本.北京:线装书局,2004.

高濂.遵生八笺.文渊阁四库全书本.

陈得芝.元代内地藏僧事辑//蒙元史研究丛稿.北京:人民出版社,2005.

陈得芝.再论蒙古与吐蕃和吐蕃佛教的初期接触//蒙元史研究丛稿.北京:人民出版社,2005.

林梅村.稽胡史迹考[J].中国史研究,2002(1).

钱伯泉.墨离军及相关问题[J].载敦煌研究,2003(1).

芮传明.从浑脱看古代中外文化交流[J].铁道师范学报,1995(3).

萧启庆.忽必烈的潜邸旧侣考//元代史新探.台北:新文丰出版社刊本,1983.

萧启庆.大蒙古国时代衍圣公复爵考实//蒙元史新探.台北:允晨文化实业公司,1994.

杨浣.平乐府学记考释,兼论元末西夏遗裔也儿吉尼在广西的政绩[J].北方民族大学学报,2009(5).

索　　引

·欧·亚·历·史·文·化·文·库·

·欧·亚·历·史·文·化·文·库·

417

·欧·亚·历·史·文·化·文·库·

后　记

　　2009 年 3 月,好友余太山来函问讯,是否有相关欧亚大陆史地的论文集需要出版!? 自去年下半年以来,我就陆续积下了一些相关中外关系史地的论文,可惜唯有半数为"西域"的符合条件,而半数为"南海"的只能暂时束之高阁。我确实不愿放弃那可以不用贴钱出著作的机会,迟疑之下,仍然与远在西北的兰州大学出版社签下了 2010 年正月交稿的合同。所幸经过 8 个月多时日的废寝忘食,就在阳历年快要结束的时候,包涵 26 篇系列论文的《内陆亚洲史地求索》一书已经完全脱稿。之所以有如此快的"速度",一是近 30 年来的专业努力所进入的"自由"境界,二是仰仗电脑的资料检索,三是很少承担研究生的指导,四是所在大学和研究所特别宽松的环境。我从 2001 年多个方面进入本学域以后,8 年多来,先后有《中外关系史地研究》(南方出版社)、《西域南海史地研究》(上海古籍出版社)、《西域南海史地考论》(上海人民出版社)等三种系列论文集出版,而今则是第 4 种。这似乎可以稍稍回应陈学霖先生、黄时鉴先生的殷切期望!? 这似乎可以稍稍报答已故韩儒林先生、已故谭其骧先生当年的谆谆教诲!? 这似乎可以稍稍酬谢同辈好友余太山、芮传明、汤开建、陈伟明、张玉春等先生的热诚关照!?

　　自从上世纪末复印技术和电脑使用的推广,史学研究有了前辈所没有的新手段。纵观相关论文的写作,大致有四种类型:一是"划定范围"式,如今所见的硕士、博士论文大多属此类;二是"水到渠成"式,系平时积累到了成熟的时候,先前的大家每以此成文;三是"词组检索"式,输入关键词以搜罗资料;四是"接连展开"式,用连续检索,以点带面,渐进解答问题。后两种必须依恃电脑,而特别有利于用考据的方法进行"随笔"的撰写。我的老师辈遇到必须一个星期以上才能有答案的问题，如今经常只需几分钟。而这些年来，我已经习惯了以上所说的研究方法。本书所蕴含的篇章，大部属于这样的性质；因此，"小题大做"成为"一般"的形式。由于所在广州的相对"闭塞"（与北京、上海比），加上思路不同，常常寻找各学科分支的"接合部"作为切入，因此，本人在"借鉴"上花费精力颇少，特别是在吸收海外人士的成果方面。不过，话说回来，由于或系"草创"进行，或系视角"古怪"，几乎可说是"瓜葛"不多。我下意识地用多种视角写作，以不使自己的作品形成"模式"。我尤其着力于资料、特别是"集部"资料的"聚焦"，以使研究的问题具有趣味和深度。我欢迎批评，甚至是尖锐的责难，而于我的作品视而不见感到格外的愤慨。

全书内容所含，飞鸟能言、一甑浮丹、灵根夜吠、栾野晒芽、拱鼠堪食、万瓷凝玉、宋阿检嗦、露蒸蔷薇，既联系动物、植物，又属"生活"文化的范畴；破阵玄野，竹管生风、绩毡助舞、镂梓辅曲、骛闲秋驰等篇，既联系音乐、舞蹈、绘画，又在"艺术"文化的范畴；其余部分，则或与宗教牵涉，如派分仰峤、出世燕山、宗衍临济、尼承法席、汾关遗胤、释源经筵等篇；或与民族瓜葛，如嘉议安让、平章全才、板城徒裔、鲁公扬历、降生龙川、左丞守孤等篇。以时间论，上自隋以前，下至明之初，而以宋、元为核心；以地域论，大致明长城一线的稍稍近里以及迤北、迤西。而部分人事发生在中国的东、南部，但究其文化的"渊源"，却也在西北或西方。说来，乐器、语言、舞蹈、中药材、藏传佛教，皆是我以前不曾进入的方面，知识是否足够，理解是否准确，引申是否合理，都是我极想弄清的疑惑。说来颇有志大才疏的嫌疑，贯通文史界限、打破学科藩篱，以探索至广至奥的历史秘密，是我一直梦想达到的自由境界。而不言无据之言、不立无据之论，是我一直尽力贯彻的精神。附言：由于大量引用原文，我的作品不易阅读，但是，如果先读"提要"和最后"总论"的那一节，或许会提高意思的理解。

本书所涵的作品，大多不曾在其他地方发表。除了被收入论文集者，我的文章很少往投杂志，特别是"核心"刊物。其中的原因，一是很难接受文字的删削,二是没有精力进行人事的往来。说实在的,有时还乐意接受"版面费"的支付。为了达到所在大学研究生必须有发表文章的要求,我经常让我的学生在我的作品上签名;当然,他或她也必须付出一定的劳动。我很喜欢与年轻人相处,也非常善待学生;但是,我很少能培养出专业能力很棒的学生,他或她经常缺少信心,甚至连愿意继续深造的人都很少。在"博士生导师"填表几度否决后,我已不再有那种追求,更何况我已自行决定从今年起不再带"硕士生"。因此,在旁人看来,一个"遗憾"将永远地存在:我那似乎已经有"风格"的学术,没有"嫡传"。本来,这是我的责任;可是,要归咎的不是我。当然,只要作品在有人读,也许会有隔代的"承嗣"。数年前,我曾经被迫卷入我内心深处非常非常讨厌的"人事",也曾以揭发他人抄袭以求"回击"。网上有人怀疑所涉事的真实性,不过,那都绝无夸大之辞。而今,我早已自我边缘化,远离是非,自寓一统,惟自由于学术的微观中。加上所在古籍所领导以"和谐"为怀,施行"黄、老之治"。于是,这几年,乃是我最为舒心宽怀的年华,也是我写作数量最多的时日。

细细反省,我确实是个不能与时俱进的怪人,也不具备社会的"适应性"。我与比我年长15至25岁的"半长辈",几乎格格不入,而与比我年长40岁以上的"大长辈"以及海外的学者较为相得。虽然,我不太在乎他人的评价,但是,当真对某些人偏差太大的菲薄感到万分遗憾。我是个比较爱"名"、但不太计较"利"的人,不懂处世,只是到老才有所觉悟。毕生的大部分时间花在学术上,除了癖好在山水间行走外,很少所爱,也没什么能上瘾。没有很高的政治境界,但是,非常恪守社会公德与职业道德。说话率直,思维逆反,特别是学术,曾尝试去颠覆不少公认的观点,由此遭来"狂妄"的罪名。其实,我在许多问题上事先请教过人。我自知无能在"地位"上角逐,所以,一向无意于"武林盟会"的座次。迄今为止,没有接受过任何"会长"、"理事"的头衔,也无意于"学派"的建立、"体系"的制造,更谈不上以"大师"自居。我所孜孜希望的,乃是同好的和谐;我所斤斤觊觎的,乃是作品的长存。而我与师长的商榷,也不应视为"忘恩负义",我自认是谭其骧等先生一贯提倡的继续发扬。最后，我要特别感谢兰州大学出版社、感谢尚未觌面的施援平、罗晓莉女士，为我这本拙作的付梓花费了可观的款项和精力。

王颋

2009 年 12 月 26 日

草于广州新福利兰（New Freeland）寓所

·欧·亚·历·史·文·化·文·库·